Doris Krebs

Textilgestaltung
Staubfänger – Nein danke!

Doris Krebs

Textilgestaltung
Staubfänger – Nein danke!

Buch Verlag Kempen

Inhaltsverzeichnis und Projektübersicht

Seite

Vorwort ... 7

Übersichtstabelle zu den Projekten ... 8

1. Didaktische Grundlegung
- Textilien in der kindlichen Lebenswirklichkeit – Textilgestaltung, ... 9
  ein fächerübergreifender Lernbereich aus zehn Perspektiven
- Grundlegende Ziele des Faches ... 11
- Textilgestaltung – die große Chance Schlüsselqualifikationen zu vermitteln ... 12

2. Unterrichtsgestaltung
- Lernformen im Fach Textilgestaltung ... 16
- Unterrichtsmethoden im Fach Textilgestaltung und Beispiele ... 17
- Medien ... 19
- Material, Werkzeug und Geräte ... 19
- Motivation der Jungen ... 20
- Lernzielkontrolle ... 20
- Bewertung der praktischen Arbeit ... 20
- Hausaufgaben ... 21

3. Stoffverteilungspläne erstellen
- Entscheidungskriterien für die Entwicklung eines Arbeitsplanes für ein oder mehrere Schuljahre ... 22
- Systematiken ... 22
  - Systematik der textilen Techniken ... 23
  - Systematik auf der Grundlage der Richtlinien ... 29
  - Systematik nach Materialien ... 33
  - Systematik nach Altersstufen ... 35
  - Systematik nach Jahreszeiten ... 35

4. Ein Notprogramm für einen reduzierten Textilunterricht ... 36

5. Farbenlehre und bildnerische Mittel ... 37

6. Thema „Kleidung und Mode"
- Kleidung als Informationsträger ... 40
- Kleidungsfunktionen ... 41
- Kinderkleidung und Mode ... 41
- Übungen und Aktivitäten zum Thema „Kleidung und Mode" ... 42
- Die Betrachtungsspinne ... 46

Inhaltsverzeichnis und Projektübersicht

Seite

7. Kulturgeschichte im Rahmen des Faches Textilgestaltung — 53

8. Zu den Projekten — 54
   - Kursprinzip — 54
   - Bildbeispiele — 55
   - Kein „Stress" mit der Vorlage — 55
   - Zusatzaufgaben selber finden — 55

9. Textile Kunstprojekte zur Klassenraumgestaltung

Nr. 1	Trudi Tausendfüßler	Einführung: allerlei Textiles (der Materialschrank)	58
Nr. 2	Wolkenreise	(der Faden)	70
Nr. 3	Wir geh'n auf Löwenjagd	(Fadenspiele: Knoten, Knüpfen, Kordeldrehen)	88
Nr. 4	Der versunkene Schatz	(Perlenarbeiten)	105
Nr. 5	Schnecke Schorschi	(Flechten)	124
Nr. 6	Sonnenblume	(Häkeln)	141
Nr. 7	Möhren und Co.	(Sticken)	155
Nr. 8	Spritzig	(Stoffdruck, Reserveverfahren)	169
Nr. 9	Toddi Troll	(Stoffe untersuchen)	188
Nr. 10	Von Herzen	(Weben)	205
Nr. 11	„Endlich Herbst" ...	(Nähen, Schnittformbildung)	227
Nr. 12	Faszination Spinne	(Filzen)	243
Nr. 13	Der kleine Käfer Immerfrech	(Stricken)	262
Nr. 14	Seidige Kunst	(Seidenmalerei)	275
Nr. 15	Ein Geschichtenbuch	(textile Rohstoffe)	294

10. Literatur, Zeitschriften und Buch-Tipps — 310

11. Textile Ausflüge und Museumsliste — 313

12. Bezugsquellen und nützliche Adressen — 318

13. Internetausflug — 319

Übersichtstabelle zu den Projekten

Projekt Nr.	Bildthema	Schwerpunkt-thema (im Bild-thema, Sachinformationen und Schülerarbeitsblätter)	Zusätzliche mögliche textile Werktechniken in der Bildaufgabe	Sprach-Sach-Themen, zu denen die Bildaufgabe passt	Seite
1	Trudi Tausend-füßler	Einführung: Allerlei Textiles (Der Materialschrank)	Wickeln, Kordeldrehen, Stoffcollage, Applizieren, Pompons, Materialkunde nach Wahl: Perlenauffädeln	Fachunterricht Textilgestaltung, Insekten, Garten, Tiere, Materialkunde, textile Rohstoffe, Markt	58
2	Wolkenreise	Der Faden	Fadenzerlegung, Hüllenbildung, Filzen, beliebige weitere tex. Werktechniken	Wiese, Bauernhof, Schafe, Freundschaft, Wolken (Wetter)	70
3	Wir geh'n auf Löwenjagd	Fadenspiele: Knüpfen, Knoten, Kordeldrehen	Farbkontraste	Zoo, Afrika, (Wild-)Katzen	88
4	Der versunkene Schatz	Perlenarbeiten	Stoffmalerei, Collage, beliebige weitere textile Werktechniken	Wasser, Fische, Piraten Abenteuer	105
5	Schnecke Schorschi	Flechten	Sticken, Applizieren, Stoffmalerei, beliebige weitere textile Werktechniken	Wiese, Hecke, Schnecke, Sommer, Herbst, Insekten	124
6	Sonnenblume	Häkeln	Stoffmalerei, Applizieren, beliebige weitere textile Werktechniken	Herbst, Blumen, Garten, Sommer	141
7	Möhren und Co.	Sticken	Farbkontraste, Randmusterung	beliebig (im Beispiel: Gemüse, Nahrung, Ernährung, Bauernhof, Garten)	155
8	Spritzig	Stoffdruck, Reserveverfahren	Druckverfahren, Sticken, Perlenarbeiten	beliebig (im Beispiel: Pferde, Schulmaterialien)	169
9	Toddi Troll	Stoffe untersuchen	Stoffstrukturen erforschen, Fädenziehen / -schieben, Applizieren, beliebige weitere textile Werktechniken	Märchen, Wald, Fantasiewesen, andere Länder	188
10	Von Herzen	Papierweben, Weben	Kordeldrehen, Collagen, Sticken	Muttertag, Liebe / Freundschaft, Familie, Buch(-einband)	205
11	„Endlich Herbst", denkt der Igel	Nähen, Schnittformbildung	Stoffmalerei, Sticken, Applizieren, Perlenarbeiten, beliebige weitere textile Werktechniken	Igel, Wald, Waldtiere, Herbst, Natur	227
12	Faszination Spinne	Filzen	Sticken, Stoffmalerei, Applizieren, Perlenarbeiten, beliebige weitere textile Werktechniken	Spinnen, Insekten, Tiere, Herbst, Wald	243
13	Der kleine Käfer Immerfrech	Stricken	Hüllenbildung, Stoffmalerei, Applizieren, Sticken, Perlenarbeiten, beliebige weitere tex. Werktechniken	Käfer, Insekten, Kinderbuch, Wald	262
14	Seidige Kunst	Seidenmalerei	Stoffmalerei, Stoffe färben	beliebig (Beispiel: Hexen, Zauberer, Dinosaurier, Urzeit)	275
15	Ein Geschichtenbuch	Textile Rohstoffe	Faden- und Stoffherstellung	Wolle, Baumwolle, Seide, Flachs, Chemiefasern	294

Vorwort

Liebe Kolleginnen und Kollegen,
kennen Sie diesen Moment? Diesen Moment, in dem Sie wieder wissen, warum Sie so gerne TextilgestaltungslehrerIn sind:

... Herrlich! Da hängen sie endlich. 28 Kunstwerke der Kinder der Klasse 2c zieren die hintere Klassenwand. Wir können und mögen den Blick nicht von der fröhlichen Bildergruppe abwenden. Ein Werk ist reizvoller als das andere. Jedes für sich eine Kostbarkeit. Jedes erzählt von dem zurückgelegten Weg, den der kleine Künstler gegangen ist. Von Dingen, die toll gelungen sind. Anderes, was partout nicht gelingen wollte. (Man erkennt noch deutlich die Mühe, die es zu bewältigen galt, bis die beiden Teile „freiwillig" zusammenhalten wollten. Musste wohl wieder ein dicker Knoten herhalten. Und köstlich, diese andere Idee mit der Befestigung ... wäre ich nie drauf gekommen ...)
Jedes einzelne Kunstwerk erzählt von Lieblingsfarben, Dingen, die dem Kind wichtig sind und die deshalb unbedingt mit aufs Bild mussten.
28 Kinderaugenpaare strahlen vor Stolz: „Das haben *wir* gemacht. Und *ich* war dabei. Das tolle Bild ist von mir. Ja, von mir! Ich hatte als Erster die Idee mit dem Perlenwurm ..."
Wie beeindruckend die Bilder erst auf dem Passepartout-Papier wirken. Und schließlich der tolle Effekt als Bildergruppe! Unsere Klasse sieht ganz verändert aus. Richtig einladend und gemütlich.
Es klopft. Die Schulsekretärin kommt herein. „Habt ihr das gemacht? Also, wenn man so reinkommt, glaubt man nicht, dass das Kinder gemacht haben. Toll! Das ist richtig schön bei euch ...". 28 Kinderaugenpaare strahlen noch heller.
Nach dem Unterricht werden abholende Mütter in die Klasse geschleift. Die Begeisterung der Erwachsenen über das Geschaffene ist echt. Das spüren auch die Kinder. Sie platzen vor Stolz.

Sie kennen diese Momente noch nicht?
Dann wird es aber Zeit.
Begraben Sie alle Unterrichtsvorschläge, die Textiles produzieren, das als leidiger Staubfänger in einer Vitrine oder sonstwo „versauert". Genießen Sie die schönen Möglichkeiten textilen Schaffens und umgeben Sie sich mit ansprechenden textilen Kunstwerken, die eine fröhlich-bunte Atmosphäre in Ihre Klasse zaubern!

Aber Achtung! Textilgestaltung in diesem Sinne kann süchtig machen ...
Lust auf Textiles bekommen? Na, dann: Wollreste raus – und los!

Gutes Gelingen und herzliche Grüße
Ihre Doris Krebs

(Doris.Krebs@gmx.de)

PS: Zugunsten einer flüssigeren Lesbarkeit verzichte ich in diesem Buch auf die weibliche Schreibweise: Wenn ich von Schülern spreche, meine ich damit natürlich Mädchen und Jungen. Ebenso sind mit Lehrern auch alle Lehrerinnen gemeint.
Die in diesem Band angegebenen Kostenpläne beziehen sich überwiegend auf den Labbé-Versand, da es ein preisgünstiger Versand für Schulen ist. Es gibt natürlich noch eine Reihe anderer Anbieter, die im Anhang unter „Bezugsquellen" zu finden sind.

Im Textilunterricht

- spannen wir Fäden
- verbinden wir Menschen, Themen und Räume
- vernetzen wir Inhalte über Fächergrenzen hinaus
- knüpfen wir Verbindungen zu anderen Kulturen und Zeiten
- halten wir gemeinsam die Fäden in der Hand!

(Marianne Assenheimer)

1. Didaktische Grundlegung

Wenn ich im Folgenden vom Fach „Textilgestaltung" spreche, ist damit das Fach gemeint, das in anderen Bundesländern auch als „Textiles Werken" oder „Textilarbeit" bezeichnet wird.

Der Textilunterricht bietet einen wichtigen Ausgleich zum „verkopften" Schulunterricht. Trotz der Erkenntnis, dass nur 10 % dessen, was gelesen, 20 % dessen, was gehört und 30 % dessen, was gesehen wird, von den Kindern behalten werden kann, wird auf dieser Basis zu viel unterrichtet. Lernen mit allen Sinnen und eigenständiges Ausprobieren und Ausführen sichert hingegen das Gelernte zu 90 %. Textilunterricht verkörpert fast ausschließlich diese Methode des „Selbst-Ausprobierens-und-Ausführens". Kinder erfahren, dass sie etwas verstanden haben, etwas behalten haben und nach langer Zeit wieder abrufen können. Sie erfahren einen wohltuend anderen Lernweg durch den taktilen Lernkanal, der in diesem Fach von allen anderen Sinnen unterstützt wird. (Ein ähnlich haptisches Erlebnis, wie es der Textilunterricht bieten kann, wird im Bereich Kunst nur selten, und zwar nur durch „taktile Techniken" wie Kneten, Töpfern, Kleistern etc. ausgelöst.)
Textilunterricht nimmt dadurch eine wichtige Ausgleichsfunktion wahr, die auch zur Unterstützung der anderen Fächer gewahrt bleiben muss. Nur Kinder, deren fünf Sinne komplett gefördert werden, können starke Lerner werden.

Textilien in der kindlichen Lebenswirklichkeit – Textilgestaltung, ein fächerübergreifender Lernbereich aus zehn Perspektiven

Der Textilunterricht muss den vielseitigen Aspekten dieses Werkstoffes gerecht werden. Textilien lassen sich aus mindestens zehn Perspektiven betrachten.
So vereint das Fach viele sachkundliche Grundschulthemen und Fragestellungen unter seinem künstlerisch-handwerklichen Dach:

1. **Thema „Textilien sind Waren" (ökonomische Perspektive)**
   - Welche Warenangebote sind aus textilem Material?
   - Was kosten bestimmte Textilien?
   - Welche textilen Waren benötige ich unbedingt? Welche nicht?
   - Aus welchem Material ist diese Textilie hergestellt? Warum muss ich das wissen?
   - Warum sind ähnliche textile Waren unterschiedlich teuer?
   - Welche Ware ist für mich am zweckmäßigsten? (Kleidungskauf)
   - Textiles Altmaterial zu zeitgemäßer Kleidung verarbeiten – geht das?
   - Aus Stroh Gold spinnen: Wie kann ich Abfallprodukte zu textilen Objekten umfunktionieren?
   - Tauschbörse von textilen Gegenständen

2. **Thema „Herstellung textiler Produkte" (technisch-technologische Perspektive)**
   - Welche Herstellungsmöglichkeiten gibt es für unsere Kleidung, wie werden Wollpullover oder Hemden hergestellt?
   - Wie entstehen Fäden?
   - Wie entstehen Stoffe?
   - Welche Techniken können wir selber ausprobieren?
   - Welche Technik eignet sich am besten für mein Vorhaben?
   - Welche Techniken werden anderswo oder wurden früher genutzt oder bevorzugt?

3. **Thema „Textilien sind lebenswichtig" (funktionale Perspektive)**
   - Womit können wir uns vor Kälte oder Hitze schützen, uns abtrocknen, uns nachts einhüllen, ein Zelt bauen, das Sofa beziehen, die Fenster verhüllen, unsere Nacktheit verbergen, unser Amt anzeigen?
   - Warum benutzen wir gerade textile Materialien und keine anderen? (Bettwäsche aus Holz oder Plastik?)
   - Aus welchem textilen Material sollte mein Sporthemd, mein Kuschelpullover oder mein Handtuch sein?
   - Welche textilen Gegenstände finden wir im Schulalltag?
   - Textilraum – Lebensraum?

4. **Thema „Textilien verschönern" (ästhetische Perspektive)**
   - Wo werden Textilien zur Verschönerung eingesetzt (Kleidung, Wohntextilien, früher und anderswo)?
   - Was steht mir gut? (Ich mache mich schick, cool, interessant, witzig.)
   - Wie kann man Textilien verändern, um sie zu verschönern (Bedrucken, Besticken, Färben)?
   - Andere Länder / andere Zeiten: Wie verschönern Menschen sich und ihre Umgebung mit Textilien (Perlenstickerei auf den Textilien und Zelten der Indianer / afrikanische Flechtkunst)?
   - Nutzen Kinder Textiles zur Verschönerung auf andere Weise (Freundschaftsbänder, Stickereien auf Jeans)?
   - Welche Gestaltungsmöglichkeiten hat man mit textilem Material, textilen Techniken und Textilwerkzeugen?
   - Gibt es textile Kunstwerke?
   - Wie kann ich aus einem Massenartikel einen individuellen Gegenstand machen?

5. **Thema „Textiles hier und anderswo" / „Textiles früher und heute" (kulturelle und historische Perspektive)**
   - Wie kleiden, wohnen, verschönern sich Menschen in anderen Ländern (Filzjurten in der Mongolei, Hüllen der Beduinen, Korbkunst aus Lateinamerika)?
   - Wie zogen sich die Menschen früher an? Wie wohnten sie?
   - Wie kleideten sich die Neandertaler?
   - Warum hingen im Mittelalter Teppiche an den Wänden und lagen nicht auf dem Boden?

6. **Thema „Textilien – etwas zum Vorzeigen" (soziologische Perspektive)**
   - Warum trage ich gerne modische Kleidung?
   - Wie möchte ich wirken? Ein Kleid für mich – eine Mitteilung an die anderen („Ich bin schön, cool, interessant, witzig, erwachsen …")
   - Wie wirken andere Menschen auf mich, wenn sie sich in einer bestimmten Weise kleiden (Wirkung von schwarzen Ledersachen, Uniformen, rosaroten Rüschenkleidern, zerrissenen Jeanshosen etc.)?
   - Was tragen meine Vorbilder (Sportidole, Popstars, Cliquenmitglieder)?
   - Welche Kindermoden gibt es?
   - Tragen Jungen und Mädchen andere Kleidung?
   - Warum tragen manche Menschen Uniformen, Trachten, spezielle Berufsbekleidung?
   - Warum kaufen Menschen teure Raumtextilien (z. B. „echte Teppiche")?

7. **Thema „Textiles für mich und von mir" (psychologische Perspektive)**
   - Wie möchte ich mich einmal verkleiden? In welche Rolle möchte ich schlüpfen?
   - Warum trage ich gerade diese Klamotten?
   - Wie möchte ich wirken? Ein Kleid für mich – eine Mitteilung an die anderen
   - So sieht mein Kinderzimmer aus. Wie kann ich Textilien einsetzen, um mein Zimmer individuell zu gestalten?

- Wie kann ich meine Kleidung verändern (T-Shirt knoten, Schuhe besticken, Sporttasche bemalen) und aus einem Massenprodukt eine individuelle Kleidung gestalten?
- Neue Ideen für meine Freizeitgestaltung (textiles Gestalten als Hobby)
- Ich verwirkliche mich durch die Umsetzung meiner eigenen Ideen

8. Thema „Textilrecycling" (ökologische Perspektive)
- Was passiert mit den Altkleidern (humanitäre Verwendung / Herstellung von Papieren)?
- Textiles Altmaterial zu zeitgemäßer Kleidung verarbeiten
- Textiles Altmaterial zu textilen Objekten „umfunktionieren"

9. Thema „Arbeits- und Berufswelt" (berufliche Perspektive)
- Welche Textilberufe gibt es (Designerin, Verkäufer, Schneiderin, Färber, Reiniger, Hutmacherin, Stoff- und Garnhersteller, Flachsbauer, Textilchemikerin ...)? Etwas für mich?
- Welche Tätigkeit würde ich später gerne einmal ausführen?

10. Thema „Textile Wissenschaften" (wissenschaftliche Perspektive)
- Auf welche Fachwissenschaften geht das Fach zurück (Textillehre, Konstruktions- und Fertigungslehre, Gestaltungslehre, Völkerkunde und Textilkunstgeschichte)?
- Wozu dient die Forschung? Was nützt sie uns im Alltag?
- Gibt es interessante Forschungsergebnisse, die für uns wichtig und erfahrbar sind?

Grundlegende Ziele des Faches

Aus der vermuteten Lebenssituation des zukünftigen mündigen Bürgers werden Qualifikationen abgeleitet, die das Fundament der Ziele eines Unterrichtsfaches bilden:
Das Fach Textilgestaltung leitet sich aus drei wichtigen Lebenssituationen ab: Konsum, berufliche Tätigkeit (Arbeitswelt all derer, die im weitesten Sinne mit Textilien umgehen) und Freizeit.
Entsprechende „Ziele" können etwa lauten:

Konsumbereich: Textilien unter Beachtung von funktionalen Anforderungen, persönlichen Bedürfnissen (ästhetischer und psychologischer Art), gesellschaftlichen Bedingungen und ökonomischen Möglichkeiten sinnvoll konsumieren zu können durch bewusstes Auswählen aus dem Konsumangebot, durch Verändern industriell hergestellter Ware, durch sachgerechte Pflege und evtl. durch Selbstherstellen.
Arbeitswelt: Einblick haben in Arbeits- und Produktionsbedingungen bei der Herstellung von Kleidung als Orientierungshilfe für die Berufswahl und als Grundlage für Erkenntnisse über Merkmale und Probleme industrieller Arbeit.
Freizeit: Freizeit durch Umgang mit Textilien individuell sinnvoll nutzen; dieses Ziel schließt die Fähigkeit zu zweckfreiem Gestalten und zu rational geplanter, zweckgebundener Herstellung ein, aber auch zu bewusstem Wahrnehmen und „Genießen" von „Objekten des textilen Kunsthandwerkes und der Textilkunst" (vgl. Bleckwenn, 1980, Seite 15).

Durch die Erkenntnis, dass eine Erziehung ohne Wertvorstellungen Kinder ohne wesentliche Orientierungshilfen lässt und unter Beachtung der Gesichtspunkte „Ganzheitliche Sicht" wären die Richtziele wie folgt zu erweitern:

- „Befähigen zur individuellen Lebens- und Umweltgestaltung" (z. B. durch Auswählen, Verändern und Anfertigen von Textilien)
- „Befähigen zu sozial-integrativem Verhalten" (z. B. durch Abbau von Vorurteilen speziell im Bereich Kleidung / Mode und durch Einüben in Gemeinschafts- und Gruppenarbeit)
- „Befähigen zu selbstständigem Lösen von Problemen" (z. B. durch handelnden Umgang mit Material in frei gestaltender oder zweckgebundener Weise)
- „Befähigen Erkenntnisse zu gewinnen und Informationen zu verarbeiten" (z. B. über gesellschaftliche, ökonomische und technologische Probleme im Bereich Kleidung / Mode)
- „Befähigen kulturelle Werte zu erkennen und kritisch zu würdigen" (z. B. im Bereich der Textilien)

(vgl. Bleckwenn, 1980, Seite 16)

Textilgestaltung – die große Chance Schlüsselqualifikationen zu vermitteln

Seit langem hat man erkannt, dass die wichtigsten Fächer in der Schule und die gewinnbringendsten schulischen Tätigkeiten diejenigen sind, die bestimmte Schlüsselqualifikationen vermitteln. Denn gesellschaftliche Bedingungen ändern sich und erworbene Schlüsselqualifikationen erlauben eine zeitgemäße „Know-how"-Anpassung.

Immer mehr „Berufstätige müssen in immer mehr Arbeitsfeldern selbstständig Sachverhalt und Situation beurteilen, Probleme lösen, neue Lösungsalternativen finden und Entscheidungen treffen, also Aufgaben übernehmen, die Urteilsvermögen, Übersicht, Initiative und Verwaltung fordern". (K. Brückner in Helfrich / Didlaukies (Hrsg.): „Aspekte des Textilunterrichts in einer sich wandelnden Schule", Baltmannsweiler, 1996, S. 76 f)

Entscheidende Schlüsselqualifikationen für die Zukunft unserer Kinder sind folgende Fähigkeiten:

1. Die Fähigkeit, Probleme selbstständig zu lösen und dabei verschiedene Lösungsstrategien zu finden
Dies ist die für mich wichtigste Qualifikation, denn sie macht Intelligenz und Lebenstauglichkeit aus. Konkret-anschaulich denkende Grundschüler erschließen sich Sachverhalte und Lösungsstrategien durch handelnden Umgang mit Dingen (die Grundlage einer problemgerechten Auseinandersetzung).
„Dieses Problemlösen, das auf konkret-anschaulicher Erfahrung beruht (sei es durch Erproben, sei es durch eine gedankliche Lösung, die vom aktiven Handeln überprüft wird), findet im Fach Textilgestaltung sehr häufig statt, z. B. beim Nacherfinden eines Verfahrens, beim Suchen der Form eines funktionsgerechten Gegenstandes, beim Entdecken von Materialeigenschaften, also oft dann, wenn trotz der durch Material, Werkverfahren und Funktion gesetzten Grenzen eine Aufgabe selbstständig gelöst wird."
(Bleckwenn, 1980, Seite 17)
Der Fachlehrer muss dabei erkennen, dass der Prozess (zur Entstehung eines Werkstückes) und das eigenständige Vorgehen pädagogisch wichtiger sind als das fertige Produkt. Dann werden „Ideenreichtum, Umstellungsvermögen und individuelles Verhalten, also Kreativität, aber auch die kognitive und soziale Entwicklung" gefördert (Bleckwenn, 1980, Seite 18).

Praxis-Tipp: Zu jedem Projekt finden Sie eine Vielzahl von Zusatzaufgaben. Hier gibt es besondere Forscheraufgaben, bei denen nicht die zu erlernende Technik oder das Gestaltungsprodukt im Vordergrund steht, sondern der kreative Lösungsweg zu einer „Kopfnuss"-Aufgabe. Das auf konkret anschaulicher Erfahrung beruhende Problemlösen von Aufgaben, zu denen es mehrere Lösungen und Lösungswege gibt, ist eine Lernchance, die Sie zugunsten ihrer Kinder nicht verpassen sollten. Zudem schaffen die Aufgaben Gelegenheit zu erfahren, dass man im (Forschungs-)Team mehr und unterschiedlichere Lösungen findet als als „Einzelkämpfer".

2. Die Fähigkeit zur Selbststeuerung

Wer in Schule, Alltag oder Beruf wirklich erfolgreich ist, besitzt weniger einen außergewöhnlich hohen IQ als die Fähigkeit ein Vorhaben ausdauernd, angestrengt und konzentriert zu verfolgen. Die sogenannte Arbeitshaltung ist entscheidend. Jedes normal begabte Kind kann ein sehr erfolgreicher Schüler und Erwachsener sein, wenn es bereit ist, für den Erfolg ausdauernd und angestrengt zu arbeiten. Diese Einsicht wird im Fach Textilgestaltung automatisch vermittelt, wenn Kinder erleben, dass ein Werkstück zwar lange braucht, bis es abgeschlossen ist, aber auch einen enormen Stolz und Befriedigung verschafft, weil es einem gelungen ist. „Der handelnde Umgang mit Dingen und Material motiviert Schüler stark (unter anderem durch die Rhythmik des Bewegungsablaufs, durch den sichtbaren Erfolg, wohl auch durch den Bezug zum ,werkschaffenden Spiel'), sodass sie zu größerer Konzentration, Ausdauer und Anstrengung fähig werden" (Bleckwenn, 1980, Seite 17). Sie erfahren, dass es sich lohnt, auf unmittelbare Belohnung und Bedürfnisbefriedigung zugunsten einer zeitlich hinausgeschobenen größeren Erfolgserwartung zu verzichten. Diese Eigenschaft kann durch praktische Arbeiten, die größere Zeiträume in Anspruch nehmen, gut trainiert werden, denn die Fortschritte sind klar erkennbar und das Ziel, das heißt die Fertigstellung, bleibt stets deutlich.

Praxis-Tipp: Oft hat man Hemmungen, ein Unterrichtsthema über mehrere Monate auszuweiten, weil sich das Gefühl einschleicht, sich mit wenig Stoff über das Halbjahr zu retten. Aufwändige Projekte, die viel Zeit, aber auch Konzentration, Ausdauer und Anstrengung verlangen, sind aber die Voraussetzung für die Vermittlung der oben beschriebenen Schlüsselqualifikation. Alle in diesem Band aufgeführten Projekte erstrecken sich über einen gewissen Zeitraum und sind auf die Förderung dieser Schlüsselqualifikation ausgerichtet. Es soll nichts in 45 Minuten fertig werden, sondern vielmehr etwas Tolles geschaffen werden. Etwas, auf das man stolz ist und das das bewundernde Interesse anderer fesselt (eine für Kinder überaus wichtige Erfahrung und ein großer Motivationsantrieb). Solche Kunstwerke benötigen Zeit. Und solche Kunstwerke benötigen ausdauerndes, konzentriertes und angestrengtes Arbeiten. Dennoch erscheint den Kindern die Arbeit am Textilprojekt nicht ermüdend. Sie können laufend verfolgen, wie jeder zusätzliche Aufwand das Bild in eine größere Kostbarkeit verwandelt. Ausdauer, Konzentration und Anstrengung haben sich sichtlich bezahlt gemacht. Trauen Sie sich und den Kindern ruhig eine etwas mühsame Textilarbeit zu: ein aufwändiges Webstück, eine größere Stickarbeit oder ein längeres Rundgestrick. Die Erfahrung, über den „großen endlosen Berg" gekommen zu sein, ist überaus wichtig und kostbar.

3. Die Fähigkeit zur Kontextbildung und zur Analyse vielschichtiger Sachverhalte

„Wenn es stimmt, dass es für die Zukunft der Bildung um die Kunst des Umganges mit Unsicherheit und Komplexität geht und darum, auf mehreren Ebenen gleichzeitig zu denken, zu fühlen und zu handeln, ist für uns deutlich, dass mit den eigensinnigen Textilien ein Potenzial vorhanden ist, das – wenn es genutzt wird – mit dazu beitragen kann, einen Ort in der Schule zu schaffen, wo typisch menschlich-sachliche und gesellschaftliche Beziehungsgefüge und Zusammenhänge durchschaut und Alltags- sprich Lebenskompetenz erworben werden kann." (A. Bohnsack / A. Hülsenbeck in Helfrich / Didlaukies (Hrsg.): „Aspekte des Textilunterrichts in einer sich wandelnden Schule", Baltmannsweiler, 1996, Seite 42)

Die Werktechnik „Filzen" ist ein anschauliches Beispiel dafür, wie Kinder eine textile Technik und die mit ihr verbundenen vielschichtigen Sachverhalte erfahren, erfühlen und behandeln können (an dieser Stelle sei auch noch einmal auf die „Zehn Perspektiven textiler Themen" (siehe Seite 9–11) verwiesen:

- Filzen als Technik (handwerklicher Aspekt)
- Filzen früher (kulturhistorischer Aspekt)
- Filzen als käufliches Produkt (qualitativer Aspekt)
- Filzkunst im Museum (ästhetischer Aspekt)
- … (und weitere „filzige" Zusammenhänge erfahren Sie in einem Zitat unten)

Einzelnes, isoliertes Wissen nutzt dem Einzelnen in seinem Leben nur, wenn er es in das große Ganze seines Kompetenzenschatzes einbauen und mit anderem Wissen verbinden kann. Geistige Flexibilität, Bilden von Verknüpfungen, differenziertes Denken, Entwirren innerhalb der Komplexität des Lebens lautet der Anspruch der Lebens-, Alltags- und Berufstauglichkeit.

„In diesem Fach geht es um Kontextbildung (wie das Textile selbst das Zusammenfügen von Einzelnem – Fasern, Fäden – zu einem Ganzen ist). Es geht nicht um das isolierte Kennenlernen textiler Techniken zum Beispiel, sondern die textilen Techniken werden genutzt, um sinnliche Erfahrungen, Erkenntnisprozesse vielfältiger Art in Bewegung zu setzen. (Beim Filzen erfahren wir die Eigenart der Wolle, die Wärme des Wassers, die Kraft der eigenen Hände – die Erfahrung kann die Grundlage für Erkenntnisprozesse archaischer Textilproduktion sein, kann den Vergleich kultureller Lebensformen von Nomadentum und Sesshaftigkeit initiieren, kann die technische Einsicht in Filz als isolierendes Material begleiten oder das Verständnis für die Kunst von Joseph Beuys fördern.) Die Selbstverständlichkeit wäre Zeichen für die Durchsetzung des „textilen Lernpotenzials" (A. Hülsenbeck in Helfrich / Didlaukies (Hrsg.): „Aspekte des Textilunterrichts in einer sich wandelnden Schule", Baltmannsweiler, 1996, Seite 4).

Die Chance zur Kontextbildung und zum Lernen in Zusammenhängen nutzen aber nur solche „Textil"-Lehrer, die sich nicht auf das Vermitteln einfacher Werkverfahren beschränken.

Praxis-Tipp: Die Fadengrafik von Marianne Assenheimer hat mich auf die Idee gebracht, einmal Folgendes mit den Kindern zu probieren:

Die Betrachtungsspinne: Die Kinder schlüpfen in die Rolle verschiedener Personen und betrachten aus deren Sicht das Objekt, eine Situation oder ein Problem. Die mehrperspektivische Betrachtung mittels der Betrachtungsspinne zum Thema „Kleidung" stelle ich Ihnen im Kapitel 6 ausführlich vor. Die Kinder betrachten die Textilie „Hose" aus den verschiedensten Perspektiven, indem sie in die unterschiedlichsten Rollen bzw. Personen schlüpfen und mit deren Stimme sprechen. Hier kommen alle Personen vor, die u. a. die in Kapitel 1 beschriebenen Aspekte des Faches vertreten können:

Käufer / Fabrikchef (ökonomische Perspektive), Zurückgucker (historische Perspektive), Ausländer (kulturelle Perspektive), Näher / Hersteller (technisch-technologische Perspektive), Mutter (funktionale Perspektive), Freund (soziologische Perspektive), Ich / Hobbykind (psychologische Perspektive), Umweltfrosch (ökologische Perspektive), Textilkünstler (künstlerische, ästhetische Perspektive), Modemacher (mehrere oben genannte Perspektiven). (In Kapitel 1 finden Sie viele Betrachtungsbeispiele zu den einzelnen Perspektiven, *Betrachtungsspinne* siehe Seite 48 f.)

Je nach Klasse kann der Spielanfang evtl. etwas mühsam sein. Lassen Sie sich aber nicht entmutigen. Die Kinder müssen sich mit der Vorgehensweise, in andere Personen zu schlüpfen, erst vertraut machen dürfen. Fangen die ersten Kinder erst einmal an, trauen sich auch die anderen. Allein die Macht zu haben, mit dem Ausruf „STOPP!" eine ganze Klasse zum Stillstand bringen zu dürfen, motiviert die Kinder ungemein. Die Betrachtungsspinne eignet sich nicht nur für bestimmte Bekleidungstextilien, sondern auch für Wohntextilien, textile Rohstoffe, textile Techniken, Textilkunstwerke etc. Es ist sehr interessant, wie dieses Spiel mit den unterschiedlichsten Kindern zu den verschiedensten Themen abläuft!

4. Die Fähigkeit und Kunst das eigene Leben zu gestalten

Ästhetische Arbeit hat einen bisher wenig erkannten sehr hohen Wert für die persönliche Lebensführung. „Die Frage nach einem umweltbewussten, zukunftsfähigen Lebensstil hat entscheidend mit einer neuen Geschmacksbildung zu tun. Wir ziehen immer schneller Dinge herein, auf die wir immer weniger Aufmerksamkeit verwenden können. Es gibt einen Zusammenhang zwischen Aufmerksamkeit, Genauigkeit, Intensität, Erleben und Genuss auf der einen Seite. (...) Maß als ein Prinzip um eine gute Form ins eigene Leben zu bringen. Für mich ist ein entscheidendes Stichwort neben dem der Entschleunigung das der intelligenten Selbstbeschränkung – (mit einem erreichten Stand an Leistung zufrieden sein können) die Mittel, die man hat, in klugen Maßen einsetzen." (W. Sachs in Kunstforum Band 128, 1994).

So könnte ästhetische Arbeit (Gestaltung) im Sinne lebensweltlich orientierter Philosophie zur Lebenskunst beitragen; die Fähigkeit entwickeln das eigene Leben zu gestalten / sich selbst zu führen, wie die eigene Existenz / Form nach außen darzustellen, zu gestalten." (W. Schmidt, Kongressvortrag: Zur Aktualität in Ästhetischen, Hannover 1992)

Ein sehr schönes Zitat fasst das Ziel der Schlüsselqualifikation „Lebenskultur" so zusammen:

„Das Ziel der Erziehung, das Ziel der geistigen Kultur besteht in nichts anderem als darin,
unser Wissen mit Geschmack zu verbinden und unser Verhalten so einzurichten, dass es Form hat."
(Lin Yutag Dichter zitiert nach Mehrgardt: „Kunst als Bedingung im Lernprozess", Vortrag 1968)

Praxis-Tipp: Intelligente Selbstbeschränkung verstärkt man u. a., wenn man die kleinen Kindernasen auf folgende Dinge „stupst":

- Viele kleine Dinge um uns herum sind oft prächtig, werden aber von uns übersehen: die tollen Farben und Muster eines Schmetterlingsflügels, der Duft einer einfachen Blume, die feinen zierlichen Fasern eines Fadens, das angenehme Gefühl eines weichen Frottierhandtuches nach dem Baden …
- Viele Dinge kosten keinen Cent, bereiten uns und anderen aber eine große Freude. Diese Freude ist sogar oft größer als die Freude über einen Konsumgegenstand: die Freude etwas geschafft zu haben, Anerkennung, ein Lob, ein Lächeln, Freundschaft, Zeit eines Elternteiles, etwas zu können, das man sich zuvor nicht zugetraut hat …
- Viele Dinge werden kostbar und einzigartig, wenn man sie individuell verändert. Eine einfache Jeanshose (T-Shirts, Pullis, Taschen …) erhält für den Besitzer einen ganz neuen, hohen Wert, wenn sie kunstvoll bestickt oder lustig bemalt wurde.
- Freizeit, die man nicht vor dem Fernseher vertan, sondern in der man etwas zustande gebracht hat, etwas „geschaffen" hat, bleibt einem länger und kostbarer in Erinnerung als ein Film. Ich kann mich z. B. immer noch an die tollen Buden erinnern, die ich in meiner Kindheit mit Freunden gebaut habe. Natürlich kann ich mich auch noch an viele meiner ersten „textilen Versuche" erinnern (scheußlich mein erster Schal, habe ihn aber bis zum Auseinanderfallen getragen).

2. Unterrichtsgestaltung

Textilgestaltung ist ein ganz normales Unterrichtsfach. Es ist weder eine Bonbonstunde noch ein Füller für Restzeit. Es ist ein Schulfach mit einem angestrebten Lernertrag, der vorbereitet, erarbeitet, vertieft und festgehalten werden muss. Der Unterricht muss vorbereitet und methodisch variiert werden, innere Differenzierung, gelegentliche Hausaufgaben und gerechte Bewertung gehören ebenfalls hierher.

Lernformen im Fach Textilgestaltung

Grundsätzlich stehen dem Lehrer im Fach Textilgestaltung (wie auch in den anderen Fächern) vor allem zwei Lernformen zur Verfügung:

Entdeckendes Lernen
- Kennzeichen: Die Kinder handeln selbstständig, entdecken etwas für sie Neues, sind für die Lösung eines Problems selbst verantwortlich. Dabei können sie eine oder mehrere richtige Lösungen finden. Gerade das Fach Textilgestaltung ist dafür prädestiniert Schüler zu verschiedenen, aber dennoch gleichwertigen Ergebnissen gelangen zu lassen. Der Lehrer führt die Schüler weniger direkt, muss aber den Entdeckungsprozess anbahnen (Impulse, Diskussionsleitung, Auswahl entsprechender Medien).
- Ziele: Diese Lernform unterstützt die Ausbildung des divergenten Denkens. Darüber hinaus verbinden sich mit dieser Lernform folgende pädagogischen Ziele: Förderung der Selbstständigkeit, Fähigkeit zum selbstständigen Problemlösen, Umstellungsfähigkeit, Kreativität, Risikobereitschaft, Toleranz, Frustrationstoleranz. Spezifische fachliche Ziele sind ferner: Anregung zu individuellem Gestalten, Fähigkeit zur selbstständigen Lösung technischer Probleme, Einsicht in technologische Probleme.
- Vor- und Nachteile: Vorteile der Lernform sind zum einen eine hohe Motivation der Schüler, ein besseres Verstehen durch Erkenntnis und Einsicht, ein besseres Behalten und ein größerer Transfer des Gelernten. Man muss aber auch Nachteile in Kauf nehmen. Entdeckendes Lernen kann zeitraubend werden, das Erreichen der Ergebnisse ist oft unsicher und muss beim Lehrer durch große Sachkompetenz und Toleranz aufgefangen werden. Eine natürliche Arbeitsunruhe ist unvermeidbar, muss aber kein Nachteil sein.
- Anwendungsgebiete: Sehr sinnvoll kann diese Lehrform genutzt werden beim Lösen einfacher technischer, praktischer oder gestalterischer Vorgänge oder Probleme, beim Ermitteln spezifischer Eigenschaften von Rohstoffen, Fäden oder Stoffen, Prinzipien textiler Techniken, Finden einer geeigneten Schnittform etc.
- Wichtig ist Folgendes und soll daher noch einmal besonders betont werden: „Entdeckendes und vor allem kreativitätsförderndes Lernen setzt eine angstfreie, lockere Atmosphäre voraus. Die Schüler haben nur dann Mut, eigene und originelle Ideen zu entwickeln oder abweichend erscheinende Ansichten zu äußern, wenn sie der allgemeinen Zuwendung sicher sein können. Das bezieht sich natürlich auch auf das Verhalten der Klasse, das aber hier weitgehend vom Lehrerverhalten abhängt. Dagegen wird ein Unterrichtsstil, der die Kinder nur zum ängstlichen Befolgen von Vorschriften anleitet, von vornherein jede Eigenständigkeit unterdrücken …" (Bleckwenn 1980, Seite 58).

Rezeptives (aufnehmendes) Lernen
- Kennzeichen: Dargebotene Informationen nehmen die Schüler auf oder sie vollziehen Vorgegebenes nach. Die Darbietungen erfolgen durch den Lehrer im Frontal- oder Einzelunterricht oder durch Arbeitsblätter, Filme, Unterrichtsprogramme o. Ä.
- Ziele: Im Vordergrund stehen die Förderung der Aufnahmefähigkeit, das Umsetzen von Informationen, das Vermeiden von Irrwegen, das Hinführen zu sicherem Verhalten, das exakte Ausführen komplizierter Techniken und das Umsetzen von Arbeitsanweisungen.
- Vor- und Nachteile: Zum einen erlaubt die Lernform ein sicheres Vorgehen, ist weniger zeitraubend, schwierigere Zusammenhänge können auf einfache Weise geklärt werden. Bei zu einseitiger Verwendung dieser Lernform besteht die Gefahr zu großer Anpassung und Unselbstständigkeit, der Überforderung, der zu geringen Eigeninitiative und Motivation.
- Anwendungsbereiche: Sinnvoll ist die Lernform unter anderem dann, wenn komplizierte, technische Probleme überbrückt werden müssen, Fachbegriffe eingeführt werden oder die Bedienung komplizierter Geräte nötig ist.

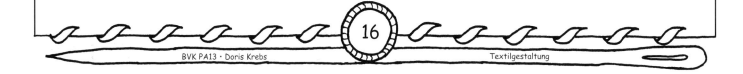

Unterrichtsmethoden im Fach Textilgestaltung und Beispiele

Im folgenden Abschnitt möchte ich Ihnen einen Einblick in die methodische Vielfalt des Faches geben. Je nachdem, ob sich die nachstehenden Unterrichtsmethoden eher im Rahmen des „Entdeckenden Lernens" oder des „Rezeptiven Lernens" verwirklichen, ob es sich bei der Methode um eine „Mischform" handelt, die verschiedene Arten und Methoden zusammenfasst, oder ob die Methode zur „Übung und Vertiefung" genutzt werden kann, sind sie mit folgenden Abkürzungen gekennzeichnet:

> EL = Entdeckendes Lernen
> RL = Rezeptives Lernen
> M = Mischform
> Ü / V = Übungs- und Vertiefungsverfahren

- **Materialuntersuchung (EL):**
  Es wird kein Problem gelöst, sondern visuelle und haptische Entdeckungen, Erfahrungen und Feststellungen gemacht. Die Untersuchungen von Eigenschaften und vom Aufbau von Fäden, textilen Flächen und verschiedenen Rohstoffen (Wolle, Baumwolle, Seide) bieten sich hier an.

- **Materialerprobung (EL):**
  Beim Drucken mit geeigneten Stempeln und auf verschiedenen Stoffen oder beim Finden geeigneter Stoffe z. B. für Regenkleidung werden mehrere Materialien auf ihre Eignung und Brauchbarkeit für einen bestimmten Zweck oder für ein bestimmtes Verfahren untersucht. Hier steht nicht die visuelle oder haptische Prüfung im Vordergrund, sondern das Erproben und Bewerten des Materials, indem es verändert oder mit Werkzeugen oder Dingen behandelt wird.

- **Gebundenes Experiment (EL):**
  Beim Erzielen von Mischfarben durch Färben, bei der Frage nach der Entstehung eines Fadens, beim Verbinden von Stoffteilen müssen die Kinder mithilfe von Arbeitsmaterialien und Werkzeugen ein technisches oder gestalterisches Problem lösen. Durch dieses Experimentieren entdecken Kinder wie Lehrer oft ungewöhnliche, nicht übliche Zugänge, Lösungen und Vorgehensweisen zu einem Thema.

- **Untersuchung von Werkproben und Rekonstruktion des Verfahrens (EL):**
  Anders als beim gebundenen Experiment wird das Sachproblem hier vorstrukturiert. Die Schüler sollen das betreffende Werkstück im Hinblick auf seine Herstellungs- oder Verzierungstechnik untersuchen und durch Rekonstruktion versuchen, das technische Prinzip bzw. die Ausführung zu erkennen. Sehr geeignete Themen sind hier z. B. die Untersuchung und Rekonstruktion von Flechtstücken oder das Entdecken des Prinzips der Leinwandbindung bei Geweben.

- **Hypothesenbildung und Überprüfung (EL):**
  Bei dieser Form des Experimentes wird das reine Probieren teilweise durch abstraktes Denken abgelöst. Die Schüler lösen das Problem zunächst durch Schlussfolgern. Dann überprüfen sie ihre Lösung durch praktische Versuche am Material. Die Methode bietet sich beispielsweise an, wenn man die Funktionsteile verschiedener Webgeräte und deren Funktionsprinzipien untersucht. Aber auch die technischen Verfahren des Tauchwebens (Abbindemethode) oder die Bildwebtechnik lassen sich auf diese Weise ergründen.

- **Freies technisches Experiment (EL):**

Mittels Material und Werkzeug werden in der Gestaltungspraxis oder der Verarbeitung textiler Flächen technische Probleme, zu denen es mehrere richtige Lösungen gibt, erforscht. So können Kinder z. B. eigenständig verschiedene Knotenvarianten, Stickstiche, Befestigungsmöglichkeiten textiler Flächen auf Geweben oder Weben mit Naturmaterialien erkunden.

- **Freie Gestaltungsübung (EL):**

Hier bearbeiten die Kinder ganz individuell ein Thema oder eine Gestaltungsaufgabe. Die Technik kann bekannt sein oder beim Tun noch entdeckt werden. Zu Beginn der Unterrichtseinheit ist eine Einführung (z. B. eine Geschichte) notwendig, die die Fantasie der Kinder freisetzt, aber nicht durch konkrete Vorbilder das Vorstellungsvermögen festlegt. Es eignen sich Themen aus der Lebenswirklichkeit der Kinder, die in Techniken wie Fadenlegen, Drucken, Sticken, freies Bildweben nach eigenen Vorstellungen gestaltet werden können. Aber auch das Weben rhythmischer Streifen oder das Gestalten von Flechtkreationen (Püppchen) sind denkbar.

- **Vor- und Nachmachen (RL):**

Der Lehrer demonstriert mit Erläuterungen ein Vorhaben, das die Schüler in Einzelarbeit nachvollziehen. Dieses Vorgehen bietet sich z. B. beim Aufspannen von Kettfäden auf den Webrahmen, beim Herstellen einer Druckwalze, beim Einfädeln eines Fadens, beim Einsatz von Effektsalz bei der Seidenmalerei oder beim Bilden eines Anfangsknotens an.

- **Arbeit nach Medien (RL):**

Ähnlich wie zuvor wird den Schülern ein Vorgehen demonstriert. Anstelle des Lehrers tritt hier aber ein Arbeitsblatt, ein Film, eine Bilderserie, Computersoftware etc. Bei dieser Methode werden höhere Anforderungen an die Selbststeuerung und Übertragungsleistung des Schülers gestellt. Zahlreiche Beispiele für Arbeitsblätter finden Sie in diesem Band (z. B. Projekt Nr. 11 „Nähen einer Figur nach eigenem Schnitt").

- **Ordnen von Medien (M):**

Die Schüler ordnen Medien wie textiles Material, Abbildungen, Schülerarbeiten nach vorgegebenen oder selbst zu findenden Kriterien. Es bietet sich an, Stoffe oder Garne nach Farbtönen, Helligkeit, verwendeten Rohstoffen, haptischen Kriterien, Herstellungsverfahren ordnen zu lassen. Arbeiten die Schüler dabei vorwiegend in Einzelarbeit, handelt es sich eher um eine Form des entdeckenden Lernens. Die Arbeit im Klassenverband ist für die zurückhaltenden Kinder eher rezeptiv.

- **Vergleichen von Medien (M):**

Durch den Vergleich zweier (höchstens dreier) Objekte werden Sachverhalte bewusst gemacht. Dies ist sinnvoll im Rahmen der thematischen Behandlung von Simultankontrasten, Unterscheidung von Sommer- und Winterkleidung, Kleidung früher – heute, Wohnen hier und anderswo etc.

- **Verbale Analyse von Medien (M):**

Die Kinder untersuchen visuell und verbalisieren ihre Interpretation zu einem Objekt. Das Vorgehen bietet sich an, wenn man z. B. über Variationen von Berufskleidungen, Teileelementen von Geräten, Funktionen von Kleidung, textilindustriellen Geräten und Verfahren sprechen möchte.

- **Anfertigung einer Gestaltungsarbeit (Ü/V):**
Mittels der praktischen Arbeit der Fertigstellung eines textilen Produktes (Webarbeit, Flechtpuppe) werden Gestaltungsaufgaben und Kenntnisse zur Gestaltungstheorie (z. B. Musterbildung) geübt und vertieft.

- **Besprechen von Schülerarbeiten (Ü/V):**
Die Besprechung von Schülerarbeiten hat vertiefende Funktion. Hier kann sich zeigen, ob die Kinder eine Technik nicht nur ausführen können, sondern fähig sind, den praktischen Vorgang zu verbalisieren, zu begründen, Fehler zu erkennen und Unterschiede zu erläutern (vgl. Bleckwenn, 1980, Seite 49). Es kann eine Rückkopplung zur Gestaltungstheorie, zur Technik, zur Unterrichtseinheit oder zur Kunstgeschichte erfolgen. Visuelle Wahrnehmung und Verbalisierungsfähigkeit werden besonders geschult.

- **Schriftliche Zusammenfassung (Ü/V):**
Inhalte werden vertieft und festgehalten. So bietet sich später eine Möglichkeit zur Erinnerung und Rückkopplung, zum Vergleich mit Neugelerntem. Ein „Wollbuch" mit der Entstehungsgeschichte eines Pullovers („Vom Schaf zum Pullover") lässt sich als ideale Grundlage für die spätere Behandlung der Herstellung von Wolle nutzen.

Dieser Liste können Sie im Geiste noch alle Unterrichtsmethoden hinzufügen, die nicht textilfachspezifisch ausgerichtet sind und für alle Fächer von Nutzen sind (z. B. die mündliche Wiederholung, erarbeitendes Unterrichtsgespräch, Lückentext, Rätsel, Darstellung des Sachverhaltes durch den Lehrer ...).

Medien

Medien haben nicht unbedingt etwas mit dem zu bearbeitenden und verarbeiteten Material zu tun. Medien dienen zur optischen und haptischen Erfassung des Unterrichtsinhaltes. Die Bandbreite der Unterrichtsmittel ist groß:

- reale Objekte (z. B. Kleidungsstücke, Flachspflanzen, Kunstobjekte)
- Modelle (z. B. Werkproben, die didaktisch auf das Wesentliche reduziert wurden, Funktionsmodelle von Maschinen, Faserstrukturmodelle)
- Demonstrationsmaterial (z. B. Demonstrationsmodelle für Werkverfahren, naturwissenschaftliche Demonstrationsmittel, Phasenanschauungsmittel, Hafteelemente)
- Abbildungen (z. B. Fotos, Zeichnungen, Tafelzeichnungen, Lehrtafel)
- Filme, Fernsehsendungen, Computersoftware
- Texte (in Form von einem Tafelanschrieb, Arbeitsblätter, Buchtexte, Arbeitsanweisungen)

Material, Werkzeug und Geräte

Da Schulen eher selten einen Etat für dieses Fach haben und auch Eltern gelegentlich nur zäh einen Beitrag für ein Fach bereitstellen, dessen Sinn, dessen Produkte und deren Wert oft nicht erkannt und anerkannt werden, empfiehlt sich hier eine systematische Eigenhilfe (und natürlich auch Aufklärungsarbeit). Ein textiler Materialschrank (wie in Projekt Nr. 1 ausführlich vorgestellt) garantiert zu jeder Stunde das Nötigste.
Als da wären:

- *Material:* Stoff- und Wollreste, evtl. Perlen, Knöpfe, Pailletten etc. (Lassen Sie diese Dinge von den Kindern sammeln. Auch der Kontakt zu textilverarbeitenden Firmen lohnt sich.)
- *Werkzeug:* Scheren, Steck-, Stick- und Nähnadeln, Einfädler, Maßband ... (Egal, ob es sich um Schülereigentum, Klassen- oder Schuleigentum handelt, Kleinteile bleiben vollständiger, wenn sie mit Namen versehen sind.)
- *Geräte:* Die meisten Geräte (wie z. B. Webrahmen, Strickmaschine) können mit einfachen Mitteln (Abfallmaterialien) selbst gebaut werden. Hierzu finden Sie zu jedem Projekt reichlich Vorschläge.

Motivation der Jungen

Manche Jungen sind zunächst skeptisch bezüglich textiler Themen. Machen Sie ihnen bewusst, welche Bedeutung „textile Fähigkeiten" für unser tägliches Leben haben und dass gerade die stärksten Männer und mutigsten Helden unserer alten und neuen Zeit (die in der Lage sind und waren, sich alleine durch Meere, Eiswüsten und Saharasteppen durchzuschlagen) sich solche Fähigkeiten im Rahmen ihres „survival trainings" bewusst aneignen. Dies lässt erkennen, wie sehr vielseitige Kenntnisse zur persönlichen Unabhängigkeit beitragen. Die größten Piraten unserer Weltmeere hätten dumm aus der Wäsche geschaut, hätten sie nicht mit Nadel und Faden umgehen können. Wer hätte ihnen nach einem Sturm die zerrissenen Segel flicken sollen?

Wenn Sie mit einem besonderen Jungen-Highlight Ihren Fachunterricht in einer Klasse beginnen wollen, schnuppern Sie doch einmal in Projekt Nr. 9 hinein. Die Experimente zum Thema „Stoffe untersuchen" haben etwas Laborwissenschaftliches an sich. Reagenzgläser und Feuerversuche machen alle neugierig. Das Bildthema selbst, die schaurig-gruselige Trollmaske mit „Lizenz zum Hässlichen" mögen auch „coole Männer". Genauso bietet Projekt Nr. 2 mittels der Materialanalysen Gelegenheit, Schüler zu Chemikern und Wissenschaftlern zu machen. Die Seemannsknoten in Projekt Nr. 3 sind ein „Spezialauftrag" für kleine Piraten. Alle Schatzsucher schließlich lassen sich mit Projekt Nr. 4 „Der versunkene Schatz" in ein Geschichtenabenteuer schicken.

Lernzielkontrolle

Im Fach Textilgestaltung wird (im Fall der Notwendigkeit von Noten) in der Regel Folgendes bewertet:
- die Ergebnisse der Gestaltungspraxis, aber auch
- die Beteiligung bei den Unterrichtsgesprächen,
- das Verhalten beim entdeckenden Lernen („textiles Forschen") und
- die kritische Betrachtung der fertigen oder teilfertigen Arbeiten.

Darüber hinaus sollte aber auch Folgendes bewertet werden, wenn es im Unterricht thematisiert wurde:
- der bewusste, zielgerichtete Einsatz der Technik und das Ausnutzen der gestalterischen Möglichkeiten,
- die Anwendung bisher erarbeiteter Kenntnisse zur Form- und Farbenlehre (z. B. Auswahl einer geeigneten Kontrastfarbe für die Hintergrundgestaltung) und
- die Kenntnisse der Textillehre (z. B. in Form einer schriftlichen Lernzielkontrolle „Unter welchen Bedingungen verfilzt Wolle?").

Bewertung der praktischen Arbeit

Grundsätzlich gilt, wie in allen anderen Fächern auch: Es darf nur bewertet und gefordert werden, was gelehrt wurde. Zudem fließen noch fachspezifische Verhaltensweisen in die Notengebung mit ein:
- gestalterische Idee,
- Umsetzung einer Idee in der vorgegebenen Technik bzw. Finden einer geeigneten Technik für die Gestaltungsaufgabe oder Teile der Gestaltungsaufgabe,
- Ausführung der Technik,
- Bewältigung der vorgegebenen Kriterien bzw. der Gestaltungsaufgabe,
- Differenziertheit der Ausgestaltung,
- ausdauerndes Arbeiten und Fertigstellung,
- Originalität (als Sonderleistung zu bewerten),
- besonderer Fleiß (Sonderleistung).

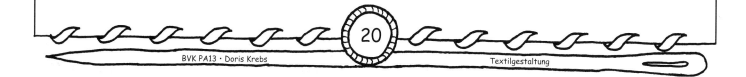

Hausaufgaben

Da das Fach Textilgestaltung ein normales Fach ist, gilt auch hier: Wenn es nötig ist, werden Hausaufgaben erteilt. Denkbar sind:

- Forscheraufgaben (z. B. Wo findest du zu Hause bestickte Textilien? Schlage das Wort „Flachs" nach!),
- schriftliche Arbeiten zu theoretischen Themen (z. B. Arbeitsblatt „Vom Schaf zum Pullover"),
- Vorbereitungen auf ein neues Thema („Suche Abbildungen, auf denen zu sehen ist, was die Menschen früher für Kleidung trugen!"),
- Materialsammlung (Stoffreste, Garnreste, Knöpfe, geeignetes Naturmaterial zum Weben),
- Geräte bauen („Baue zu Hause – mit deinen Eltern – eine Strickmaschine nach der Anleitung auf dem Arbeitsblatt!"),
- die Beendigung einer praktischen Arbeit. (Hier muss man allerdings Elternhilfe in Kauf nehmen. Das gilt aber in der Regel auch für die Hausaufgaben in anderen Fächern.)

Wer sich zu den vorangegangenen Ausführungen noch intensiver informieren möchte, dem seien die ausführlichen Darlegungen von Ruth Bleckwenn: „Textilgestaltung in der Grundschule", Frankonius Verlag, 1980, ans Herz gelegt.

3. Stoffverteilungspläne erstellen

Entscheidungskriterien für die Entwicklung eines Arbeitsplanes für ein oder mehrere Schuljahre

Im Fach Mathematik ist der Aufbau des Schuljahres sonnenklar. In der Regel gibt das Mathebuch das grobe Gerüst vor, das sich viele Kollegen zeitlich über das Schuljahr verteilen. Anders ist es im Fach Textilgestaltung. Da schlingern wir zwischen den Werkverfahren, den zu erstellenden textilen Produkten, der Theorie und den Richtlinien hin und her. Es fehlt der klare Aufbau. Nirgends findet man ein brauchbares Grundgerüst, an dem man sich orientieren kann. In vielen Bundesländern sind die Richtlinien so offen, dass sie fachfremd unterrichtenden Kollegen keine Entscheidungshilfe bieten. Textilgestaltungsthemen werden aus dem Bauch heraus ausgesucht. Das Jahresprogramm ähnelt einer Patchwork-Arbeit.

Es gibt verschiedene Kriterien, nach denen man seinen Stoffplan zusammenstellen kann, sinnvolle und unsinnige. Man kann

- die unterschiedlichsten Werkverfahren („textilen Techniken") durcharbeiten (Knoten, Sticken, Nähen, Weben, Filzen etc.),
- nach den vorhandenen Materialresten bzw. vorliegenden oder gewünschten Materialien, die verarbeitet werden sollen (Wolle, Stoffe, Leder / Felle, Knöpfe, Perlen ...), handwerkliche Erfahrungen sammeln lassen,
- verschiedene Werkzeuge und Arbeitsgeräte anbieten (Sticknadel, Druckstock, Webrahmen, Filzlauge, Nähmaschine ...),
- die Inhalte der Richtlinien nacheinander abarbeiten (Bilden textiler Flächen, Verzieren textiler Flächen, Rohstofflehre, kulturgeschichtliche Betrachtungen, Medienerziehung ...),
- die Schlüsselqualifikationen in den Vordergrund stellen (differenzierte Lösungsstrategien finden, Selbststeuerung üben, Kontextbildung versuchen, Lebenskultur bilden ...),
- nach den Zielprodukten (verschiedene Standardprodukte) zusammenstellen (Flechtschnur, Fadenlegebild, besticktes Lesezeichen, Webtäschchen, Abbindepuppe, Stockpuppe, Nadelkissen aus Filz ...),
- Gestaltungsthemen passend zu den aktuellen Sach- und Sprachprojekten sowie Jahreszeiten auswählen.

Systematiken

Der Unterrichtsalltag zeigt, dass textile Themen im Wesentlichen nach fünf Gesichtspunkten ausgewählt werden: den Richtlinien, den Möglichkeiten textiler Werktechniken, dem vorrätigen und zu verbrauchenden Material, dem Alter der Kinder und der aktuellen Jahreszeit. Je nachdem was Sie für ein „Auswahltyp" sind, biete ich Ihnen im Folgenden die für Sie geeignete Systematik an:

- eine Systematik der textilen Techniken,
- eine Systematik auf der Grundlage der Richtlinien,
- eine Systematik nach Verbrauchsmaterialien,
- eine Erläuterung zu den Altersstufen und
- eine Projektübersicht zu den Jahreszeiten. (Eine Übersicht über die Verknüpfung mit entsprechenden Sprach- und Sachthemen finden Sie im Übersichtsplan zu den 15 textilen Kunstprojekten in diesem Buch.)

Der Aufbau der textilen Kunstprojekte in diesem Band vereinigt alle Systematiken zu einer umfassenden Gesamtsystematik.

Systematik der textilen Techniken

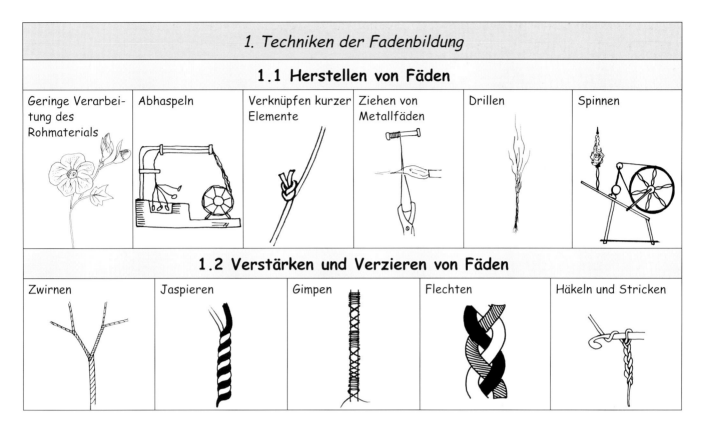

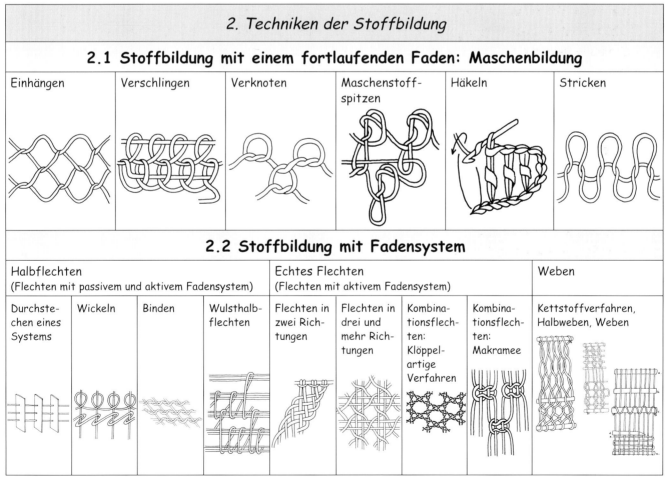

3. Techniken der Stoffverzierung

3.1 Stoffverzierung während der Stoffbildung

Musterungen durch Farb-, Material- und Technikwechsel

3.2 Stoffverzierung durch zusätzliche Elemente während der Stoffbildung

Florbildung (Florstoffe)	Perlenstoffbildung (Perlenstoffe)
 	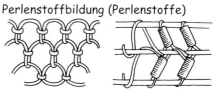 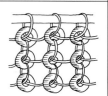

3.3 Bildung von Randabschlüssen und Fransen

Randabschlüsse ohne Fadenbildung			Randabschlüsse mit Fadenbildung	
Maschenstoff-techniken	Geflochten	Stoffbildende verzierende, kombinierte Techniken	Einfache gedrillte, geknotete und eingehängte Fransen	Fransenbildung in stoffbildenden Techniken
			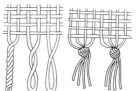	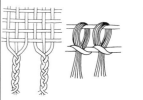

3.4 Stoffverzierung nach der Stoffbildung

Mit festem Material		Mit flüssigem Material	
Applikationstechniken • Aufnähen von Stoffstücken • Steppen • Zusammennähen und Ausschneiden von Stofflagen • Aufnähen von Perlen, Haaren, Schnüren, Federkielen, Borsten etc.	Stickereiartige Verfahren • Stickerei • Ziernähte • Smok • Verzierung von Netzgründen • Durchbrucharbeiten	Direkte Musterung • Auftragen von Farbsubstanzen • Bemalung • Stoffdruck • Tauchverfahren	Indirekte Musterung • Abdecken bestimmter Stoffteile vor der Färbung (Reserveverfahren) durch Falten, Nähen, Umwickeln, Abbinden, Schablonieren, pastenförmiges Material, Beize etc. • Reservierung von zum Weben bestimmtem Garn (Ikat)
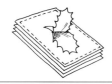			

4. Techniken der Stoffverarbeitung
(Stoffzusammensetzung)

Mittels stoffbildender Techniken	Heften	Zusammen-knüpfen	Nähen	Sticken	Verriegeln	Verschließen

Zur Systematik der textilen Techniken

Viele von Ihnen werden sich eine Übersicht über die textilen Techniken wünschen, um sich wie in den anderen Fächern am fachspezifischen Themenaufbau zu orientieren. Die Systematik der textilen Techniken ist synthetisch aufgebaut, das heißt, sie verfolgt chronologisch die Entstehung einer Textilie. Auch wenn Sie sich lieber an der Systematik der Richtlinien orientieren, ist die Auseinandersetzung mit der Systematik textiler Techniken interessant, weil man sich im Fach selbst orientieren und es einmal in seiner Themen-Gesamtheit in den Griff bekommen kann.

1. Techniken der Fadenbildung

1.1 Herstellung von Fäden:

- Geringe Verarbeitung des Rohmaterials: Denkbar einfache Fadenmaterialien sind Produkte des Pflanzen- und Tierreiches, die nur gesammelt, gereinigt und evtl. zerschlissen, gespalten, zerschnitten, herausgezogen werden müssen (Wurzeln, Blätter, Stängel).
- Abhaspeln von Fäden erheblicher Länge: Komplizierter ist die Gewinnung des Seidenfadens, der vom Kokon der Seidenraupe abgewickelt (abgehaspelt) werden muss.
- Verknüpfen kurzer Elemente: Blattteile, Stängel oder Bastfasern wie z. B. Bambusstreifen, Bananen- oder Palmblattbast werden miteinander verknüpft und können dann zu längeren Fäden gedreht oder gedrillt werden.
- Ziehen von Metallfäden: Metallfäden werden ähnlich wie Draht gezogen. Unterschiedliches Fadenmaterial kann durch Aneinandersetzen und Ineinanderdrehen (Drillen) zu einem langen Faden verarbeitet werden.
- Drillen: Die Fasern werden zwischen den Händen oder auf einer Unterlage ineinander verdreht, wobei man an den begonnenen Fäden immer neues Material ansetzt.
- Spinnen: Schließlich gibt es noch das Spinnen, das ähnlich dem Drillen dazu dient, kurze Fasern und Haare über eine Handspindel oder Spinnräder zu einem langen Faden zu drehen.

1.2 Verstärken und Verzieren von Fäden:

Die folgenden Verfahren dienen zur Herstellung stärkerer und dickerer Materialien und zur Verzierung von Fäden.

- Zwirnen: Beim Zwirnen werden zwei oder mehr Fäden entgegen der zum Drillen üblichen Richtung miteinander verdreht.
- Jaspieren: Beim Jaspieren werden verschiedenfarbige Fäden miteinander verzwirnt.
- Gimpen: Beim Gimpen wird ein als „Seele" bezeichneter Faden mit beliebigem, oft sehr feinem Material umwickelt.
- Flechten: Beim Flechten werden drei oder mehr Fäden zu Zöpfen oder Kordeln verflochten.
  Häkeln und Stricken: Durch Luftmaschen-Häkeln oder Stricken dünner Schnüre können solide, elastische Fäden entstehen.

2. Techniken der Stoffbildung

Herstellungsverfahren und Bindungsformen (die Art der Fadenverkreuzung) sind die Grundlage der folgenden Unterscheidung. Primäre stoffbildende Techniken kommen im Gegensatz zu den höheren stoffbildenden Techniken (die Gesamtheit der Weberei) ohne Hilfsmittel oder nur mit einfachsten Geräten aus. Durch die fließenden Übergänge der einzelnen Verfahren lässt sich eine scharfe Abgrenzung der stoffbildenden Techniken nicht immer treffen. Eine Vielzahl von stoffbildenden Verfahren verbindet Elemente verschiedener Techniken zu einer neuen. Dennoch bietet die folgende Systematik eine brauchbare Orientierung im „textiltechnischen Dschungel".

2.1 Stoffbildung mit einem fortlaufenden Faden: Maschenbildung

Der Stoff wird mithilfe eines einzigen fortlaufenden Fadens gebildet, den man zu einer bestimmten Maschenform verarbeitet. Da Maschen die Bindungselemente der einfädigen Stoffe darstellen, bezeichnet man sie als Maschenstoffe. Als Masche bezeichnet man im Allgemeinen den Fadenverlauf bis zu seiner Wiederholung in einer Reihe. Alle maschenstofftechnischen Verfahren kann man auf drei Arten ausführen: umkehrend (mit dem Faden hin- und herarbeitend), spiralförmig oder zirkulär.

Grundsätzlich kann man sechs verschiedene Techniken zur Maschenstoffbildung unterscheiden:

- Einhängen: Der Faden wird einfach in herunterhängende Fadenbögen eingehängt. Es entsteht ein netzartiger, sehr elastischer Stoff. Diese Technik kann wie alle folgenden Techniken in höchst komplexen Ausformungen variiert werden.
- Verschlingen: Beim Verschlingen bildet man mit dem Faden Maschen in Schlingen- oder Schlaufenform.
- Verknoten: Beim Verknoten werden geeignete Schleifen, Verschlingungen oder Maschen straff angezogen. Eine besonders feine Form der Stoffbildung durch Verknoten stellt die Herstellung von Filetspitzen dar. Die stoffbildenden Knotenformen können nach ihrer Bindungsform und Lagerung in freie (Knoten wird einfach eingehängt) und feste (fixierte) Knoten gegliedert werden. C. W. Ashley hat übrigens allein über 3 000 Knotenformen zusammengetragen, aus denen Maschenstoffe bestehen können.
- Maschenstoffspitzen: Ihnen liegt ein Verfahren zu Grunde, das auf einer Kombination von Verschlingen und Verknoten beruht und sich zu einer eigenen Gattung entwickelt hat (Schiffchenarbeiten – Frivolitäten – Nadelspitzen).
- Häkeln: Beim Häkeln werden Maschen gebildet, indem man den Faden durch eine oder mehrere vorgebildete Schlaufen zieht.
- Stricken: Beim Stricken werden die Maschen horizontal aneinandergereiht (nicht verhängt) und mit den entsprechenden Maschen der vorangehenden Reihe verbunden.

2.2 Stoffbildungen mit Fadensystemen:

Hier braucht man statt einem Faden zur Stoffbildung mindestens zwei Fäden oder Fadengruppen (Fadensysteme). Man unterscheidet passive und aktive Fadensysteme. Passive Fadensysteme werden von aktiven umwickelt, durchstochen, verbunden … Das heißt, mithilfe der aktiven Fäden oder Fadensysteme fixiert man den anderen Faden oder die andere Fadengruppe, die während der Arbeitsvorgänge passiv bleibt. Bei Verfahren mit zwei aktiven Systemen werden Stoffe durch Verkreuzung der Elemente gebildet.

- Durchstechen eines Fadensystems: Beim Durchstechen des einen Systems werden parallel nebeneinanderliegende, dicke Fadensysteme von Fäden des aktiven Fadensystems an einander entsprechenden Stellen durchstochen.
- Wickeln: Beim Wickeln fixiert man parallel gelegte, passive Fäden mithilfe von rechtwinklig oder schräg dazu verlaufenden aktiven Fäden durch ein- oder mehrmaliges Umwickeln. Variationen ergeben sich durch Überspringen, Zusammenfassen und Kombinieren von Verschlingungs- und Knotentechniken.
- Binden: Beim Binden legt man zwei oder mehr passive Fadensysteme übereinander. Nun fixiert man die Kreuzungsstellen mithilfe eines fortlaufenden aktiven Fadens oder Fadensystems. Varianten ergeben sich durch umwickelndes Binden, umschlingendes Binden, verknotendes Binden, Zwirnbinden, Flechtbinden etc.

- Wulsthalbflechten: Beim Wulsthalbflechten fixiert (umfasst oder durchsticht) man die dicken oder aus einem Fadenbündel bestehenden Einheiten des passiven Systems mithilfe aktiver Fäden. Bei den Variationen der Technik ergeben sich fließende Übergänge z. B. zu den Maschenstoffen mit Einlagen.
- Flechten in zwei Richtungen: Beim Flechten in zwei Richtungen ist der Übergang zum Weben wiederum fließend. Diese Flechtstoffe entstehen durch Verkreuzen der Elemente von zwei Fadensystemen. Die Bindungsformen der Zweirichtungsgeflechte werden ferner analog derjenigen von Geweben bezeichnet. Variationen entstehen durch randparalleles Flechten, Diagonalflechten, Zopf-, Kordel- oder Schlauchflechten, Zwirnflechten, Zwirnspalten …
- Flechten in drei oder mehr Richtungen: Hier braucht man mindestens drei Fadensysteme. Dieses Verfahren ist eine hochspezialisierte Endform des Flechtens.
- Klöppeln (Kombinationsflechten): Klöppelartige Verfahren sind Kombinationen von Zwei- und Mehrrichtungsflechten, bei denen auch Elemente aus anderen Verfahren wie der Maschenstofftechnik hinzukommen können.
- Makramee (Kombinationsflechten): Makramee ist ein dem klöppeleiartigen Verfahren ähnliches Verfahren, unterscheidet sich aber von jenem durch zusätzliches Verschlingen und Verknoten.
- Weben / Halbweben / Kettstoffverfahren: Weben zählt wie die Kettstoffverfahren und das Halbweben zu den höheren stoffbildenden Techniken. Diese sind durch die Verwendung einer Kette, das heißt eines ausgespannten und fixierten Fadensystems gekennzeichnet. Dabei ist die Kette in der Regel passiv und das andere System, der Eintrag, aktiv. Bei den Kettstoffverfahren werden die einzelnen Kettfäden miteinander verkreuzt oder verdreht. Der Eintrag kann gewickelt, geknotet, gezwirnt, geflochten, gewirkt … werden.

3. Techniken der Stoffverzierung

3.1 Stoffverzierung während der Stoffbildung

- Farbwechsel: Bei der Musterung durch Farbwechsel werden die verarbeiteten Fäden durch andersfarbige Fäden ausgetauscht
- Materialwechsel: Bei der Musterung durch Materialwechsel wechseln Fäden aus unterschiedlichen Materialien (auch Garnstärken o. Ä.) einander ab und bewirken so ein Muster.
- Technikwechsel: Die Musterung durch Technikwechsel kann z. B. beim Stricken durch Wechsel von linken und rechten Maschen entstehen. Aber auch der Wechsel mit völlig anderen Flächenbildungstechniken ist denkbar, z. B. beim Wechsel von gestrickten und gehäkelten Flächenteilen.

3.2 Stoffverzierung durch zusätzliche Elemente während der Stoffbildung

- Florstoffe: Florbildung kann *vor* der Stoffbildung (mit Fäden mit eingezwirntem Flor), *bei* der Stoffbildung oder *nach* der Stoffbildung (z. B. durch Aufrauen) erfolgen. Florbildung bei der Stoffbildung erfolgt durch Einbinden florbildender Elemente: z. B. Fäden, Fasern, Federn usw. Das zu Grunde liegende stoffbildende Verfahren ist beliebig: Maschenbildung, Flechten, Weben etc.
- Perlenstoffe: Bei der Bildung von Perlenstoffen werden steife Zierelemente bei der Flächenbildung mit einbezogen bzw. durch stoffbildende Verfahren hinzugefügt: z. B. Perlen, Muscheln, Glas-, Ton-, Gummi- oder Metallelemente, Samen, Früchte, Plättchen, Röhrchen, zylindrische Holzstückchen …

3.3 Bildung von Randabschlüssen und Fransen

Randabschlüsse dienen zur Fixierung und Verstärkung von Stoffrändern und gleichzeitig zu deren Verzierung in Form von Bordüren.

- Bei den Randabschlüssen ohne Fransenbildung besteht eine enge Verbindung zwischen Stoffbildung und Randabschluss. Das Stoffende wird mit dem gewählten Randabschluss fixiert. Es gibt eine enorme Anzahl von Möglichkeiten der Randbortengestaltung.

- Bei den Randabschlüssen mit Fransenbildung können Fransen oder Quasten entweder durch vorstehende Bestandteile eines Stoffes gebildet werden oder nachträglich durch Einziehen von Fäden in den Stoffrand bzw. Annähen angebracht werden.

3.4 Stoffverzierung nach der Stoffbildung

Man unterscheidet hier zwei Hauptgruppen: Stoffverzierungen mit festem und mit flüssigem Material

- Applikationstechniken: Eine der ursprünglichsten Verzierungsmethoden besteht in der Befestigung von Stoffstücken, Federn, Fäden, Muschelschalen, Zierperlen, Borsten, Federkielen, Haaren, Holz- und Rindenstücken, Leder ... auf dem Stoff. Die Fixierung kann durch Annähen oder Ankleben erfolgen. Die Applikationsverfahren werden in der Regel nach Applikationsmaterial und Fixierungsart unterschieden.
- Stickereiartige Verfahren: Sie unterscheiden sich von den Applikationstechniken dadurch, dass der Stickfaden selbst stoffverzierend gebraucht wird, ohne dass damit noch zusätzliche Elemente fixiert werden.
- Direkte Musterung: Flüssige oder auch pulverförmige Materialien (Ruß, Rötel, Kreide) werden als Farbpigmente aufgetragen (durch Malen, Drucken, Tauchen etc.).
- Indirekte Musterung: Sämtliche Reserveverfahren (z. B. auch die Einwirkung des Sonnenlichtes auf abgedeckte bzw. nicht abgedeckte Stoffteile) zählen zu diesen Verzierungsverfahren. Durch Falten, Zusammenziehen, Nähen, Umwickeln, Abbinden, Schablonieren, Knoten, Beizen ... werden Stoffteile abgedeckt und vom Färben ausgeschlossen. Sie bilden nach dem Einfärben des Stoffes die hellen Motiv- oder Musterstellen auf dem Stoff.

4. Techniken der Stoffverarbeitung

Fertige Stoffe kann man verarbeiten, indem man sie aufteilt oder zusammenfügt. Als Stoffverarbeitung bezeichnet man somit das Zuschneiden (Stoffaufteilung) und das Zusammennähen (Stoffzusammensetzung) für bestimmte Zwecke, z. B. zur Anfertigung von Kleidern. Zuschneidetechniken werden im Bereich der Schneiderei weiter differenziert und sollen an dieser Stelle nicht thematisiert werden.

Bei der Stoffzusammensetzung werden entweder die jeweiligen stoffbildenden Techniken oder aber typische stoffverbindende Verfahren verwendet:

- Stoffzusammensetzung mittels stoffbildender Techniken: Sowohl für Maschenstoffe als auch für Geflechte und Kettstoffe gibt es Verfahren, bei denen vorstehende Fadenenden der Stoffe selbst zur Vereinigung ihrer Partien dienen. Darüber hinaus können aber auch beliebige Stoffe durch Web-, Flecht-, Maschenbildungsverfahren etc. verbunden werden.
- Heften: Dies ist die einfachste Methode. Stoffteile werden mittels Dornen, Holzstiften, Nadeln u. Ä. miteinander verbunden.
- Zusammenknüpfen: Einzelne, kurze Fadenstücke werden durch die Stoffränder der zu verbindenden Teile gezogen und zusammengeknotet. Selbst wenn die Knüpfstellen dicht aufeinanderfolgen, bleibt die Stoffverbindung stets relativ locker.
- Nähen: Beim Nähen verbindet man Stoffteile mithilfe eines fortlaufenden Fadens, indem man diesen in der gewünschten Form (Stichart) durch die auf- oder nebeneinandergelegten Teile zieht und dadurch eine Naht bildet.
- Sticken: Die Stickereiverfahren zur Stoffzusammensetzung stehen in besonders naher Beziehung zum Nähen, unterscheiden sich aber von diesem durch ihren vorwiegend dekorativen Charakter.
- Verriegeln: Das Verriegeln setzt Schlingenstoffränder voraus, wie sie bei Kettstoffen und Geweben entstehen. Man legt die Stoffteile dann so aneinander, dass die Schlingen gegeneinandergerichtet sind und zieht diese auf einen gemeinsamen Faden auf, z. B. mittels des Überwindlingsstiches.
- Verschließen: Steife Materialien (wie Haken, Knöpfe, Holzstücke etc.) ersetzen hier den Verschlie-

ßungsfaden. Sie werden an einer Stoffkante befestigt und durch eine Schlinge oder Öffnung der anderen Stoffkante gezogen.

Nähere Ausführungen zu diesem Thema finden Sie in dem Buch „Systematik der textilen Techniken" von A. Seiler-Baldinger, Wepf Verlag, Basel 1991, das der zuvor aufgeführten (vereinfachten) Systematik zugrunde liegt.

Zur Systematik auf der Grundlage der Richtlinien
Um Ihnen das systematische Planen in den vier Grundschuljahren zu erleichtern und Ihnen zu helfen, sich einen Überblick über die schon verwirklichten unterrichtlichen Ziele zu verschaffen, biete ich Ihnen im Folgenden eine Systematik an, die versucht, die Richtlinien „aufzudröseln", nach Lernzielen zu ordnen und zu strukturieren. Erledigtes kann so schnell ausgestrichen oder abgehakt werden. Noch nicht Gemachtes kann angestrichen oder für ein Schuljahr bzw. für einen bestimmten Monat vorgemerkt werden.

Warum soll etwas vermittelt werden und wie bzw. womit soll es vermittelt werden?
Richtlinien stellen die Intentionen und zu vermittelnden Einsichten den Unterrichtsinhalten an die Seite. Durch die Art der Textdarbietung fehlt aber jede Übersicht.
Zu vermittelnde Einsichten und Unterrichtsinhalte sind nicht immer so einander zugeordnet, dass sie als gemeinsames Lernziel zu erkennen sind.
Die zu vermittelnden Einsichten wurden in der Tabelle verkleinert unter die jeweiligen Lernziele gedruckt.

Diese plakativ formulierten Einsichten lassen sich sehr gut als Unterrichtsüberschriften, Merksätze oder Stundenzusammenfassungen verwenden. Auf Karten geschrieben kann man sie ferner als „Wissensschätze" an einer Klassenwand gut sichtbar sammeln. So ist für die Kinder der Lernweg anschaulich protokolliert. Die „Wissensschätze" regen zu Rückblicken oder Querverweisen („Querdenken" im Sinne des mehrperspektivischen Lernens) an.

- Für das Bilden und Ausgestalten textiler Flächen und Formen gilt grundsätzlich:
  Durch spielerisches Zusammentragen, Ordnen und Beschreiben ebenso wie durch systematisches Untersuchen und Vergleichen soll die optisch-haptische Wahrnehmungsfähigkeit der Kinder erweitert und differenziert werden" (RL NRW). Im Mittelpunkt des Unterrichts steht das textilpraktische Tun, wobei das kreative Handeln wichtiger ist als das perfekte Ausführen der Arbeitstechniken.

„Die Ausformung der Schnittform zur Hülle oder zum plastischen Objekt fördert das räumliche Vorstellungsvermögen der Kinder ebenso wie ihre Sensibilität für Formwerte und die Wirkung von Formen." (RL NRW)
In vielen Richtlinien beginnen die Darstellungen der Lerninhalte und -ziele mit der Thematik der „Formbildung". Diese Richtlinienreihenfolge „Erst-Hülle-dann-Fläche-und-Faden" entspricht nicht dem Aufbau textiltechnischer Systematiken, sondern orientiert sich an dem für Kinder Naheliegenden. Kinder haben sehr umfassende, alltägliche Erfahrungen mit Textilhüllen in Form von Kleidung, Wohntextilien (Bettwäsche) und Spielobjekten (Puppen). An diese Erfahrungen anknüpfend beginnen die Richtlinieninhalte mit Hüllen. Flächenbildungen wie Stricken, Filzen, Weben und Flächenausgestaltungen wie Sticken, Applizieren etc. sind den wenigsten Kindern über kleine Ansätze hinaus bekannt.

Die aufgeführten Lernziele und Unterrichtsinhalte konzentrieren sich auf die textilspezifischen Themen. Im Rahmen der gesamten Gestaltungsarbeit mit Kindern, die besonders das Fach Kunst mit einbeziehen, dürfen natürlich Unterrichtsinhalte wie Formenlehre, Farbenlehre, Umgang mit Medien etc. nicht fehlen.

Systematik auf der Grundlage der Richtlinien: Bilden und Ausgestalten textiler Flächen

Lernziel	1. / 2. Schuljahr	3. / 4. Schuljahr	Angebote dazu in	Notiz
Beschaffenheit und Eigenschaften von Fäden und textilen Flächen wahrnehmen	Textile Materialien sammeln, ordnen und beschreiben „Textile Materialien und Flächen treten in verschiedenen Erscheinungsformen auf (Stoff, Garn, Kordel, Schnur)." „Für die Textilarbeit benötigt man gelegentlich Zubehör (Knöpfe, Reißverschlüsse)." „Textile Materialien und Flächen haben bestimmte Eigenschaften." „Textile Materialien und Flächen bieten vielfältige Verwendungsmöglichkeiten."		alle, aber besonders **P1**	
	Grundstruktur eines Garnes kennenlernen		P1, **P2**, P3, P7, P9	
		Verschiedenartige Fäden untersuchen und vergleichen „Die Wahl der Art der Fadenherstellung bestimmt die Eigenschaften des Endproduktes."	P1, **P2**, P3, A4, P5, P7, P10, P13	
	Grundstruktur eines Gewebes kennenlernen		P9	
		Verschiedenartige Flächenbildungen untersuchen und vergleichen (Gewebe, Maschenware, Vlies) „Die Wahl des Herstellungsverfahrens der textilen Fläche bestimmt die Eigenschaften des Endproduktes."	P5, P6, **P9**, P10, P12, P13	
		Textile Rohstoffe kennenlernen und ihre strukturbedingten Eigenschaften wahrnehmen „Für die Herstellung von Textilien benötigt man bestimmte Rohstoffe" „Die Wahl des Rohstoffes bestimmt die Eigenschaften des Endproduktes."	P1, P2, Z2, A4, P9, P14, **P15**	
Handwerklich-technische Verfahren zur Herstellung von Fäden und Flächen erproben	Fäden mit einfachen Hilfsmitteln herstellen und dabei Arbeitsabläufe und Handfertigkeiten bei textilen Werkverfahren verbessern „Fäden werden aus textilen Rohstoffen (Garn, Zwirn) gedreht."		**P2**, **Z2**, P3, P5, P6	
	Textile Flächen mit einfachen Hilfsmitteln herstellen und dabei Arbeitsabläufe und Handfertigkeiten bei textilen Werkverfahren verbessern „Textile Flächen konstruiert man aus Fäden oder textilen Rohstoffen (Leinwandbindung, Maschenbindung, Verfilzung)." „Textile Arbeitstechniken wie Weben, Häkeln, Filzen, Färben, Sticken etc. ermöglichen das Bilden und Gestalten textiler Flächen."		P10, P13, P15, P5, P6, **P9**	
	Stopfweben erproben		Z7 „Lesezeichen"	
		Unterschiedlich anspruchsvolle Webverfahren ausprobieren	**P10**	
		Knotenbildungen erproben	**P3**, P12, P2, P5	
		Knotenbildung zur Flächenbildung durch Knüpfen nutzen	P3, Z4, P12, **P3**	
		Eine Maschentechnik zur Flächenbildung einsetzen	P6, **P13**	

P = Projekt Nr.   Z = Zusatzaufgaben zu Projekt Nr.   A = Anschlussaufgaben zu Projekt Nr.   S = Sachinformation zu Projekt Nr.   P = Projekt mit entsprechendem Schwerpunktthema

BVK PA13 · Doris Krebs · Textilgestaltung

Systematik auf der Grundlage der Richtlinien: Bilden und Ausgestalten textiler Flächen

Lernziel	1. / 2. Schuljahr	3. / 4. Schuljahr	Angebote dazu in	Notiz
Handwerklich-technische Verfahren zur Ausgestaltung textiler Flächen erproben und ästhetische Wirkungen beim Ausgestalten textiler Flächen wahrnehmen „Textile Materialien und Flächen können schmücken und geschmückt werden." „Textilien können gefärbt, ornamentiert oder gemustert werden." „Die Farbwahl und die Farbzusammensetzung bestimmen die Gesamtwirkung der fertigen Textilie."	Stoffmuster durch Drucken mit Stempelformen herstellen		P8, Z14	
	Einfache Motive sticken und dadurch geeignete Stiche kennenlernen		in allen Projekten zur Ausdifferenzierung, **P7**	
	Textile Materialien unterschiedlicher Beschaffenheit / unterschiedlicher Farbe zur Herstellung von Fäden und Flächen nutzen		alle, besonders **P2**, **P9**, Kapitel „Farbenlehre"	
	Druckmuster und Webmuster unterscheiden		P8, P10	
		Stoffe durch Färben und einfaches Reservieren ornamentieren	**P8**, P14	
		Möglichkeiten des Stoffdruckes erweitern	P8, Z8, P14 Kapitel „Farbenlehre"	
		Ein Einzelornament / eine Borte durch Linien oder Flächenfüllung gestalten	alle, besonders **P7**	
		Eine Webfläche / ein Webband als Streifen oder Karomuster gestalten	P9, **P10**, Z10	
		Farbwirkungen in einfachen Webmustern einschätzen	P9, **P10**, **Z10**, Kapitel „Farbenlehre"	
Einblicke in kulturelle Bezüge gewinnen	Darstellung textiler Handwerke und Geräte aus unterschiedlichen Zeiten und Kulturkreisen sammeln und betrachten „Textilien erzählen von anderen Ländern und Kulturen (z. B.: „Baumwolle wächst nicht in unserem Lande")." „Werkzeuge erzählen von vergangenen Zeiten. Sie sind das Ergebnis menschlicher Entwicklung (z. B. Spindel, Spinnrad, Spinnmaschine)." „Die Herstellungsart gegenwärtiger textiler Produkte hat eine lange Geschichte. Sie erzählt von Zünften, Handwerken, ersten kulturgeschichtlichen Vorstufen. Genauso wie die Herstellungsverfahren, die Organisationsformen der Arbeit, die Geräte und Werkzeuge haben sich die Menschen über den Lauf der Zeit entwickelt und verändert."		S1-14	
		Herkunft und Art der Gewinnung und Verarbeitung textiler Rohstoffe kennenlernen „Fäden und Stoffe stellt man aus tierischen, pflanzlichen, mineralischen und chemischen Rohstoffen her." „Die Verarbeitung der Rohstoffe zu Textilem ist unterschiedlich."	**P2**, A4, P14, **P9**, **P15**	

P = Projekt Nr. Z = Zusatzaufgaben zu Projekt Nr. A = Anschlussaufgaben zu Projekt Nr. S = Sachinformation zu Projekt Nr. P = Projekt mit entsprechendem Schwerpunktthema

BVK PA13 · Doris Krebs · Textilgestaltung

Systematik auf der Grundlage der Richtlinien: Bilden textiler Formen

Lernziel	1. / 2. Schuljahr	3. / 4. Schuljahr	Angebote dazu in	Notiz
Werkzeuge und textile Materialien beim Herstellen textiler Formen erproben	Textile Materialien zu Spielzwecken, zum Verkleiden, zur Raumausstattung einsetzen „Hüllen bieten vielfältige Verwendungsmöglichkeiten."		P1, **P11**, P12, P13	
	Grunderfahrungen zum Umgang mit Werkzeugen gewinnen		P1-14	
		Die Bedeutung des Schnittes für Hüllen / plastische Objekte erkennen „Zur Hüllenherstellung aus textilen Flächen benötigt man Schnitte."	**P2, P11**	
		Textile Materialien nach einfachen Schnittformen zuschneiden und Hüllen / plastische Objekte formen „Textile Techniken wie Annähen, Festnähen, Zusammennähen, Falten, Sticken ermöglichen das Ausformen und Ausgestalten textiler Hüllen."	P2, **P11**	
		Passform überprüfen „Eine Hülle muss passen."	P2, **P11**, P13, Kapitel „Kleidung"	
Verfahren der Ausformung und der Ausgestaltung von Hüllen / plastische Objekten erproben	Textile Flächen zu Hüllen / plastische Objekten verbinden (u. a. Stickstiche)		P2, P9, **P11**, P13	
		Näh- und sticktechnische Möglichkeiten sowie textile Materialien im Hinblick auf die Ausgestaltung einer Form nutzen „Textile Arbeitstechniken wie Annähen, Festnähen, Zusammennähen, Fälteln, Sticken ermöglichen das Ausformen und Ausgestalten textiler Hüllen." „Gebrauchstextilien und andere textile Objekte haben unterschiedliche Herstellungswege."	P1, P2, P4, P5, P6, P8, P9, **P11**, P12, P13	
Textile Formen untersuchen	Kleidung unter funktionalen Gesichtspunkten untersuchen (u. a. Schutz, Schmuck, Zeichen) „Textile Hüllen und Materialien kann man zu unterschiedlichen Dingen und Zwecken gebrauchen." Kleidung unter Wirkungsgesichtspunkten wahrnehmen (u. a. Einfluss auf Aussehen, Haltung und Bewegung) „Textile Hüllen und Materialien erzählen etwas über mich und andere und verändern das Aussehen."		Kapitel „Kleidung" und „**Betrachtungsspinne**"	
		Aussage- und Mitteilungswert von Kleidungsstücken (u. a. rollengebunden, modisch oder kulturhistorisch eingebunden, Ausdruck der Person, des Kulturkreises) wahrnehmen „Gebrauchstextilien haben eine Funktion." „Gebrauchstextilien unterliegen einer Mode. Sie erzählen von mir und anderen." „Gebrauchstextilien haben sich im Laufe der Zeit gewandelt. Sie erzählen von vergangenen Zeiten." „Gebrauchstextilien passen sich in anderen Ländern an die Bedürfnisse der dort lebenden Menschen an. Sie erzählen von anderen Kulturen."	Kapitel „Kleidung", S1-14 „Kulturhistorische Einblicke"	

P = Projekt Nr.   Z = Zusatzaufgaben zu Projekt Nr.   A = Anschlussaufgaben zu Projekt Nr.   S = Sachinformation zu Projekt Nr.   P = Projekt mit entsprechendem Schwerpunktthema

BVK PA13 · Doris Krebs · Textilgestaltung

Zur Systematik nach Materialien

Ein dritter „Planungsfall" ergibt sich dann, wenn man reichlich textiles Material einer Sorte zur Verfügung hat. Vielleicht hat Ihnen eine Mutter einen Berg Lederreste gebracht. Wählen Sie in diesem Fall aus der Materialsystematik aus.

Verbrauchsmaterialsystematik

Material	Materialbeispiele	Grundtätigkeiten / textiles Werkverfahren (je nach Materialbeschaffenheit)	Mögliche Themen und Produkte (Hier nur eine kurze Auswahl. Ausführliche Vorschläge finden Sie in den einzelnen Projekten, siehe rechts.)	Konkrete Gestaltungsaufgaben finden Sie	
				… in der Beschreibung zu den Projekten Nr.	… in den Zusatzaufgaben zu den Projekten Nr.
Material-Sammel-surium	Textile Materialien, Naturmaterialien etc.	Materialien sammeln, beschreiben, ordnen und unterscheiden	„Materialschrank" Materialboxen herstellen, Materialregal einräumen	1	1
	Werkzeuge und Geräte, die im weitesten Sinne zur Gestaltung textiler Werke beitragen (z. B. Metermaß, Fingerhut, Scheren, Häkelnadeln, Stecknadeln, Webrahmen, Strickliesel etc.	Werkzeuge sammeln, beschreiben, ordnen und unterscheiden	„Materialschrank", klasseneigenen Werkzeugschrank einrichten Druckwerkstatt	1	8
	Zubehör wie Knöpfe, Perlen, Muscheln, Federn, Fellstücke, Naturmaterialien	Zubehör sammeln, beschreiben, ordnen und unterscheiden	„Materialschrank", Appikationen, Knöpfememory, Schmuck, Fantasiehüte mit aufgearbeiteten Materialien, Perlenfiguren	1, 4, 2	4
Lineares, textiles Material	Wolle, Garne, Stickgarne, gezwirnte Waren, Kordeln, Schnüre, Bast, Bänder, Stoffstreifen, verschiedene faserige Materiale wie Rohwolle oder Pflanzenfasern	Textile Linien / Bänder: Aufdrehen, Rupfen, Spinnen oder Zusammendrehen, Flechten, Bilder legen und aufkleben, Knoten, Wickeln, Zusammenbinden, Luftmaschen häkeln, Perlen auffädeln	Baumbilder, Figuren legen, Weiterverarbeitung zu Legebildern, Flechtschnüre, Webstücke, Strickteile, Freundschaftsbänder, Puppenhaare / Indianerzopf, Schlüsselanhänger, Fadenspiele, Zugband für eine mittelalterliche Börse	1, 2, 3, 4, 5, 6	1, 2, 3, 4, 5, 6
		Textile Flächen herstellen: Knoten, Flechten mit mehreren Strängen, Weben, Filzen, Knüpfen, Häkeln, Stricken	Spinnennetz knoten Papierweben, Webbilder, Perlenweben: Armbänder, Figuren, Schlüsselanhänger, Löwenmähne knüpfen, Makrameearbeiten, Filzbild, Bilderrahmen umwickeln, Gürtel, Schuhbänder	5, 10, 12, 13	5, 10, 12, 13
		Textile Hüllen / Körper herstellen: Flechten, Knoten, Wickeln, Filzen, Häkeln, Weben, Stricken	Puppenkleidung, Wickelraupe, Pompons, Körbe, Netze, Taschen, Spielfiguren, textile Hüllen abbinden (z. B. zu Kuscheltieren), Einkaufsnetze, Kleidungsstücke	13	6, 10, 12, 1, 5
Textile Flächen	Stoffe, Stramin, Rupfen, Tüll, Leder, Kunstfasermatten, Filzplatten	Textile Flächen verändern/ausgestalten: Fäden herausziehen, Fäden ergänzen oder hineinweben, reißen, abbinden / knoten, bemalen, bedrucken, färben / batiken, besticken, applizieren, etwas auf-, an- oder zusammennähen	Lesezeichen, Masken, Fabeltiere, Leinentaschen, Tischsets, Puppenstoffe, Textile Bilder, Textile Bilderbücher, Textile „Brettspiele", Proben für das Rohstoff-Buch, Experimente „Laborversuche"	8, 9, 11, 14, 15	8, 9, 11, 14

Verbrauchsmaterialsystematik

textile Flächen		textile Hüllen und Körper bilden: nähen, abbinden, knoten	Fantasiefigur, Kissen, Puppen / Puppenkleidung, T-Shirts, Hüte, Teelichthüllen, Bälle	2, 9, 11, 13	11
Kleidung	Kleidersammlungen, wie Sie sie in der Schule z. B. im Theaterschrank finden könnten Altkleiderbeutel, die die Kinder von zu Hause mitbringen Kleidung, die die Kinder tragen … Textilien, die sich zur textilen Hüllenbildung eignen	Funktion von Kleidung (Schutz, Zeichen, Schmuck) Gruppierung in Ober-, Unterbekleidung und Zubehör Kaufkriterien (Zweck-mäßigkeit, Aussehen, Passform, Preis, Pflege-ansprüche etc.) Kleiderstoffe (Farbe, Muster, Material, Ober-flächenbeschaffenheit)	Collagen, in denen Papierpuppen mit Stoffen bekleidet / beklebt werden Flechtpuppen bekleiden/Kleidung nähen Modenschau / Verkleiden Rollenspiel „Kleiderkauf" Spiel „Betrachtungsspinne"	9, 11 Kapitel „Kleidung"	9
Textile Rohstoffe	Baumwolle	Analysieren durch Zer-legen und Testen der Materialeigenschaften, Experimente mit ent-sprechenden Stoffen	Collage „Baumwollstrauch", Färben / Bedrucken / Bemalen von Baumwollstoffen, „Mein kleines Baumwoll-Buch" Arbeitsblatt Projekt Nr. 15	8, 9, 14, 15	8, 14
	Wolle	Analysieren durch Zer-legen und Testen der Materialeigenschaften, Experimente mit ent-sprechenden Stoffen	Rohwolle zu Garn spinnen und zwir-nen, Textilcollage oder Applikation „Schafe auf der Wiese", „Mein klei-nes Woll-Buch", Bilder aus Zauber-wolle, Arbeitsblatt Projekt Nr. 15	2, 9, 15	2
	Leinen	Analysieren durch Zer-legen und Testen der Materialeigenschaften, Experimente mit ent-sprechenden Stoffen	Flachscollage, Leinsamen aussäen „Mein kleines Flachs-Buch" Arbeitsblatt Projekt Nr. 15	9, 15	
	Seide	Analysieren durch Zer-legen und Testen der Materialeigenschaften, Experimente mit ent-sprechenden Stoffen	Textilcollage: Seidenraupe, „Mein kleines Seiden-Buch" Arbeitsblatt Projekt Nr. 15	14, 9, 15	14
	Sonstige	siehe oben	Experimente mit textilen Materialien, „Mein kleines Stoff-Buch" Arbeitsblatt Projekt Nr. 15	9, 15	
Farben	Stofffarben, Seidenfarben, Stoffmalstifte, Batikfarben, Druckfarben, farbige Garne, farbige Stoffe	Übungen zu den Grund- und Mischfarben	Ittenscher Farbkreis (Grundfarben sammeln, Mischfarben mischen, Farbfamilien zusammenstellen)	Kapitel „Farbenleh-re", 1-14	
		Übungen zu den Farbkontrasten	Kontrastpaare suchen, Kontraste bei der Motiv-Hinter-grund-Gestaltung anwenden	Kapitel „Farbenleh-re", 1-14	
		Übungen zur Ent-wicklung farbiger Muster	Papierwebarbeiten, Musterweben mit Wolle, Druckmuster auf Stoff	10, 8	10, 8
Medien	Kunstbücher, Bildbände, Poster, kulturgeschichtliche Anschauungsmateria-lien, Museen, Internet, Experten	Material sammeln, nach bestimmten Kriterien oder Themen ordnen und ausstellen, Infor-mationen gezielt suchen und heraus-schreiben, Experten-befragung	Ausstellung zusammenstellen, Mini-bücher herstellen, Diavortrag, Plakate erstellen, schriftliche Zusammenfassung, Vortrag	1-15: „Kultur-histori-sche Ein-blicke"	1-15

Zur Systematik nach Altersstufen

Die einzelnen Werkverfahren und Themen werden von den Richtlinien nach Altersgruppen geordnet. Die richtlinienorientierten Lernziele finden Sie in der „Systematik auf der Grundlage der Richtlinien" den einzelnen Altersstufen (1./2. Jahrgang und 3./4. Jahrgang) zugeordnet.

Eine Systematik nach Altersstufen der Schüler ist bezüglich der in diesem Band beschriebenen Projekte nicht erforderlich. Die Bildthemen eignen sich für Eingangsklassen genauso wie für ein versiertes viertes Schuljahr. Die Ausführungen der Themen werden lediglich entsprechend einfach oder anspruchsvoll gestaltet. Bei jüngeren Kindern ist es nicht nötig, über das Motiv hinaus noch zahlreiche Ausdifferenzierungen zu fordern. Erfahrungsgemäß freuen sich aber viele Erstklässler über die offenen Möglichkeiten und den damit verbundenen kreativen Freiraum, der sich ihnen nach Erledigung der Grundaufgabe eröffnet. Stolz führen sie den Klassenkameraden ihr vorschulisch erworbenes Wissen und ihre technischen Fähigkeiten vor. Nicht selten durften sie schon im Kindergarten weben, flechten, knoten oder auf Lochkarten sticken. Diese Fertigkeiten bringen Sie voller Eifer mit ein. Schwächere Kinder lassen sich gerne zur Nachahmung anregen und probieren auf diese Weise schon (ohne Leistungsdruck) textile Techniken aus, die sie „nach Plan" vielleicht erst im dritten Schuljahr erprobt hätten. Ein Gewinn für alle.

Da jedes Motiv von seiner Grundform so einfach gewählt wurde, dass es mühelos und ohne viel Vorbereitung auch von den Kleinsten bewältigt werden kann, wagen Sie ruhig jedes Bildthema auch schon im ersten Schuljahr. Ich habe es mit großer Freude ausprobiert. Die Erfahrungen waren sogar oft noch positiver als erhofft. Ich betone aber an dieser Stelle, dass man bei sehr jungen Kindern auch teilweise sehr „grobe" Bildlösungen akzeptieren muss. Aber auch diese Kunstwerke haben stets ihren eigenen Charme. Alle Bilder kommen darüber hinaus auf einem passenden Passepartout-Karton noch besser zur Wirkung. Gestaltungsaufgaben, die in Bildergruppen in der Klasse aufgehängt werden, verstärken die Gesamtwirkung nochmals. Da fällt das ein oder andere „magere" Bild nicht als ein solches auf, sondern wirkt wie ein Edelstein unter vielen.

Auch wenn Sie grundsätzlich alle Projekte in allen Klassenstufen durchführen können, fordern die Werkverfahren innerhalb der Projekte unterschiedliches manuelles Geschick. Das Umwickeln einer Pappscheibe (Projekt Nr. 1) ist sicherlich leichter zu erlernen als der Umgang mit einer Strickliesel (Projekt Nr. 13). Prinzipiell steigt der Anspruch an die Fingerfertigkeit von Projekt zu Projekt. Sollten Sie also mit Ihrer Klasse die ersten „textilen Gehversuche" wagen, wählen Sie zu Beginn vielleicht eher eines der ersten sieben Projekte aus.

Zur Systematik nach Jahreszeiten

Natürlich sollte der Stoffverteilungsplan im Fach Textilgestaltung nicht ausschließlich nach den Jahreszeiten ausgerichtet und geplant werden. Ganz ignorieren darf man sie aber auch nicht. Projekt Nr. 11 „Endlich Herbst, denkt der Igel" macht sich im Winter sehr „bescheiden". Auch kann man als Kunst- und Textilgestaltungslehrer Ereignisse wie St. Martin, Muttertag, Weihnachten usw. nicht übergehen. Aber da die Reihenfolge und die Themen nicht kursmäßig aufeinander aufgebaut sind wie im Mathematikunterricht, kann man im Fach Textilgestaltung das eine mit dem anderen gut verbinden.

Im Folgenden biete ich eine grobe Zuweisung der Projektthemen zu den einzelnen Jahreszeiten an.

Jahreszeit	Projekt Nr.
Frühling	1, 2, 3, 4, 5, 8, 10, 12, 13, 14
Sommer	1, 2, 3, 4, 5, 6, 7, 8, 9, 10, 12, 13, 14
Herbst	2, 3, 4, 6, 7, 8, 9, 10, 11, 14
Winter	7, 8, 9, 10, 14

Mit kleinen Änderungen können Sie im Prinzip jedes Thema jahreszeitlich anpassen. Aus „Endlich Herbst, denkt der Igel" (in Herbstfarben) könnte z. B. werden:

„Endlich Sommer, denkt die Maus" (in warmen Farben) oder

„Endlich Frühling, denkt der Maikäfer" (im Farbe-an-sich-Kontrast und in bunten Farben) oder

„Endlich Winter, denkt der Schneemann" (in kalten Farben oder als Graudifferenzierung).

Das textile Werkverfahren bleibt unverändert und die Vorgehensweise in der Regel auch.

4. Ein Notprogramm für einen reduzierten Textilunterricht

Leider ist jeder Kollege bei ungünstigen Unterrichtsbedingungen (Unterrichtsausfall, gehäufter Vertretungsunterricht in anderen Klassen, andere vorrangige Aufgaben in der Klasse) schon einmal gezwungen, einige „Nebenfächer"-Stunden wie die Kunst- und Textilgestaltungsstunden zu reduzieren. In diesen Fällen ist man auf ein gutes „Notprogramm" angewiesen, das Gelegenheit schafft, einen breiten Einblick in das Fach zu gewähren. Das Notprogramm konzentriert sich in erster Linie darauf, die Kinder eine Vielfalt textiltechnischer Werkverfahren erproben zu lassen.

Neben dem breit gefächerten Ausprobieren von textilen Werktechniken schafft es aber auch Raum für kreative, eigene Bildlösungen bei der Ausdifferenzierung der Gestaltungsaufgabe sowie für die Anwendung bereits vorhandener Kenntnisse und bietet die Möglichkeit zu einem kulturhistorischen Bezug.

Angenommen, Sie haben in einem Halbjahr / Jahr nur Zeit für ein oder zwei Textilprojekte. Mit Projekt Nr. 2 und / oder Nr. 9 können Sie den Kindern eine Vielzahl von Gestaltungsbereichen anbieten. Wie Sie der „Systematik auf der Grundlage der Richtlinien" entnehmen, decken die beiden Projekte einen großen Teil der ganzen Bandbreite der textilen Lernziele ab. Projekt Nr. 2 erarbeitet schwerpunktmäßig die Thematik der Hüllenbildung, Projekt Nr. 9 konzentriert sich auf die Flächenbildung und die dafür nötigen Fäden. Sehr viele theoretische Themengebiete und praktische Erfahrungen lassen sich im Rahmen der beiden Einheiten anbieten. Je nach zur Verfügung stehender Zeit können Sie folgende Möglichkeiten ausschöpfen:

Projekt	Handwerklich-technische Praxiserfahrungsmöglichkeiten	Mögliche theoretische Themengebiete bzw. Lernziele
Nr. 2 „Wolkenreise"	· Textile Materialien nach einfachen Schnittformen zuschneiden und Kleidungsstücke (Hüllen) formen · Näh- und sticktechnische Möglichkeiten sowie textile Materialien für die Ausgestaltung einer Form und einer Fläche nutzen · Fäden auftrieseln · Fasern zu Fäden spinnen · Wickeln, Binden, Knoten (Schafe, Figurenpüppchen etc.) · Nähen (Figurenkleidung) · Sticken · Perlen auffädeln · Flechten (Tiere) · Stoffmalerei (Hintergrund) ...	· Textile Materialien sammeln, ordnen und beschreiben · Werkzeuge kennenlernen und erproben · Bedeutung des Schnittes für Kleidung (Hüllen) erkennen · Vielfältige Verwendungsmöglichkeiten textiler Materialien erkennen · Kleidung unter funktionalen Gesichtspunkten untersuchen · Kleidung unter Wirkungsgesichtspunkten wahrnehmen · Aussage- und Mitteilungswert von Kleidungsstücken wahrnehmen · Grundstruktur eines Garnes kennenlernen · Verschiedene Fäden untersuchen und vergleichen · Textile Rohstoffe kennenlernen und ihre strukturbedingten Eigenschaften wahrnehmen ...
Nr. 9 „Toddi Troll"	· Stoffe verändern durch Fadenziehen, Verschieben, Zusammenbinden etc. · Wickeln, Binden, Knoten (Trollgesicht, Waldinsekten ...) · Nähen (Blätter, Perlenaugen annähen) · Sticken (Differenzierungselemente, Trollgesicht, Blattadern etc.) · Perlen auffädeln (z. B. Waldinsekten) · Flechten (Haare, Hände, Waldbewohner) · Stoffmalerei (Hintergrund) · Knoten, Knüpfen (Spinnennetz) · Filzen (Waldinsekten) · Applizieren von Stoffen und Naturmaterialien	· Textile Materialien sammeln, ordnen und beschreiben · Stoffe sammeln, ordnen, unterscheiden · Stoffe untersuchen hinsichtlich ihrer Eigenschaften („Laborversuche") · Stoffe für Kleidung und Heimtextilien sinnvoll nutzen · Stoffe und Mode · Verschiedene Flächenbildungen untersuchen und vergleichen (Gewebe, Maschenware, Vlies) · Prinzip der Leinwandbindung kennenlernen und ausprobieren · Stoffe werden aus Fäden gemacht: verschiedene Fäden untersuchen und vergleichen · Textile Rohstoffe kennenlernen und ihre strukturbedingten Eigenschaften wahrnehmen ...

5. Farbenlehre und bildnerische Mittel

Keine Kunst – auch keine Textilkunst – ist ohne Grundwissen der Farben- und Formenlehre möglich. Motiv und Hintergrund z. B. müssen harmonisch oder bewusst kontrastierend aufeinander abgestimmt werden. Die Komposition verschiedener Bildelemente wirkt je nach Farbzusammenstellung völlig unterschiedlich.

Farbenlehre

Wenn man mit Kindern wirkungsvolle Kunstwerke gestalten möchte, ist es unerlässlich das Thema Farbe zum Unterrichtsinhalt zu machen. Schon im ersten Schuljahr lernen die Kinder bei mir den Ittenschen Farbkreis kennen. Den ziehen wir später bei jeder Gestaltungsaufgabe zu Rate. (Im Nebeneffekt garantiert das auch, dass das Thema „Farbenlehre" als eine theoretische Abteilung im Rahmen des Kunst- und Textilunterrichtes nicht zu lange vernachlässigt wird.)

Zu Beginn Ihrer unterrichtlichen Bemühungen sollten Sie mit den Kindern eine Kopie des Farbkreises ausmalen. Dazu benutzen die Kinder ausschließlich die drei Grundfarben Rot, Gelb und Blau des Deckfarbenkastens und mischen sich damit die jeweiligen Mischfarben. So sammeln Ihre Schüler schon viele Erfahrungen hinsichtlich des Farbmischens, der Mischfarben selbst und der Farbzusammenhänge.
Durch Mischen benachbarter Farben erhält man eine Kette von Farbtönen, die sich chromatisch aneinanderfügen. J. Itten hat in Anlehnung an Newton und Goethe deren Farbband zu einem Kreis geschlossen. Im Inneren enthält er die Primär- und Sekundärfarben. Im äußeren Farbkreis liegen ähnliche Farben nebeneinander, gegensätzliche Farben (Komplementärfarben) liegen sich gegenüber: Gelb als hellste und Violett als dunkelste Farbe, Rot als aktivste und Grün als passivste Farbe, Blau als kälteste und Orange als wärmste Farbe. Eine farblich gelungene Schülerarbeit sollte zur ständigen Orientierung und Bezugnahme in der Klasse hängen.

Man unterscheidet sieben Farbkontraste:

1. Farbe-an-sich-Kontrast
Ein Kontrast, der durch die drei ungetrübten, reinen Grundfarben (Rot, Gelb, Blau) gebildet wird. Man erzielt damit eine bunte, fröhliche Farbwirkung.
(Beispiel.: Das Bildthema „Die Wolkenreise", Projekt Nr. 2, lässt die Kontrastwirkung erahnen. Diese Gestaltungsaufgabe könnte man auch ganz konsequent in diesem Farbkontrast gestalten.)

2. Hell-Dunkel-Kontrast
Jede Farbe hat neben ihrem Farbton auch einen bestimmten Helligkeitswert. Gelb zählt zu den hellsten Farben, Violett zu den dunkelsten. Helligkeiten können durch Schwarz- oder Weißbeimischungen verändert werden. Der ausdrucksstärkste Hell-Dunkel-Kontrast wird durch die Farben Schwarz und Weiß erzielt (Beispiele: „Weißes Spinnennetz auf schwarzgrünem Hintergrund" (Projekt Nr. 12); „Gelbe Sonnenblumenblätter zu braunen Samen" (Projekt Nr. 6); „Braune Schatzkiste auf gelbem Meeressandboden" (Projekt Nr. 4); „Gelber Löwe auf dunkelblauem Hintergrund" (Projekt Nr. 3); die Spritzdrucke in Schwarz-Weiß (Projekt Nr. 8) basieren auch auf dem Hell-Dunkel-Kontrast.)

3. Kalt-Warm-Kontrast:
Farben, die überwiegend Gelb, Orange und Rot enthalten, werden den warmen Farben zugeordnet. Farben mit Blauanteil (Grün, Blau, Violett) zählen zu den kalten Farben. Beide Farbgruppen rufen verschiedene Raumwirkungen hervor. Warme Farben drängen nach vorne und scheinen uns näher zu liegen. Kalte Farben

weichen zurück und schaffen räumliche Tiefe. Betrachtet man eine Landschaft, erscheinen die entfernter liegenden Dinge wegen der dazwischen gelagerten Luftschichten bläulicher. In Landschaftsmalereien wird der Kontrast genutzt und entfernte Dinge mit ein wenig Blau gemischt.
(Beispiele: „Igel im Herbst" (Projekt Nr. 11) in warmen Herbstfarben, die „Schatzsuche" (Projekt Nr. 4) bietet sich für ein Kalt-Farben-Thema (Grün, Blau, Violett) an.)

4. Komplementär-Kontrast
Größte Kontrastwirkungen entstehen, wenn Farben, die sich auf dem Farbkreis gegenüberliegen, nebeneinandergestellt werden. Entsprechen sich die Helligkeitswerte und die Farbsättigung eines komplementären Farbpaares, so ist ihre Kontrastwirkung am stärksten.
(Beispiele: „Roter Käfer auf grünem Blatt" (Projekt Nr. 13), „Gelboranger Löwe zu blauviolettem Hintergrund" (Projekt Nr. 3))

5. Simultan-Kontrast
Wenn sich zwei benachbarte Farben gegenseitig so beeinflussen, dass jede Farbe ihrer benachbarten die eigene Komplementärfarbe übermittelt und deren Helligkeit oder Dunkelheit verstärkt, spricht man vom Simultan-Kontrast (Entstehung von Nachbildern in der Komplementärfarbe nach längerer Farbbetrachtung).

6. Qualitäts-Kontrast
Dieser Kontrast entsteht durch den Gegensatz von gesättigten (reinen) Farben und getrübten Farben. Die Farbqualität bezieht sich auf die Reinheit der Farbe. Die reine Farbe kann mit Schwarz, Weiß oder ihrer Komplementärfarbe getrübt werden. Qualitäts-Kontraste finden Sie in allen Projekten, in denen eine Farbe differenziert wird.
(Beispiele: Beim Hintergrund des Spinnennetzes in Projekt Nr. 12 wird die Farbe Grün differenziert und mit Braun und Schwarz getrübt.)

7. Quantitäts-Kontrast
Er bezieht sich auf das Größenverhältnis von Farbflächen oder -flecken. „Wenig" einer Farbe steht einem „Viel" einer anderen Farbe gegenüber. Interessant ist darüber hinaus aber auch noch folgende Erscheinung: Ein helles Gelb kann bei gleicher Ausdehnung (gleicher Menge) ein Violett zu einem „Dunkel" abschwächen. Gelb hat deutlich mehr Strahlkraft.
(Beispiele: Das rote Gewand des Pfeifenputzermännchens (Projekt Nr. 2) strahlt als leuchtendes, kontrastierendes, kleines Etwas auf dem grünblauen Grund hervor. Die Spinne (Projekt Nr. 12) bildet einen kleinen, sich farblich absetzenden Akzent auf dem großen Dunkel des Wald-Ast-Hintergrundes.)

Die Farbe Braun / Grau lässt sich einfach durch das Mischen von Komplementärfarben erzielen, z. B. durch Mischen von Rot und Grün, Blau und Orange, Gelb und Violett.

Bildnerische Mittel

Mit dem Wissen um die Farblehre allein lässt sich kein Druck, keine Stickerei, keine Applikation, kein Webmuster planen. Neben den Farben bestimmen die Formen der Bildelemente und ihre Zuordnung zueinander die Wirkung des textilen Werkes.
Die bildnerischen Mittel lassen sich in drei Gruppen einteilen: Bildelemente, Kontraste und Ordnungsprinzipien:

Bildelemente
- des Flächenhaften:
  - Punkt in unterschiedlichen Qualitäten (groß, klein, farbig, mit Ecken, als Tupfen, als Sprenkel, als Farbstaub, als Negativform, als Zwischenraum zwischen anderen Bildelementen etc.)
  - Linie in unterschiedlichen Qualitäten (dick, dünn, lang, kurz, senkrecht, waagerecht, parallel, strahlenförmig, durchquert, gekreuzt, gebogen, zackig, gekrümmt, kurvig, rund, gewellt, strukturiert, negativ, mit Zwischenraum, ungleichmäßig dick …)
  - Fläche nach den Grundformelementen (Kreis, Oval, Dreieck, Viereck) und in unterschiedlichen Qualitäten
  - Fleck im Sinne einer nicht gleichmäßigen Fläche und in unterschiedlichen Qualitäten
- des Körperhaften: Kante, Grat, Mulde, Höhlung, Wölbung, stereometrische Grundformelemente (Kugel, Quader, Kegel, Zylinder, Pyramide …)
- des Räumlichen: Linie, Fläche und Körper als raumschaffende, -durchstellende und -gliedernde Elemente

Kontraste:
Beim Textilgestalten kann man wie beim Zeichnen und Malen folgende Kontraste einsetzen:
- Farbkontraste, Formkontraste, Größenkontraste, Mengenkontraste, Richtungskontraste
- Kontrastüberlagerungen

Ordnungsprinzipien:
- Reihung, Musterung, Rhythmus, Symmetrie / Asymmetrie, Horizontale, Vertikale, Diagonale, Umriss / Kontur, Silhouette, Streuung, Ballung, Verdichtung / Verschmelzung, Auflockerung, Verzweigung, Verwerfung, Verkleinerung, Überdeckung / Überschneidung / Überlagerung, Parallelität, Staffelung, Schichtung, Struktur, Faktur, Textur, Transparenz, Perspektive (Umkehr- / Parallel- / Zentral- / Farben- / Luftperspektive), Goldener Schnitt

Der Ittensche Farbkreis

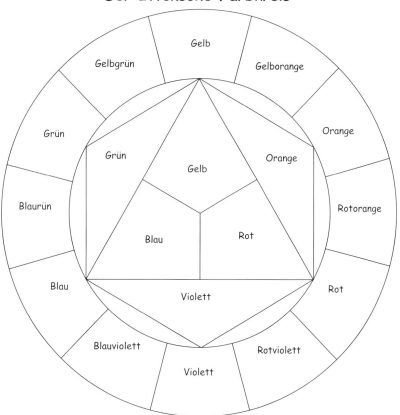

6. Thema „Kleidung und Mode"

Das Thema Kleidung begleitet uns durch alle Projektthemen dieses Buches. Überall berühren wir mit den textilen Unterrichtsvorhaben auch einzelne Aspekte und Funktionen der Kleidung. Wer das Thema „Kleidung (Mode – Wohntextilien)" als eigenständige Einheit behandeln möchte, dem sei mit folgender komprimierter Zusammenfassung ein Überblick über die unterrichtlichen Möglichkeiten gegeben. (Alle folgenden Kleidungsaspekte lassen sich in der Regel analog auf das Thema „Wohntextilien" übertragen.)

Kleidung als Informationsträger

„Fasst man die Kleidermode mit den Methoden der Semiotik als ein ikonisches Zeichensystem, so ist sie als Informationsbündel zu verstehen, das – erkennt man den Code – Aussagen macht über das Verhältnis von Individuum und Gruppenzugehörigkeit, über die Art der Gruppenzugehörigkeit, über Anpassung und Distanzierung, über soziales Aufstreben oder Beharren, insgesamt über den sozialökonomischen Status des Trägers" (Dewald-Winter, 1985, LH, Seite 13).

Kleidung ist somit ein Informationsträger. Wer welche Kleidung trägt, sagt etwas über sich aus. Der Träger gibt Signale an die Umwelt. Kleidung ist Teil der visuellen Kommunikation. Fremde Personen schätzen wir u. a. zuerst nach ihrem äußeren Erscheinungsbild ein. Hierbei spielt eben die Kleidung eine entscheidende Rolle. Wir erhalten u. a. Informationen über

- das Geschlecht (Frauen- / Männerkleidung),
- das Alter (Kinder- / Erwachsenen- / Seniorenkleidung),
- den sozialökonomischen Status (billige / günstige / teure Kleidung),
- die Beziehung zum anderen Geschlecht („reizvoll", „prüde" oder betont zurückhaltend),
- die Haltung des Trägers (konservativ, sich abgrenzend, betont modern),
- seine Interessen und Werte (brauchtumsgebundene Trachten, Hippie- / Punkermode, modebewusste Kleidung, teure Textilien),
- die Stimmung des Trägers (hier spielt u. a. die Kleidungsfarbe eine Rolle),
- die unbewussten Bedürfnisse (anerkannt, angepasst, unauffällig oder abgehoben zu erscheinen),
- seine Persönlichkeit (u. a. über sein Selbstbewusstsein).

Die Kleidung erweckt in der Umwelt Erwartungen, zu denen sich der Träger verhalten muss (von einer Person in Robe erwartet man ein anderes Verhalten als von jemandem in zerrissenen Jeans und Nietenlederjacke). Kleider machen Aussagen über Menschen als Inhaber von Positionen und Spieler von Rollen. Je mehr ein Anlass rituell oder traditionell besetzt ist (Hochzeit, Ball, Beerdigung, Staatsempfang, religiöse Feste etc.), desto strenger sind die Normen der Bekleidung. Fest definierte Funktionen und Machtbefugnisse in der Gesellschaft (Amt, Würde, Macht hinsichtlich einer öffentlichen Funktion) gehen einher mit strengen Kleiderregeln (z. B. bei Richtern, Mitgliedern des Militärs, Polizisten und anderen Trägern von Amtsuniformen, Personal im Hotel, Mitgliedern einer Fluggesellschaft, Bankmitarbeitern). Gruppenuniformen (wie die einer Trachtengruppe, eines Jägervereins, eines Chors, eines Fußballvereins, einer Rockergruppe) unterliegen weniger der Mode, sondern symbolisieren eine bestimmte Gruppenzugehörigkeit und Übereinstimmung der Gesinnung.

Kleidung kann prägen (wie z. B. die bewegungseinschränkende Damenmode des 19. Jahrhunderts), entpersonifizieren (wie Militäruniform und Schuluniform), aber auch zu einer persönlichen Note verhelfen (wie z. B. mit individuellen Accessoires). Genauso wie Kleidung einen Menschen verändern kann, verändert ein jeder von uns regelmäßig seine Kleidung, sodass sie zu ihm passt. Allein die verschiedensten Möglichkeiten eine Jeanshose zu tragen (edel / elegant bis abgerissen / betont nachlässig) verdeutlichen diesen Sachverhalt.

Unter kulturhistorischen Aspekten betrachtet ist Kleidung weniger ein Nebenprodukt des geschmacklichen Wandels, sondern verweist direkt auf sozialgeschichtliche Zusammenhänge.

Die Kleidermode in ihrer heutigen Erscheinungsform konnte sich entwickeln als

a) die Träger ihre Kleidung nicht mehr selbst herstellten,

b) die günstigen Herstellungsmöglichkeiten einen raschen Wandel möglich machten,

c) moralisch-sittliche Werte und Kleiderordnungen den einzelnen Träger weniger einschränkten und

d) mit modischer Kleidung gewinnbringende Märkte erschlossen wurden.

Kleidungsfunktionen

Insgesamt erfüllt Kleidung drei Funktionen:

1. **Materielle Funktion:** Kleidung schützt vor Witterung und Verletzungen.

2. **Individualpsychologische Funktion:**
   • Geborgenheit: Kleidung als wärmende Schutzhülle vermittelt ein Gefühl von Geborgenheit.
   • Scham: Kleidung bedeckt die Blöße. Nacktheit gilt im Verlauf des Sozialisationsprozesses als schamlos und wird somit als peinlich empfunden.
   • Dekoration: Kleidung dient als Dekoration und hebt den Träger heraus, macht auf ihn aufmerksam drückt seine Wichtigkeit aus, zieht einen Sexualpartner an.

3. Sozialpsychologische Funktion: Kleidung gibt Auskunft über das Verhältnis Individuum und Gesellschaft. Sie symbolisiert:
   • Anpassung an eine Gruppe
   • den sozialen Standort
   • das soziale Streben
   • die Gesinnung
   • das Verhältnis des Trägers zu Tradition und Fortschritt
   (vgl. Dewald-Winter, 1985, LH, Seite 13)

Kinderkleidung und Mode

Kinderkleidung wird wie die Kleidung Erwachsener neben ihrer materiellen Funktion zum Projektionsfeld psychischer und sozialer Gegebenheiten. Über das Einkleiden wird von den Eltern soziales Rollenverhalten bei den Kindern eingeübt. Auf Grund der ständigen Rollenerfahrung nutzen Jugendliche Kleidung zum Protest gegen die Elterngeneration, indem sie mithilfe der Kleidung in eine andere, eigene Rolle schlüpfen. Sie konstituieren häufig eine Gegenmode.

Junge Erwachsene sind von allen Altersgenerationen am meisten modeinteressiert. Sie emanzipieren sich vom Geschmack der Eltern. Die Identitätssuche mit ihren versuchsweisen Rollenwechseln artikuliert sich u. a. über die Kleidung. Gerade die intensive Gruppenorientierung und die modische Orientierung nach Idolen drücken Heranwachsende mit ihrer Kleidung aus.

Bei Grundschülern spielt der Wunsch nach Anpassung an eine Orientierungsgruppe, die Angst vor dem Spott der Klassengruppe über „modische" bzw. „unmodische" Abweichungen von der Gruppennorm eine entscheidende Rolle bei der Kleiderwahl. Nicht selten geraten sie an diesem Punkt in einen Konflikt zwischen

Gruppennorm und elterlichen Konventionen. Normabweichungen können auf eine Störung zwischen einzelnen Schülern und der Gruppe hinweisen oder eine solche Störung hervorrufen (vgl. Dewald-Winter, 1985, LH, Seite 15).

Übungen und Aktivitäten zum Thema „Kleidung und Mode"

1. *Einführung:* Kleidungsstücke sammeln, benennen und Ordnungskriterien suchen
   (Farbe, Größe, Kinder- / Erwachsenenkleidung, modisch / unmodern, Bekleidungsart etc.)

2. *Einteilung:* Kleidung in drei Gruppen einteilen (Oberbekleidung: Hemd, Hose, Kleid etc.; Unterkleidung: Unterwäsche, Strümpfe etc.; Zubehör: Gürtel, Tuch, Kappe, Handschuhe etc.)
   • Materialauswahl: Schülerkleidung, Altkleider, Puppenkleidung, Bilder aus Zeitschriften / Katalogen
   • Aufgabenbeispiele: Puppenmodenschau, Figurinen bekleben (siehe Arbeitsblatt), Bekleidungsbeispiele malen, Präsentationsplakate gestalten, Ausstellung zusammenstellen, Arbeitsblatt „Koffer packen" …

3. *Funktion:* Funktionen der Kleidung (Zeichen, Schmuck und Schutz) erforschen und präsentieren
   (Warum tragen wir Kleidung? Wer trägt was? Wann trägt man bestimmte Kleidung?)
   • Materialauswahl: Bilder aus Zeitschriften, Kataloge, Prospekte
   • Aufgabenbeispiele: Bilder mit Menschen in verschiedenen Lebenssituationen betrachten und über die Funktion der Kleidung nachdenken (z. B. Spielkind, Kind, das schlafen geht, Feuerwehrmann, Schwimmer, Bauarbeiter, Richter in Robe, Kind im Schnee etc.)

4. *Auswahl und Eignung von Kleidung:* Geeignete Kleidung sachgerecht für bestimmte Wetterverhältnisse, Tätigkeiten und Anlässe auswählen und beurteilen
   • Materialauswahl: Schülerkleidung, Altkleider, Puppenkleidung, Bilder aus Zeitschriften, Kataloge, Prospekte, Malstifte, Stoffreste, Figurinen (Arbeitsblatt)
   • Aufgabenbeispiele: Malen entsprechend bekleideter Figuren oder Bekleiden einer Puppe / Figurine mit entsprechender Kleidung oder Sammeln entsprechender Kleidung zu Situationen wie den folgenden:
     - Bereich „Wetter": „Max muss an einem regnerischen Tag zur Schule. / Lisa spielt am Strand, es ist sehr heiß. / Peter saust mit dem Schlitten durch den Schnee. / …"
     - Bereich „Tätigkeit": „Susi geht ins Bett. / Hannes muss zum Fußballtraining. / Klara spielt im Sandkasten. / Vater repariert das Auto. / Jan geht schwimmen. / …"
     - Bereich „Anlass": „Ein Brautpaar betritt die Kirche. / Mutter muss zu einer Beerdigung. / Martin bereitet sich für das Karnevalsfest vor. / Anna und Ben feiern ihre Erstkommunion. / Familie Meier zieht sich Heiligabend für die Feier um. / Tina geht zum Rockkonzert. / …"
     - Spiel „Kofferpacken": Wir packen unseren Koffer für ein Familienfest / den Wintersport / die Übernachtung bei Oma etc. Jeder nennt reihum die gepackten Teile und ergänzt ein weiteres. Der Kofferinhalt könnte auch gemalt werden.
     - Das Arbeitsblatt „Geschäft" mit Sommer- / Winterkleidung oder Berufskleidung oder Festtagskleidung etc. gestalten

5. *Kritisches Verbraucherverhalten:* Kinderkleidung aussuchen nach Passform, Zweckmäßigkeit, Preis und Aussehen beurteilen (Begriffe Schnittform, Kleidergröße, Materialeigenschaften, Farbwahl etc.; siehe auch Sachinformation „Nähen" zu Projekt Nr. 11)
   • Materialauswahl: verschiedene Kleidungsstücke gleicher Art (z. B. verschiedene Kinderjacken / Jacken der Kinder der jeweiligen Klasse)

- Aufgabenbeispiel: Rollenspiel „Lisa geht mit ihrer Mutter in ein Kaufhaus und sucht sich eine neue Jacke aus. Sie überlegen, welche Jacke Lisa wählen sollte ... (Mädchen-/Jungenjacke, Größe, Form, Farbe, Zweckmäßigkeit wie leuchtende Farben für den Straßenverkehr, regenabweisend und wetterfest für den Weg zur Schule bei schlechtem Wetter, strapazierfähig für das Spiel auf dem Schulhof, Tasche mit Reißverschluss für das Portemonnaie, momentaner Modetrend ...)"

6. *Material:* Materialeigenschaften bei der Kleiderauswahl und beim Kleiderkauf beachten lernen
   - Materialauswahl: Stoffreste, Kleidungsstücke, Arbeitsblatt „Stoffe untersuchen" (siehe Projekt Nr. 9)
   - Aufgabenbeispiele: „Wie soll das Material für bestimmte Kleidungsstücke (Regenjacke, Turnzeug, Sommerkleid, Winterpullover, Kommunionkleid ...) sein:
   wasserabweisend, kühlend, leicht, Feuchtigkeit und Schweiß aufsaugend, leicht trocknend, wärmend, flauschig, bunt, glänzend ... (siehe Projekte Nr. 9 und 15)
   Eigenschaften können auf einem Plakat oder Arbeitsblatt zu den Abbildungen der jeweiligen Bekleidungsstücke geschrieben und passende Stoffreste dazugeklebt werden. Kleidungsstücke können taktil untersucht und hinsichtlich der gewünschten Eigenschaften getestet werden.

   In den Anschlussthemen zu Projekt Nr. 9 finden Sie ausführlich beschriebene Aktivitäten zu den Aspekten „Stoffe sammeln, ordnen, unterscheiden und untersuchen", „Analyse des Stoffmaterials", „Stoffeigenschaften und deren Zusammenhang mit Verarbeitungsmaterialien und -techniken", „Herstellungstechniken", „Weiterverarbeitung" und Experimente.
   Das Projekt Nr. 15 befasst sich mit der Gewinnung textiler Rohstoffe. In den Sachinformationen zu Projekt Nr. 2 können Sie Aktivitäten zur Fadenherstellung und zum Aufbau eines Fadens finden sowie die Beschreibung einer Fadenanalyse durch Verbrennen, Aufdrehen und Zerreißen.

7. *Mode:* Kleidermode im ständigen Wechsel (aber auch in Wiederholung) langfristig und kurzfristig beobachten
   - Materialauswahl: Fotos der Kinder und der Familien aus den letzten Jahren, alte und neue Modezeitschriften, alte und neue Kleidungsstücke gleicher Art, Bilder der Bekleidung vor Jahrzehnten/Jahrhunderten/Jahrtausenden, Gemäldeabbildungen, Filme, Lexika und Bücher zur Kostümgeschichte, Internetauszüge usw.
   - Aufgabenbeispiele: Kleidungsstücke/Bilder zeitlich ordnen und vergleichen (Schnitt, Form, Farbe, Muster ...), eine Ausstellung zusammenstellen zur Modegeschichte, Modenschau durch die letzten Jahre oder Jahrhunderte, Rollenspiel: „Eine moderne Hose/ein modernes Kleid kaufen: heute – vor drei Jahren – vor 50 Jahren – vor 100 Jahren – vor 1 000 Jahren", Forscherfragen (die nicht eindeutig beantwortet werden müssen und können, sondern zum Nachdenken anregen sollen):
   Seit wann gibt es Mode? Wer bestimmt die Mode? Welche Rolle spielen Fernsehen/Zeitschriften/Werbung/Idole/Freunde? Wie funktioniert der Modemarkt? Wie werden die Bedürfnisse der Menschen durch die Werbung reguliert und manipuliert?

8. *Geschlechtsspezifische Kleidung:* Jungenkleidung – Mädchenkleidung – Kleidung für beide
   - Materialauswahl: Schülerkleidung, Altkleider, Puppenkleidung, Bilder aus Zeitschriften, Kataloge, Prospekte, Bilder von Kinderkleidung früher, Arbeitsblatt „Geschäft"
   - Aufgabenbeispiele: Kleidung/Abbildungen sammeln, ordnen, vergleichen, zuordnen, ausstellen, Jungen und Mädchenkleidung früher – heute vergleichen, Arbeitsblatt „Geschäft" mit jeweils einem Schaufenster für Jungen- und Mädchenkleidung gestalten

9. *Berufskleidung:* Erkennen, dass bestimmte Kleidungsstücke oder Teile einer Bekleidung Aussagen über den ausgeübten Beruf und die ausgeübte Tätigkeit machen und dass für viele Berufe eine bestimmte Kleidung notwendig ist
   - Materialauswahl: Fotos / Bilder von Personen in Berufskleidung, Kataloge mit Berufskleidung, (Karnevals-)Kostümteile, Arbeitsblatt „Figurine"
   - Aufgabenbeispiele:
     - Rätselspiel „Wer bin ich? Ich trage einen weißen Kittel / schwarze Jacke und Hose / roten feuerfesten Anzug ..."
     - Menschen in Berufskleidung malen, Figurinen mit Stoffresten passend zu einer Berufsgruppe bekleben
     - Puppen entsprechend einkleiden
     - Puzzlespiele basteln (siehe Arbeitsblatt „Bekleidungspuzzle")
     - Memorys mit jeweils zwei typischen Elementen einer bestimmten Berufskleidung als ein Memorypaar gestalten
     - Mit Karnevalskostümen bestimmte Berufsgruppen darstellen / sich als Polizist / Bäcker / Schornsteinfeger etc. verkleiden
     - Gründe für das Tragen von Berufskleidung sammeln und diskutieren (Schutz vor Verletzungen, hygienische Gründe, Signalfunktion bei z. B. Straßenarbeitern ...)
     - Überlegen, aus welchem Material bestimmte Berufskleidung sein sollte, welche Gebrauchseigenschaften die Kleidung erfüllen muss

10. *Amtskleidung:* Erkennen, dass bestimmte Kleidung Auskunft über die Funktion eines Menschen im öffentlichen Leben gibt, dass Kleidung ein optisches Zeichen für die Funktion ist und der Träger nur in dieser Kleidung die bestimmte Funktion hat
    - Materialauswahl: Bilder / Abbildungen von Personen in Amtskleidung (Polizist, Richter, Offizier, Flugkapitän, Schülerlotse ...)
    - Aufgabenbeispiele:
      - Beispiele für Amtskleidung sammeln, ordnen und vergleichen, Begriffe, Aufgaben und Funktionen hinsichtlich der ausgeübten Tätigkeiten klären
      - Überlegen, welches Verhalten man von Personen in einer bestimmten Amtskleidung erwartet
      - Fantasiespiel: „Was wäre, wenn ... der Verkehrspolizist ohne Uniform auf der Straße den Verkehr regeln wollte, ... der Richter in einem Blumenhemd und kurzer Hose das Urteil verkünden würde ..."

11. *Gruppenzugehörigkeit:* Erkennen, dass Kleidung die Zugehörigkeit zu einer bestimmten Gruppe zeigt und dass sie Auskunft über die Hobbys und Interessen eines Menschen gibt.
    - Materialauswahl: Bilder von Vereinsgruppen (Schützenverein, Chor, Fußballverein, Reitclub, Ballettgruppe), Musikgruppen, Trachtengruppen, Jugendgruppen, Rockergruppen, Hippiegruppen, Ordenskleidung, Matrosenanzüge, Klassenbild etc., Arbeitsblatt „Figurine", Arbeitsblatt „Bekleidungspuzzle"
    - Aufgabenbeispiele:
      - Überlegen, welche gemeinsamen Interessen die jeweiligen Gruppen haben und welche Interessen nicht unbedingt geteilt werden
      - Überlegen, welche Erwartungen man an das Verhalten der Mitglieder einer bestimmten Gruppe hat
      - Fantasiespiel: „Was wäre, wenn ... der Jägerverein beginnt Fußball zu spielen ... die Balletttänzer sich wie die Mitglieder einer Rockergruppe verhalten ... die Rockergruppe auf Zehenspitzen durch den Raum schwebt?"
      - Überlegen, welche Bedeutung Kleidung für Grundschüler / für die Schüler selbst hat

- Überlegen, mit welchen Mitteln Schüler selbst ihre Gruppenzugehörigkeit zur Mitschüler- bzw. Freundesgruppe ausdrücken und welche Rolle die Kleidung spielt
- Überlegen, in welchen Situationen man sich bewusst durch Kleidung von einer bestimmten Gruppe absetzt oder sich einbezieht
- Überlegen, warum man evtl. die Bekleidungswünsche der Eltern ablehnt / annimmt
- Gestalten einer Figurine oder eines Bekleidungspuzzles

12. *Kleidung früher – heute:* Erkennen, dass die Art der Kleidung einem historischen Wandel unterliegt und dass die Kleidung früher etwas über die Zugehörigkeit zu einem sozialen Stand aussagen konnte; Verständnis für die kultursoziologische Bedeutung historischer Kleidung gewinnen und erfahren, welche verschiedenen Funktionen Kleidung im Laufe der Jahrhunderte hatte
    • Materialauswahl: Historische Gemälde (Museumsbesuch), Bilder, Fotos von historischen Bekleidungen
    • Aufgabenauswahl:
    - Bildbetrachtung und Rekonstruktion der Zeit, der Lebensbedingungen und des sozialen Standes der abgebildeten Personen
    - Vergleich mit heutigen analogen Situationen (Kleidung ist heute einfacher, bequemer, funktioneller und sportlicher als früher, schichtenspezifische Kleidung ist seltener geworden, Unterschiede zwischen Kindern und Erwachsenen sowie Männern und Frauen sind gering, „Kleiderordnungen" existieren erst für Erwachsene in bestimmten Berufsgruppen, eine Art der „Uniformierung" gibt es nur noch in Formen wie z. B. der „Jeanskultur")
    - Geschichten und Erzählungen zu historischen Lebensalltagen (z. B. zu den Kleiderordnungen zwischen 1350 und 1800)
    - Museumsbesuch

13. *Verkleiden:* Erkennen, dass man mithilfe einer bestimmten Bekleidung / eines Kostümes in eine bestimmte Rolle schlüpfen kann und dass ein Kostüm nicht nur die äußere Erscheinung eines Menschen, sondern auch seine Bewegung und Sprache beeinflusst
    • Materialauswahl: Kostümrequisiten
    • Aufgabenbeispiele:
    - Von einzelnen Kostümteilen auf das Kostüm schließen lassen, sich verkleiden und ein Stegreifspiel passend zum Kostüm vorführen; pantomimisch eine Figur darstellen und von den Kindern die Erwartungshaltung an das Kostüm beschreiben lassen
    - Beschreiben lassen, wie man sich in einem bestimmten Kostüm fühlt und warum man ein bestimmtes für sich auswählen würde
    - Kostümteile austauschen und Ausgetauschtes erraten lassen

14. *Pflege von Kleidung:* (siehe dazu Sachinformation zu Projekt Nr. 9: „Pflege eines Stoffes / Pflegesymbole")

15. *Selbst Kleidung herstellen:* Kleider sind Hüllen und müssen passen. Ein Schnitt ist die Grundlage für die Herstellung von Hüllen.
    • Materialauswahl: Stoffreste, Papier, Schreib- und Nähzeug, Arbeitsblätter zu den Projekten Nr. 2 und Nr. 9
    • Aufgabenbeispiele:
    - Selbstkonstruierte Schnitte für Puppen, Stabpuppen, Pfeifenputzermännchen, einfache Fingerpuppen, zylinderförmige Dosen … anfertigen, erproben und mit Nahtzugabe auf einen Stoff übertragen

16. *Textilindustrie:* Erkenntnisse zu den Aspekten „Serienfertigung", „Kleidung als Industrieerzeugnis", „Berufe in der Textilindustrie", „Zusammenhang: Textilindustrie-Bekleidungsindustrie-Handel-Werbung"
   • Materialauswahl: Filme, Dias, Fotos, Besuch einer Textilfirma
   • Aufgabenbeispiele:
   - Herstellen einer Anzahl gleicher Gegenstände in arbeitsteiliger Gruppenarbeit nach einem festgelegten Ablaufplan, Qualitätsunterschiede in der technischen Ausführung der Produkte nach den vorgegebenen Kriterien bestimmen, Werbestrategie für das hergestellte Produkt entwickeln

17. *Rohstofflehre:* (siehe Projekt Nr. 15)

Die Betrachtungsspinne

Viele der oben genannten Aspekte finden sich in dem Spiel „Die Betrachtungsspinne" wieder. Diese dient der mehrperspektivischen Betrachtung eines textilen Unterrichtsgegenstandes. Das Thema „Kleidung" ist geradezu ein Paradebeispiel für die Vielseitigkeit textiler Themen. Die Spielbeschreibung finden Sie im Anschluss, ebenso weitere Fragen, Inhalte und Details zu den einzelnen Betrachtungsaspekten der zwölf „Betrachter".

Interessante Bücher, Internetadressen und Museums-Tipps finden Sie im Anhang.

Arbeitsblatt „Geschäft"

Unterbekleidung

Zubehör zur Kleidung

Oberbekleidung

BVK PA13 · Doris Krebs

Textilgestaltung

Die Betrachtungsspinne

Mehrperspektivische Betrachtung zum Thema „Kleidung"

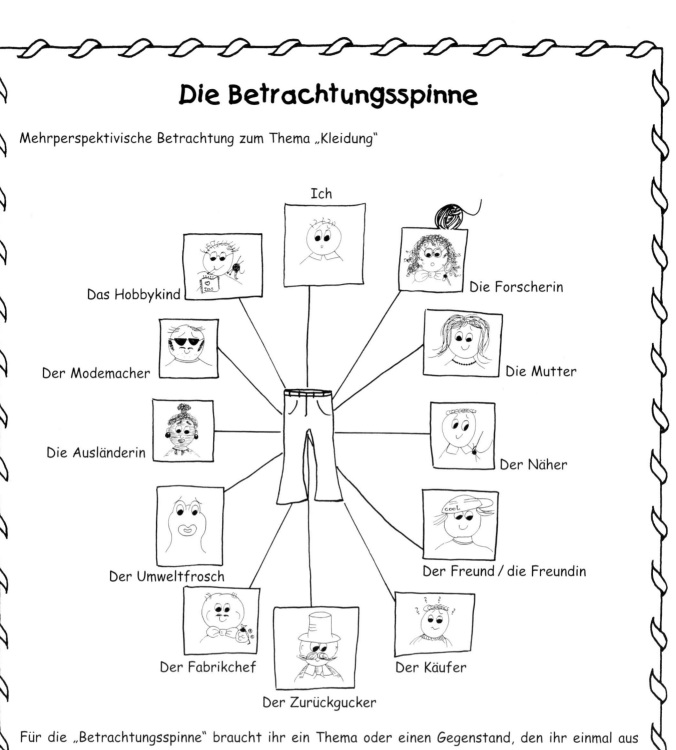

Für die „Betrachtungsspinne" braucht ihr ein Thema oder einen Gegenstand, den ihr einmal aus ganz verschiedenen Blickwinkeln betrachten wollt. Hier soll es einmal um ein Kleidungsstück gehen, das ihr alle habt und oft tragt: die Hose.
- Zuerst legt ihr 6 Fäden so auf den Boden, dass sie sich in der Mitte kreuzen.
- Nun legt ihr den Betrachtungsgegenstand (das Thema) oder ein Bild in die Mitte auf das Fadenkreuz.
- An jedes Ende eines Fadens legt ihr eine Bildkarte mit einer Person, aus deren Sicht ihr den Gegenstand betrachten wollt oder könnt.

Nun beginnt das Spiel:
Wandert langsam im Kreis um die Bildkarten herum. Versucht, jeweils in die Rolle der abgebildeten Person zu schlüpfen. Gelingt dir das und du stehst hinter der betreffenden Bildkarte, rufst du leise „STOPP!". Der Kreis stoppt. Nun sprichst du laut für deine ausgewählte Person.

Das könnten die jeweiligen Personen zum Beispiel sagen:

Der Käufer: „Ich bin der Käufer. Ich will wissen, wie teuer die Hose ist. Dann entscheide ich, ob ich diesen Betrag für die Hose ausgeben möchte. Oder ..."

Der Zurückgucker: „Ich bin der Zurück-in-alte-Zeiten-Gucker. Seit wann tragen die Menschen Hosen? Was haben die Leute davor getragen? Seit wann gibt es Jeanshosen? Was haben die Kinder früher getragen? Frauen durften früher keine Hosen tragen, warum? ..."

Die Mutter: „Ich bin die Mutter. Ich achte darauf, ob die neue Hose warm genug ist. Auch etwas Regen müsste sie vertragen. Sie muss bequem und gut waschbar sein ..."

Der Umweltfrosch: „Ich bin der Umweltfrosch. Ich hasse es, wenn alte Hosen weggeworfen werden. Man kann sie doch zur Altkleidersammlung geben."

Die Ausländerin: „Ich komme aus einem anderen Land. In unserem Land ist alles etwas anders ..."

Der Freund / die Freundin: „Ich bin ein Spielkamerad. Wenn mein Freund diese Hose trägt, denke ich ... Ich sage zu ihm ... Manchmal bin ich auch neidisch ..."

Ich: „Ich bin Ich. Mir gefallen ... Für mich ist wichtig, dass ..."

Der Fabrikchef: „Ich bin der Fabrikchef. Ich will Geld verdienen. Deshalb überlege ich mir, was ich tun muss, damit viele Leute diese Hose kaufen ..."

Der Näher: „Ich stelle die Hose her. Bevor ich mit der Hose anfange, überlege ich mir ..."

Die Forscherin: „Ich bin eine Forscherin und will viele Dinge herausfinden. Feuerwehrhosen dürfen nicht brennen. Da habe ich mir einmal überlegt ..."

Der Modemacher: „Ich erfinde neue Hosenmoden. Für mich sind Farben, Formen und Zeitgeschmack wichtig. Ich habe viele Ideen. Meine allerneueste Hosenkreation ..."

Das Hobbykind: „Ich habe eine neue Puppe bekommen. Für diese Puppe nähe ich sogar selbst neue Sachen. Das macht Spaß. Im Moment denke ich mir eine witzige Hose aus. Bei meiner Mutter habe ich vorher einige Dinge nachgefragt ..."

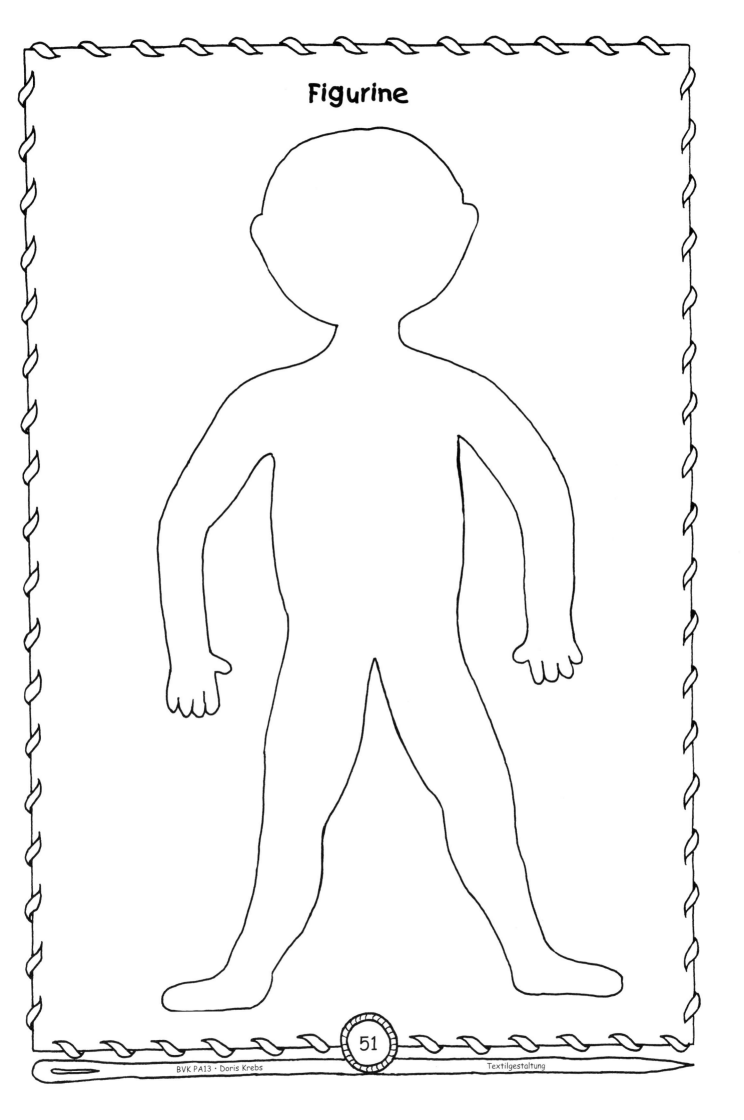

Bekleidungspuzzle

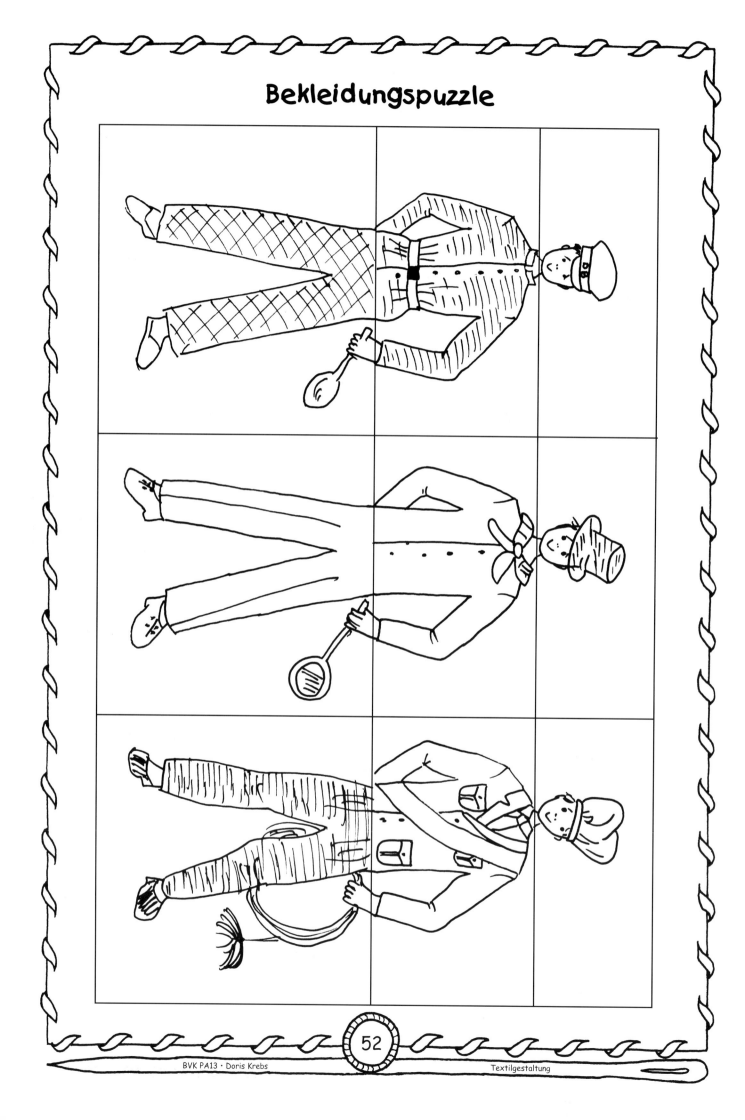

7. Kulturgeschichte im Rahmen des Faches Textilgestaltung

Kinder lieben Geschichten. – Und hiermit meine ich einmal nicht die vielen Einführungsgeschichten zu Beginn einer Stunde, die in fantasievoller Form Lernprozesse anregen sollen, Freiräume für eigene Vorstellungen bieten und Identifikationsangebote schaffen, um sich selbst angesprochen zu fühlen. An dieser Stelle meine ich andere Geschichten, Geschichten aus der Textilgeschichte:

Kinder wollen wissen, wie es früher war, wie die Menschen z. B. Textiles hergestellt, wie sie Textiles gefärbt und ausgestaltet, wie sie Textiles benutzt und auch welchen Wert sie dem Textilen beigemessen haben. Geschichten aus der Textilgeschichte regen das kindliche Rezeptions-, Produktions- und Reflexionsverhalten an und initiieren Ideenreichtum, Vorstellungsvermögen, gedankliche Flexibilität und Selbstorganisation innerhalb der Gestaltungsphase (vgl. Herzog, 2000, Seite 11).

Textilgeschichte ist wie eine alte Schatztruhe auf dem Dachboden. Erzählungen aus der Geschichte sind spannend, geheimnisvoll und unglaublich:

Sie erzählen von früher – das ist geheimnisvoll.

Sie erzählen von unvorstellbaren Lebens- und Arbeitsbedingungen – das ist unglaublich.

Sie erzählen von unseren Vorfahren – das ist spannend.

Sie erzählen davon, dass alles auch anders geht. Warum ist es bei mir so, wie es jetzt ist?

Könnte einer von uns behaupten, dass er nicht fasziniert zuhört, wenn uns Geschichten von früher oder aus anderen Ländern berichtet werden?

Auch die Textilien selbst erzählen ihre Geschichten und machen neugierig. „Wer es gelernt hat, die Textilsprache zu dekodieren, der wird das Textile den Epochen zuordnen können; der wird nach der Vielfalt der Funktionen des Textilen fragen und auch deren Bedeutung erkennen und der wird entdecken, dass sich in historischen Zeugnissen wie im Textilen der Gegenwart ein bestimmter Formenwille spiegelt, der auf die Lebensart seiner Erzeuger und Verbraucher schließen lässt. Mit anderen Worten: Wer das Textile zu „lesen" versteht, der wird ... seine eigene Geschichte vom Aussehen dieser Anfänge erzählen können."

(Herzog, 2000, Seite 16)

Margot Grupe, eine der ersten Textildidaktikerinnen, die über die Anfänge der Gestaltung mit textilem Material und deren kulturelle Bedeutung nachdachte, erzählte 1927 in der Veröffentlichung „Zum Kulturwert der Nadelarbeit" sehr treffend eine kleine Kulturgeschichte der Entwicklung textiler Gestaltung. Die „Textilgeschichte" beginnt mit der ersten menschlichen Entdeckung der textilen Möglichkeiten:

„Wohl war es nur das Rohmaterial an sich, das zur Verwendung kam, das Tierfell, die Pflanze als Blatt, Halm oder Bast; und es waren nur ungewollte Kleinigkeiten, die eine aus der anderen entstanden ohne Zweck und Ziel, bis ein bewusstes Fortschreiten begann. Aber sicher können wir in dem ersten Benutzen schmiegsamen Materials die Anfänge aller Stoffherstellung, aller Webvorgänge, aller Körperhüllen sehen und in ihrer Begleitung die Nadel als das Mittel zum Zusammenfügen und Formen. Das Bedürfnis sich zu Bekleiden war noch nicht einmal vorhanden, als schon die Hand beschäftigt war, dem Körper Schmuck und Ansehen durch das zu geben, was die Natur ihr bot. Dass aus Halm und Bastgeflecht sich schließlich das köstliche Leinengespinst, aus dem Tierfell weiche Wollgewebe entwickelten, das bedeutet einen Weg geistiger Arbeit und fortschreitender Kultur, der parallel mit allen schöpferischen Taten der Menschheit läuft.

Was geschehen musste, bis der mühselig mit der Hand geflochtene und gedrehte Faden durch das Hilfsmittel der Spindel, des Spinnrockens zustande kam, bis ein Gewebe nicht als Flechtwerk, sondern aus sich kreuzenden Fäden mithilfe von Geräten, die eine Fadenlänge spannen und halten konnten, entstand, das war ungeheure geistige Entwicklung und Ausbildung der Handgeschicklichkeit.

Es musste eine Beobachtung der anderen folgen, eine Fertigkeit nach der anderen errungen werden, Sinn und Gefühl für Form und Farbe sich entwickeln, damit das, was an gestaltender Kraft in den Völkern lebte, zum Ausdruck ihres Kunstempfindens wurde. Was uns da überliefert ist, ist immer eine Einheit aus dem

Schaffen des Volkes. Wir sehen nicht getrennt seine Bauten und seine Bildwerke, seine Geräte und seine Kleidung, wie wir nicht von diesen greifbaren Dingen aus seinem Leben trennen können seine Weltanschauung, seinen Götterglauben, seine Dichtung und Wissenschaft. Und wir wissen, dass wir dem Volke die höchste Kultur zusprechen, das alle diese äußeren greifbaren Dinge in voller Einheit mit seinem Innenleben als dessen Ausdruck und zwingende Folge schafft. Es könnte kein Museum, kein wissenschaftliches Werk das Leben und den Werdegang eines Volkes, eines ganzen Zeitabschnitts der Menschheit darstellen wollen, ohne mit seinen Werken aus Wissenschaft und Kunst auch die seiner Webkunst, seiner Kleidung und Nadelerzeugnisse zu schildern. Sie gehören so selbstverständlich zusammen, wie eben der Mensch als Schöpfer zu seinem Geschaffenen gehört."

(in: Altmann / Grupe / Mundorf: „Methodik des Nadelunterrichtes", Leipzig 1927, Seite 1 ff.)

8. Zu den Projekten

Nach viel vorangegangener Theorie folgt nun die Praxis. Im zweiten Teil dieses Bandes finden Sie nun 15 textile Kunstprojekte, die Lust auf textiles Gestalten in Kombination mit künstlerischem Tun machen sollen. Die beiden Gestaltungsbereiche Kunst / Textilunterricht kommen in jedem Projekt zur Anwendung: Form- und Farbgestaltung sind genauso wichtig wie die zu erlernenden textilen Techniken. In diesem Band steht die Textilgestaltung aber im Mittelpunkt der Betrachtung und wird entsprechend ausführlicher behandelt.

Kursprinzip

Die Reihenfolge der folgenden Projekte orientiert sich an einem synthetischen Kursverfahren, dem ich ein integratives Konzept zu Grunde lege, das versucht, die „Systematik der textilen Techniken" mit den „Lernzielen und -inhalten der Richtlinien" auf einen gemeinsamen Nenner zu bringen und sie weitestgehend miteinander zu verschmelzen (siehe dazu Tabelle auf Seite 57). Vom Rohstoff ausgehend wird die Entstehung von Garnen aus Fasern betrachtet. Aus Garnen entstehen Stoffe und aus diesen die textilen Hüllen wie Kleidungsstücke. Bei dieser Vorgehensweise gelangt man zwangsläufig zu einer bestimmten Abfolge der textilen Techniken, wie u. a. Spinnen, Zwirnen, Weben / Stricken, Nähen, Verzieren etc.

Alle unterrichtlichen Themen und Inhalte in der Primarstufe werden begleitet von den kulturellen, historischen Bezügen und der Farbenlehre. Befasst man sich beispielsweise im Textilunterricht mit dem Sticken, gehören zu dieser Thematik auch Fragen wie „Wo finden wir um uns herum gestickte und bestickte Textilien?", „Wie nutzen die Menschen in anderen Ländern die Stickerei?", „Seit wann sticken Menschen?", „Stickten früher auch Männer?", „Warum haben die Menschen begonnen zu sticken?", „Womit wurde früher gestickt?", „Welche Farben benutze ich beim Sticken?", „Warum ist die Stofffarbe bei der Wahl des Stickgarnes wichtig?" etc. Die Grenzen zwischen Kunstunterricht und Textilgestaltung sind eher fließend als scharf gezogen. Das heißt, dass die „kulturhistorische Einbettung" und die „Farbenlehre" fließend erweitert werden können: Kulturhistorische Einbettung schließt auch die Medienwelt der Kinder ein. Ferner gehört neben der Farbenlehre auch die Formenlehre nicht ausschließlich dem Kunstunterricht an.

Auch wenn die folgenden Projekte im Aufbau dem beschriebenen Konzept folgen, kann man alle Projektvorschläge in beliebiger Reihenfolge auswählen und kombinieren. Ob man analytisch (z. B. „vom Pullover (als eine textile Hülle) über den Faden zum Schaf") oder synthetisch (z. B. „vom Schaf zum Pullover") vorgeht oder sich von einem Interessenschwerpunkt der Kinder in alle technischen, historischen, künstlerischen, technisch-theoretischen Gebiete vorarbeitet, ist individuelle Geschmacksache.

Bildbeispiele

Warum teilweise Autoren-Bildbeispiele statt Schülerarbeiten? – Ein Hinweis in eigener Sache:
In jedem Projekt versuche ich Ihnen, die Bandbreite der Möglichkeiten einer Bildaufgabe zu erklären. Worte können dabei schon viel erreichen, Bildbeispiele erläutern aber in der Regel besser das Gemeinte. Die vorhandenen Schülerbeispiele sind alle fantastisch, sehr unterschiedlich und interpretieren gewollterweise die Aufgabe sehr individuell. Kinder konzentrieren sich aber oft auf einen Arbeitsschwerpunkt, auf Kosten anderer gestalterischer Möglichkeiten. Das ist in Ordnung.
So könnte man zur Veranschaulichung des Projektes viele unterschiedliche Ergebnisse abbilden. Das hätte aber den Nachteil, dass die Abbildungen sehr klein abgedruckt würden. Ich finde, dass man mit einer großen Abbildung mehr anfangen kann. Man kann diese z. B. auch den Kindern besser zeigen. Ein einziges Bild soll dann aber alle Möglichkeiten des Projektes zeigen. Auch die Farbwahl und die Anordnung des Motives und der Differenzierungselemente sind für eine gute Gesamtwirkung wichtig. Auch hier möchte ich mit dem abgedruckten Beispiel eine nützliche Orientierung geben.

Kein „Stress" mit der Vorlage

Jedes Kinderbild ist schön, so wie es ist!
Die Autorenvorlagen sollen nicht von den Kindern kopiert werden. Da die Kinder viel „gröber" arbeiten, ist ihnen dies auch gar nicht möglich und es würde das so wichtige Finden eigener Wege einschränken.
Die kindlichen Bildlösungen haben ihren ganz eigenen und besonderen Reiz. Ich verfalle immer wieder in ein (manchmal amüsiertes) Staunen, wenn ich beispielsweise sehe, wie mit viel junger Raffinesse und Fantasie eine textile Hülle um das Pfeifenputzermännchen aus Projekt Nr. 2 befestigt wird. Es muss alles herhalten, was ein mögliches Zusammenhalten des verflixten Filzstückes als Oberteil ermöglicht: Gummibänder, Kordel, Flüssigkleber, Klebeband ... Ganz von alleine entdecken die Kinder die Vorteile von Nadel und Faden. Oft entstehen auf dem Weg zur Meisterung der Gestaltungsaufgabe viele Kreationen, auf die ein Erwachsener nie käme. Einfach fantastisch!
Alle Projekte sind darüber hinaus erprobt. Viele Gestaltungsaufgaben wurden auch von Kollegen, die als Testpersonen nur die Projektbeschreibung von mir erhalten haben, durchgeführt. Am Ende standen stets verblüffende Kinderkunstwerke. Also: keine Sorge um die Ergebnisse. Und vor allem lösen Sie sich schnell von der Vorlage und lassen sich und die Kinder eigene (spannende) Wege gehen. Wenn Sie die in den Projektbeschreibungen angeführten Tipps beachten, kann nichts schief gehen. Wirklich nicht!

Zusatzaufgaben selbst finden

Das ist in der Regel nicht schwer. „Graben" Sie dafür folgende Themenfelder ab:
- *Gestaltungsarbeit ausdifferenzieren:*
  Bevor die Kinder eine neue Arbeit beginnen, sollten sie erst einmal prüfen, ob die fertige Gestaltungsaufgabe wirklich fertig ist. Die Kunstwerke wirken in der Regel dann besonders reizvoll, wenn sie mit vielen (mühevollen) Kleinigkeiten ausdifferenziert, verziert und ergänzt wurden. Diese Bilder werden dann richtig kostbar und ein wahrer Blickfang. Die Kinder dürfen sich natürlich untereinander anregen.
- *Bildthema aufgreifen:*
  Sie können das Bildthema aufgreifen und in einer anderen, den Kindern schon bekannten Technik gestalten lassen. Die „Flechtschnecke" (Projekt Nr. 5) kann auch als Motiv für ein anderes Werkverfahren genutzt werden, z. B. können die Kinder eine Schnecke drucken, kneten oder mit einem gemusterten Schneckenhaus grafisch darstellen. Auch textile Werkverfahren wie Sticken sind denkbar.

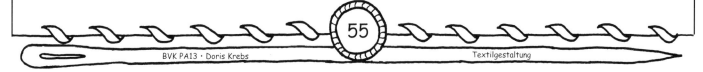

- *Technik für Neues nutzen:*
  Greifen Sie die Technik wieder auf. Bleiben wir bei der „Flechtschnecke". Auch andere Gegenstände lassen sich flechten: Freundschaftsbänder, Lesezeichen, Schlüsselanhänger, Puppenhaare etc.

- *Technik variieren / verfeinern:*
  Jede Technik bietet über die Grundtechnik hinaus auch mehrere „Meisterstufen". Flechten kann man z. B. auch mit vier Strängen. Zusatzaufgaben sollen die Kinder ermutigen, sich einmal an eine feinmotorisch anspruchsvollere Aufgabe heranzutrauen.

- *Farbenlehre:*
  Die Macht der Farbe erstaunt auch Kinder immer wieder. Motiv und Hintergrund könnten in einem Minibild einmal in einer anderen Farbkombination gestaltet werden (Im Farbe-an-sich-Kontrast, im Komplementär-Kontrast, in warmen / kalten Farben, als Schwarz-Weiß-Bild ...). Unsere „Flechtschnecke" könnte Anlass sein, Flechtschnüre einmal in den unterschiedlichsten Farbkombinationen und Farbquantitäten zu erproben.

- *Materialexperimente:*
  Was kann man aus den Materialresten gestalten? Eine Forscheraufgabe, die für viel Spaß sorgt. Material verschwenden ist aber nicht erlaubt!

- *Kulturgeschichte:*
  Zu jedem textilen Werkverfahren lassen sich alte und neue Dinge finden, die mit genau diesem Verfahren hergestellt wurden. Aus Bildern, Objekten, Fotos, Geschichten und mehr kann eine tolle Ausstellung entstehen. Zu unserem „Flechtbeispiel" lassen sich in Büchern aus der Bücherei tolle afrikanische und lateinamerikanische Alltagsgegenstände finden, die kunstvoll geflochten wurden.

- *Große Meister:*
  Wie taucht das Bildthema in der Kunstgeschichte auf? Haben auch andere große Meister sich zu dieser Technik, zum vorliegenden Thema, zur Farbgestaltung etwas einfallen lassen? Eine Aufgabe für Kunstbücherwürmer und Museumsgänger. Auch im Internet lässt sich oft Interessantes finden.

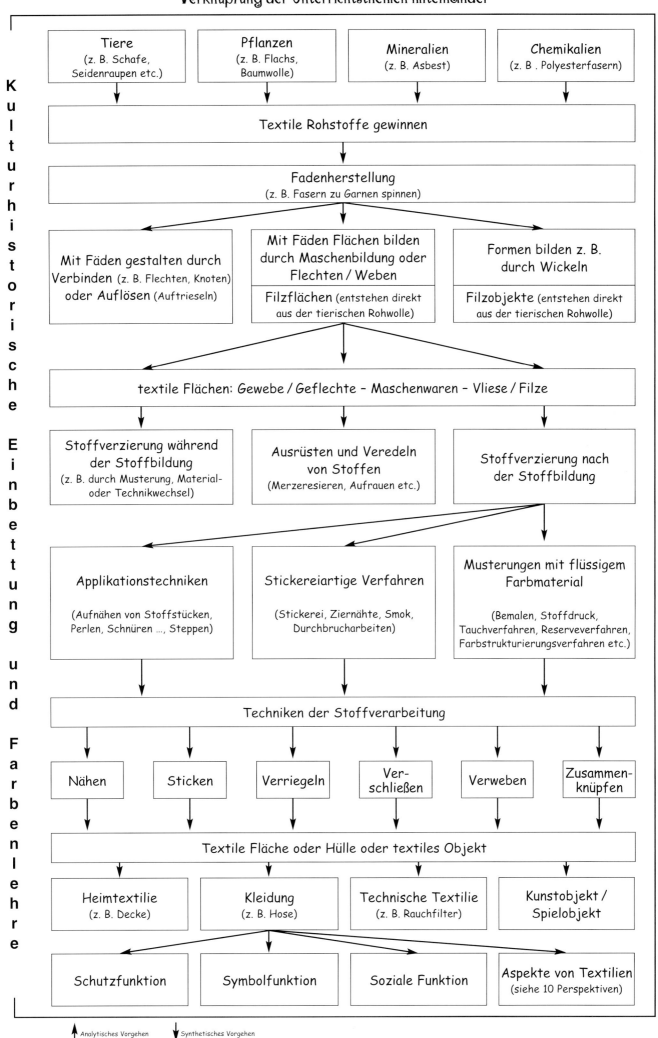

"Trudi Tausendfüßler – die Textilkünstlerin bei der Arbeit"

Schwerpunktthema: Einführung: „Allerlei Textiles: der Materialschrank"

Passend zu den Sach-Deutsch-Projektthemen: Einführung in das Fach Textilgestaltung – Insekten – Garten – Tiere – textile Rohstoffe

Zeit: 8–10 Unterrichtsstunden

Material: Verschiedene Garne und Stoffe sowie beliebiges textiles Material (Woll-, Stoff- und Textilreste), fester Karton, Schere, Klebstoff, Deckfarben, Zeichenblock DIN A3 oder weißer Stoff
Nach Wahl: Textile Kleinwerkzeuge und Zubehör wie z. B. Stecknadeln, Biegeplüsch (Pfeifenputzer), Wattekugeln, Passepartout-Karton, Perlen

Lernziele:

Hintergrund:
- Stoff oder Papier mittels Aquarelltechnik bemalen
- Hintergrundfarben passend zum Motiv finden (Farbdifferenzierung / Farbkontrast)

Trudi:
- Fäden sammeln und beschreiben sowie u. a. nach Farbe, Qualität und Stärke ordnen und unterscheiden
- Haptische und optische Erfahrungen mit verschiedenen Fäden gewinnen
- Fadenmaterial für die Raupe entsprechend einer „Farbfamilie" auswählen (Nachbarfarben im Ittenschen Farbkreis suchen)
- Fadenlegen / Fadenwickeln als textile Flächengestaltungstechnik kennenlernen
- Raupenkörper durch Umwickeln einer Fläche mit Fadenmaterial gestalten
- Raupenkopf als Pomponkugel gestalten und ausdifferenzieren
- Kordeln drehen zur Gestaltung der Raupenbeine (oder durch Biegeplüsch ersetzen)
- Stoffcollage oder Applikation zur Gestaltung der Raupenschuhe / -füße

Gestaltungsarbeit nach Wahl ausdifferenzieren:
- Entdecken und Ausschöpfen der gestalterischen Möglichkeiten mit textilem Material und textilen Techniken (Applizieren, Sticken, Nähen, Binden, Knoten, Knüpfen, Flechten, Filzen, Perlenreihen auffädeln, Naturmaterialien integrieren etc.)

Weitere mögliche Lernziele:
- Textile Materialien experimentell verändern und zur Ausgestaltung des Bildes nutzen
- Sich über die Herkunft von Fäden und Fasern informieren
- Fäden von Stoffen, Hüllen, Zusatzmaterialien und Werkzeugen abgrenzen
- Einrichten eines „textilen" Materialschrankes

Einstieg:

Trudi, die Tausendfüßlerdame, ist mein Lieblingsbildthema für die allererste Textilstunde mit Erstklässlern (aber auch älteren Textilanfängern). An ihr lassen sich endlos viele Fragen rund um alles Textile „aufhängen". Sie begleitet uns in allen weiteren Textilstunden, schaut uns von der Klassenwand aus zu und hat viele Fragen an die kleinen Textilforscher (gut, dass der Lehrer die besondere Raupensprache versteht und Trudis Fragen an die Kinder weitergeben kann …).

Mit Trudi zusammen beginnt die Reise durch das Fach Textilgestaltung. Die Tausendfüßlerdame wird geradezu aus den vielen textilen Materialresten geboren. Aber diese müssen erst einmal fleißig gesammelt werden. Die Kinder bringen mit, was sie ihren Müttern abringen können (diese können sich dann die nächste Altkleidersammlung sparen). Wie ein kleiner Trödelmarkt gestaltet sich das Auspacken der mitgebrachten Schätze (siehe Sachinformation „Allerlei Textiles:

der Materialschrank"). Dem textilen Gestalten geht ein Sammeln und Wühlen in den verschiedensten textilen Materialien voraus. Alle Schätze werden auf dem Klassenboden oder im Schulflur ausgebreitet. Sie werden betrachtet, befühlt, bestaunt, benannt, verglichen und geordnet. Garne und Stoffe werden heraussortiert, der Rest wird in einen Materialschrank für das Fach Textilgestaltung geräumt.

Wer Platz für einen textilen Materialschrank hat, der sollte sich diesen unbedingt einrichten. Es lohnt sich. Nicht nur die Kinder, auch wir Lehrer werden zum kreativen Werken verführt, wenn wir in den vorhandenen, gesammelten Materialien und den textilen Schätzen wühlen dürfen. Mich lachen die schönen Sachen immer an und ich verspüre sofort Lust etwas auszuprobieren, wenn ich die herrlichen Stoffe, die interessanten Garne, die lustigen Knöpfe, die flauschigen Federn vor der Nase habe. Auch die Kinder greifen intuitiv ins Material hinein und gestalten. Für die Aufbewahrung empfehle ich bunte, beschriftete Kisten. Das Gestalten und Einräumen der Kisten (z. B. Kopierpapierkartons) ist schon eine tolle Unterrichtsstunde für sich. Das Einräumen eines Materialberges setzt ein Betrachten, bewusstes Auseinandersetzen, Sortieren und Ordnen nach bestimmten Kriterien voraus. Das allein ist schon ein wesentliches Lernziel im Bereich Textilgestaltung.

Eine kleine Geschichte wie die folgende führt die Kinder in Trudis textile Welt ein und erklärt die Bildaufgabe: „Was glaubt ihr, was passiert, wenn ein kleines Raupenei vom Wind verweht wird und in einem weichen, merkwürdigen Haufen landet? In einem Haufen aus Fäden und Stoffen, Nadeln, Knöpfen und vielem mehr. Dinge, die Kinder mit in die Schule gebracht haben. Was ist, wenn die kleine Raupe mitten in einem großen Haufen von Fäden ausschlüpft? Naja, die kleine Raupe staunt nicht schlecht, wenn sie ihre Nase aus dem Ei steckt. Eine wundersame Welt, in die sie hineingeboren wurde. Diese langen flauschigen Dinger, sind das andere Raupenbabys? Sie haben die unterschiedlichsten Farben. Auch sind viele von ihnen so lang, dass sie sich zu einem dicken Knäuel aufgewickelt haben. Es gibt dicke und dünne, haarige und glatte, glänzende und matte, harte, weiche und genoppte. Trudi kommt aus dem Staunen nicht heraus. Ihre kleinen Raupenfüße berühren die Fäden. ‚Sind die Dinger herrlich weich. Ich könnte endlos lange darüber streicheln. Am liebsten würde ich mich in sie hineinkuscheln. Ob ich sie um mich wickeln kann? Dann hätte ich es ganz warm. Ich probiere es aus. Aber welche von ihnen nehme ich? Die Auswahl ist so groß. Vielleicht nehme ich nur welche in meiner Lieblingsfarbe …' Und so macht sich Trudi an die Arbeit. Sie sucht viele unterschiedliche Fäden aus. Dann überlegt sie sich, wie sie die Fäden um sich wickeln soll. Vielleicht in Streifen? Ein sehr reizvoller Gedanke …"

Setzen Sie die Geschichte so fort, wie Sie es für Ihr Unterrichtsvorhaben brauchen. Mit einer kleinen Identifikationsfigur lässt sich jede Forscherarbeit leichter „verkaufen": Trudi könnte ihre Schätze untersuchen, Fäden auftrieseln, Fasern untersuchen, den Kindern in der Klasse lauschen und erfahren, woher die Fasern kommen, mit den Fäden spielen, Fäden aus Stoffresten herausziehen, Stoffe untersuchen, sich fragen, wie Fäden und Stoffe zu Urururururraupenomaszeiten hergestellt wurden und vieles mehr. Trudis Geschichte muss noch lange nicht in der ersten Stunde vorbei sein.

Methodische Anleitung / Bildaufbau:

1. Trudis Bauch:

Für Trudi, die Tausendfüßlerdame, benötigt jedes Kind einen Streifen festen Karton. Dazu kann man einen Karton in DIN-A4-Größe längs falten und erhält so einen stabilen Wickeluntergrund. Nun wird gewickelt, was das Zeug hält.

- Entweder nach Herzenslust, d. h. die Kinder wählen die Garne „aus dem Bauch" heraus aus. Hier entscheiden oft die Lieblingsfarben über die Auswahl oder – auch sehr interessant – das haptische und optische Erlebnis. In diesen Fällen werden sie beobachten, dass besonders flauschige oder ungewöhnliche Garne das Rennen machen.
- Die Kinder können auch nach bestimmten Vorgaben wickeln: Zum Beispiel können sie Garne einer Farbfamilie auswählen. Das erzeugt eine harmonisch wirkende Figur. Alternativ ist es auch möglich, die Fäden nach Garnqualitäten auszusuchen: Es gibt faserig-flauschige, glatte, glänzende Garne, Fäden gleicher Fadenstärke etc.

2. Beine / Füße:

Trudis Füße sind in dem abgebildeten Bildbeispiel aus den verschiedensten Stoffstücken gestaltet worden und wirken wie kleine Stiefel. Außer Stoffresten können auch andere Materialien zu Raupenfüßen werden, z. B. eignen sich auch Kastanien, Steine, Papier, Walnussschalen etc.

Sollten Sie oder die Kinder sich für Stoffstiefel entscheiden, können Sie hier wieder mit und ohne Vorgaben arbeiten lassen. Mögliche Vorgaben können sich auf die zu verwendende Farbe, die Stoffqualität oder Form der Füße bzw. Schuhe beziehen. Trudi wirkt sehr edel, wenn die gewählten Stoffe farblich auf die verwendeten Garne abgestimmt werden. Das erfordert ein genaues Farbbetrachten. Oft staunen die Schüler nicht schlecht, wenn sie feststellen, wie viele verschiedene Farbtöne es zu einer einzigen Farbe gibt.

Die Beine können aus Kordeln, Stoffstreifen, Pfeifenputzern oder ähnlichem linearem Material gestaltet werden. Die abgebildeten Trudibeine bestehen aus Biegeplüsch (Pfeifenputzern).

Hinweis: Gestaltungsvorgaben können bestimmte Betrachtungs- und Analyseziele verfolgen, schränken das kreative Arbeiten aber auch immer etwas ein. Man muss seine Unterrichtsabsichten zuvor für sich genau klären, also Materialkunde oder freie, kreative Lösungsfindung zu einem Bildproblem.

3. Kopf:

Der Kopf kann auf verschiedene Weisen gestaltet werden: Styroporkugeln, Papierkreise oder Pomponkugeln sind nur drei von vielen Möglichkeiten. Auch hier müssen Sie zuvor wieder für sich entscheiden: Möchte ich die Kinder ermutigen, selbsttätig eine Lösung für das Bildproblem „Raupenkopf" zu finden oder möchte ich das Bildthema nutzen, um mit den Kindern die Pompontechnik zu erproben? Beides ist „legitim".

In dem Bildbeispiel wollte ich die Gelegenheit nutzen, um den Kindern zu zeigen, wie man Pompons herstellt. Diese Technik sollten sie später nutzen können, um ein „kugeliges" Bildproblem selbstständig zu lösen.

Für einen Pompon benötigt man zwei Pappscheiben (siehe Beispiel Seite 68). Die Scheiben werden aufeinandergelegt und mit Garn umwickelt. Wurden so viele Schichten Wolle gewickelt, dass das Innenloch fast geschlossen ist, wird das Garn am oberen Rand schichtweise aufgeschnitten. Die Scheiben werden vorsichtig ein kleines Stück voneinander gelöst.

Zwischen den Pappscheiben wird ein reißfester Faden um die Wickelfäden geschlungen und fest verknotet. Schließlich werden die Scheiben eingeschnitten und entfernt. Nun werden die Pompons noch etwas in

Form frisiert und rundgeschnitten. Fertig!
Wer mag, kann an dieser Stelle der Einheit
das Schülerarbeitsblatt „Pompons" einsetzen.

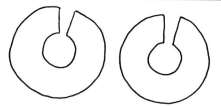

4. Hintergrund:

„Trudi ist stolz auf ihre einmalige Hülle aus bunten Fäden und zieht in die Welt hinaus ..." Diese kleine Geschichtenergänzung ermöglicht Ihnen und den Kindern, eine freie Hintergrundgestaltung zu entwickeln. Die Hintergrundmalerei ist thematisch offen. Die Kinder können eine Landschaft malen, eine grüne Wiese, einen Baumstamm, einen alten Schuh auf der Wiese, eine Uferlandschaft, ein Terrarium, einen Waldboden mit Pilzen oder wie hier ein Kornfeld. Entscheidend für die Wahl des Hintergrundmotives ist die Farbe bzw. die vorwiegende Farbe der Tausendfüßlerdame.

Nehmen wir an, „Trudi" sei in Blautönen gestaltet. Ein Blick auf den Ittenschen Farbkreis (siehe Einleitung) zeigt uns die Kontrastfarbe: Der Farbe Blau liegt im Farbkreis die Farbe Orange gegenüber. Ein orangefarbener Hintergrund würde die Raupe also besonders gut zur Geltung bringen. Gelborange könnte z. B. ein Kornfeld sein. Aber auch ein gelboranger Blütenteppich, ein gelboranger alter Stiefel, Herbstblätter in den Farben Gelb, Orange, Rot und Braun und vieles mehr wären denkbar. Damit sich noch ein harmonischer Farbzusammenhang mit der Raupe ergibt, werden die Raupenfarben (hier: Blau) in die Hintergrundgestaltung eingebunden: Der Himmel über dem Kornfeld leuchtet in einem abendlichen Sonnenuntergangs-Farbenspiel: Blau und Violett. (Ein bisschen künstlerische Freiheit ist bei der Farbgebung stets erlaubt.)

Auf dem Titelbild dieses Bandes wurde bei Trudi auf einen kontrastfarbenen Hintergrund verzichtet, da eine Landschaft gestaltet werden sollte. In diesem Fall tritt die Raupe nicht mehr farblich hervor, sondern passt sich in das grün-blaue Farbenspiel ein. Sie tritt durch ihre Plastizität in den Vordergrund. Hier wurde also nicht mit Komplementärkontrasten gearbeitet, sondern mit der Differenzierung einer Farbe. Auch das ist möglich.

Die dritte wirkungsvolle Gestaltungsmöglichkeit erreicht man mit dem „Farbe-an-sich-Kontrast". Diesen erzielen Sie, wenn ausschließlich kräftige, reine, bunte Fäden, Stoffe und Farben eingesetzt werden.

Der Hintergrund wurde in der abgebildeten Arbeit als Stoffmalerei angelegt. (Möglich ist aber auch eine Deckfarbenmalerei auf einem Zeichenblockpapier.) Ein Stück Stoff im DIN-A4-Format reicht aus, Stoff im DIN-A3-Format ist aber besser und kommt den Kinderhänden mehr entgegen. Sie zerschneiden entweder ein altes (gespendetes) Bettlaken o. Ä. oder kaufen weißen, billigen Baumwollstoff. Damit die Tische sauber bleiben und die gefärbten Stoffstücke nach der Arbeit gut zu einem Platz zum Trocknen transportiert werden können, legen die Kinder eine alte Plastiktüte unter das Stoffteil. Jeweils zwei Kinder zerschneiden eine Tüte und teilen sich diese. Namen auf die Tüten schreiben.

Das Stoffstück liegt im Querformat vor den Kindern. Das Hintergrundmotiv wird mittels der Nass-in-Nass-Maltechnik (Aquarelltechnik) auf den Stoff gemalt. Je nach Wunsch kann man mit Stoff- oder Deckmalfarben arbeiten. Das Tuch wird mit einem Stück Küchenpapier, einem Schwamm, einem sauberen Pinsel oder einem Wassersprüher befeuchtet. Die Farben werden schließlich aufgemalt oder getupft.

Eine Alternative zur Gestaltung des Hintergrundes durch Malerei ist folgende: Die Wiese bzw. das Bodengrün wird aus Filz- oder Stoffresten gestaltet. Je nach Alter der Kinder bzw. Unterrichtszielen des Lehrers kann man die Grünelemente aufkleben, applizieren oder aufnähen. Wer noch keinen Stick- oder Nähkurs an dieser Stelle starten möchte, lässt die Teile einfach aufkleben (es gibt sogar speziellen Textilkleber in Bauhäusern, diesen muss man aber nicht unbedingt verwenden, Klebestifte reichen). Annähen ist meine Lieblingslösung, weil das Bild dadurch an räumlicher Tiefe gewinnt. Blattadern z. B. werden auf das Grün gestickt und befestigen dadurch das Blatt am Stoff. Die Blattränder heben sich etwas vom Untergrundstoff ab, das Blatt wirkt dadurch noch plastischer.

5. Ausgestaltung:

Zum Schluss können die Kinder Trudi noch ganz individuell ausgestalten. Das dürfen eine Schleife, eine Gesichtsbemalung oder Fühler mit Wattekugeln an den Enden sein. Trudi könnte einen kleinen (textilen) Werkzeugkasten im Mund tragen. (Trudi ist eine eifrige Textilkünstlerin bei der Arbeit. Klar, dass sie so einiges braucht: Stecknadeln, Einfädler etc.) Interessante Knöpfe könnten als kleine Steine dienen und auf dem Bildboden festgenäht werden. Eine Regenwurmfreundin (Perlenkette) darf durch das Gras kriechen. Ein geflochtener Schmetterling mit Seidenpapierflügeln fliegt durch die Luft. Ein Pomponküken setzt sich auf Trudis Allerwertesten. Dieses Bildthema ist auch für jede Art von anspruchsvolleren Techniken offen: Es können Bildelemente noch zusätzlich in die Fläche hineingestickt, genäht, appliziert, gemalt und geknotet werden.

Wenn Sie die ersten mutigen „Eigenkreationen" der Kinder kräftig vor der Klasse loben, werden Sie sich wundern, mit wie viel Freude, Ideen und Kreativität sich auch die anderen Kinder an die Ausgestaltung des Bildes machen. An dieser sehr wichtigen Stelle der Bildentwicklung wird die schöpferische Kraft der Kinder gefordert und gefördert. Auf der Basis eines fast fertigen und gelungenen Bildes macht das Ausschmücken dieses Geschichtenbildes sehr viel Spaß und überfordert die Kinder nicht durch eine zu offene Aufgabenstellung (Angst vor dem „weißen, leeren Blatt").

Kostenplan:

Fast alle Preise richten sich nach dem Labbé-Katalog:

Weißer Baumwollstoff	2 m (1,50 m breit) Stoff reichen für 25 Kinder und kosten je nach Angebot 8–10 Euro/m. (Statt den Hintergrund auf Stoff anzulegen kann man diesen auch einfach auf ein Blatt Zeichenblockpapier malen.)
Biegeplüsch (= Pfeifenputzer)	10 Stück (6 mm, 50 cm lang) kosten 0,95 Euro und reichen für 20 Kinder. (Auf die Wattekugeln kann man verzichten. Die Fühlerenden können auch mit Wolle umwickelt werden.)
Wattekugeln	50 Stück (16/18/20 mm Durchmesser) reichen für 25 Kinder und kosten 1,– Euro.
Passepartout-Karton	1 Fotokarton kostet 0,45 Euro. Eine 10er-Packung Reklamepapier (50 x 70 cm) kostet 1,85 Euro und reicht für 20 Kinder.
Wolle, Stoff- und Filzreste	Wollreste von den Kindern sammeln und mitbringen lassen.
Zusatzmaterial nach Wahl	Stickgarn, Perlen, Knöpfe etc. je nach häuslichen Reserven von den Kindern sammeln und mitbringen lassen.

Sie müssen bei einer Bildausführung ähnlich dem abgebildeten Beispiel mit ungefähren Materialkosten von 1,– Euro pro Kind rechnen. Von diesem Betrag entfallen ca. 0,80 Euro auf den Baumwollstoff. Dieser ist für die Bildaufgabe nicht zwingend notwendig, sodass man im Notfall auch sehr günstig arbeiten kann.

Zusätzliche Aufgaben für schnell arbeitende Schüler:

- Da das Bild in der Ausgestaltung endlos viele Möglichkeiten bietet (siehe S. 63), würde ich Kinder, die früh mit ihrer Arbeit fertig sind, anregen die mögliche *Gestaltungsvielfalt* auszuschöpfen. Es darf dabei experimentiert und frei erfunden werden. Alles ist erlaubt.
- *Pompontierchen* und *-figürchen* in allen Varianten zu gestalten ist ein toller Spaß für kleine und große Kinder. Allein das Flauschige der Figuren hat seinen eigenen Reiz. Möglich ist die Gestaltung von Küken, Häschen, Fischen, Vögeln, Schneemännern etc.

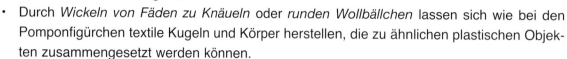

- Durch *Wickeln von Fäden zu Knäueln* oder *runden Wollbällchen* lassen sich wie bei den Pomponfigürchen textile Kugeln und Körper herstellen, die zu ähnlichen plastischen Objekten zusammengesetzt werden können.

  Das Gleiche gilt übrigens auch für das Filzen. Eine Technik, die etwas eingeführt werden muss, aber auch die direkte Gestaltung von körperhaften (dreidimensionalen) Figuren ermöglicht.

- Mit den textilen Hüllen (Socken, Kissenhüllen, Pullover, Handschuhe etc.) aus der Sammlung der mitgebrachten Schätze lassen sich ohne große Lehrerunterweisung tolle *Abbindepuppen* und *-tiere* gestalten. Mit etwas Füllmaterial (Woll- oder Stoffreste) und reißfesten Fäden kann man interessante Formen aus Hüllen abbinden. Mit anderen Sammlerschätzen wie Knöpfen oder Perlen werden Augen aufgenäht oder geklebt. Die kreative Problemlösungsaufgabe liegt im Finden plastischer Formen und Lösen der Verbindungsprobleme („Wie kriege ich die Haare an mein Pony?").

Wickelteddy

Abbindefigur

- *Fadenabnehmen*, ein uraltes Kinderspiel, ist eine faszinierende Art mit Fäden umzugehen und zu gestalten. Die Kreativität der Kinder wird durch interessante, selbst erfundene Fadenfiguren auf den Fingern entfaltet. Fadenabnehmen kann man aber auch nach festen Figurenplänen spielen. Diese sind aber nur wenigen Kindern bekannt. Umso reizvoller ist es, nachmittags auf Expertensuche zu gehen und Omas, Mamas und Tanten nach diesen zu fragen.

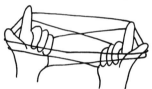

Fadenabnehmen

Anschlussthemen:

Nach dieser in das Fach Textilgestaltung einführenden Stunde können Sie inhaltlich in alle beliebigen „Fachrichtungen" fortfahren. Sehr sinnvoll sind die Themen der nächsten beiden und des letzten Projektes:

- Fadenanalyse, Fadeneigenschaften, Fadenherstellung etc. (siehe Projekt Nr. 2)
- Fadenspiele, Fadenkunst: Knoten, Kordeldrehen, Umwickeln, Auftrieseln, Fädenziehen etc. (siehe Projekt Nr. 3)
- Gestalten zum Gedicht „Der Faden" von Josef Guggenmos (siehe Projekt Nr. 3)

Rohstofflehre:

- „Vom Schaf zur Schurwolle" (und zum Wollpullover), „Vom Baumwollstrauch zur Baumwolle" (und zum T-Shirt), „Von der Seidenraupe zum Seidenfaden" (und zum Seidentuch), „Vom Flachs zum Leinen" (und zum Geschirrtuch), „Von der Chemiefabrik zum Chemiefaden" (und zum Teppich) (siehe Projekt Nr. 15)
- Experimente mit Fasern, Wolle und Zauberwolle

Sachinformation „Allerlei Textiles: der Materialschrank"

1. Fachliche Einordnung

Das kreative, problemlösende Gestalten mit textilem Material lebt davon, dass Kinder in einem Teilbereich der Bildaufgabe die gestalterischen Möglichkeiten des Materials und der textilen Techniken entdecken und ausschöpfen können. Das geht am besten, wenn ein vielfältiges, abwechslungsreiches Angebot an textilen und nichttextilen Dingen vorhanden ist. Ein Angebot, das man in jeder Hinsicht auch „ausschöpfen" darf. Wer in Material wühlen darf, der findet etwas, mit dem er etwas machen möchte, etwas ausprobieren möchte („Aus der alten Socke könnte man doch ein Krokodil machen. Wozu braucht man denn die Häkelnadel? Darf ich den Pulli aufriffeln? Der Faden glänzt so schön, damit könnte ich meine Prinzessinnenhaare knoten ..."). Das ist ein guter Grund, einen textilen Materialschrank einzurichten. Der Inhalt ist mit einem Sammelaufruf in der Elternschaft schnell beieinander. Jedes Kind in der Klasse bringt alles das von zu Hause mit, was die Mutter abtreten und was aus Sicht des Schülers im Fach Textilgestaltung nützlich sein kann. Die vielen mitgebrachten Schätze sind ein toller Start in die allererste Textilstunde.

Um sich mit Kindern einer komplexen Sache wie der Textilgestaltung zu nähern, ist es wichtig, Kinder sammeln, betrachten, ordnen und vergleichen zu lassen. Das Stöbern in einer bunten, vielfältigen textilen Materialsammlung ist spannend und regt zum Fragen an:

Woher kommen die gesammelten Schätze, wie sehen sie aus, wie fühlen sie sich an? Wozu werden sie benutzt? Wie sieht unser alltägliches Leben mit Textilien aus? Wie sähe unser alltägliches Leben ohne Textilien aus? Wo begegnet uns Textiles außerhalb des Hauses? Warum sehen die Stoffe und Kleidungsstücke in anderen Ländern anders aus? Wie unterscheiden sich die einzelnen textilen Dinge? Welche Ordnungskriterien kann man wählen? Was sind Fäden, was sind Stoffe, was sind Hüllen, was sind Werkzeuge, was ist Zubehör?

Mit der textilen Sammlung eröffnet sich uns die große Vielfalt der textilen Möglichkeiten. Mit allen Sinnen nehmen wir das Dargebotene auf. Wir nehmen Textiles bewusst wahr. Textilien sind überall um uns herum.

2. Kulturhistorische Einblicke

Schon die ersten Menschen bildeten und gestalteten textile Hüllen und Flächen zur Deckung der Primärbedürfnisse. Mit Knochennadeln und Tiersehnen wurden aus Tierhäuten Kleidungsstücke und Behausungshüllen (Zelte) genäht. Im Laufe der Zeit wurden die textilen Gebrauchsgegenstände immer differenzierter hergestellt und ausgestaltet. Tierische und pflanzliche Fasern wurden zur Fadenherstellung entdeckt. Aus den ersten Flächenbildungstechniken wie dem Stopfweben, Flechten und Knoten entstanden die ersten groben Stoffe, die zu Hüllen weiterverarbeitet wurden. Pflanzliche Farben dienten zur Musterung und Ornamentierung. Färben, Drucken, Sticken und Applizieren wurden zu wichtigen Gestaltungs- und Verzierungsmethoden für textile Flächen.

Im Laufe der menschlichen Entwicklung dienten Textilien nicht nur dem Schutz des Körpers, sondern bekamen noch weitere Funktionen wie z. B. die Schmuck- und Symbolfunktionen. Textilien dienten nicht mehr nur dem täglichen Gebrauch, sondern entwickelten sich schon früh auch zu Kunstobjekten.

3. Der Materialschrank: textiles Material, Werkzeug und Zubehör ordnen

Der folgende Überblick zeigt eine von vielen Möglichkeiten mit Kindern die Vielfalt der Gegenstände rund um das Fach Textilgestaltung zu ordnen. Es handelt sich dabei nicht um eine fachliche Systematik und Analyse. Die erfolgte im Kapitel „Systematik textiler Techniken".

Im Folgenden soll einmal aus kindlicher Sicht ein großer Berg textiler Fundstücke, Mitgebrachtes und Gesammeltes systematisiert werden. Betont sei zu Beginn, dass man nach zahlreichen und unterschiedlichen Kriterien textile Sammelsurien ordnen kann: Man kann Textiles nach der Farbe, nach der Größe, nach dem Verwendungszweck, nach dem Alter (geschichtliche Zuordnung), nach der kulturellen Bedeutung, nach persönlicher Bedeutung, nach dem Schwierigkeitsgrad der verwendeten Techniken etc. ordnen. Die unten gewählte Ordnung orientiert sich im weitesten Sinne an den Materialgruppen.

Wie soll man mit den textilen Schätzen die erste Stunde starten? Alles in der Klassenmitte auskippen und einzeln benennen lassen? Lieber nicht. Wie wäre es mit einem Trödelmarkt in der ersten Textilstunde? Ein bis drei Kinder machen zusammen einen Stand mit ihren Mitbringseln.
Alles wird ausgebreitet und betrachtet. Alle dürfen herumgehen und die Stände der anderen betrachten. Einmal schauen, was es so alles gibt? Wer Lust hat, fragt die Mitbringer, woher die Sachen stammen. Oft berichten die Mitbringer auch ungefragt und gerne, was sie zu den Dingen wissen. Die Mutter hat beim Heraussuchen ja vielleicht auch schon so einiges erzählt. Jede Standgruppe kann die bunte Vielfalt schon einmal etwas vorordnen.
Alle Schätze müssen schließlich gemeinsam betrachtet und für den neuen Materialschrank geordnet werden. Zwei erste Häufchen sind schnell gefunden:

Starten wir und trennen Textiles von Nicht-Textilem: Textilien sind Dinge wie Kleidungsstücke, Stoffe und Fäden. Nicht-Textiles sind Dinge wie Nadeln, Scheren, Webrahmen, Perlen, Knöpfe etc., die wir im Rahmen der Textilgestaltung auch benötigen.
Nicht-Textiles können wir wiederum ordnen nach
- Werkzeugen (Nadel, Schere, Webrahmen, Fingerhut, Metermaß etc.) und nach
- Zubehör (Knöpfe, Perlen, Reißverschlüsse, Federn, Naturmaterialien zum Annähen etc.).

Textiles können wir nach vielen Gesichtspunkten ordnen. Die Wahl ist schwer. Eine Möglichkeit orientiert sich an der Dimensionalität der Dinge: Körperhaftes (Hüllen, Objekte, „Fertige Stücke"), Flächiges (Gewebe, Maschenwaren, Filze, Lederstücke etc.) und Lineares (Garne, Fasern, Bänder, Schnüre).
Es entstehen also drei neue „Häufchen":
- Die textilen Hüllen bzw. Objekte sind oft fertige Kleidungsstücke, Bettbezüge, Teddys etc. Alle Hüllen werden zusammen in den Schrank gelegt oder noch weiter sortiert. Sie lassen sich z. B. nach Kleidungsstücken(-hüllen), Wohntextilien, Kunstobjekten, Spielobjekten etc. ordnen. Hier kann man beim Sortieren über den Gebrauchswert und die persönliche Bedeutung der Dinge sprechen. Es fallen Begriffe wie Nähen, Formen, Abbinden etc., die die Kinder evtl. auch schon selbst erklären können. Das sind alles Techniken zur textilen Hüllenbildung. Aus den fertigen Hüllen lassen sich wiederum tolle neue Hüllen und Objekte gestalten (Puppen, Tiere, Fantasiefiguren etc.).
- Die flächigen Textilien sind größtenteils Stoffreste. Aber auch alte Tischdecken oder Gardinen zählen zu den textilen Flächen. Alle Flächengebilde werden zusammen in den Schrank gelegt. Später lassen sich auch diese noch weiter

Abbindefiguren

ordnen, z. B. nach ihrer Flächenbildungtechnik: Es gibt gewebte Stoffe, gehäkelte und gestrickte Flächen, gepresste Filze und Vliese und natürliche Flächen wie Lederstücke. Wie sind die Flächen entstanden? Zwangsläufig kommen beim weiteren Sortieren die Begriffe zur Flächenbildung ins Spiel: Weben, Stricken, Häkeln, Filzen, Flechten, Knüpfen etc. Die Flächen sind zudem unterschiedlich ausgestaltet. Weitere textile Techniken werden bewusst: Drucken, Malen, Sticken, Annähen, Applizieren etc. Aus diesen Flächen können später tolle textile Hüllen und Objekte entstehen.
- Und nun liegen da noch die Fäden, Kordeln, Bänder, Garne, Zwirne, Fasern etc.: Aus ihnen werden Stoffe gemacht, aber auch andere textile Gebrauchsgegenstände und Kunstwerke.

Beim Aufräumen oder in einer gesonderten Stunde bieten diese Schätze wieder viel Forscher- und Gesprächsstoff: Die Fäden, Garne und Zwirne haben verschiedene Farben, Stärken, Oberflächen etc. Das liegt unter anderem an den unterschiedlichen verwendeten Rohstoffen: Schafswolle, Baumwolle, Flachsfasern, Seidenfäden, Chemiefasern etc. Einige Fundstücke sind nur locker aus einem Fasermaterial gedreht, sodass man sie leicht auftrieseln und die verwendeten Fasern erkennen und herauslösen kann. Andere Garne sind stark gedreht, miteinander verzwirnt oder geflochten, sodass neben den einfachen Fasern und Garnen auch interessante Zwirne, Kordeln und Bänder zu finden sind. Begriffe wie Spinnen, Zwirnen, Flechten, Kordeldrehen, Knoten fallen in diesem Zusammenhang.

Betrachtet man die so aufgeräumten Textilien, erhalten die Kinder eine erste Ahnung hinsichtlich der Entstehungsgeschichte der meisten textilen Gegenstände:
Aus den textilen Rohstoffen werden Fasern gewonnen. Aus diesen werden Fäden gesponnen und miteinander zu Zwirnen gedreht. Mit Zwirnen kann man Stoffe und Flächen weben, wirken, flechten, knoten etc. Die fertigen Stoffe werden zu textilen Hüllen und Gebrauchsgegenständen (Hosen, Pullover, Bettlaken, Puppen, etc.) weiterverarbeitet.

Materialschrank: Für die oben beschriebenen „Häufchen" würden sie fünf Schubladen oder Kartons benötigen:

- Textile Hüllen / Objekte und „fertige Stücke" (alte Socken, Leinentaschen, Kissenhüllen, Filzhüte etc.)
- Stoffe und andere Flächen (Gewebe, Strickstoffe, Filze, Lederreste, Teppichreste etc.)
- Garne & Co. (Faserproben, Wollreste, Garnrollen, Bänder und Kordeln etc.)
- Werkzeug (Nadeln, Scheren, Webrahmen, Fingerhüte, Metermaßbänder etc.)
- Zubehör (Knöpfe, Perlen, Reißverschlüsse, Federn, Naturmaterialien zum Annähen etc.)

Lassen Sie sich aber nicht von meinem Sortier-Vorschlag einengen. Haben Sie mit Ihren Kindern ein anderes, für Ihre Klasse besseres Ordnungssystem gefunden, nehmen Sie auf jeden Fall dieses. Viel Spaß beim Aufräumen!

Fundgrube:

Bücher
- H. Blank: „Seilchenspringen, Gummitwist, Fadenabnehmen", Coppenrath Verlag, 1995
- B. Kalk: „Foggy & seine Freunde – Pompon-Ideen für Kinder", Topp Verlag, 2003
- S. Togachewski-Nogai: „Wir basteln mit Stoff, Filz & Wolle", Christophorus Verlag, 2002

Internet
- *www.nathalies-naehkiste.de/bommel.htm* (Pomponherstellung)
- *www.creativ-seiten.de*

Pompons

Du brauchst:
- zwei Pomponscheiben
- Wolle
- eine Schere

So geht es:
1. Lege die zwei Pomponscheiben übereinander.

2. Umwickle die Scheiben mit Wolle. Erst wenn das Loch in der Mitte fast gefüllt ist, bist du fertig.

3. Schneide die Wolle entlang der Kante auf. Wenn du die Wolle schichtweise durchtrennst, geht es leichter.

4. Lege einen reißfesten Faden zwischen die Pappen und verknote ihn ganz fest.

5. Entferne beide Pappscheiben. Schneide den Pompon mit der Schere kugelförmig zurecht. Fertig.

Tipp: Wenn du kleine Pomponscheiben benutzt, wird dein Pompon kleiner. Wenn du größere Scheiben benutzt, wird er natürlich _____ .

Der Materialschrank – kleine Materialkunde

Ordne die Dinge in den Schrank ein: Verbinde sie entsprechend oder male sie in die richtige Schublade.

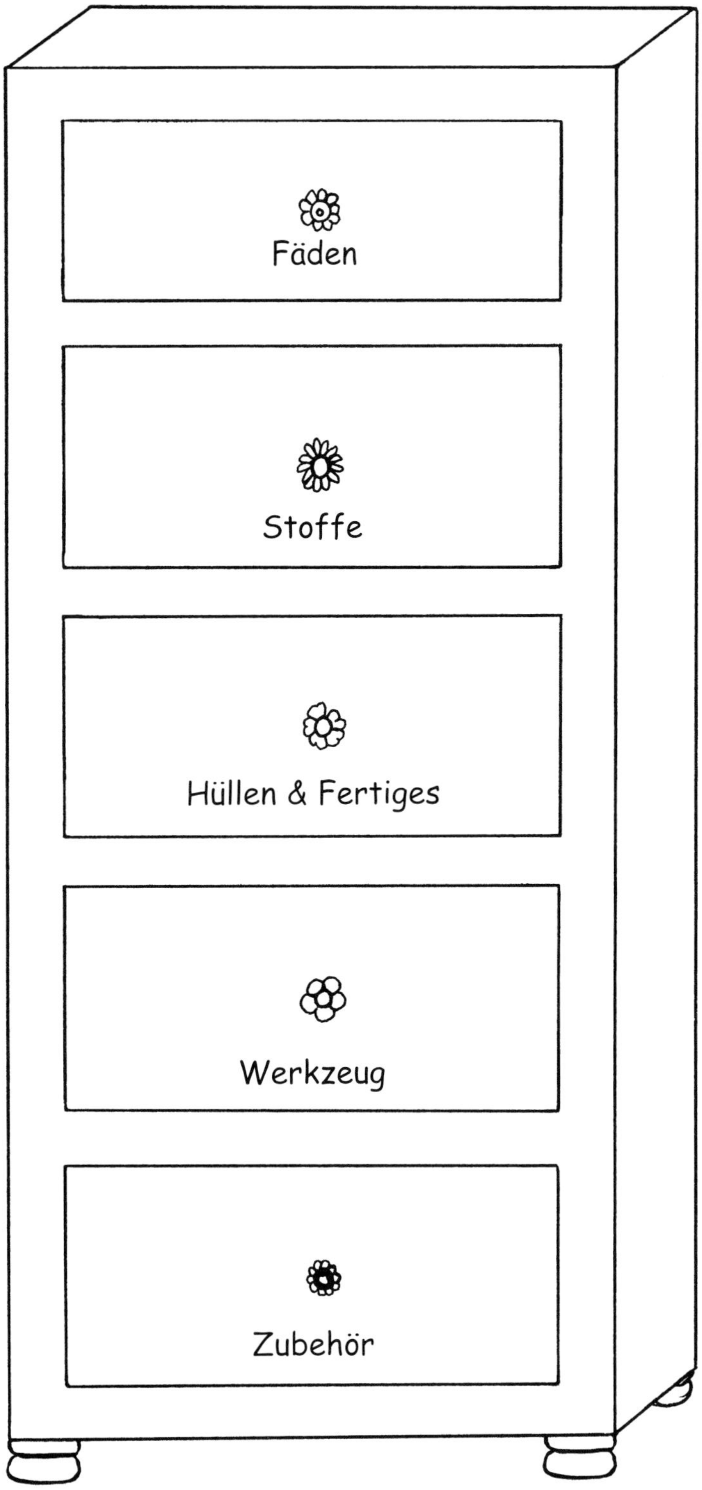

Fäden

Stoffe

Hüllen & Fertiges

Werkzeug

Zubehör

Seidenfaden

Stoffreste

Häkelnadel

Lederreste

Reißverschluss

Flachsfasern

Marionette

Handschuhe

Nähgarn

Perlen

Knöpfe

Nähnadel

Schere

Kordelbänder

Webrahmen

Filzhut

Maßband

Fingerhut

Federn

Teppichreste

1. Fehlt noch eine Schublade? Wie würdest du sie beschriften?
2. Male oder schreibe noch weitere Dinge in die entsprechenden Schubladen.

„Wolkenreise"

Schwerpunktthema: Faden

Passend zu den Sach-Deutsch-Projektthemen: Textile Rohstoffe – Wolle – Bauernhof – Freizeit – Träumen – Freundschaft

Zeit: 8–10 Unterrichtsstunden

Material: Baumwollstoff (DIN A3 oder A4), Deckfarben, Woll- und Garnreste, Rohwolle oder Watte, Biegeplüsch (Pfeifenputzer, Länge ca. 30 cm), Wattekugeln, Filzreste und/oder Wollstoffreste o. Ä., Klebstoff, Klebestift, Passepartout-Karton (Einkaufs-Tipps siehe Seite 75)
Nach Wahl: Perlen, Stickgarn, Naturmaterialien

Lernziele:

Hintergrund und Hintergrundelemente:
- Mittels Aquarelltechnik eine Landschaft auf Stoff malen
- Haptische und optische Erfahrungen mit verschiedenen Garnen gewinnen
- Erkennen, dass ein textiler Faden aus Fasern besteht
- Schurwolle als textilen Rohstoff kennenlernen
- Garne auftrieseln und kardieren (kämmen) und die Ergebnisse in der Bildaufgabe verwenden
- Bildnerische Lösungen für die Gestaltung weiterer Hintergrundelemente finden

Schafe:
- Körperform des Schafes aus Filz gestalten
- Ein Wollkleid aus Rohwolle oder Watte formen

Kinder:
- Eine Körperform aus Biegeplüsch formen
- Textile Flächen (Filz, Wollstoffe, Stoffreste etc.) experimentell zu Hüllen verbinden (z. B. durch Wickeln, Binden, Nähen, Sticken etc.)
- Kleidung als textile Hülle erfahren

Gesamtbild nach Wahl ausdifferenzieren:
Entdecken und Ausschöpfen der gestalterischen Möglichkeiten mit textilem Material und textilen Techniken (Applizieren, Sticken, Nähen, Wickeln, Binden, Knoten, Knüpfen, Flechten, Filzen, Perlenreihen auffädeln, Naturmaterialien integrieren etc.)

Weitere mögliche Lernziele:

- Erkennen, dass Fäden aus verspinnbaren Fasern bestehen
- Sich über die Herkunft der Fasern informieren
- Aufbau und Herstellung von Garnen und Zwirnen untersuchen
- Aus Fasern Fäden, Zwirne und Effektgarne herstellen
- Bezüge zwischen Rohstoff, Aufbau, Eigenschaften und Verwendungsmöglichkeiten von Fäden erkennen
- Textile Materialien experimentell bearbeiten und verändern (Garne aufdrehen, auszupfen, zusammendrehen, verknoten, aus Geweben Fäden herausziehen, in Geweben Fäden verschieben etc.)

Einstieg:

„Peter und Lisa liegen auf der Wiese und träumen. Peter träumt mit offenen Augen. Er beobachtet die Wolken, wie sie am Himmel über ihn hinwegziehen. Er riecht das frische Gras. Bienen summen um die vielen duftenden Blumen auf der Wiese. Drei Schafe in der Nähe schmatzen vor sich hin. Je länger Peter da so liegt, umso entspannter wird er. Der Streit in der Schule mit Michael fällt von ihm ab. Er genießt die Ruhe und vertieft sich mehr und mehr in die Wolkenbilder. Die eine Wolke sieht wie eine Giraffe aus. Eine andere erinnert ihn an eine Fratze. Langsam wird er schläfrig und schläfriger. Er träumt. Die Wolken werden immer interessanter. Sie verändern ihre Farbe. Einige sind rot, andere grün, wieder andere sogar mehrfarbig. Das wird ja immer spannender …" An dieser Stelle der Geschichte können die Kinder die Erzählung weiterspinnen.

Im Hinblick auf die Gestaltungsaufgabe ergeben sich nun einige Fragen: Wie können die Wolken noch aussehen? Wie können wir solche Wolken aus textilem Material gestalten? Vorhanden sind …? Schnell kommen die Kinder dahinter, dass man aus Wolle nicht nur Flächen bilden kann, indem man aus ihnen etwas strickt, häkelt, flechtet oder filzt. Man kann Wolle auch wieder in ihren ursprünglichen, faserigen Zustand verwandeln, indem man sie aufdreht, auseinanderzupft oder kardiert (d. h. kämmt, z. B. mit einer Drahtbürste). Dabei befasst man sich unweigerlich damit, wie Garne genau aussehen, wie sie aufgebaut und entstanden sind.

Tipp: Wenn Sie noch einen alten Wollpullover zu Hause haben, der eigentlich in die nächste Altkleidersammlung sollte, retten Sie diesen und nutzen Sie ihn, um auf umgekehrtem Wege den Weg der Faser bis hin zum Kleidungsstück zu veranschaulichen:

- Zuerst werden die zusammengenähten Pulloverteile voneinander getrennt. Erster Aha-Effekt: Auch die textile Hülle „Pullover" entsteht durch Zusammennähen mehrerer textiler Flächen. Nähen ist eine wichtige textile Verbindungstechnik.
- Ein Pulloverteil, nun nur noch eine Fläche, wird jetzt aufgeriffelt. Zweiter Aha-Effekt: Dieser Pulloverteil besteht ja aus einem langen Faden. Aus einem Faden kann durch eine textile Flächenbildungstechnik ein solches Stück gemacht werden. Man kann mit Fäden eine Fläche stricken, häkeln, flechten, weben etc.
- Der aufgeriffelte Faden kann schließlich noch zerlegt werden. Jedes Kind bekommt ein Stück des Fadens, um ihn aufzudrehen. Die einzelnen Fasern werden herausgelöst. Woher kommen die nun wieder? Vom Schaf, vom Baumwollstrauch, von der Flachspflanze, aus dem Chemiewerk? Einige Kinder werden so schlau sein und das Etikett in den Pulloverresten suchen, um Herkunftsforschung zu betreiben: Schurwolle, aha, vom Schaf sind die Faserhaare also.
- So, und nun noch einmal das Ganze von vorn, aber rückwärts: Wie ist aus dem Fell des Schafes dieser Pullover entstanden? Aus der Analyse des Pullovers wird nun die Synthese textiler Hüllen.
  Die Wollfäden des Pullovers sollten Sie weiter für die Bildaufgabe nutzen.

Methodische Anleitung / Bildaufbau:

1. Hintergrund:

Der Hintergrund besteht aus einer einfachen Stoffmalerei: Ein Stück Stoff im DIN-A3-Format (30 x 40 cm) reicht aus. (Man kann das Bild auch kleinformatiger anlegen. Dann reicht ein Stück Stoff im DIN-A4-Format.) Sie zerschneiden entweder ein altes (gespendetes) Bettlaken o. Ä. oder kaufen weißen, billigen Baumwollstoff. Damit die Tische nicht eingefärbt werden und die gefärbten Stoffstücke nach der Arbeit gut zu einem Platz zum Durchtrocknen transportiert und gelagert werden können, legen die Kinder eine alte Plastiktüte unter das Stoffteil. Dabei können zwei Kinder eine Tüte zerschneiden und sich teilen. Namen auf die Tüte schreiben.

Das Stoffstück liegt im Querformat vor den Kindern. Damit die Farben gut ineinander verlaufen, wird der Stoff angefeuchtet. Dazu kann man einen sauberen Pinsel oder einen Schwamm verwenden. Mit den

Farben aus dem Deckfarbenkasten wird nach Belieben die Hintergrundlandschaft angelegt. In der abgebildeten Arbeit wurde das untere Bilddrittel mit Grüntönen gefärbt und die oberen zwei Drittel mit einem Hauch Blau. Am besten tupft man die Farbe mit dem Pinsel oder einem Schwamm auf. Die fertigen Hintergrundbilder können auf der Tüte trocknen und sind am nächsten Tag durchgetrocknet. Ein Aufhängen der Stoffstücke ist nicht nötig.

Bevor man den Hintergrund mit den Bildmotiven beklebt, wird dieser zur Stabilisierung auf festen Karton aufgeklebt (Klebestift oder Sprühkleber benutzen).

Tipp: Der Hintergrund muss nicht unbedingt auf Stoff gestaltet werden. Ein Blatt vom Zeichenblock reicht zur Not auch.

2. *Wolken:*

Für die Wolken sollen die Kinder Garnproben unterschiedlichster Art aufdröseln (der Fachbegriff lautet übrigens „trieseln"). Auf diese Weise erfährt man sehr viel über die verschiedenartigen Fäden, Zwirne und Fasern. Man nimmt die Fäden im wahrsten Sinne des Wortes auseinander und analysiert dabei deren Aufbau. Schnell stellen die Kinder fest, dass es Fäden gibt, die man leicht auftrieseln kann und welche, die kaum zerlegbar sind. Woran könnte das liegen? Dann gibt es Garne, bei denen ein Faden verdreht wurde, andere, bei denen zwei und mehr Fäden verzwirnt wurden. Es gibt Garne mit feinen, glatten und welche mit kräftigen oder gekräuselten Fasern. Woran das wohl wieder liegt? Festgezwirntes Material ist hartnäckig und lässt sich schwer auseinandernehmen. Glattes Material rutscht schnell aus den Fingern. Haariges, locker gedrehtes Material kann man gut mit der Drahtbürste in die einzelnen Fasern zerlegen und kämmen (kardieren). Die Fadenforscher haben viel zu entdecken. Die aufgetrieselte Wolle wird schließlich zu kleinen Wolkenhäufchen zusammengefasst und aufgeklebt (Klebestift). Widerspenstige „Kandidaten" können mit Sprühkleber etwas fixiert werden.

Sie benötigen insgesamt nur sehr wenig Wolle. Stücke, die länger als 10 cm sind, lassen sich schlecht auftrieseln. Drei Fäden à 3 cm reichen in der Regel für eine Wolke. Drei unterschiedliche Fäden aus einer Farbfamilie ergeben oft sehr reizvolle Wölkchen.

Wer sich das Auftrieseln der Wollfäden sparen möchte, kann für die Wolken auch Zauberwolle (gefärbte Rohwolle) oder, was noch einfacher ist, Watte verwenden. Es entgeht den Kindern dann aber die wichtige Fadenforscherarbeit.

3. *Schafe:*

Nun haben die Kinder die Gelegenheit zu einem tollen Tast-, Riech- und Seherlebnis, indem sie den ursprünglichen Zustand der Wolle in Form von Rohwolle erforschen. Wenn es sich organisieren lässt, geben Sie den Kindern gewaschene und nicht gereinigte Rohwolle zum Vergleich. Die beiden Wollproben riechen unterschiedlich, fühlen sich anders an und sehen natürlich auch etwas anders aus. Die Wollproben erhalten eine tragende Rolle in diesem Bildthema und dürfen genau da angebracht werden, wo sie ursprünglich herkommen: auf dem Schaf.

Sie können die abgebildete Schafschablone nutzen, um aus Filz, brauner Pappe oder Wellpappe Schafskörper auszuschneiden, die mit Wolle beklebt werden. Sie können aber auch plastische Schafe gestalten. Dazu schlitzen die Kinder einen Korken ein und befestigen einen Papp-Schafskopf darin. Zahnstocher oder Zündhölzer ergeben schöne Stöckelbeine. Um den Körper herum kleben die Kinder mit Flüssigkleber das Schafsvlies.

Ohr

4. Die Figuren:

Mit Biegeplüsch (Pfeifenputzern) wird das Körpergerüst gestaltet: Das ist für ganz junge Kinder nicht leicht. Bei meinen Erstklässlern funktionierte das „Knickballett" sehr gut. Alle Kinder biegen Schritt für Schritt jeden Arbeitsgang unmittelbar nach der Lehrerdemonstration nach. Alternativ kann man den Schülern auch ein „Drauflegebild" anbieten oder zusammen mit einigen „Expertenkindern" jeden Hilfesuchenden bei der Arbeit unterstützen (siehe Arbeitsblatt). Als Kopf dient eine Styroporkugel.

Peter und Lisa, die Pfeifenputzerfigürchen, werden mit Stoffresten eingekleidet. (Wer sich zuvor mit seiner Klasse eingehend mit dem Thema „Schurwolle" befasst hat, kann viele entsprechende Wollerzeugnisse anbieten: gewebte Wollstoffe, gestrickte Restteile, Filz etc.) Näheres zum Rohstoff „Wolle" finden Sie im Projekt Nr. 15.

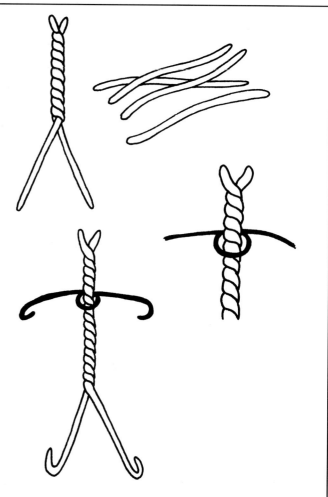

Die Kinder haben an dieser Stelle der Bildaufgabe die Gelegenheit, Kleidungsstücke als textile Hüllen zu erfahren. Die Aufgabe ist eine tolle Arbeit, bei der man endlos viel entdecken kann. Dazu muss man die Kinder experimentieren lassen und auch unkonventionelle Lösungen akzeptieren. Alles ist erlaubt, was den Körper umhüllt. So entdecken die Kinder bei der Arbeit mit Stoffresten, dass man zwei gleiche Teile (Vorder- und Rückseite) für die Bekleidungsstücke benötigt. Sie erleben den Sinn von Schnittmustern. Schnell begreift auch jeder, wozu die sogenannten „Stoffzugaben" nötig sind (sonst passt die Bekleidung nicht und alles wird zu klein). Wer mag, kann einen Exkurs zu den Themen „Kleidung", „Schnitte", „Nähen" anschließen.

Für die Lösung der Bildaufgabe ist es nicht nötig, die angefertigten Schnittteile zusammenzunähen. Die Kinder dürfen wickeln, binden, evtl. auch kleben. Nur wer sich der Herausforderung mit Nadel und Faden stellen mag, soll dieses ausprobieren.

Es ist überaus spannend, die Kinder bei der Arbeit zu beobachten. Es entstehen die abenteuerlichsten Bekleidungslösungen (fast hätte ich gesagt: Bekleidungsungeheuer). Nicht nur einmal wurde ich von den Kindern gefragt, ob sie nicht auch nähen dürften(!), so könnte man das Problem der Stoffzusammensetzung doch am besten lösen. Auch Kinder, die mit der Nähtechnik noch nie in Berührung gekommen sind, interessierten sich angesichts der Verbindungsprobleme sehr für die Lösungen der Nähkinder. Viele lernten auf diese Weise Nähen. Alle haben sich aber selbstverantwortlich dem schwierigen technischen Problem dieser Aufgabe gestellt und Lösungswege erforscht, ausprobiert und bewertet.

„Der Weg ist das Ziel – nicht das Produkt", Textilgestaltung so verstanden, nutzt die Gelegenheit, die Fähigkeit der Kinder zu schulen, Probleme selbstständig zu lösen und verschiedene Lösungswege zu finden. In einem reflektierenden Nachgespräch werden die Bekleidungs- und Verfahrenslösungen auf ihren Nutzen bei der praktischen Arbeit und den Gebrauchswert für Lisa und Peter bewertet und sinnvolle textile Werkverfahren entdeckt.

5. Fertigstellung:

Die Bildelemente Wolken, Schafe, Kinderfiguren werden mit Flüssigkleber auf dem Hintergrund befestigt. Nun kann nach Herzenslust mit dem vorhandenen textilen Material experimentiert werden. Diese Unterrichtsphase im Rahmen eines jeden Projektes ist sehr wichtig und hat nichts mit einem „Weiter-Weg-Beschäftigen" zu tun. Die thematischen und technischen Schranken werden an dieser Stelle aufgehoben. Mit dem Gefühl, schon ordentlich etwas geschafft zu haben, weil die festgelegten Bildaufgaben schon angemessen bewältigt wurden, dürfen und sollen sich die Kinder nun auf ihren eigenen Ideenreichtum berufen. Sie sollen die gestalterischen Möglichkeiten mit textilem Material und den ihnen bekannten (aber auch unbekannten) textilen Techniken entdecken und ausschöpfen.

Zahlreiche Motive und Ergänzungen passen in dieses Landschaftsbild hinein. Alle selbst erdachten Motivideen können auf die unterschiedlichste Weise verwirklicht werden. Ein Baum z. B. kann die große, leere Himmelfläche toll füllen. Dieser könnte auf die verschiedenste Weise entstehen: Als Stoff- oder Filzcollage, als Stickerei, als Applikation, als Sisal-Auftrieselarbeit, aus angenähten Naturmaterialien (Äste, Gräser etc.), aus Häkel- oder Kordelschnüren etc.

Dieser Gestaltungsfreiraum sollte in jeder Bildaufgabe bestehen.

Je nach Vorlieben der Kinder können sie bei der Ausdifferenzierung des Bildes fast jede textile Technik nutzen oder ausprobieren:

- Filzen: Rote Fasern eines roten Wollfadens können durch Reiben und Pressen zu Blüten gefilzt werden.
- Sticken: Die Kleidung der Figuren kann bestickt werden.
- Knoten/Knüpfen: Kleine Würmchen könnten aus Knotenketten entstehen.
- Applizieren: In den Himmel kann eine Sonne appliziert werden.
- Wickeln/Abbinden: Eine Vogelscheuche kann durch Abbinden eines Wollstranges entstehen.
- Nähen: Ein Apfelbaum aus Filz mit angenähten Knopfäpfeln könnte den Hintergrund bereichern.
- Spinnen/Fadendrehen: Ein aus Rohwolle oder Watte selbst gedrehter Faden könnte ein Gürtel für die Figuren oder eine Wäscheleine werden.
- Kordeldrehen: Ein kleiner Ast oder Baumstämme können aus verschieden dicken Kordeln gebildet werden.

Sie sehen selbst: Man kann in diesem Bild die gesamte Bandbreite der Textilgestaltung unterbringen. Das sollten die Kinder auch ausnutzen.

Kostenplan:

Fast alle Preise richten sich nach dem Labbé-Katalog:

Weißer Baumwollstoff	2 m (1,50 m breit) Stoff reichen für 25 Kinder und kosten je nach Angebot 8–10 Euro/m. (Statt den Hintergrund auf Stoff anzulegen, kann man diesen auch einfach auf ein Blatt Zeichenblockpapier malen.)
Rohwolle	100 g Rohwolle kosten ca. 2,– Euro. (Statt Rohwolle können Sie zur Not auch Watte nehmen.)
Biegeplüsch (Pfeifenputzer)	10 Stück (6 mm, 50 cm lang) kosten 0,95 Euro und reichen für 10 Kinder.
Filz	1 Filzplatte (20 x 30 cm) kostet 0,30 Euro und reicht für ca. 6 Kinder.
Wattekugeln	50 Stück (16/18/20 mm Durchmesser) reichen für 25 Kinder und kosten 1,– Euro.
Passepartout-Karton	1 Fotokarton (50 x 70 cm) kostet 0,45 Euro. Eine 10er-Packung Tonpapier (50 x 70 cm) kostet 1,85 Euro und reicht für 20 Kinder.
Zusatzmaterial nach Wahl	Wollreste, Stoffreste, Stickgarn, Perlen, Knöpfe etc. je nach häuslichen Reserven von den Kindern sammeln und mitbringen lassen.

Sie müssen pro Kind mit Materialkosten von ungefähr 1,50 Euro rechnen.

Zusätzliche Aufgaben für schnell arbeitende Schüler:

- Da die Möglichkeiten der *Hintergrundgestaltung* endlos sind, sollten Sie schnell arbeitende Kinder dazu anregen, mit dem vorhandenen textilen Material weitere eigene Ideen umzusetzen. Anregungen dazu finden Sie im vorangegangenen Abschnitt „Fertigstellung".
- In Zusammenhang mit dieser Gestaltungsaufgabe könnte eine *Garnausstellung* reizvoll sein. Die Kinder sammeln weiche, harte, dicke, dünne, bunte, einfarbige, glänzende, glatte, genoppte, geschlaufte Fäden und kleben sie nach Eigenschaften geordnet auf ein Plakat. Wie können Fäden sein? Wie kann man die Unterschiede der Garne beschreiben? Die Forscherergebnisse werden auf dem Plakat festgehalten.

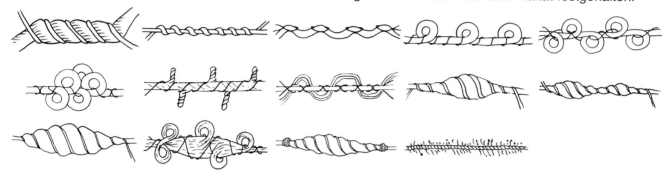

- Die Kinder könnten einmal versuchen, die Fadenreste zu neuen *Zwirnen* zusammenzudrehen. Welche Möglichkeiten gibt es? Gibt es technische Probleme? Wie verändert sich die Stabilität der Fäden durch das Zwirnen? Wie entsteht eine Kordel? Was kann man aus einer Kordel machen (Freundschaftsbändchen, Lesezeichen, Springseil etc.)?
- Sollten Sie nach dem zuvor beschriebenen Bildprojekt „Wolkenreise" noch Reste der gekämmten Rohwolle übrig haben, können schnelle Arbeiter mit der *Filztechnik* experimentieren: Mit warmer Seifenlauge getränkte Wolle lässt sich toll zu Filzbällen, Filzschlangen, Filzmöhren oder gefilzten Bildern verarbeiten. Näheres dazu siehe Projekt Nr. 12 „Filzen".
- *„Prominente Spinner"* könnte folgende Zusatzaufgabe heißen: „Dornröschen verletzte sich beim Spinnen und fiel in einen langen Schlaf. Lies das Märchen und berichte, wie die Frauen früher aus Wolle Fäden gesponnen haben. Male Dornröschen am Spinnrad."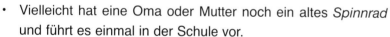
- Vielleicht hat eine Oma oder Mutter noch ein altes *Spinnrad* und führt es einmal in der Schule vor.
- Mit einer einfachen *Handspindel* können die Kinder versuchen, wie zu Dornröschens Zeiten Fäden zu spin-nen. Zwei Grundbewegungen, Drehung und Zug, werden gleichzeitig ausgeführt. Das ist nicht gerade leicht. Wer die Spinnbewegung aber heraushat, ist dafür umso stolzer. Handspindeln bekommt man in Wollgeschäften oder Naturläden für wenige Euro (z. B. in der NaturWerkstatt Rheinhausen, Tel.: 0 20 65 / 8 22 59). Man kann sie auch aus einer runden Holzscheibe (oder einer mit Sand gefüllten Cremedose) und einem oben eingekerbten Holzstab selber herstellen.
- Berühmte Spinner in der Tierwelt sind Insekten wie die *Webspinne*. Sie spinnt ihren Faden nicht aus Fasern, sondern erzeugt mittels ihrer Spinnwarzen an ihrem Hinterteil einen Seidenfaden. Viele Kinder haben Spinnen schon einmal bei der Arbeit beobachtet. Es ist spannend, mehr über diese Spinnmeister zu erfahren. Eine Aufgabe für Forscher. Siehe dazu auch Projekt Nr. 12 „Spinnenrätsel".
- Im Zusammenhang mit diesen Insekten bietet sich natürlich auch die Behandlung des *Maulbeerspinners* an, der uns den Seidenfaden liefert (siehe Projekt Nr. 15).

- *Fingerfadenspiele* wie „Fadenabnehmen" sind Geschicklichkeitsspiele, zu denen man nur einen Faden benötigt. Früher wie heute fasziniert Kinder, wie man mit den Fingern einfache Figuren „spinnen" kann, die durch geschicktes „Von-den-Fingern-abnehmen" zu neuen Fadenfiguren werden.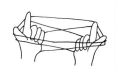
- Ein weiteres verbreitetes Spiel ist das *„Wollknäuel-Spiel"*, das sicher viele von Ihnen als Kennenlernspiel einsetzen: Mehrere Kinder stehen locker im Kreis. Der erste Spieler hat ein Wollknäuel in den Händen. Er hält das Ende fest und wirft das Knäuel einem anderen zu. Dieser hält auch den Faden fest und wirft das Knäuel wieder jemand anderem zu. So geht es immer weiter hin und her im Zickzack. Allmählich entsteht ein großes Netz … – fehlt eigentlich nur noch eine überdimensionale Spinne mittendrin!
- Eine schnelle, einfache Zusatzaufgabe besteht im Legen und Kleben von *Wolkenbildern* aus Watte: Figuren wie Bären, Schnecken, Schmetterlinge, Schafe, Gespenster können aus Watte geformt und auf ein farbiges Blatt geklebt werden. Das haptische Erlebnis ist dabei die wertvollste Erfahrung. Selbst wir Erwachsenen empfinden das Bedürfnis, solche Bilder zu berühren und zu streicheln. Watte ist halt so angenehm in den Fingern. Besonders reizvoll sind Wolkenbilder, wenn sie mit Naturmaterialien kombiniert werden: Stöckchen könnten die Beine eines Schafes sein, das ein tolles Wollvlies aus Watte bekommt.
- Warum sind *Wolken* eigentlich so unterschiedlich? Forscher dürfen sich auch mal über ein Sachbuch einem textilen Thema nähern.
- Die kleinen *Bilder-Sachbücher* von Ali Mitgutsch „Von der Baumwolle zur Hose" und „Vom Schaf zum Schal" erfreuen Kinder seit den 70er Jahren. Sie können innerhalb der Zusatzaufgabe gelesen werden oder als Vorlage für ein eigenes kleines Bilderbuch dienen.
- Aus Pfeifenputzern lassen sich fantasievolle *Märchenfiguren* gestalten.

Anschlussthemen:

- Rohstofflehre: „Vom Schaf zur Schurwolle" (und zum Wollpullover), „Vom Baumwollstrauch zur Baumwolle" (und zum T-Shirt), „Von der Seidenraupe zum Seidenfaden" (und zum Seidentuch), „Vom Flachs zum Leinen" (und zum Geschirrtuch), „Von der Chemiefabrik zum Chemiefaden" (und zum Teppich, siehe Projekt Nr. 15)
- „Von der Faser zum Faden" – Spinnen, Zwirnen, Kordeldrehen
- Fadenkunst: Möglichkeiten der Umformung und Umgestaltung des Fadens künstlerisch nutzen: Auftrieseln des Fadens am Ende und in der Mitte, Verknoten von Fäden als Befestigung, Verzierung oder Verlängerung, Umwickeln von und mit Fäden, Zusammendrehen von Fäden, Legen und Kleben von linearen Figuren etc. (siehe dazu Sachinformationen zum Projekt Nr. 3)
- Aus Fäden können Schnüre geflochten werden, es kann mit den Fingern gehäkelt oder mit der Strickgabel gestrickt werden (siehe Projekte Nr. 5, 6, 13)
- Experimente mit der Zauberwolle / Märchenwolle (gefärbte Rohwolle): Beim Bilderlegen können die Kinder die besonderen optischen, haptischen und verarbeitungstechnischen Qualitäten dieser ungesponnenen Wolle kennenlernen.
- Textile Flächen- und Hüllenbildung mit dem Faden: Nähen, Sticken, Weben, Häkeln, Knüpfen, Knoten etc. (siehe Projekte Nr. 6, 10, 13)
- Gestalten zum Gedicht „Der Faden" von Josef Guggenmos (siehe Projekt Nr. 3)

Trieselbaum

Strickgabel

Sachinformation „Der Faden"

1. Fachliche Einordnung

Warum eigentlich Garne und deren Eigenschaften untersuchen? Die Antwort liegt den Kindern nicht gerade auf der Hand: Wer textile Gebrauchsgegenstände oder textile Kunstobjekte herstellen will muss wissen, welches textile Material seinem Vorhaben am meisten entgegenkommt.

Zum einen sind optische und haptische Kriterien wichtig. Je nach optischer Beschaffenheit lassen sich die verschiedensten Gestaltungsvorhaben realisieren. Die Wirkung textiler Objekte wird bestimmt von der Farbe, der Oberflächenbeschaffenheit des Materials und den Effektergänzungen.

Zum anderen sind Qualitätsaspekte im Sinne von Materialeigenschaften von Bedeutung. Entsprechend der Materialeigenschaften werden Garne bestimmten Verwendungszwecken zugeführt. In diesem Zusammenhang spielen natürlich die verwendeten Rohstoffe (Wolle, Baumwolle, Leinen, Seide, Chemiefasern etc.) eine wichtige Rolle. (Einen Pullover, der uns wärmen soll, können wir nicht aus Leinengarn stricken, da Leinen ein guter Wärmeleiter mit geringem Wärmevermögen ist. Ein reiß- und strapazierfähiges, fusselfreies Geschirrtuch würden wir nie aus kuscheliger Wolle weben.) Letztendlich kann man die Rohstoffeigenschaften aber durch eine bestimmte Behandlung manipulieren und den Garnen ganz neue Eigenschaften zukommen lassen. So muss schließlich wieder jedes Garn für sich betrachtet und entschieden werden, ob es dem geforderten Gebrauchswert entspricht oder unserer Gestaltungsabsicht dienlich ist.

Dass Garne sehr unterschiedlich sein können, gilt es in einer einführenden Stunde festzustellen. Dabei bekommen fast alle Wahrnehmungssinne eine Aufgabe: Garne kann man betrachten, fühlen, riechen(!), sogar hören, wenn man die Ohren spitzt. (Aufs „Schmecken" würde ich allerdings verzichten!) Beim genauen Betrachten und Untersuchen, Vergleichen und Ordnen werden Sie staunen, wie viele unterschiedliche Eigenschaften Garne haben können. Beginnen Sie mit den nahe liegenden Unterscheidungskriterien (dick – dünn, bunt – einfarbig etc.). Zu den besonderen Eigenschaften lesen Sie Näheres im Abschnitt „Das Material".

Interessant ist es auch, Fadenmaterial von anderen linearen Materialien wie Draht oder Stroh abzugrenzen. Schnell stellen die Kinder fest, dass Fäden aus Wolle, Baumwolle, Sisal, Hanf, Paketband etc. aus Fasern zusammengedreht werden, weich fallen und leicht zu verarbeiten sind.

2. Kulturhistorische Einblicke

Bevor textile Fasern zu Fäden gesponnen wurden, mussten Tiersehnen und andere formbare, lineare Naturmaterialien deren Aufgaben übernehmen. Zum Beispiel gibt und gab es viele Naturmaterialien wie Rindenfasern, Blatt- und Stängelfasern, Gräser oder Stroh, die ohne Verspinnen der Fasern direkt zu Gebrauchsgegenständen verarbeitet werden können und konnten. Aber auch die Fadenherstellung aus pflanzlichen und tierischen Fasern wurde schon sehr früh in der Menschengeschichte entdeckt.

Je nach klimatischen Gegebenheiten werden in den verschiedenen Ländern die unterschiedlichsten textilen Rohstoffe gewonnen und verarbeitet. Die Betrachtung der Faser und ihrer Herkunft wird zu einer kleinen Weltreise in die unterschiedlichsten Länder und Kulturorte:

- *Kaschmir:* Diese feine, sehr weiche Wolle erhält man von einer Ziegenart, die aus Tibet stammt und in Indien heimisch geworden ist.
- *Lamawolle:* Die kräftigen, langen Lamahaare stammen vom Lama, einem Wiederkäuer, den die Peruaner als Haustier halten.
- *Alpaka:* Die langen, feinen und glänzenden Fasern des lamaähnlichen Alpakas gewinnt man vorwiegend in Peru und Bolivien.
- *Vikunjawolle:* Die weichen, feinen Haare liefert eine seltene, wilde Lamarasse aus Peru.
- *Mohair:* Die glänzenden, glatten und sehr weichen Mohairfasern stammen von der Angoraziege aus Tibet.
- *Kamelhaar:* Das unter dem Hals liegende Fellteil des Kamels liefert lange, weiche, feine und sehr haltbare Fasern. Kamele sind in sehr trockenen Gegenden, wie in der Wüste, lebenswichtige Nutztiere.

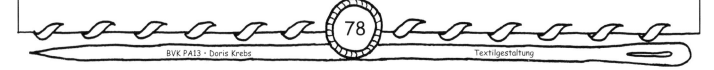

- *Kaninchenwolle:* Glänzende, lange und seidenweiche Haare liefert das Angorakaninchen. (Leider werden die Angorakaninchen lebend gerupft und dadurch unnötig gequält.) Aber auch die Haare des gewöhnlichen Kaninchens dienen zur Beimischung in der Wollspinnerei. Kaninchen sind in vielen Ländern verbreitet.
- *Wolle:* Hier ist mit dem Begriff „Wolle" nur das Fell des Schafes gemeint, dessen Fasern fein, weich, schmiegsam, elastisch, dicht und wärmend sind. Die größten Schafherden und die wichtigsten Schafzuchtgebiete befinden sich in Australien, Neuseeland, Argentinien, Südafrika und Uruguay. Im Wollertrag allein liegen Russland und die USA weit vorne, der Export beider Länder ist aber gering.
- *Seide:* Der Ausscheidungssaft der Maulbeerspinnerraupe erstarrt an der Luft zu einem feinen Faden. Mehrere Fäden ergeben ein Garn, das sehr strapazierfähig, fein, elastisch und wärmend ist. Die Seidenraupenzucht ist an den Maulbeerbaum gebunden und kann daher nur in Ländern mit dem gleichen Klima wie das Ursprungsland China erfolgen. (Auch die Seidenraupen werden leider vor dem Schlüpfen mittels heißer Dämpfe getötet.)
- *Baumwolle:* Die langen, feinen, regelmäßigen, weißen und haltbaren Samenhaare aus der Frucht des Baumwollstrauches sind je nach Herkunftsland (vor allem Ägypten, Amerika und Indien) leicht unterschiedlich.
- *Leinen:* Die Flachsfaser wurde schon sehr früh entdeckt und versponnen. Flachs braucht ein gemäßigtes Klima. Noch vor 160 Jahren war Deutschland das Hauptanbaugebiet. Heute stehen an der Spitze Weißrussland, Litauen, Lettland, Estland, gefolgt von Irland, Belgien, den Niederlanden, Frankreich, Italien, Tschechien und Polen. Von den außereuropäischen Ländern sind nur noch Ägypten und Neuseeland für den Faserflachs von Bedeutung.
- *Alfa- oder Espartogras:* Die für Teppiche und Matten geeigneten Fasern erhält man von einem nordafrikanischen Gras.
- *Ananasfaser:* Die lange Faser aus den Blättern des Ananasgewächses dient z. B. im Orient zur Anfertigung von feinen, glänzenden Möbelstoffen.
- *Hanf:* Aus den Fasern der Rinde der Hanfpflanze kann man überaus strapazierfähige Garne und Seile herstellen. Asien, Europa, Nordafrika, Nordamerika, Chile und Australien sind wichtige Anbauländer.
- *Kokosfaser:* Die langen und nicht faulenden Kokosfasern werden durch Wässerung der Umhüllung der Kokosnuss gewonnen. Kokospalmen stammen ursprünglich aus dem tropischen Asien und werden seit 4 000 Jahren in Indien kultiviert.
- *Jute:* Die harten und zähen Fasern aus dem Stängel der Jutebäume nutzt man für grobe Garne und Stoffe, die für Säcke und Möbel gebraucht werden. Jutebäume werden in Indien und China angebaut.
- *Chinagras oder Ramie:* Die langen, glänzenden und gleichmäßigen Fasern aus dem Stängel einer tropischen Brennnesselart werden auch Grasleinen genannt. Die Pflanze wird fast nur in China angebaut. Nähgarne, Tischwäsche und Handarbeitsstoffe sind u. a. aus Ramie.
- *Raffiabast:* Die Fasern stammen von Palmen, die an den feuchtheißen Küsten Madagaskars zu finden sind. Die polierten Fasern braucht man oft für Matten oder zum Basteln.
- *Chemiefasern:* Chemiefasern werden seit dem Beginn des 20. Jahrhundert aus Holz (für die sogenannten „Kunstfasern") oder Kohle, Erdöl, Erdgas und Rizinusöl (für die sogenannten „Synthetikfasern") im Labor bzw. in der chemischen Fabrik hergestellt. Je nach Herstellungsart können Fasern mit beliebigen Eigenschaften ausgestattet werden.

Ausführliche Informationen zu den gebräuchlichsten textilen Rohstoffen finden Sie im Projekt Nr. 15.

3. Das Material: „Der Faden und seine Eigenschaften"

Rohstoff, Aufbau, Eigenschaften und Verwendungsmöglichkeiten eines Fadens stehen in einem engen Bezug zueinander.

- *Unterscheidungskriterien:* Um Garne voneinander zu unterscheiden, kann man sie mit allen Sinnen prüfen:
  - Optische Prüfung:
    dick, dünn, matt, glänzend, glatt, haarig, steif, geschmeidig, fein, grob, einfarbig, gemustert, bunt, faserig, flusig, genoppt, geschlauft, locker gedreht, fest gedreht etc.
  - Haptische Prüfung:
    wollig, glatt, weich, elastisch, hart, rau, kratzig, samtig, genoppt, schlaufig, haarig
  - Geruchsprüfung:
    neutral, wollfettig riechend, nach Veredelungschemikalien riechend
  - Akustische Prüfung:
    harten, kratzigen Garnen kann man ein Raschelgeräusch entlocken, weiche Garne sind eher „leise"

Nach der ersten Untersuchung kann man mit den vorliegenden Garnen experimentieren und noch mehr über die *Materialeigenschaften* in Erfahrung bringen. Untersuchungsgesichtspunkte können sein:
Dehnbarkeit / Elastizität des Garns, Reißfestigkeit, Scheuerfestigkeit, Nassfestigkeit, Saugfähigkeit, Filzfähigkeit, Wärmevermögen, Kühlevermögen, Hitzebeständigkeit / Kochfestigkeit, Brennbarkeit, Einlaufeigenschaften, Knitterbereitschaft, Formbarkeit, Fusseleigenschaften, Mottenanfälligkeit, Wasserabperleigenschaften, Schmutzabweisefähigkeit, Empfindlichkeit gegen Schweiß und Sonnenbestrahlung (Seide), Färbbarkeit, natürlicher Glanz, Faserlänge, Faserform, Faserdrehung, Garnregelmäßigkeit, Pflegebedarf, Materialmischungen etc.
Experimente und Tests zu den Materialeigenschaften finden Sie weiter unten und in den Sachinformationen zu Projekt Nr. 9.

- *Verwendungszwecke* unterschiedlicher Garne:
  Entsprechend ihrer Eigenschaften erfüllen Garne die unterschiedlichsten Verwendungszwecke:
  - dehnbares Material z.B. für engere Leibwäsche,
  - hohe Feuchtigkeitsaufnahme z. B. für Geschirrtücher,
  - hohes Wärmevermögen z. B. für Winterbekleidung,
  - schlecht entflammbare Materialien z. B. für Gardinen,
  - Reißfestigkeit z. B. für stark beanspruchte Berufskleidung etc.

Die Bildaufgabe „Wolkenreise" berücksichtigt vorwiegend optische Garneigenschaften, die einer bestimmten Gestaltungsabsicht dienlich sind. Benutzt man Garne zu Gebrauchszwecken, wie z. B. zur Herstellung von Kleidung, werden Qualitätsmerkmale anderer Art wichtig. Das sollte im Rahmen der Textilstunde nicht aus den Augen verloren werden. (Unterrichtsideen finden Sie in den Sachinformationen zu Projekt Nr. 9.)

4. Technik: „Herstellung und Aufbau"

- *Unterteilung der Garne nach ihrer Herkunft:* Garne lassen sich entsprechend der verwendeten Rohstoffe in zwei Hauptgruppen einteilen: Naturfasern und Chemiefasern.
  - Die Naturfasern unterteilt man in
    · pflanzliche Fasern (Baumwolle, Flachs, Hanf, Jute, Kapok, Ramie etc. – siehe Seite 79),
    · tierische (Wolle, Seide etc. – siehe Seite 79) und

· mineralische Fasern (Asbest, Metallfäden).
- Zu den Chemiefasern gehören:
  · die Zellulosefasern und
  · die synthetischen Fasern.

Diese Unterscheidung ist an dieser Stelle insofern wichtig, da die Art der Herstellung der Garne in erster Linie vom Faserrohstoff abhängt. Die Fasern unterschiedlicher Herkunft unterscheiden sich in ihrer Feinheit, Länge, Form. Allein die tierische Wolle unterscheidet sich durch die verschiedensten Kräuselungsarten. Entsprechend der Faserunterschiede unterscheiden sich auch die Garne. (Gutes Material versendet übrigens das Internationale Wollsekretariat (siehe Seite 83).) Wie man mit Hilfe dreier Versuche die vier wichtigsten Fasern (Wolle, Baumwolle, Leine, Seide) voneinander unterscheiden kann, lesen Sie am Ende dieser Sachinformation.

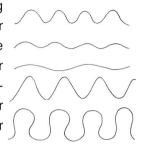

- *Spinnen:* Das lose Fasermaterial von Wolle, Baumwolle, Leinen und Chemiespinnfasern eignet sich in der ursprünglichen Form nicht zur Verarbeitung zu textilen Geweben. Es muss erst ein Faden hergestellt werden. Das Herstellen eines Fadens aus Fasern nennt man Spinnen. Die gesponnenen Fasern nennt man Garn.

Das unterschiedliche Fasermaterial muss in der Spinnerei aufgelockert und gereinigt werden. Anschließend werden die wirr durcheinander liegenden Einzelfasern zu einem gleichmäßigen Faserband geordnet (gekämmt), das beim Streckvorgang gleichgerichtet wird. Das so entstandene Streckband ist einem ungedrehten Faden ähnlich. Dieser wird durch leichtes Zusammendrehen (Vorspinnen) zum Vorgarn verarbeitet. Durch stärkeres Zusammendrehen des Vorgarnes (Feinspinnen) entsteht ein Feingarn (vgl. Betz, Seite 33).

Das Verspinnen der Faserrohstoffe lässt sich im Großen und Ganzen auf folgende Arbeitsvorgänge verkürzen:
- Lockern
- Reinigen
- Ordnen
- Strecken
- Drehen

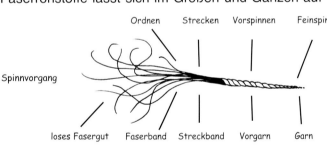
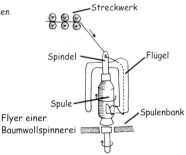

- *Spinnereien:* Man unterscheidet entsprechend dem rohstoffabhängigen Spinnprozess im Wesentlichen
  - die Baumwollspinnerei
  - die Kamm- und Streichspinnerei für Wolle
  - die Seidenspinnerei
  - die Herstellung von Chemiefasern mittels Spritzdrüsen u. Ä.

- *Zwirnen:* Dem Spinnen schließt sich der Zwirnvorgang an. Unter Zwirnen versteht man das Zusammendrehen von zwei oder mehreren Garnen. Je nach Drehrichtung unterscheidet man „S"-Zwirn und „Z"-Zwirn (siehe Abbildung).

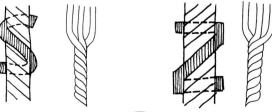

Die Festigkeit der Zwirne hängt ab von
- der Anzahl der verwendeten Garne (Mehrfachzwirne wie z. B. ein sechsfacher Zwirn ist fester als ein zweifacher Zwirn aus gleichem Garn),
- der Stärke der Drehung (Zwirne können lose, normal, scharf oder überdreht gezwirnt werden, siehe Abbildung) und
- dem verwendeten Material selbst (Seide ist z. B. reißfester als Wolle).

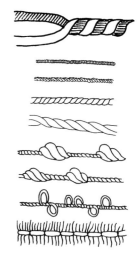

- *Effektzwirne:* Durch das Zusammendrehen von Garnen unterschiedlicher Qualitäten, Materialien und Farben erhalten die Zwirne einen zusätzlichen Mustereffekt (Effektzwirnerei). Wenn einzelne Garne während des Zwirnvorganges nicht gleichmäßig gespannt werden, können reizvolle Schlaufen und Schlingen entstehen (Frotteezwirn, Schleifenzwirn, Schlingenzwirn, Noppenzwirn etc.). Umspinnungseffekte werden durch Umwickeln eines Grundfadens mit einem Effektfaden erzielt. Schließlich erlauben alle Kombinationsmöglichkeiten der Farbgebung eine weitere Palette an Effekten.

- *Nummerierung:* Um die Feinheit von Garnen und Zwirnen zu bestimmen, geht man von den beiden Größen Gewicht und Länge aus: Ergibt ein Gramm eines Fadens z. B. 40 Meter, so kennzeichnet man dieses Garn mit der Nummer 40. So gilt:
    - feines Garn = hohe Nummer,
    - dickes Garn = niedrige Nummer.
  (Internationale Maßeinheiten gehen vom Gewicht pro 1 000 Meter aus. In diesem Fall erhält dickes Garn eine hohe Nummer. Leider sehr verwirrend!)

5. Versuche zur Herkunft der Fäden, Fasern und Garne

Wenn Sie Lust haben, die Kinder als kleine Wissenschaftler in eine Versuchslabor-Atmosphäre zu entführen, kann ich Ihnen folgende kleine Experimente ans Herz legen. Das sind übrigens besonders geeignete Aktivitäten, um die Jungen für das Fach Textilgestaltung zu erwärmen und vielleicht auch zu begeistern.

Auf Grund des Verhaltens der Fasern bzw. der Fäden bei bestimmten Versuchen ist es möglich, die Faserart zu ermitteln. Drei Versuche geben Auskunft über die Faserherkunft:
- Verbrennen: Einige Fäden oder Fasern werden mit einer Pinzette gehalten. Langsam nähert man sich waagerecht der Flamme und achtet auf Veränderungen.
  Verbrennt das Material oder schmilzt es? Wie riecht es? Welche Rückstände bleiben und wie fühlen sie sich an?
- Aufdrehen: Eine Fadenprobe wird entgegen der Drehrichtung aufgedreht.
  Wie ist die durchschnittliche Faserlänge? Wie sind Feinheit, Kräuselung und Glanz der Fasern?
- Zerreißen: Loses Fasermaterial wird zerrissen.
  Lassen sich die Fasern leicht zerreißen?

Die Versuchsergebnisse zu den vier klassischen Naturfasern Wolle, Baumwolle, Leinen und Seide entnehmen Sie folgender Tabelle:

Fasern	Verbrennen	Aufdrehen	Zerreißen
Wolle	• verbrennt brodelnd • Horngeruch (Geruch nach verbrannten Haaren) • leicht zerreibbare Schlackenklümpchen	• längere Fasern (3–30 cm) • gekräuselt	leicht zerreißbar
Baumwolle	• verbrennt gut • helle leuchtende Flamme • Geruch nach verbranntem Papier • wenig zerreibbare Asche (Flugasche)	• Faserlänge 1–5 cm • feine, kaum gekräuselte Fasern • geringer Glanz	leicht zerreißbar
Leinen	• verbrennt gut • helle, leuchtende Flamme • Geruch nach verbranntem Papier • wenig zerreibbare Asche (Flugasche)	• lange, härtere und steifere Faserbündel • Fasern haben Unregelmäßigkeiten und Verdickungen	zerreißbar
Seide	• verbrennt brodelnd • Horngeruch • zerreibbare Schlacke • mit Metallsalzen erschwerte Seide glüht nur und behält ihre Struktur	• sehr lange Fasern (bis 800 m) • glatt • glänzend	zerreißbar

vgl. Betz / Gerlach, 1999, Seite 31

Fundgrube:

Bücher

- Ali Mitgutsch: „Von der Baumwolle zur Hose", Sellier-Verlag, Eching / München 1977
- Ali Mitgutsch: „Vom Schaf zum Schal", Sellier-Verlag, Eching / München 1971
- Edeltraud Betz / Rita Gerlach: „Kleine Textilkunde", Dr. Felix Büchner Verlag, Hamburg 1999
- Ursula Dewald-Winter: „Farbe, Stoffe, Mode 2", BSV, München 1982
- Claude Fauque: „Woher kommt die Kleidung", Klapp + Klar-Serie, ars edition
- Heiderose & Andreas Fischer-Nagel: „Unsere Wolle", KBV, Luzern 1995

Interessante Adressen

- Internationales Wollsekretariat, Hohenzollernstr. 11, 40211 Düsseldorf
- „NaturWerkstatt", Werkstatt für ökologisches Handwerk und Naturwarenladen, Handspinnerei und Karderei, Lohstr. 84, 47228 Duisburg, Tel.: 0 20 65 / 8 22 59 (Verkauf von Naturfasern zum Spinnen, Filzen und Basteln, Märchenwolle, Naturgarne, Pflanzenfarbstoffe, Spinnräder, Handspindeln, Kardiermaschinen, Fachliteratur etc.; Spinn-, Filz-, Färbe-Workshops)

Internet

- *www.spinn.de* (Webseite für Handspinner, systematisierte und nützliche Informationen zum Spinnen und Fadenherstellen)
- *www.textile-links.de* (besonders viele Links zu Chemiefasern)
- *www.wollmark.com* (englische Seite des Internationalen Wollsekretariats)
- *www.bitverlag.de/bitverlag/hobbyart* (Messeverzeichnis)

Fadendetektive

Diesen Faden habe ich untersucht (Fadenprobe einkleben):

1 *Fäden können sein:* dick, dünn, einfarbig, gemustert, bunt, genoppt, geschlauft, matt, glänzend, glatt, haarig, locker gedreht, fest gedreht, grob, weich, wollig, hart, steif, rau, kratzig, samtig, schlaufig, neutral riechend, nach Wollfett riechend, nach Chemikalien riechend, nach dem letzten Lagerort riechend.

2 Wie sieht dein Faden aus?

Wie fühlt sich dein Faden an?

Wie riecht dein Faden?

Knete ein Knäuel deiner Fadenprobe. Kannst du etwas hören?

Was kannst du noch herausfinden? Schreibe deine Antworten hinter die Fragen!
(**Tipp:** Vergleiche deinen Faden mit einigen anderen Fäden aus eurem Wollreste-Angebot!)

- Ziehe an deinem Faden. Lässt er sich dehnen, ist er elastisch?
- Versuche den Faden zu zerreißen. Reißt er leicht / schwer / gar nicht?
- Sind mehrere Fäden miteinander verdreht (verzwirnt)?
- Triesel das Garn in seine kleinsten Bestandteile auf. Wie lang sind die einzelnen Fasern ungefähr?
- Sind die Fasern glatt oder gekräuselt?
- Saugt der Faden leicht Wasser auf? Vergleiche auch hier mit einigen anderen Fäden!
- Lässt er sich bei Hitze, Druck und Feuchtigkeit formen (filzen)?

3 Überlege: Was würdest du aus diesem Faden machen? Für welchen Verwendungszweck wäre er geeignet (zum Beispiel für einen warmen Pullover, für einen Sommerkleid-Stoff, für einen robusten Teppich, für ein Geschirrtuch)? Begründe!

_____

_____

4 Eine kleine Fadenausstellung! Klebe jeweils eine kleine passende Fadenprobe in die Kästchen:

dick	dünn	matt	glänzend	einfarbig	bunt	glatt	haarig	genoppt	geschlauft

5 Das ist etwas für Forscher: Wie unterscheiden sich Fäden von Drähten, Stöckchen, Röhren und Bleistiftstrichen? Schreibe auf die Rückseite!

BVK PA13 · Doris Krebs   Textilgestaltung

Wie entsteht ein Faden?

1 Faden auftrieseln

In welche Einzelstücke kann man einen Faden zerlegen? Drehe einen Faden an einem Ende auf und betrachte die Einzelteile genau. Kannst du den Faden noch weiter aufdrehen oder auseinanderzupfen? Zerlege ihn so weit es geht und klebe jeweils ein Stück deiner Fadenprobe in die Kästchen:

Ganzer Faden	Enden aufgedreht	Einzelfäden

2 Aus Fasern wird ein Faden

Ein Garn wird aus mehreren Fäden zusammengedreht. Ein Faden wiederum besteht aus vielen feinen Fasern. Die Garne werden meistens in der Fabrik hergestellt. Bis das Garn fertig ist, muss einiges getan werden. Schreibe die richtige Nummer in die Bilder!

1. Die textilen Rohstoffe bekommt man unter anderem von vielen veschiedenen Tieren und Pflanzen. Das Schaf liefert zum Beispiel die Wolle. Vom Baumwollstrauch bekommen wir die Baumwolle.
2. Die textilen Rohstoffe werden in Ballen gepresst geliefert. Die Fasern werden **aufgelockert**.
3. Zuerst werden die Fasern geordnet (gekämmt) und **gestreckt** (auseinandergezogen).
4. Aus den Fasern dreht man einen Faden, das **Einfachgarn**.
5. Dreht man mehrere Einfachgarne zusammen, entsteht ein Mehrfachgarn, ein **Zwirn**.
6. Mit den Zwirnen kann man nun Stoffe weben oder warme Pullover stricken.

3 Selbst gemachter Faden

Und nun bist du der „Spinner". Du brauchst etwas Watte oder Rohwolle. Versuche, einen Faden zu drehen. Klebe den Faden in das Kästchen.

4 Für „Superspinner": Versuche einmal zwei unterschiedliche Fäden zu zwirnen: Einen lose gedrehten Zwirn und einen fest gedrehten Zwirn. Kannst du auch einen Mehrfachzwirn herstellen? Ja? Dann mal los!

schwach gedrehter Zwirn

stark gedrehter Zwirn

Mehrfachzwirn

Was man mit Fäden machen kann

1 Mit Fäden kann man viele Dinge machen. Jeden Tag benutzen wir Dinge, die es ohne Fäden nicht gäbe. Fabriken stellen viele schöne Sachen aus Fäden her. Öffne die Augen und schaue dich um. Welche „Faden-Sachen" kannst du finden?

Male die Dinge auf oder schneide Bilder aus der Zeitung aus und klebe sie auf:

2 Welche Fäden würdest du benutzen? Suche dir aus dem Wollreste- und Garnangebot die passenden Fäden aus und klebe sie auf. Kannst du deine Wahl begründen?

	Fadenprobe	Begründung
Daraus würde ich einen Pullover stricken:		
Damit würde ich einen Knopf an mein Hemd annähen:		
Damit würde ich ein Paket zubinden:		
Damit würde ich ein Bild auf meine Jeans sticken:		
Damit würde ich Puppenhaare an meine Flechtpuppe knüpfen:		

3 Fäden und Garne werden unterschiedlich aufgewickelt. Verbinde mit dem richtigen Bild:

Garne sind zu Strängen gebündelt
Garne sind zu Knäueln gewickelt.
Garne sind auf Rollen gespult.
Garne sind auf Kärtchen gewickelt.
Garne sind auf Docken gerollt.

☺ Warum macht man das wohl?

Pfeifenputzermännchen

Hier findest du ein paar Hilfen um dein Pfeifenputzer-Figürchen zu gestalten.
- Lege den Biegeplüsch auf das Drauflegebild und biege ihn an den gleichen Stellen wie auf dem Bild dargestellt oder
- nutze die Biege- und Drehanleitung und fertige danach dein Figürchen an.

Wer mag, kann noch Perlen an die „Hände" und „Füße" stecken.

Biege- und Drehanleitung

Drauflegebild

Nach diesen einfachen Schnitten kannst du deine Figur leicht einkleiden.

„Wir geh'n auf Löwenjagd"

Schwerpunktthema: Fadenspiele: Knüpfen, Knoten, Kordeldrehen

Passend zu den Sach-Deutsch-Projektthemen: Tiere – Zoo – Afrika – (Wild-)Katzen

Zeit: 6–8 Unterrichtsstunden

Material: Pappteller, Deckfarben, Zeichenblock DIN A3, Wollreste (orange, gelb, braun, beige, schwarz), Locher, Klebeband, Schere, Flüssigkleber
Nach Wahl: schwarze Filzstifte, Passepartout-Karton, Löwenfoto

Lernziele:

Löwe:
- Löwengesicht unter Berücksichtigung der Farbdifferenzierung Gelb-Orange-Braun malen
- Geeignete Wollreste für die Löwenmähne auswählen (Farbabstimmung)
- Knüpftechnik erproben
- Kordeln drehen
- Knotenbildung üben
- Löwenkörper gestalten und ausdifferenzieren

Hintergrund:
- Farbkontraste erkennen und anwenden
- Farbdifferenzierung Blau-Violett erproben

Weitere mögliche Lernziele:

- Gestaltungs- und Umgangsmöglichkeiten mit einem Faden experimentell erforschen
- Erfahrungen mit den bildnerischen Mitteln des Fadens (Linie, Rhythmus, Proportion, Kontrast etc.) sammeln
- Gestaltung eines Gedichtes, Freundschaftsbänder knüpfen, Seemannsknoten ausprobieren, Makramee-Technik kennenlernen (siehe Schülerarbeitsblätter)

Einstieg:

„Wir geh'n auf Löwenjagd. Wir haben keine Angst. Oh, was ist das? Eine große Wiese mit hohem Gras. Wir können nicht oben drüber, wir können nicht unten drunter, wir können nicht rechts vorbei, wir können nicht links vorbei. Wir müssen mittendurch. Wie machen wir das? Wir krabbeln. Raschel, raschel, raschel ... Geschafft! Wir geh'n auf Löwenjagd. Wir haben keine Angst ..."

Sicher kennen Sie dieses immer sehr beliebte Bewegungsspiel. Einmal gespielt, bitten die Kinder um etliche Wiederholungen. Puh, das macht natürlich jede Löwenjagd anstrengend. Geradezu erholsam dagegen ist die folgende textile Kunsteinheit. Der aufgestöberte Löwe wird im Bild gefangen und festgehalten, und zwar in seiner ganzen Pracht. Im Folgenden erläutere ich die einzelnen Arbeitsschritte in einer mir sinnvoll erscheinenden Reihenfolge. Sie können diese aber auch problemlos verändern und Ihrer Unterrichtseinteilung anpassen.

Methodische Anleitung / Bildaufbau:

1. Löwenkopf färben:

Damit der Löwenkopf zeitnah weiterverarbeitet werden kann, wird zuerst ein runder Pappteller gefärbt. Welche Farben bieten sich bei einem Löwenmotiv an? Meine Schüler einigten sich auf Gelb, Orange, Braun, Beige und Schwarz. Die Fotobetrachtung eines Löwen ließ uns zudem noch wissen, dass das Fell unregelmäßig gescheckt sein kann. Also wurde der Pappteller fleckenhaft in den abgesprochenen Farben mit Deckfarben bemalt und (mit Namen versehen) zum Trocknen weggelegt. (Wir legen unsere Werke oft vor der Klassentür auf dem Boden aus. Kinder der Nachbarklassen betrachten die Bilder zwar gerne, zerstören in der Regel aber nichts. Nach zwei Stunden können die Werke schon gestapelt und in einem Klassenschrank abgelegt werden.)

2. Körper und Hintergrund:

Sind die Deckfarben einmal aus dem Schrank geholt (und die Tische eingekleckert), gestalten wir auch noch direkt die zweite Deckfarbenarbeit hinterher. Ein DIN-A3-Blatt wird im Hochformat zurechtgelegt. Der sitzende Löwenkörper wird mit einem schlichten Halboval („halbes Ei") dargestellt. Die vorderen Tatzen können dabei direkt mitgemalt werden.

Der Hintergrund soll den Löwen besonders zur Geltung bringen. Um die geeignete Farbe zu ermitteln, kann man einige schon bemalte Löwenköpfe auf mehrere Pappen in unterschiedlichen Farben legen. Die Kontrastfarbenwirkung der Farben Blau und Lila wird offensichtlich. So können wir „König Löwe in einer strahlendblauen Wüstennacht über sein Königreich wachen lassen …", die Farbe braucht ja schließlich auch ihr Stück Geschichte.

3. Löwenmähne:

Die Kinder hatten in den vorangegangenen Tagen den Auftrag, Wollreste zu sammeln. Die bereits ermittelten Löwenfarben werden nun herausgesucht. Mit einem Locher, den die Kinder von zu Hause mitgebracht haben, werden rund um den Papptellerrand Knüpflöcher gelocht. In diese werden nun die Fäden schlaufenförmig eingezogen. Sämtliche Fadenenden werden durchgezogen. Schließlich müssen sie sanft festgezogen werden, fertig. Je nach Fingerfertigkeit können die Kinder ein, zwei oder drei Fäden gleichzeitig verarbeiten. So hängen dann an einem Loch entsprechend 2, 4, 6 oder 8 Fäden herunter. Eine Häkelnadel kann beim Durchziehen der Fäden sehr hilfreich sein. Das Knüpfen erfordert etwas Geduld und ausdauerndes Arbeiten. Bei jüngeren Kindern verteile ich die Arbeit über die Woche oder auf den Wochenplan. Nach getaner Schreibarbeit ist das Knüpfen eine entspannende Arbeit, auf die sich die Kinder in der Regel freuen. Je nach Voraussetzungen in der Klasse und individueller Geschicklichkeit lasse ich auch andere Fadenverknotungen gelten, z. B. den alltäglichen Doppelknoten. Ist die Mähne fertig geknüpft, wird sie mit der Schere in Form frisiert und auf gleiche Länge geschnitten.

Knüpftechnik

4. Löwengesicht:

Das Gesicht kann entweder mit einem schwarzen Filzstift aufgezeichnet oder mit schwarzer Deckfarbe gestaltet werden.

5. Löwenschwanz:

Kordeldrehen ist eine faszinierende textile Technik. Mit wenig Aufwand lassen sich die interessantesten Kordelexperimente durchführen: Kordeln können fest oder locker gedreht werden, mehrfarbige gestaltete, zwirbeltechnische Tricks können angewendet, Variationen der Fädenanzahl ausprobiert werden u. v. m.

Am einfachsten lässt sich eine Kordel in Partnerarbeit herstellen. Die Fadenstücke haben ca. zweieinhalbfache Schwanzlänge. Die Kinder stellen sich einander zugewandt auf und drehen jeweils ein Fadenende in entgegengesetzte Richtungen. Jetzt muss ausdauernd gedreht werden. Schließlich kann man eine Schere in die Mitte der angehenden Kordel legen und die Scherenkarussellfahrt beginnen lassen. Ein Knoten hält die Fadenenden abschließend zusammen. Wer muss noch lernen, wie man einen Endknoten macht ...?

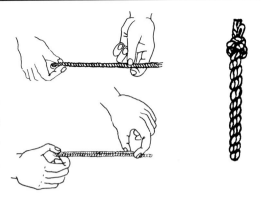

Kordeldrehen

6. *Fertigstellung:*

Der Schwanz wird durch ein Loch auf dem Hintergrundblatt gezogen und mit einem Stück Klebeband auf der Rückseite befestigt. Der Löwenkopf wird am besten mit Flüssigkleber auf den Löwenrumpf geklebt. Zusätzlich kann das Bild auf ein Passepartout geklebet werden. Fertig ist das löwenstarke Kunstwerk mit interessanter plastischer Wirkung.

Kostenplan:

Dieses Projekt können Sie aus den Mitteln bestreiten, die Sie in der Schule haben. Deckfarben, Zeichenblock, Wollreste. Allein die Pappteller kosten pro Kind wenige Cents.

Zusätzliche Aufgaben für schnell arbeitende Schüler:

- „Fertige" Bilder sind meist noch lange nicht fertig. Liebevolle Kleinigkeiten machen sie erst richtig kostbar. Das Löwenbild kann oft noch weiter ausdifferenziert werden: Aus grüner Pappe oder Filz können Grashalme geschnitten und aufgeklebt werden. Ein kleiner Schmetterling aus Seidenpapier gedreht kann um die Nase des Löwen fliegen. Ein kleines Wüsteninsekt in Form aufgefädelter Perlen mag durchs hohe Steppengras kriechen etc.
- Kleine Freundschaftsbänder sind das ideale Thema für eine kleine Zusatzaufgabe. Unter den Klassenkameraden verschenkt, schafft es zudem noch viele positive soziale Impulse. Bei der Arbeit kann nun mit der Wolle experimentiert werden wie oben beschrieben.
- Eine kleine Fadenausstellung mit den unterschiedlichsten Garnen (glänzend, matt, dick, dünn, weich, hart, haarig, bunt, einfarbig etc.) könnte auf ein Plakat geklebt werden. Dazu finden Sie nähere Anregungen im Text zu Projekt Nr. 2.
- Fadenforscher voraus! Was kann man mit einem Faden alles machen (sticken, stopfen, stricken, häkeln, knüpfen, knoten, nähen, annähen, weben, zusammenbinden, abbinden, wickeln, Fadenbilder legen, Fadenbilder abdrucken, flechten, Kordeln drehen)? Wie viele Möglichkeiten der Fadengestaltung und Umgestaltung entdecken wir? 10, 20 oder mehr? (Siehe dazu auch die nachfolgende Sachinformation.)

Anschlussthemen:

Das Thema Faden kann aus den unterschiedlichsten Perspektiven beleuchtet werden:
- Fadengewinnung aus den unterschiedlichsten Rohstoffen (siehe Projekt Nr. 2)
- Fadenherstellung (siehe Projekt Nr. 2)

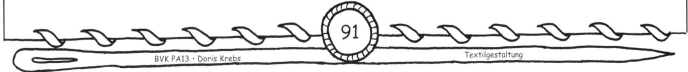

- Fadensorten (siehe Projekt Nr. 2)
- Fadeneigenschaften (siehe Projekt Nr. 2)
- Unterschiedliche Verwendungszwecke etc. (siehe Projekt Nr. 2)
- Textile Flächen-, Hüllen- und Objektbildung aus Fäden, wie z. B. Stoffbildung oder Pompongestaltung (siehe auch Projekt Nr. 10)
- Fadenaufbewahrung (siehe nachfolgende Sachinformation)
- Fadenwerkzeuge (siehe Projekt Nr. 2 und nachfolgende Sachinformation)
- Gestaltungsmöglichkeiten mit Fäden (siehe nachfolgende Sachinformation)
- Gestalten zum Gedicht „Der Faden" von J. Guggenmos

Sachinformation „Fadenspiele" – mit und aus dem Faden (Gestaltungsmöglichkeiten und Erscheinungsformen)

1. Fachliche Einordnung

Natürlich kann man mit Garnen nicht nur einen Pullover stricken oder einen Stoff weben. Wenn man einmal überlegt und die vielen Verwendungsmöglichkeiten zusammenträgt, kommt man ins Staunen. Mit Garnen kann man: sticken, stopfen, stricken, häkeln, knüpfen, knoten, klöppeln, nähen, annähen, weben, zusammenbinden, abbinden, wickeln, Fadenbilder legen, Fadenbilder abdrucken, flechten, Kordeln drehen etc.
Um mit den Worten eines schwedischen Möbelhauses zu sprechen: „… Entdecke die Möglichkeiten …".

Nachdem die Kinder sich mit den strukturgebenden Elementen des Fadens (Rohstoff, Spinnen, Zwirnen) im vorangegangenen Projekt auseinandergesetzt haben, geht es beim „Fadenspielen" um die künstlerischen Möglichkeiten und die bildnerischen Mittel des Fadens. Schon die jüngsten Grundschüler finden hier Gelegenheit, sich mit den Gestaltungsmitteln Material, Form, Farbe, Linie, Rhythmus, Proportion und Kontrast auseinanderzusetzen. Bildnerische Mittel wie Punkt, Linie, Fleck und Fläche werden als Knoten, Faden und Gewebe erscheinen. Durch Umwickeln, Ver- und Umspannen können plastische raumbildende Formen mit Höhlung und Wölbung entstehen (siehe R. Hartung: „Das Spiel mit den bildnerischen Mitteln 4", 1960).
Die Schüler sollen durch das Spiel mit dem Faden sein Wesen und seine Umgangseigenschaften erfahren. Sie sollen erkennen, dass dem Faden bestimmte Gesetze innewohnen:

- Der Faden ist eine unendliche Linie.
- Der Faden ist rund.
- Der Faden wirft bei freiem Fallenlassen kurvige Zeichnungen und Formen. Er legt sich wie von selbst in geschwungene Linien und bildet Bögen, Schlingen, Wellen, spiralförmige Windungen etc. Der fallende Faden zeigt einen rhythmischen Bewegungsverlauf.
- Das Bilden von Zacken und spitzen Elementen lässt er nicht zu. Er springt zurück in seinen natürlichen Verlauf.
- Je nach Rohstoffart beschreibt der Faden engere und weitere Kurven. Weiches Material wie z. B. Wolle lässt sich in fast jede Form biegen. Je steifer, härter und gröber der Faden, desto größer seine Störrigkeit in der Bewegung. Spröde Kordeln und Schnüre bewegen sich lieber in Wellen als in Kurven.

Über die bildnerischen Mittel hinaus ermöglicht das „Fadenspielen" auch vertiefte Erfahrungen und Erkenntnisse zu den Begriffen „Fasern", „Garn", „Zwirn", „Schnur", „Kordel", „Fadendrehung" etc. Einige „Fadenspiele" führen zu textilen Techniken hin und können als geeignete Ausgangsposition für technische Arbeitsweisen dienen. Zu den Materialeigenschaften kommt die Schulung des Auges, des Tastsinns und der Handgeschicklichkeit.

Umfassendes Werkzeug für fast alle Fadenspiele sind die Hände. „Sie sind zugleich Erfahrungs- und Ausführungsorgan. Der sensible Reiz, der von Faden und Gewebe auf die tastenden Finger ausgeübt wird, gelangt nach kürzestem Reflexweg über die Motorik der formenden Hand zur Wirksamkeit. Zu Ertastendes ist nahe, bewirkt Vertrautsein, führt zur ‚Begreifbarkeit'. Die Tätigkeit der Hände löst ein rhythmisches Mitbewegtsein des ganzen Menschen aus. Die Zusammenführung taktiler, motorischer und visueller Erlebnisse führt zur Verdichtung der Eindrücke. Diese werden nachhaltiger wahrgenommen, die Ausdruckskraft wird gesteigert. Die textilen Mittel werden gleichsam aus mehreren Sichten erfahren. Sie können überzeugender, eindringlicher auf uns wirken" (R. Hartung, 1960).

2. Kulturhistorische Einblicke

Die Uranfänge der „Fadenspiele" werden so alt wie die Menschheit sein. Mit dem ersten weichen und linearen Material hat sich die tätige Hand so lange beschäftigt, bis der erste Knoten, das erste Gewickelte, das erste Aufgelöste / Aufgetrieselte und das erste Zusammengefügte oder Zusammengedrehte entstand. Knoten wurden in allen Kulturen geknüpft. Einfach geknotete Schnüre dienten der Verzierung, Effektbildung, Befestigung, Umspannung, Fadenverstärkung, Bänder- und Flächenbildung, der Sicherung und dem Abschluss. Je feiner die Garne im Laufe der Zeit wurden, umso feiner wurden die Knoten und Knoten-Spitzenarbeiten wie die Occhitechnik.

Die Grundtechnik des Occhi (auch Schiffchenspitze oder Frivolitäten genannt) besteht darin, über einen Trägerfaden Knoten zu knüpfen, die dann zu Bögen und Ringen kombiniert werden. Das geschieht mit Hilfe eines Schiffchens.

Wer Interesse an der kulturhistorischen Bandbreite von geknoteten, geknüpften, verschlungenen und geflochtenen Objekten hat, dem sei das Buch „Textile Strukturen" von Peter Colligwood mit tollen DIN-A4-Fotos wärmstens ans Herz gelegt.

Hier findet man kulturhistorische Schätze wie Beutel, Stirnbänder, Ringe, Socken, Haarschmuckstücke, Geldkatzen, Körbe, Gürtel, Küchengeräte wie Reissiebe, Topfhalter und Topfreiniger, Schleudern, Matten, Angelschwimmer, Kamelgeschirr, Pferdehalter, Sattelgurte, Bälle, Teppiche, Hüte, Schuhe, Bierfilter, Schärpen, Dolchgurte, Fliegenwedel, Zeltbehänge, Fächer, Untersetzer etc. Sie sehen, wie groß die Bandbreite ist, aus weichem, linearem Material Gebrauchsgegenstände zu knoten, zu flechten oder auf andere Weise zu verbinden.

Knoten hatten in der Kulturgeschichte der Menschheit auch immer eine andere wichtige Bedeutung. In der Seefahrt wurden Knoten zur Befestigung der Schiffe, Segel und anderer Dinge genutzt. Daraus entwickelte sich eine Knotenkunst, die jeder angehende Seefahrer lernen musste und muss. Knoten, die Namen wie Palstek, Schotstek, Halber Schlag etc. tragen, finden Interessierte auf sogenannten Knotentafeln. Diesen Aspekt sollte man im Unterricht unbedingt zur Motivation der Jungen nutzen.

3. Das Material: „Rund um den Faden"

Wer sich mit dem Faden beschäftigt, dem eröffnen sich auch noch einige andere Aspekte, als die im Abschnitt „Gestaltungsmöglichkeiten" vorgestellten:

Materialeigenschaften:

Beim Experimentieren mit den Verwendungsmöglichkeiten des Fadens spielen die Materialeigenschaften eine wichtige Rolle:

- Fadengewinnung aus den unterschiedlichsten Rohstoffen
- Fadenherstellung
- Fadensorten
- Fadeneigenschaften
- Unterschiedliche Verwendungszwecke etc.

(Dazu mehr in den Sachinformationen zu Projekt Nr. 2)

Material und Materialbezeichnung:

Materialien für Fadenspiele können sein: Fasern, Garne, Zwirne, Kordeln, Bänder, Seile etc. in Form von Paketkordeln, Sisalseilen, Stickgarnen, Hanfschnüren etc.

Je dicker das Fadenmaterial, desto leichter lassen sich Fäden auftrieseln, untersuchen und Knoten setzen. Für Fadenspiele, wie sie im Kapitel „Gestaltungsmöglichkeiten" beschrieben und auf dem Arbeitsblatt „Fadenspiele" gezeigt werden, eignen sich besonders:

- Hanfstränge, Werg oder Hede genannt,
- kurzfaseriges, weiches langes Hanfgarn,
- Bindfäden in verschiedenen Stärken,
- einfach und mehrfach gezwirnte Schnur aus langen Hanffasern,
- nach Wahl: Rupfen, Sacktuch (Jutegewebe), Leinwand in nicht zu feiner Textur, Textilfarben zum Färben.

Werkzeug:

Das einfache Experimentieren mit den Gestaltungsmöglichkeiten des Fadens, wie sie in dem nachfolgenden Kapitel „Gestaltungsmöglichkeiten" beschrieben sind, kommt fast gänzlich ohne Werkzeug aus. Umfassendes Werkzeug für fast alle Fadenspiele sind die Hände.

Nutzt man den Faden zur textilen Flächenbildung, benötigt man entsprechendes Werkzeug. Werkzeuge und Werkgeräte können sein: Schere, Nadel, Stricknadeln, Häkelnadel, Webstuhl, Nähnadel etc.

Aufbewahrung:

Nicht unbedingt der wichtigste Aspekt, aber interessant zu vergleichen: Garne werden ganz unterschiedlich zusammengehalten: Fäden sind auf Rollen gespult, auf Kärtchen gewickelt, zu Knäueln gedreht, zu Strängen gebündelt, auf Docken gerollt.

Das hängt zum einen mit den Materialeigenschaften (wie z. B. mit der Fadendicke) und der Lauflänge zusammen. Die Aufwickelart wird zum anderen aber auch durch die Weiterverarbeitung des Fadens bestimmt: Nähgarn lässt sich auf kleinen Röllchen gut auf Nähmaschinenhalterungen stecken und abrollen. Stickgarn lässt sich zu Strängen gedreht besser in Stickfäden gleicher Länge schneiden. Ein flauschiger Wollfaden lässt sich gut aus der Mitte eines Knäuels abfädeln. Auf diese Weise verarbeitet sich das Strickgarn prima, ohne dass das Knäuel durch den Raum „hüpft". Über die Hintergründe der Fadenaufwicklung nachzudenken wäre für mich immer eine tolle Zusatzaufgabe (bzw. eine „Kopfnuss"-Forscheraufgabe) für schneller arbeitende Kinder.

4. Gestaltungsmöglichkeiten:

Die Möglichkeiten, einen Faden umzuformen, umzugestalten, mit ihm zu gestalten und zweckfreie Umgangsmöglichkeiten kennenzulernen, sind groß und eine tolle Herausforderung für Fadenforscher. Hier besteht einmal mehr die Möglichkeit, mehrperspektivisches und kreatives Denken mit der praktischen Textilarbeit zu verbinden. Ferner ist das Finden von Gestaltungsmöglichkeiten auch eine Aufgabe für die jüngsten Grundschulkinder: Man kann nichts falsch machen, alles, was gefunden wird, ist richtig, jede Idee ein Schritt vorwärts. In diesem Kapitel habe ich versucht, die Vielzahl der Möglichkeiten zu ordnen und etwas zu systematisieren.

A Auftrieseln, Aufdrehen und Aufzupfen des Fadens:

- Auftrieseln bedeutet „Auflösen" oder „Aufdröseln" des Fadens. Dabei stößt man zwangsläufig auf das Thema „Aufbau und Herstellung eines Fadens". Beim Auftrieseln lässt sich entdecken, dass ein Zwirn aus mehreren Garnen und die Garne aus Fasern bestehen, die wiederum ganz unterschiedlich sind (Näheres dazu im Text zu Projekt Nr. 2 und

Auftrieseln

Projekt Nr. 15). Mit einer aufgetrieselten Hanfschnur kann man zweckfrei experimentieren oder Motive wie Sterne, Gespenster, Tiere, Figuren oder den klassischen Winterbaum gestalten. Durch Auftrieseln eines Sisalfadenstückes lässt sich ein borstiger Schwanz oder ein buschiges Fell darstellen.

Aufdrehen

Aufzupfen

- Beim Aufdrehen wird die Drehrichtung der einzelnen Fäden deutlich. Die Fasern glätten sich nicht, sondern behalten einen Rest ihrer Drehung. Nebeneinandergelegt können die Fadenarbeiten einen Kontrast von festen, lockeren, linien- und flächenhaften Elementen ergeben.
- Beim Aufzupfen löst man einen Teil der Fasern aus der Schnur. Auf diese Weise sind in Projekt Nr. 2 Wolken, Schafe, Haare, Blüten entstanden. Verwendet man beim Aufzupfen Schmirgelpapier, bleiben die Fäden nach leichtem Andrücken gut haften.

B Zusammendrehen und Überdrehen von Fäden:

Spinnen, Zwirnen, Zusammendrehen, Überdrehen, Drillen und Jaspieren haben alle gemeinsam, dass etwas festeres Neues entsteht. Der umgekehrte Vorgang zum Auftrieseln.

- Fasern können zu Garnen gedreht werden (Spinnen).
- Mehrere Fäden können zu einem dickeren, neuen Faden zusammengedreht werden (Zwirnen).
- Mehrere Fäden können überdreht und zu einer Kordel gedreht werden. Diese können die Kinder als Haarbänder, Schnürsenkel, Indianerbeutelbänder, Schlüsselanhänger gebrauchen. Auch der Löwenschwanz in unserem Projekt ist auf diese Weise entstanden.
- Ein Faden kann überdreht werden. Fäden entstehen durch Drehen, eine Einwirkung, der sich die Fasern nur widerstrebend fügen. Die dadurch entstehende Spannung lässt sich als Gestaltungselement einsetzen. Durch Überdrehen des Fadens und anschließendem Nachgeben entstehen Formen, die der Eigenart des Materials entsprechen. Ein Fadenspiel zum zweckfreien Gestalten mit Fäden.

Spinnen   Zwirnen   Schlüsselanhänger   Drehen   Überdrehen

C Umwickeln:

Kordeln, Flächen, Hüllen und Objekte können umwickelt werden. Dadurch entsteht eine textile Fläche, ohne eine der üblichen textilen Flächenbildungstechniken (Weben, Stricken, Filzen etc.) anzuwenden.

- Kordeln umwickeln: Dadurch können Schlangen, Schlüsselanhänger, Freundschaftsbänder etc. entstehen. Beim Gimpen werden auf diese Weise Fäden verstärkt.
- Flächen umwickeln: Ein Beispiel für eine umwickelte Fläche ist der Textilwurm Trudi in Projekt Nr. 1. Aber auch Verschenksterne sind reizvolle kleine Wickelaufgaben. Auch Pompons entstehen durch Umwickeln zweier Scheiben und Aufschneiden der Fäden.
- Hüllen: Umwickelte Hüllen gliedern und gestalten Textilien. Im Bildbeispiel entsteht auf diese Weise ein Vogelschnabel.
- Objekte: Wer kennt sie nicht, die umwickelten Dosen und Flaschen der 70er Jahre. In aktuellen Farben durchaus wieder reizvoll.

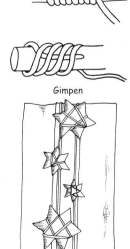

Gimpen

Verschenksterne

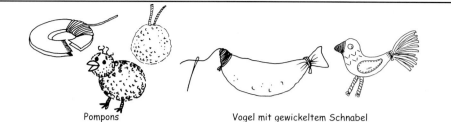 

Pompons · Vogel mit gewickeltem Schnabel · umwickelte Flasche · Wickelteddy

Umwickelte Papierknäuel können zu netten Teddys werden (siehe Projekt Nr. 1).

D Verspannen/Umspannen:

Ein besonders tolles Fadenerlebnis erfahren Sie und die Kinder, wenn Sie in einem Waldstück die Bäume mit Fäden umspannen. Ein auf diese Weise entstandenes wirres „Feennetz" oder das „Netz einer Riesenspinne" verlockt zu aufregenden Kriech- und Kletterspielen. Eine Gaudi für jede Klassenfahrt.

E Abbinden:

Mittels Abbinden kann man textile Hüllen oder Fadenstränge gliedern und formen.
Abbindepuppen oder -tiere sind bei den Kindern sehr beliebt und bieten Gelegenheit zum Probieren und freien Gestalten.

Wollstränge abbinden · Flechtstränge abbinden · Stoffe abbinden · Textile Hüllen (Socke) abbinden

F Zur Flächengestaltung:

Im Bereich des Fadenlegens kann man:
- Linienformen (gerade – gebogen – senkrecht – waagerecht – schräg etc.) legen,
- Liniengefüge (parallel, verdichtend, sich berührend, überschneidend) gestalten,
- mit den Gestaltungsmitteln experimentieren (Material, Farbe, Form, Rhythmus, Proportionen, Kontraste verändern und neu kombinieren),
- Zufallsbilder erzeugen (Faden fallen lassen und Fadenverlauf beobachten),
- Legebilder mit Figuren wie Zauberblumen, Fischen, Fabeltieren, Luftballons, Bäumen, Schmetterlingen, Käfern, Schnecken, Schneemännern, Pfauen etc. gestalten. (Dickere Garne oder Zwirne eignen sich am besten. Wenn sie etwas angefeuchtet sind, sind sie leichter formbar. Als Legeuntergrund bietet sich auch grobkörniges Sandpapier an. Dieses verhindert das Verrutschen der aufgelegten Fäden. Fadenbilder können am besten auf einem Untergrund befestigt werden, wenn dieser eingekleistert wurde und auf das fertige Legebild aufgelegt wird. Achtung: Bild erscheint spiegelverkehrt!)

Linienformen erproben

bildhafte Linienformen

Zufallsbild

  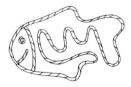

Beispiele für Legebilder

   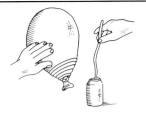

Legebild auf einem Bierdeckel   Legebild auf einem Glas   Legebild auf einem Luftballon

- Fadenbilder auf Stoff finden wir oft in Form von Stickereien.
- Farbenreliefe wie z. B. die von Fritz Baumgartner eignen sich zu Bildbetrachtungen, die zu eigenen Fadengrafiken anregen.
- Fadenlegen nach Musik (sanfte Musik: sanfte Wellen – stark rhythmische Musik: rhythmische Muster etc.)
- Fadenbilder eignen sich toll als Druckstempel oder Durchreibevorlagen.

 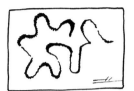  

Fadenbilder – Druckstempel

- Fäden verändern Stoffe durch Herausziehen, Verschieben und Neueinziehen.
- Fäden auf Stoffe aufbringen: Sticken
- Mit Fäden etwas auf Stoff oder anderen Materialien aufbringen (Applikationen, Perlen, Knöpfe, Federn, Naturmaterialien annähen etc.)

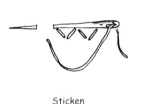 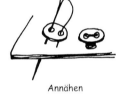 

Sticken   Annähen   Durchbruchstickerei

✥ Verknoten von Fäden:

Knoten entstehen durch das Ineinanderlegen des Fadens in einer Schlaufe. Knoten tauchen im Rahmen der textilen Arbeit in unterschiedlichen Verwendungssituationen auf. Oft überschneiden sich diese, z. B. wenn ein Knoten gleichermaßen zur Verzierung und Befestigung dient.

- *Knoten als Befestigung:*
  Schuhe, Beutel, Geschenke, Halstücher, Schals werden zugeknotet, Christbaumschmuck wird an den Tannenbaum angebunden, Abbindepuppen, Knotenwürmer, Wuschelraupen, die Löwenmähne (Projekt Nr. 3) nutzen den Knoten als Befestigungsverfahren. Der Seemannsknoten befestigt das Schiff am Anlegeplatz. Die Knoten zwischen den Perlen gestalten eine Kette und geben den Perlen Halt.

  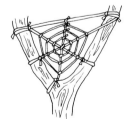 

Halteknoten   Knotenraupe   Befestigungsknoten   Indianerbeutel

Der Schlaufenknoten verlangt geradewegs danach etwas festzuhalten. Das könnten z. B. kleine Äste für eine Abenteuerbrücke sein.

Jungen, die noch das Knoten üben müssen, sind mit Aufgaben wie diese leicht zu motivieren.

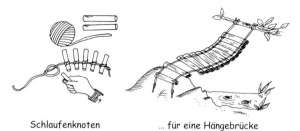

Schlaufenknoten ... für eine Hängebrücke

- *Knoten als Sicherung bzw. Abschluss:*
  Aufgedrehte Kordeln, Nähfäden, Perlenketten etc. benötigen zur Sicherung des Werkstückes einen Endknoten. Das will geübt sein. Die Knotenpuppe schafft dazu Gelegenheit.

Knotenpuppe

- *Knoten als Verzierung:*
  Kunstvolle Knoten erfinden, Knotenbilder oder -objekte gestalten, Knotenschaukasten (ähnlich den Schaukästen für Seemannsknoten) zusammenstellen, leichte Makrameearbeiten probieren, Zottelpüppchen gestalten, das macht viel Spaß.

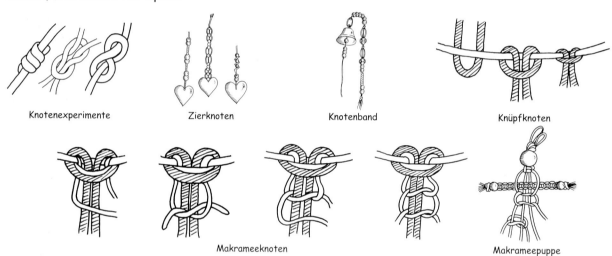

Knotenexperimente   Zierknoten   Knotenband   Knüpfknoten

Makrameeknoten   Makrameepuppe

Für „heranwachsende Männer" wäre auch ein Krawattenknoten eine tolle Herausforderung.

- *Knoten als Verlängerung:*
  Viele Springseile könnten in der Turnhalle aneinandergeknotet werden. Ob es für die ganze Halle reicht?
- *Knoten zur Fadenverstärkung:*
  Ein zu dünner, reißgefährdeter Faden kann durch Knoten verstärkt werden. Viele Taue entstehen auf diese Weise. Abgebildet sind hier die Grundknoten für die Freundschaftsbänder.

rechts geknüpfter Grundknoten

links geknüpfter Grundknoten

- *Knoten zur Bänderbildung und zur Flächenbildung:*
  Ein Beispiel für eine Makramee-Fläche finden Sie unter „Flächenbildung".
- *Knoten als Spiel:*
  „Der gordische Knoten" ist ein beliebter Zaubertrick. Aber auch andere Knotentricks findet man in guten Zauberanleitungen. Aus dem Knoten im Taschentuch kann ein lustiges Spiel mit dem Nasentuch werden: Wer kriegt eine Taschentuchmaus hin?

gordischer Knoten   Taschentuchmaus

H Zur Flächenbildung (und Bänderbildung):

Man kann mittels verschiedener Techniken aus einem Faden eine textile Fläche erzeugen: Einhängen, Verschlingen, Verknoten, Häkeln, Stricken, Wickeln, Binden, Flechten, Klöppeln, Makramee, Weben etc. (siehe „Systematik der textilen Techniken").

Anregungen zur Flächenbildung finden Sie vor allem in den Projekten Nr. 5, 9, 10 und 13.

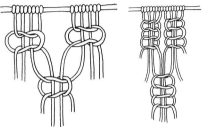

Makramee-Band

I Zur Hüllen- und Objektbildung:

Pompons sind textile Objekte, die durch Umwickeln einer Scheibe entstehen. Die kleine Flechtpuppe entsteht aus mehreren Fadensträngen. Die entsprechende Anleitung finden Sie in Projekt Nr. 5. Beim Nähen, Sticken, Abbinden etc. ist der Faden eher ein Hilfsmittel zur Hüllenbildung.

Flechtpuppe

J Fäden sammeln, ordnen und unterscheiden:

Sammeln, Sortieren, Anschauen, Fühlen, Reißen und Schneiden macht den Kindern Spaß. Man kann Fäden ordnen
- nach der Herkunft (Naturfaser, Chemiefaser),
- nach Farbe, Effekten und optischen Eigenschaften (matt, glänzend, kostbar, einfach, interessant etc.),
- nach taktilen Eigenschaften (weich, glatt, kratzig, steif, wollig, dünn, dick, genoppt, schlaufig, elastisch, haarig etc.),
- nach Verwendungszwecken (Nähgarn, Strickwolle, Webleinen, Stopfwolle, Paketkordel, Schiffstau, Springseil etc.),
- nach Eignung für eine bestimmte Gestaltungsabsicht (siehe Löwenmähne).

K Herstellen von Fäden:

Selber völlig neue Fäden herstellen und erfinden ist eine interessante Forscheraufgabe. Wer sagt, dass man Fäden nur aus Wollfasern herstellen kann? Hat schon einmal einer probiert, einen Faden aus einer Plastiktüte zu ziehen? Hier müssen die Kinder selber ihr passendes Material suchen.

Spinnen, Zwirnen, aber auch Abhaspeln, Drillen, Fäden ziehen oder direkt verarbeitbare Fasern (Gräser, Rindenfasern, Bananenschalenfasern) in der Natur suchen, alles ist erlaubt.

L Fäden verstärken und verzieren:

Mehrfachverzwirnen, Jaspieren, Gimpen, Flechten, Häkeln, Stricken, Herstellen von fantasievollen Effektgarnen sind mögliche Aktivitäten, die die Kinder mit den selbst geschaffenen Fäden durchführen können und die in einer Fadenausstellung münden könnten.

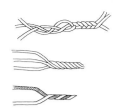

M Fäden färben:

Wasserfarbe, Textilfarbe, Naturfarbe sind Mittel, um einen Faden zu färben.

N Fadenspiele:

Fadenspiele im eigentlichen Sinne, wie z. B. Fadenmuster mit der Hand gestalten und von einem Mitspieler „abnehmen" lassen, faszinieren Kinder wie Erwachsene. Das Knopfkarussell bringt Bewegung in die Klasse.

Zweckfreies Spiel mit einem Faden bietet einmal mehr die Möglichkeit zum kreativen Finden von Gestaltungslösungen. Ziel ist es nicht, gebrauchsfertige Gegenstände anzufertigen, sondern sich dem eigenen Denken, der schöpferischen Selbsttätigkeit, der kindlichen Fantasie und dem manuellen Geschick zu öffnen. An einer Stelle der Unterrichtseinheit sollte der Freiraum eingebracht werden, die einzelnen Techniken wie Wickeln, Knoten, Zusammendrehen nicht isoliert, sondern in einer sehr anregenden Fantasiearbeit zu verknüpfen. Ein Fantasietier z. B. kann gewickelt, am Schwanz aufgetrieselt werden, Hörner eingeknotet, Beine gedreht und abgeknotet, Augen angeknotet bekommen und Gliedmaßen können in den Knoten eines Fadens eingebunden werden. In dem Buch „Das Spiel mit den bildnerischen Mitteln 4" von R. Hartung ist eine Fundgrube für zweckfreie Fadenspiele. Auf dem Arbeitsblatt „Fadenspiele" finden Sie einige Beispiele daraus.

Fundgrube:

Bücher

- E. Betz / R. Gerlach: „Kleine Textilkunde", Verlag Dr. Felix Büchner, 1999
- A. Kastner: „Faser- und Gewebekunde", Verlag Dr. Felix Büchner, 1991
- U. Dewald-Winter: „Farbe, Stoff, Mode", AH und LH 2. / 3. / 4. Sj., 1981–1985
- Schulte-Huxel / A. Sperber: „Stoff, Garn, Wolle", Augustus Verlag, 1997
- R. Bleckwenn: „Kreatives textiles Gestalten", Frankonius Verlag
- Ch. Tadday: „Alles über Fäden", Lehrbogen für Textiles Gestalten, Textilstunde, ALS Verlag
- R. Hartung: „Das Spiel mit den bildnerischen Mitteln 4: Text. Werken", Otto Maier Verlag, Ravensburg, 1984
- H. Blank: „Seilchenspringen, Gummitwist, Fadenabnehmen", Coppenrath Verlag, 1995

Internet

- www.klabautermann.de (Knotentafel, animierte Knoten (= Knotenbildung zum Zugucken), Knoten-Links, Linkhinweise zu anderen Seiten mit anim. Knoten, Ausstellungen, Museen etc.)
- www.scoutnet.de (animierte Knoten für Pfadfinder, super!)
- www.handarbeitslinks.de/sites.start.php4
- www.creativseite.de
- www.t-w.ch/navUnterricht.html

Der Faden

Es war einmal ein Faden,
der lag da wie ein Strich.

Der lag da und langweilte sich.
„Was tu ich? Ich ringle mich!"

Er ringelte sich zur Spirale.
Und dann mit einem Male

machte er aus sich draus
eine Schnecke mit ihrem Haus.

Gleich wurde was Neues gemacht:
Heidewitzka, eine 8!

Bald drauf eine Dickedull,
eine kugelrunde Null.

Dann noch, mit viel Geschick,
ein Fisch, ein Meisterstück!

„Was kann ich jetzt noch sein?"
dachte der Fisch. Da fiel ihm was ein.

„Ich schlängle mich als Schlange –
wenn wer kommt, dann wird ihm bange!"

Dass wer kommt –
drauf wartet er schon lange.

Gestalte mit deinen Fadenstücken zu jeder
Strophe ein passendes Fadenbild.

Josef Guggenmos,
aus: Was denkt die Maus am Donnerstag?
Beltz & Gelberg in der Verlagsgruppe Beltz,
Weinheim & Basel

Fadenspiele
Ideenkiste zum Ausprobieren

Für diese Experimente brauchst du nur deine Hände und etwas dicken Faden, eine Schnur, ein Seil oder Ähnliches. Erfinde eigene Knotengebilde!

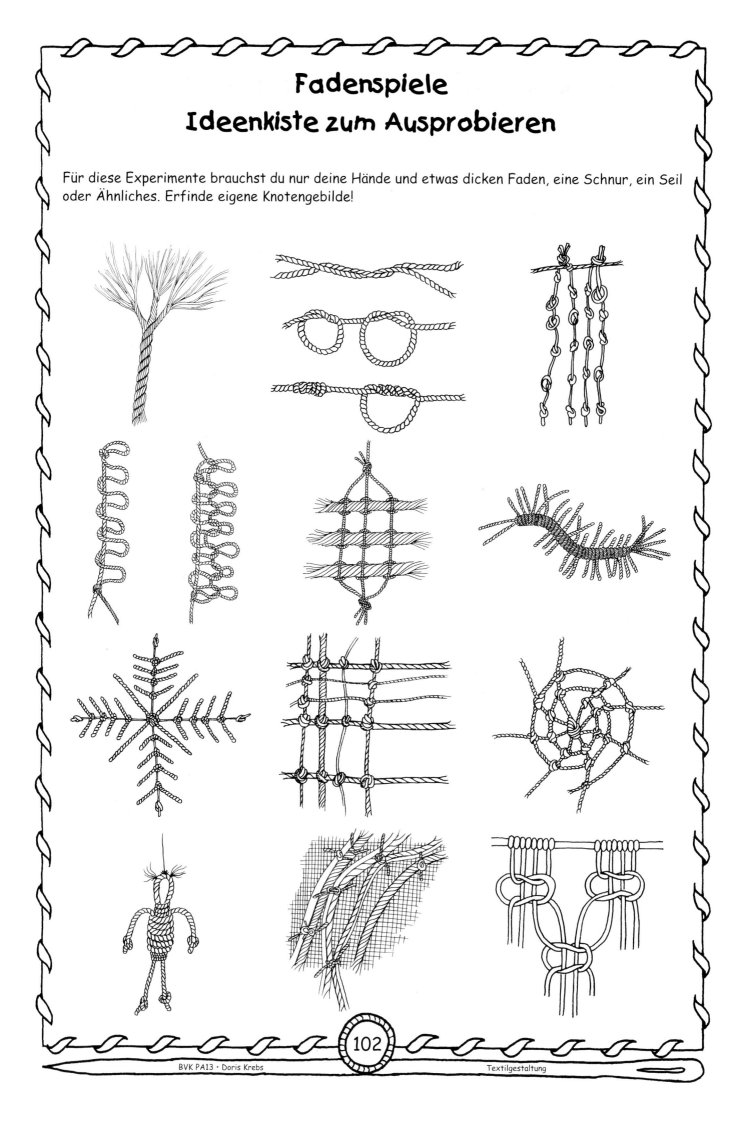

Freundschaftsbänder und vieles mehr
Knote dir etwas

1. Für ein Freundschaftsbändchen brauchst du vier Fäden.
   Nimm am besten festes Baumwollgarn.
   Drehe die Fäden in der Mitte zusammen.
   Bilde eine Öse und binde sie fest.

2. Befestige die Öse mit einer Sicherheitsnadel an deiner Hose.

3. Ordne die Fäden so, dass sie ordentlich nebeneinanderliegen.

4. Nimm den Faden, der links außen liegt (Faden 1).
   Knote ihn zweimal um den Nachbarfaden (Faden 2),
   wie auf dem Bild gezeigt.
   Knote Faden 1 nun um den nächsten Faden (Faden 3).
   Führe die Reihe so von links nach rechts fort.
   Wenn du mit der Reihe fertig bist,
   liegt Faden 1 ganz rechts.

5. Nun knüpfst du Faden 2 auf die gleiche Weise
   von rechts nach links durch.

   Tipp: Ziehe die Knoten fest und gleichmäßig an.
   Halte die Fäden immer geordnet.

6. Wenn das Band fertig ist,
   flechte aus den überstehenden Fäden zwei Zöpfe.

7. Verknote jeden Zopf am Ende,
   damit sich der Zopf nicht auflösen kann.

 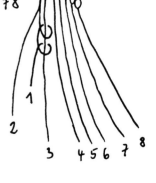

Auf diese Weise kannst du dir nicht nur Freundschaftsbänder knüpfen, sondern auch Gürtel,
Schuhbänder, Haarbänder, Zierbänder für deine Kleidung, Geschenkbänder und vieles mehr.
Wenn das Band breiter werden soll, nimm einfach mehr Fäden und knüpfe wie oben beschrieben.

Seemannsknoten und Knotenkunst

Seemänner, Piraten, wassersportbegeisterte Landratten und Pfadfinder können sich einmal an diesem Knoten versuchen. Hier musst du etwas tüfteln.

Tipp: Wer sich die Knoten einmal vorknoten lassen möchte, kann das im Internet tun: *www.scoutnet.de*

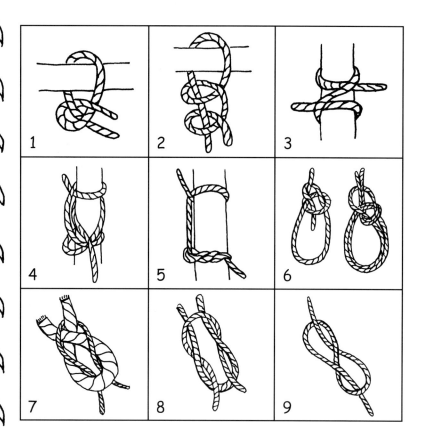

1 halber Schlag
2 zwei halbe Schläge
3 Webeleinstek
4 Stopperstek
5 Zimmermannstek
6 Palstek
7 Schotstek
8 Kreuzknoten
9 Achtknoten

Aus mehreren Weberknoten kannst du sogar ganze Netze knoten. Das kannst du mit ein paar gebastelten Fischen und Meeresschätzen dekoriert in dein Zimmer hängen:

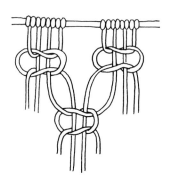

„Der versunkene Schatz"

Projekt Nr. 4

Schwerpunktthema: Perlenarbeiten

Passend zu den Sach-Deutsch-Projektthemen: Märchen – Schiffe – Abenteuer – Piraten – Meer – Wasser – Ausgestaltung von Textilien (Leinentaschen, T-Shirts)

Zeit: 8–10 Unterrichtsstunden

Material: Leinen- oder Baumwollstoff DIN A3 oder DIN A4, fester Tonkarton, Stoff- oder Deckmalfarben, dicker Pinsel, Stoff- oder Filzreste, Klebstoff, Schere, goldene und silberne Perlen und weiteres Glitzermaterial
Nach Wahl: Plastiktüten, Stickgarn

Lernziele:

Motiv „Schatzkiste":
- Schnittformen für die Schatzkiste übertragen und ausschneiden (oder eigenes Bildzeichen für eine Schatzkiste aus Stoff gestalten)
- Perlen und Glanzmaterial auffädeln
- Verschiedene Musterungsmöglichkeiten für die Ketten erproben
- Ketten an der Schatzkiste befestigen (z. B. durch Nähen)

Hintergrund:
- Stoffmalerei in Aquarelltechnik (Nass-in-Nass-Maltechnik) anlegen
- Farbdifferenzierung Grün-Blau-Violett für die Wassermalerei erproben (fließende Farbübergänge)
- Farbdifferenzierung Gelb-Orange-Braun für den Meeresgrund erproben (fließende Farbübergänge)
- Fische und/oder andere Meerestiere zur Ausgestaltung der Hintergrundfläche aus Stoff gestalten (und evtl. ausdifferenzieren)
- Motive für den Meeresgrund entwickeln (z. B. eine Filzcollage zuschneiden)
- Motive einander zuordnen und befestigen (durch Aufkleben, Aufsticken, Applizieren ...)

Einstieg:

„Es war einmal zu Zeiten, als es noch schöne Prinzessinnen und mutige Abenteurer gab. Wilde Piraten beherrschten die Meere und nahmen Handelsschiffen ihre kostbare Ladung ab. Auch der verwegene Pirat Pedro jagte hinter den reichen Schiffen der Könige her und machte so manch gute Beute. Eines Tages befand er sich mit einer besonders kostbaren Beute, der Schmuckkiste der Königin Isabella, auf dem Weg zum Piratenhauptquartier. Er geriet jedoch in einen fürchterlichen Sturm. Der Himmel färbte sich schwarz. Das Meer tobte. Die Wellen klatschten auf das mächtige Schiff. Die Segel schlugen heftig im Wind. Da ..., das erste Segel riss und wehte auf das Meer hinaus. Die Masten ächzten und konnten dem Sturm kaum noch standhalten. Jetzt erstrahlten auch noch Blitze, so hell wie Teufelsfunken am Himmel. Ein Blitz, zwei, drei ... Und – ... nein, der nächste traf den Hauptmast. Krachend stürzte er auf die anderen. Ein großes Loch wurde ins Deck gerissen. Wasser lief an Bord ... und zog das Schiff langsam auf den Meeresgrund. Die kostbare Schatztruhe der Königin Isabella wurde aus dem Schiff geschleudert und von den Wellen davongetragen. Nach Stunden, fernab von der Unglücksstelle, war auch sie so voll Wasser gelaufen, dass sie auf den Meeresboden sank. Dort ruht sie nun schon seit vielen Jahren und wartet auf ihr weiteres Schicksal ..."

Wie sieht die Szenerie unter Wasser aus? Wie stellen sich die Kinder eine versunkene Schatztruhe vor? Was schwimmt um diese herum? Was gibt es sonst noch auf dem Meeresgrund?

Den Kindern macht es immer sehr viel Spaß, sich solch einen ungewöhnlichen Ort fantastisch auszuschmücken. Das ist genau die richtige Voraussetzung für die geplante Gestaltungsaufgabe. Die Arbeit bekommt ihren besonderen Reiz dadurch, dass die Kinder mit viel glitzerndem Material werkeln dürfen. Alles Schimmernde und Funkelnde hat seine besondere Anziehungskraft auf junge Künstler. Dieser Umstand lässt sich als zusätzliche Motivation gut nutzen. Die Umsetzung der Gestaltungsaufgabe kann innerhalb des Rahmenthemas sehr offen gehalten werden. Die einmal in Gang gesetzte Fantasie sollte nicht durch zu viele Vorgaben „verstümmelt" werden. So versteht sich die abgebildete Bildlösung als eine von *vielen* Möglichkeiten, mit dem Thema umzugehen. Sie kann als Beispiel fungieren und als Starthilfe für eigene Lösungen nützlich sein. Honorieren Sie aber jede eigenständige Bildlösung. Sie ist Ausdruck der kreativen Eigenkraft und somit unser Ziel als Kunsterzieher.

Methodische Anleitung / Bildaufbau:

Die abgebildete Gestaltungslösung ist wie folgt entstanden:

1. *Hintergrund „Meer":*

   Ein Stück Stoff im DIN A4-Format reicht für die Hintergrundgestaltung aus, DIN A3 ist aber schöner und kommt den Kinderhänden mehr entgegen. Sie zerschneiden entweder ein altes (gespendetes) Bettlaken o. Ä. oder kaufen weißen, billigen Baumwollstoff. Damit die Tische nicht eingefärbt werden und die gefärbten Stoffstücke nach der Arbeit gut zu einem Platz zum Durchtrocknen transportiert und gelagert werden können, legen die Kinder eine alte Plastiktüte unter das Stoffteil. Dabei können sich zwei Kinder gut eine Tüte teilen. Namen auf die Tüten schreiben!

   Das Stoffstück liegt im Querformat vor den Kindern. Das Wasser wurde mittels der Nass-in-Nass-Technik auf den Baumwollstoff gemalt. Je nach Verwendungszweck kann man Stoffmal- oder Deckmalfarben verwenden. Das Tuch wird mit einem Stück Küchenpapier, einem Schwamm, einem sauberen Pinsel oder einem Wassersprüher befeuchtet. Mit seitlichen Bewegungen (von links nach rechts) werden grüne, blaue und violette Farbtöne aufgetragen. Alternativ kann man auch Farbflecken auftupfen. Diese dürfen und sollen sogar ineinanderlaufen. Auf diese Weise entsteht eine Vielzahl verschiedener Wassertöne und ein reizvoller Farbeffekt. Die Farben Blau und Grün mischen sich zu interessanten Türkistönen. Die Farben Blau und Lila zu tiefen Violetttönen. Die Farben Grün und Violett sollten möglichst nicht zu oft ineinanderlaufen, da sie sich zu einem trüben Braun vermischen, das die Leuchtkraft der anderen Mischfarben stört. Eine einfache Methode, diese ungewünschte Mischfarbe zu vermeiden, ist folgende: Auf der linken Bildhälfte mischt man die Farbe Blau vorwiegend mit Grüntönen und auf der anderen Bildhälfte die Farbe Blau vorwiegend mit Violetttönen. Ein Meeresgrund am unteren Bildrand entsteht z. B., wenn man Braun-, Gelb- und Orangetöne auftupft. Die fertigen Hintergrundbilder können auf der Tüte trocknen und sind am nächsten Tag durchgetrocknet. Ein Aufhängen auf einer Wäscheleine ist nicht nötig. Bevor man den Hintergrund mit den Bildmotiven beklebt, wird dieser zur Stabilisierung auf festen Karton aufgeklebt (Klebestift oder Sprühkleber benutzen).

2. *Schatztruhe:*

   Die Schatztruhe kann auf verschiedene Weise entstehen. Die abgebildete Kiste besteht aus vier Elementen, die schnittmusterähnlich zugeschnitten wurden. Um diese Kiste nachzugestalten, können Sie den Kindern die abgedruckten Schablonen anbieten. Alternativ können die Kinder das Bildzeichen „Schatzkiste" auch selbst entwerfen. Eigenlösungen sind immer besser. Eine einfache Kinderlösung könnte aus zwei übereinanderliegenden Rechtecken bestehen.

Die Kiste muss auch nicht unbedingt aus braunem Filz gearbeitet werden, sondern kann genauso gut aus Glanzfolie, Glitzerstoffen oder einem umgestalteten kleinen Karton (z. B. einer Medikamentenverpackung) bestehen. Die Schatztruhe kann entweder auf den Hintergrundstoff aufgeklebt (Flüssigkleber) oder aufgenäht (Stickgarn) werden.

3. *Perlenschatz:*

Der Schatz selbst besteht aus vielen Ketten mit aufgefädelten Perlen und Elementen aus Glanzmaterialien. Das Auffädeln von optisch reizvollem Material macht den Kindern in der Regel viel Freude. Die Schüler können mit den Kombinationsmöglichkeiten des vorhandenen Perlenmaterials experimentieren und geraten nicht selten in einen „Goldrausch".

Auch die Gedanken versinken bei der Arbeit in abenteuerliche Gefilde. Das automatisierte Auffädeln ist eine begehrte Abwechslung nach den erledigten Schreib- und Rechenmühen und lässt sich gut über die Schulwoche verteilen (die Auffädelmaterialien bleiben so lange in einem gut verschließbaren Döschen – z. B. Gefrierdose – auf dem Platz griffbereit stehen).

Während des Auffädelns sollten die Kinder die kleinen Perlen auf flache Dosendeckel legen. Die Perlen lassen sich leichter aufnehmen und entwischte Perlen hüpfen nicht durch die ganze Klasse. Beim Auffädeln verschiedener Perlenformen und -farben setzen sich die Kinder unbewusst mit den Bildmitteln der Ordnungsprinzipien auseinander: Muster, Reihung, Rhythmus, Ballung, Streuung, Symmetrie, Asymmetrie, Struktur etc. Dies ist eine gute Gelegenheit, mit den Kindern über die „Variationsmöglichkeiten der Formen und Farben zu Mustern" zu sprechen. Auch die Begriffe „Muster" und „Rapport" dürfen eingeführt werden.

Die fertigen Schätze können je nach Unterrichtsziel und Fingerfertigkeit der Kinder auf die Kiste aufgeklebt (Flüssigkleber) oder aufgenäht (Stickgarn) werden.

4. *Hintergrund „Unterwasserwelt":*

Pflanzen, Muscheln, Fische werden aus Filz- oder Stoffresten ausgeschnitten. Da es eine Vielzahl von Pflanzen- und Tierformen gibt, wirkt jede Lösung authentisch und gut. (Für „alle Fälle" finden Sie im Anhang noch ein paar Motivschablonen für den Hintergrund.) Auf dem pastellfarbenen Wasserhintergrund kommen Motive in kräftigen, leuchtenden Farben besonders gut zur Geltung.

Entsprechend Ihrer Unterrichtsziele vereinbaren Sie mit den Kindern, die Motivelemente zu applizieren, mit Stickstichen anzunähen oder einfach nur aufzukleben. Wenn Sie die Schüler selbst entscheiden lassen, welche Befestigungsart sie wählen, praktizieren Sie damit eine unkomplizierte qualitative Differenzierung ihres Textilunterrichtes.

Viele Bildelemente im Hintergrund (z. B. die Fische) lassen sich reizvoll mustern. Dazu bieten sich verschiedene Techniken zur textilen Flächengestaltung an: Sticken, Applizieren, An- und Aufnähen von Materialien, Stoffmalen, Stoffdrucken, Anknoten oder -knüpfen etc.

Nutzen Sie hier unbedingt die Gelegenheit und lassen Sie die Kinder die gestalterischen Möglichkeiten mit textilem Material und textilen Techniken herausfinden und kreativ ausschöpfen. Wenn Sie jüngere Kinder nicht überfordern möchten, vereinfachen Sie die Aufgabenstellung. Das Bild wirkt auch mit sehr wenigen Hintergrundelementen sehr schön. Der Blick des Betrachters wird in diesem Falle auch nicht so stark vom Motiv „Schatztruhe" abgelenkt und das Bild wirkt „ruhiger". (Sie müssen sich also zwischen „der ruhigen Bildwirkung" und „dem Ausschöpfen textiler Flächengestaltungsmöglichkeiten" entscheiden!)

Kostenplan:

Leider sind Perlenarbeiten nicht ganz billig, weil Perlen meist teuer sind. Es gibt aber viele Möglichkeiten, Perlen selbst herzustellen (dazu unten und in den „Zusatzaufgaben" mehr). Fast alle Preise richten sich nach dem Labbé-Katalog:

Weißer Baumwollstoff	2 m (1,50 m breit) Stoff reichen für 25 Kinder und kosten je nach Angebot 8–10 Euro/m. (Statt den Hintergrund auf Stoff anzulegen, kann man diesen auch einfach auf ein Blatt Zeichenblockpapier malen.)
Filz	1 Filzplatte (20 x 30 cm) kostet 0,30 Euro und reicht für 1 Kind. Für 25 Kinder würde ich 10 braune und insgesamt 15 rote, grüne, violette, pinkfarbene, gelbe Platten kaufen. So müsste von allen Farben genug Material für die Schatztruhe und die bunten Meeresbewohner vorhanden sein. (**Tipp:** 50-Platten-Packung / 10 Farben / 13,30 Euro)
Perlen	Das Perlenangebot ist erschlagend. Rocailles und Labbé-Perlen sind die günstigste Materiallösung. Ein „Perlenschatz" besteht aber aus glänzenden Gold-, Silber- und Perlmuttperlen. Das macht die Sache etwas teurer: *Gold / Silber / Glänzend:* 　Rocailles: 20 g / 2,5 mm Ø / ca. 1,– Euro / ca. 6 Ketten[1] 　Perlensortiment: 25 g / 3–10 mm Ø / ca. 5,50 Euro / ca. 6–8 Ketten[1] 　Glasstifte: 10 g / 2 mm Ø / 7 mm lang / ca. 1,– Euro / ca. 6 Ketten[1] 　Pailletten: 30 g / 6 mm / 3 000 Stück / ca. 3,50 Euro 　Holzperlen: 20 g / 6 mm Ø / 125 Stück / ca. 1,50 Euro / ca. 6 Ketten[1] 　Dekoperlen (VBS): 75 g / 3 mm Ø / 4 700 Stück / 2,98 Euro / ca. 90 Ketten[1] 　Metallic-Perlenmix (VBS): 200 g / ca. 5,45 Euro 　Wachsperlenmix (VBS): 3–6 mm / 1 000 Stück / ca. 20–25 Ketten[1] *Bunt:* 　Facettierte Glasperlen: 40 g / 6 mm Ø / 500 Stück / ca. 6 Euro / ca. 16 Ketten 　Rocailles von Labbé: 35 g / 5 mm Ø / ca. 1,75 Euro / ca. 6–8 Ketten 　Holzperlen von Labbé: 6 mm Ø / 125 Stück / ca. 1,15 Euro / ca. 6 Ketten[1] [1] Ketten in geeigneter Länge für die Schatztruhe
Passepartout-Karton	1 Fotokarton (50 x 70 cm) kostet 0,45 Euro. Eine 10er-Packung Reklamepapier (50 x 70 cm) kostet 1,85 Euro und reicht für 20 Kinder.
Zusatzmaterial für die Bilddifferenzierung nach Wahl	Wollreste, Stoffreste, Stickgarn, Knöpfe etc. je nach häuslichen Reserven von den Kindern sammeln und mitbringen lassen.

Ohne die Perlen müssen Sie pro Kind mit Materialkosten von ungefähr 1,– Euro rechnen (wobei Sie 0,65 Euro sparen können, wenn Sie statt weißer Baumwolle ein Blatt Zeichenblockpapier nehmen).

Die Kosten für das Perlenmaterial hängen von Ihrer Materialauswahl ab. Das Perlenmaterial auf der abgebildeten Gestaltungsarbeit belief sich auf ungefähr 2,– Euro. Es geht aber auch deutlich billiger mit Glasperlen, Rocailles, Pailletten und selbst gemachten Alufolienkügelchen. Wer sparen muss, macht sich alle Perlen selbst aus Glanzpapier, bemalten Papierkügelchen und Alufolie. Geht auch und sieht toll aus.

Zusätzliche Aufgaben für schnell arbeitende Schüler:

- *Perlenketten und -anhänger:*
Sicher haben die Mädchen in Ihrer Klasse Spaß daran, sich Ketten oder Anhänger als persönlichen Schmuck aufzufädeln. Dabei können ganz raffinierte Ketten mit Verzweigungen entstehen. Die Jungen mögen vielleicht Perlenschnüre als Schlüsselanhänger, Indianerschmuck, Jackenanhänger oder Lesezeichen herstellen.

- *Perlenschmuck mit Draht:*
Sehr reizvoll ist beim Perlenschmuckgestalten auch der Einsatz von Draht, Drahtzangen und Sicherheitsnadeln. Kunstvoller Schmuck und individuelle Anhänger lassen sich damit unbeschränkt gestalten und formen. In dieser Richtung wird der Markt im Moment mit Bastelanleitungsheften geradezu überschwemmt. In jeder Bastelbedarfshandlung können Sie ein Heft Ihrer Wahl finden und erwerben.

- *Perlen selber machen:*
Eine Forscheraufgabe kann das Herstellen von Perlen sein. Dabei ist Erfindungsreichtum gefragt. Perlen und Perlenketten können aus den unterschiedlichsten Materialien hergestellt oder angefertigt werden:
  - Salzteig

Salzteigperlen

  - Efaplast (farblose bemalbare Modelliermasse, z. B. von Labbé)
  - Ton
  - Kastanien, Nüsse (Löcher mit einem Handbohrer bohren)
  - Metallfolienstücke
  - gerolltes Papier oder Wellpappe
  - Pappmaché

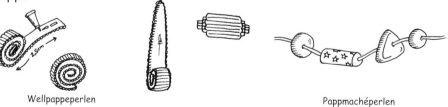

Wellpappeperlen   Pappmachéperlen

  - Filzplatten
  - Filzkugeln (Filzen siehe Projekt Nr. 12 „Filzen")
  - Kronkorken, Korken, Korkenscheiben

- Fimo (farbige, knetähnliche Modelliermasse), besonders lustig sehen Fimo-Haribo-Perlen aus
- bunte Papierflächen oder -ringe
- bemalte Wattekugeln (sehr hübsch sehen Perlenverzierungen mit „FunLinern" (Magic / Glitter) aus)

Fimokette Ketten aus Papierringen Wattekugelkette

- Verpackungsstyropor-Ringe
- Nudeln, getrocknete Erbsen, Bohnen, Maiskörner, Sonnenblumenkerne
- Gummiringe oder -reste
- Naturmaterialien: Auch in der Natur lassen sich zahlreiche Dinge finden, die sich auffädeln und zu Ketten verarbeiten lassen: Blätter, Stöckchen, Samen, Bucheckern, leere Schneckenhäuser, Schneckenmuscheln, Bambusstücke
- Muscheln
- Holzklötzchen, Holzscheiben

Klötzchenkette Ketten aus Muscheln und anderen Naturmaterialien Holzperlen

- Seidenstoffkugeln und Stoffkugelkissen
- Knotenbildungen
- Knöpfe
- Knöpfe (die man auch mit „FunLinern" bemalen kann)
- und vieles mehr …

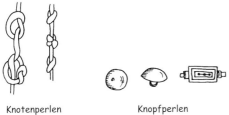  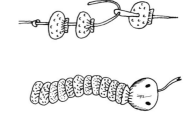

Knotenperlen Knopfperlen Knopfperlen mit selbst gemachten Stickereien + Applikationen Kette und Schlange aus Stoffperlen

- *Trägermaterial verändern:*
  Worauf kann man Perlen fädeln? Eine Aufgabe für Forscher. Natürlich funktioniert es mit Perlonfäden, Draht, Messing-, Kupfer-, Silberfäden. Aber was ist mit Grashalmen, Sicherheitsnadeln, Schnürbändern, Geschenkbändern?

- *Gemeinschaftsarbeit:* Eine Mammutkette als Gemeinschaftsarbeit aller Materialforscher könnte unter die Raumdecke gehängt werden. Das macht Jungen wie Mädchen Spaß.

- *Rechenkette:*
  Benötigen Sie eine sinnvolle Zusatzaufgabe für Erst- oder Zweitklässler, lassen sich im Zusammenhang mit dieser Einheit 20er- oder 100er-Rechenketten herstellen. Nach jeweils 10 Perlen wird die Farbe gewechselt. Mit diesen Ketten rechnen die Kinder sehr anschaulich in den neuen Zahlenräumen und gewinnen leichter ein Gefühl für die leidige Zehnerüberschreitung.

- *Andere Perlenarbeiten:*
Perlen und Perlenketten lassen sich nicht nur als Schmuckstücke, sondern auch auf andere Weise nutzen:
  - *Perlentiere und -figuren* (siehe Schülerarbeitsblatt)
  - *Perlenweben:* Perlengewebe und -bänder (für den Arm, als Gürtel, Schlüsselanhänger oder Indianerschmuck) sind in der Entstehung mit systematischer Flächenplanung des Webstückes verbunden (Stichwort „Schlüsselqualifikationen"). Wenn die Kunstwerke fertig sind, vermitteln sie ein tolles haptisches Erlebnis. Näheres zum Perlenweben finden Sie auf dem Schülerarbeitsblatt zu Projekt Nr. 10 „Weben".

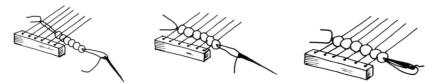

  - *Tischschmuck:* Perlenketten veredeln Tischdecken, Kerzen, Servietten. Aus einem Sicherheitsnadeln Perlenreif wird schnell ein toller Serviettenring (Stichwort „Weihnachtsgeschenk")
  - *Teelicht:* Sehr dekorativ sind Perlenketten, die in Maschendraht eingearbeitet werden. Nach jeder aufgezogenen Perle wird der Perlonfaden um ein Drahtstäbchen geschlungen. Auf diese Weise werden die Perlen an den Draht „genäht". Der fertig bestickte Draht wird um ein Glas gebogen und an der offenen Drahtseite zusammengenäht. Das Kerzenlicht in diesem Windlicht lässt die Perlen funkeln wie Edelsteine.
  - *Weihnachtsschmuck:* Kleine Sterne und Perlenengel glänzen edel am Tannenbaum und sind dekorative Geschenke (siehe Schülerarbeitsblatt). (**Tipp:** Hier sollte man aber immer ein Auge auf den aktuellen Modetrend haben, nicht alles sieht wirklich toll aus ...)
  - *Spielfiguren* wie die Holzkettenschlange sind nichts anderes als Varianten der Perlenketten.
  - *Textile Püppchen* können aus Perlen-Filzketten entstehen oder mit Perlen ergänzt werden (Perlenkopf, -hand, -fuß).
  - *Memory:* Aus Perlen oder Knöpfen kann man mittels Streichholzschachteln ein lustiges Schüttelmemory basteln.
  - *Brettspiel:* Größere selbst gemachte Perlen oder Knöpfe kann man für Brettspiele (Mühle, Schach, Mensch ärgere dich nicht etc.) nutzen. Pfiffig finde ich „Spielbretter" aus Textilien. Ein Mühlegitter z. B. lässt sich gut mit Textilfarben auf einen Leinenbeutel malen.
  In diesen kann man nach dem Spiel direkt die Spielperlen räumen. Vielleicht auch ein besonderes Geschenk?
  - *Perlenstickereien:* Mit Nadel, Faden und reizvollen Verzierungselementen (wie Perlen, Pailletten, Samen etc.) lassen sich alle Gebrauchstextilien individuell ausgestalten. Auf diese Weise werden aus einfachen Textilien Designerstücke. Junge Damen fallen nichtselten in einen Stickrausch. Sicher eine gute Alternative zum Fernsehen.
  - *Grußkarten:* „Materialmix" ist das dazugehörige Stichwort. Grußkarten, Heft- und Bucheinbände, Schachteln etc. lassen sich mit Perlenreihen toll verzieren.
  - *Geschenkbänder:* Aus Wellpappe und Perlenresten lassen sich kostbare Geschenkbänder fädeln.

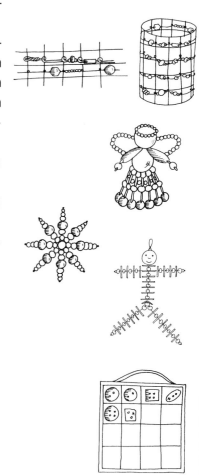

- *Lesezeichen:* Eine schnelle und brauchbare Zusatzaufgabe stellt die Gestaltung eines Lesezeichens aus einer Perlenreihe dar. Kann man auch zwei Perlenreihen miteinander verbinden?
- *Instrumente:* Rhythmische Instrumente wie Schellenkränze entstehen durch Auffädeln klingender Elemente wie z. B. Kronkorken.
- *Indianerbild:* Aus einer Kombination von Deckfarbenmalerei und Perlenketten und -bändern lassen sich weitere wirkungsvolle Kunstobjekte zur Klassenraumgestaltung anfertigen. (Stirnband: Perlenwebarbeit, Kette: Perlenfädelei, Kleidung: Perlenstickerei, Haare: Flechten mit eingearbeiteten Perlen, Rahmen: Sticken und eingehängte Perlen etc.)
- *„Perlen für Mama":* Ein interessantes Buch rund um eine Perlenkette (für Mama) lesen, spielen, illustrieren, weiterspinnen und aufschreiben (siehe „Fundgrube").

Anschlussthemen:

- *Perlenherstellung* kann nicht nur eine Zusatzaufgabe, sondern ein eigenes Unterrichtsthema sein (Herstellungstechniken siehe Seite 110). Die Entstehung von Naturperlen ist faszinierend und etwas für die Naturforscher unter den Kindern (siehe Sachinformation „Perlenarbeiten": Kulturhistorische Einblicke).
- *Perlenarbeiten* umfassen neben den Auffädelarbeiten auch Perlenstickereien und das Bilden von Perlenstoffen (siehe Sachinformation „Perlenarbeiten": Die Technik). Ein mögliches Thema könnte das oben beschriebene Indianerbild sein.
- *Textile Stoffverzierungstechniken* dienen zur Ausgestaltung textiler Flächen. Neben den Perlenarbeiten lassen sich auch mit Stickereien, Applikationen, Stoffmalereien, Färbetechniken u. a. Stoffe verzieren. Anwendungsmöglichkeiten und -grenzen lassen sich schon mittels der Bildaufgabe „Der versunkene Schatz" erfahren und könnten weiter reflektiert werden.

Mit *Fäden* lassen sich noch viele andere Dinge machen:
- Fadenkunst: Möglichkeiten der Umformung und Umgestaltung des Fadens gestalterisch nutzen
- „Von der Faser zum Faden" – Spinnen, Zwirnen, Kordeldrehen
- Rohstofflehre – Woher kommt das Fadenmaterial?
- Textile Flächen- und Hüllenbildung: Mit dem Faden nähen, sticken, weben, häkeln etc.
- Gestalten des Gedichtes „Der Faden" von J. Guggenmos (siehe Projekt Nr. 3)

Sachinformation „Perlenarbeiten"

1. Fachliche Einordnung

Mit Perlen lassen sich textile Flächen ausgestalten und strukturieren. Sie erzeugen nicht nur einen plastischen Effekt auf einem Werkstück, sondern lassen es auch kostbar werden. Mit Perlen können aber auch Flächen entstehen (Perlenweberei) oder plastische Objekte gestaltet werden (z. B. Perlentiere). Die gestalterischen Möglichkeiten sind schon für die Jüngsten sehr groß. Schließlich können Perlen auch selbst geschaffen werden. Und das sogar aus textilem Material: z. B. Filzkugeln. In meiner Heimatstadt konnte ich unlängst in einer Sonderausstellung des Textilmuseums und auf dem alljährlich stattfindenden Flachsmarkt die unterschiedlichsten und kunstvoll gefilzten Kugeln und Kügelchen bewundern, die zu interessanten Ketten, Gürteln und Bändern gefädelt wurden. Eine Fundgrube für Ideensammler.

Besonders in den Eingangsklassen während der ersten Schreiblernschritte der Kinder sind wir Lehrer auf der Suche nach Übungen zur Schulung der Feinmotorik und der Hand-Auge-Koordination. Hier bietet sich das Auffädeln von Perlen als optimale Übung an. Aber auch die Konzentration bei der Fortsetzung eines erdachten Musters und die Ausdauer werden gefördert.

Musterungsthemen finden sich u. a. im Mathematikunterricht. Die Kinder sollen Abfolgen erkennen und nachbilden. Viel reizvoller als Perlenketten im Rechenbuch auszumalen ist es doch Perlenmuster handelnd zu gestalten und eigene Musterrapporte zu entwickeln. Wahrnehmung, ästhetisches Empfinden, Ornamentierung und Musterbildmittel (wie Form und Farbe) zu gebrauchen wird beim Auffädeln von Perlenreihen gefördert.

Beim Bilden von Perlenketten nutzt man außer den *Bildmitteln* Form und Farbe noch andere bildnerische Mittel, die Sie aus dem Kunstbereich kennen. Je nach Art der Perlenarbeit kann man folgende Bildmittel verwenden:

Bildelemente

- des Flächenhaften:
    - Punkt (in Form der einzelnen Perlen)
    - Linie (in Form einer Perlenreihung)
- des Körperhaften (in Form von Perlentieren und entsprechend der Perlenformen: Kugel, Ellipsoid, Würfel, Quader, Kegel, Zylinder, Pyramide; Elemente des Plastischen sind: Kante, Mulde, Höhlung, Wölbung etc.)

Kontraste: Bei Perlenketten kann man z. B. folgende Kontraste einsetzen:

- Farbkontraste (Farbe-an-sich-Kontrast, Hell-Dunkel-Kontrast, Komplementärkontrast, Qualitätskontrast, Quantitätskontrast, Kalt-Warm-Kontrast)
- Formkontraste
- Größenkontraste
- Mengenkontraste

Ordnungsprinzipien: Von den vielen Struktur- bzw. Gliederungsprinzipien sind folgende bei Perlenketten besonders interessant:

- Reihung, Muster, Symmetrie / Asymmetrie, Rhythmus, Struktur, Streuung, Ballung, Parallelität

Bei flächigen Perlenarbeiten kann man der Liste noch folgende Bildmittel hinzufügen:

- Bildmittel der Fläche: (Grundformelemente Quadrat, Rechteck, Kreis, Oval etc.)
- Kontraste: Richtungskontrast
- Ordnungsprinzipien: Umriss, Horizontale, Vertikale, Diagonale, Verdichtung, Auflockerung, Überschneidung, Staffelung, Verzweigung, Transparenz, Textur

Sammeln Sie mit den Kindern die *Möglichkeiten eine Auffädelarbeit* zu variieren. Dadurch ergeben sich automatisch die verschiedenen Musterungsmöglichkeiten einer Perlenkette. Verändern kann man bei Perlenketten u. a.:

- Die Anzahl der Wiederholungen einer bestimmten Perle, die Abfolge der Perlengruppen, die Perlenfarben, die Perlenformen, die Perlengröße. Zwei Perlenreihen können parallel verbunden werden. Zwei Perlenreihen können sich aber auch rhythmisch überkreuzen. In die Zwischenräume zweier Reihen können weitere Perlenelemente gesetzt werden …

Das Finden von Musterungsmöglichkeiten ist eine hervorragende Gelegenheit, die Schlüsselqualifikation „Finden verschiedener Lösungsstrategien" zu fördern. Logisches, systematisches Denken ist der Schlüssel zur Mustervariation.

2. Kulturhistorische Einblicke

Weit in die Vergangenheit zu längst vergangenen Kulturen reicht die Geschichte der Perle. Ganz am Anfang der menschlichen Geschichte wurden wahrscheinlich nur Samen von Pflanzen als Perlen zweckentfremdet. Doch vor rund 30 000 Jahren gab es schon Halsketten aus Muscheln und kleinen Fossilien.

Alle nordamerikanischen Indianerstämme teilten ihre besondere Liebe zu Perlen. Seit über 8 000 Jahren stellen die Indianer Perlen aus Muscheln, Schneckengehäusen, Knochen, Zähnen, Steinen, versteinerten Seelilienstängeln, Kupfer, Catlinit und natürlichen Perlen her und tauschten sie untereinander. Die nomadische Lebensform ließ keine großen Besitztümer zu, da man alles transportieren können musste. Durch diese Beschränkung war es ihnen ein großes Bedürfnis, ihr weniges Hab und Gut mit Perlen reich zu verzieren.

Im alten Ägypten fertigte man Perlen aus Türkis, Bernstein, Quarz und Elfenbein. Immer wiederkehrende Motive waren Affen, Lotosblüten, Nilpferde und Vogelköpfe. Die Mumien bedeckte man mit Millionen von kleinen Perlen. In einem Museum in Kairo befindet sich der älteste bekannte ägyptische Perlenschmuck. Auf 4 300 Jahre wird das Alter der Grabbeigabe geschätzt, die einem persischen König in Susa auf seiner letzten Reise mitgegeben wurde.

Im Mittelalter wurden Perlen ein wichtiges Tauschmittelobjekt. Die spanischen Eroberer nutzten die Vorliebe der primitiven Stämme für Perlen aus und nahmen für ihre einfachen Glasperlen hohe Gegenwerte.

In allen bekannten Kulturen spielt die Perle eine mehr oder weniger große Rolle: Als Glücksbringer, als Schutz gegen Feinde, als Liebessymbol und sogar als Mittel zur Stärkung der Manneskraft. In der griechischen Mythologie wurden der Perle verborgene Kräfte des Meeres nachgesagt und sie wurde mit absoluter Reinheit gleichgesetzt.

Der Perlenhandel bestimmte erst in China, später auch in anderen Ländern und Kulturen (wie z. B. im Römischen Reich) das gesellschaftliche Erscheinungsbild. Kirchliche Roben wurden seit dem Mittelalter mit feinsten Perlenstickereien versehen.

Bis Anfang des 20. Jahrhunderts waren Naturperlen wegen ihrer Seltenheit nur etwas für Reiche und Privilegierte. 1921 gelang es dem Japaner K. Mikimoto, die erste Zuchtperle anzubieten.

Wissen Sie, wie echte Perlen „entstehen"? Hier etwas, das sich für die Erzähl- oder Geschichtenphase im Textilunterricht anbietet: Natur- wie Zuchtperlen unterliegen dem gleichen langwierigen, mehrere Jahre dauernden Wachstumsprozess. Die Perlenauster lebt am Meeresboden und ernährt sich von Plankton, das von der Strömung in ihr Innerstes gespült wird. Ist in diesem Plankton zufällig etwas enthalten, was die Auster nicht verdauen kann, beispielsweise ein Sandkorn, setzt sich die Auster sofort zur Wehr und isoliert diesen Fremdkörper. Um das Sandkorn wird eine Schicht Perlmutt gebildet. Der Grundstein für eine Perle ist gelegt. Im Laufe der Zeit wird immer wieder eine Schicht Perlmutt um den Fremdkörper gelegt, bis schließlich eine Perle entstanden ist.

3. Der Materialschrank: Perlen & Co

Im Gestaltungsunterricht der Grundschule sind die Geschichten rund um die Naturperlen zwar sehr interessant, zum Basteln müssen wir aber auf andere Perlensorten ausweichen. Diese gibt es auch in den tollsten Materialien, Farben, Mustern, Formen und Größen. Der Handel unterscheidet u. a. Glasperlen, Bastelperlen, Rocailles (Indianerperlen), Cut-Perlen, Wachsperlen, Stifte, Pailletten etc. (es soll 200 Sorten geben!). Die Bezeichnungen schaffen aber nicht unbedingt Klarheit. Ich möchte die Unterscheidungskriterien im Folgenden zusammenfassen und Ihnen damit auch gleichzeitig den Blick für die Vielzahl der gestalterischen Möglichkeiten öffnen.

Perlen unterscheiden sich auf Grund

- *des Materials:* Perlmutt, Edelstein, Glas, Kunststoff, Holz, Pappe, Papier, Ton, Salzteig, Modelliermasse, Naturmaterialien, Filz etc. (siehe „Zusatzaufgaben"),
- *der Farbe:* Grundfarben, Mischfarben, Metallicfarben, naturbelassen, klar, gestreift, getupft, gemustert etc.,
- *Größe:* in der Regel wird der Durchmesser angegeben, z. B. Rocailles 2,5–3 mm, Holzperlen 3–4 mm etc.,
- *ihrer Form:* kugel-, würfel, quader-, zylinder-, pyramiden-, ei-, stäbchen-, motivförmig etc.,
- *ihrer Oberflächenbeschaffenheit:* glänzend, matt, transparent, opak, gelüstert, irisierend, gerillt, strukturiert, glasiert, mit Einzug, mit anderen Materialien gemischt oder ergänzt etc.

Zum Auffädeln der Perlen benötigt man nicht viel. Ein einfacher Faden, besser ein Perlonfaden (Nylonfaden) oder ein dünner Draht reichen aus. Es gilt, gleiche Maßstäbe zu beachten, z. B. Perlen mit einem Durchmesser von 2,5–3,0 mm benötigen einen Draht / einen Faden von 0,25–0,3 mm.

Tipp: Im Internet können Sie sich traumhaft schöne Perlen anschauen, die von Glaskünstlern für besondere Zwecke geschaffen wurden (z. B. unter *www.hamer-web.de*).

4. Die Technik:

Perlenarbeiten gibt es in den unterschiedlichsten Formen. Jede für sich erfordert ihre eigene textile Werktechnik. Zierelemente sind dabei nicht nur Perlen im engeren Sinne, sondern auch Samen, Früchte, Metallplättchen, zylindrische Holzstückchen etc.

- *Perlen auffädeln:*

  Unterschiedlichstes Perlenmaterial (siehe „Zusatzaufgaben") wird in rhythmischen Reihungen oder als freies Ornament auf einen reißfesten Faden, Draht oder ein anderes lineares Material aufgezogen.

  Bei weichen Perlenfäden benutzt man zum Auffädeln der Perlen eine Nadel. Das ist bei Perlonfäden oder Draht nicht nötig.

  Damit sich die Perlenreihen nicht lösen, müssen sie an den Enden befestigt werden. Die erste Perle wird durch einen dicken Knoten, eine Kettenöse, einen Verschluss oder Ähnliches fixiert. Ganz einfach ist die Arbeit, wenn man die erste Perle mit dem Fadenende festknotet. Perlendraht kann man mit einer Pinzette, einer Zange oder den Fingern in die gewünschte Ausgangsform bringen. Perlondraht kann an den Enden abgeschnitten und mit einem Feuerzeug verschweißt werden. Solche „Präzisionsarbeit" ist aber in der Schule nicht nötig.

- *Perlenweben:*

  (siehe „Bilden von Perlenstoffen" und Schülerarbeitsblatt zu Projekt Nr. 10 „Weben")

- *Perlenfiguren:*

  Bei plastischen Körpern werden die Perlen immer in gleicher Weise als Reihen aufgezogen:

  Die Perlen der ersten Reihe werden immer in die Mitte des Drahtes (oder Fadens) geschoben. Die Perlen der zweiten und jeder weiteren Reihe werden jeweils mit einem Drahtende aufgenommen. Das andere Ende wird in entgegengesetzter Richtung durch die Reihe geschoben (siehe Schülerarbeitsblatt „Perlentiere").

  Es gibt eine Vielzahl von Anleitungsheften und -büchern für Perlentiere oder Perlenschmuck, in denen die „Aufreihmuster" genau aufgeführt werden (siehe Fundgrube). Zum Schluss werden die Drahtenden „vernäht". Dazu wird ein Drahtende durch die Perlen zum anderen Draht hingezogen und mit diesem verdreht. Das verdrehte Stück wird gekürzt und weggebogen.

- *Perlenstickerei:*

  Bei diesem Verfahren kommt den Nähstichen keine verzierende, sondern nur eine fixierende Funktion zu. Auf der Oberfläche des Stoffes erscheint nur das Applikationsmaterial. Die Perlen können grundsätzlich auf zwei Arten auf der Unterlage befestigt werden:
  - In der einfacheren Form werden die Perlen auf einen Faden gereiht und dieser von Zeit zu Zeit durch den Stoff geführt.
  - Die andere Art besteht darin, den Perlenfaden mit zusätzlichen Stichen auf der Unterlage zu fixieren.
  - Mehrere Einzelperlen lassen sich mit einem unter dem Untergrund hergeführten Faden gut befestigen.

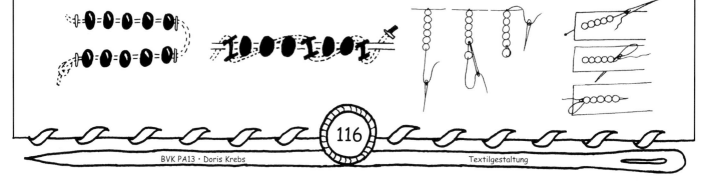

- *Bilden von Perlenstoffen:*
  Bei dieser textilen Werktechnik erfolgt die Stoffverzierung während der Stoffbildung. Im Unterschied zu den anderen Flächenbildungstechniken erfolgt die Musterung aber nicht auf Grund der Art der Stoffbildung, sondern auf Grund der Anordnung der eingearbeiteten Perlen oder anderen Zierelemente. Perlenstoffe können unter Einbezug dieser Zierelemente im Prinzip auf der Basis jeder stoffbildenden Technik erzeugt werden. Das durch die Steifheit des Materials bedingte Aufreihen der Zierelemente auf dem Arbeitsfaden ermöglicht zudem noch eine neue Variante der Stoffbildung. Das Perlenstoffbilden entsteht durch die Verbindung eben dieser Zierelemente.
  - Perlenstoffbildung durch Bindung der Grundelemente:
    Sämtliche Maschentechniken (Einhängen, Verschlingen, Verknoten, Häkeln, Stricken) eignen sich gut zur Erzeugung von Perlenstoffen.

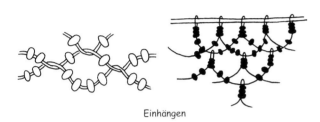

Einhängen

Verschlingen

Auch Flechtverfahren (wie das Wickeln, Binden, Wulsthalbflechten, Diagonalflechten, Zopfflechten, Klöppeln) werden zur Perlenstoffbildung genutzt. Am beliebtesten ist die Perlenstoffbildung auf Grund von Kettstoffverfahren, vor allem von Flechten des Eintrages und Zwirnbinden der Kette oder des Eintrages. Als Hilfsmittel werden einfache Flechtrahmen zur Befestigung der Kette und Nadeln zum Einführen des Eintrages verwendet. In der Grundschule stellt diese Technik (die nicht ganz korrekt als „Perlenweben" bezeichnet wird) ein einfaches Verfahren zur Herstellung von Perlenbändern dar (siehe Schülerarbeitsblatt zu Projekt Nr. 10 „Weben").

Verknoten

Flechtbindung

„Echtes" Weben wird zur Erzeugung von Perlenstoffen nur wenig verwendet.

- Perlenstoffe durch Bindung der Perlen:
  Die Bindung erfolgt hier durch die Zierelemente selbst. Es kann mit einem einzigen Faden oder einem Fadensystem gearbeitet werden.

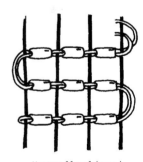

Kettstoffverfahren / Zwirnbindung

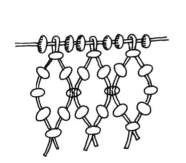

Einhängen in die Perlen

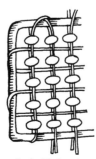

Perlenbindung im Fadensystem

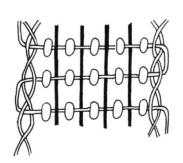

Weben

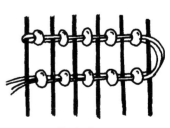

Flechteintrag

Fundgrube:

Bücher

- Caroline Crabtree, Pam Stallebrass: „Atlas der Perlen-Arbeiten. Ein illustrierter Führer durch die Welt der Perlenobjekte"
- Natascha Wolters: „Das große Ravensburger Perlenbuch", Ravensburger Buchverlag
- Janet Coles, Robert Budwig: „Das große Buch der Perlen", Paul Haupt, Bern 1990
- Katharina Dietrich: „Perlenspaß. Kinder basteln mit Perlen. Sticken, Weben, Fädeln", Augustus Verlag, 1999
- Wilma Schaich: „Perlen fädeln und weben", Englisch Verlag, 2000
- Anne Sebald: „Neue Ideen zum Fädeln und Weben", Englisch Verlag, 2000
- Ingrid Moras: „Perlenschmuck. Freundschaftsbänder, Ketten, Haarschmuck", Christophorus Verlag, 1996
- Ingrid Moras: „Kleine Geschenke aus Perlen", Christophorus Verlag, 2001
- Angelika Kipp: „Tonkartonmotive mit Perlen", frechverlag, Stuttgart, 2003
- Marina Schories: „Indianerzöpfe. Modische Hair-Wraps. Aus Garn, Federn und Perlen", Augustus Verlag, 1996
- Ingrid Moras: „Das große Perlen-Tiere-Buch", Christophorus Verlag, 2002
- Ingrid Moras: „Supertoller Perlenschmuck", Christophorus Verlag, 2001
- Ingrid Moras: „Perlenschmuck, Glitzereffekte", Christophorus Verlag, 2001
- Angelika Massenkeil u. a.: „Perlenschmuck aus Sicherheitsnadeln", Englisch Verlag, 2001
- Barbara Kemper: „Perlenschmuck mit Wire-Wire", Englisch Verlag, 2001
- Elizabeth Bigham: „Afrikanischer Perlenschmuck", ars edition, 2000

Internet

- *www.hamer-web.de/Perlen/glasperlen_selbermachen.html* (Foto-„Perlenauslage" zum Genießen, Perlen selber machen)
- *www.perlen-contor-stricker.de* (In diesem umfassenden, bebilderten Angebot finden sie Perlen und Zubehör für jede Gelegenheit.)
- *www.perlen.de* (Interessante Informationen zur Geschichte der Perlen und Perlenarbeit, zur Entstehung von Perlen und Zuchtperlen etc.)
- *www.perlen-info.de* (Wissenswertes über Natur- und Zuchtperlen, historische und kulturelle Informationen, Infos über den Aberglauben rund um die Perlen, berühmte Perlenzitate etc.)
- *www.perlen-paradies.de* (u. a. eine Anleitung für einen Perlenschmetterling)
- *www.perlentiere.de* (… zum Anschauen, ohne Anleitungen)
- *www.perlenhobby.de* (verschiedene Ideen)
- *www.bastelfrau.de* (u. a. Perlenschmuck aus Sicherheitsnadeln)
- *www.perlentraum.de* (u. a. eine Anleitung für ein Blütenarmband und Perlen aus Maismehl oder Rosenblättern)
- *www.perlenzeit.de* (u. a. Anleitungen für Weihnachtsdekorationen)

Sonstiges

Sie können das „Perlenthema" auch wunderbar mit dem Sprachunterricht verknüpfen. Dazu bietet sich ein interessantes Kinderbuch an:
Selma Noort, Maike Zillig (Illustratorin): „Perlen für Mama." (ab 6 J.), 71 Seiten, Beltz, 1997.

(„Die Kette, die Janna ihrer Mama ins Krankenhaus bringt, ist die ungewöhnlichste Kette, die man sich vorstellen kann. Mit Perlen, Glasherzen, Knöpfen, einem Puppentässchen …
Janna sitzt auf dem Boden. Vor ihr auf der Decke liegen ihre Perlen. Janna fädelt die Perlen auf. Erst eine gelbe, dann eine rote, dann eine grüne, dann eine rosafarbene und dann wieder eine grüne, eine blaue …
Für Mama. Die liegt nämlich im Krankenhaus. Und sie will nicht, dass Janna sie dort besucht und dann traurig wird. Aber Janna geht doch ins Krankenhaus, um ihr die Kette zu bringen. Weil sie Mama eine Freude machen möchte.
Im Krankenhaus passiert dann etwas ganz Blödes: Die Kette zerreißt und viele Perlen gehen verloren. Deshalb dauert es ziemlich lange, bis Janna endlich bei ihrer Mutter im Zimmer steht. Aber dafür ist ihre Kette nun auch eine ganz besondere Kette, an der nicht nur Perlen, sondern auch Geschichten hängen …)

Perlentiere

Kleine Talismänner, Anhänger, Broschen, Kettenanhänger oder Miniaturen für den Setzkasten kannst du aus Perlen fädeln. Das folgende Tier kannst du in den Farben einer Eidechse, eines Salamanders, eines Krokodils oder ganz bunt gestalten.

Du brauchst: einen reißfesten Faden (z. B. aus Polyamid), ca. 100 Perlen und zwei Perlennadeln.

So geht es:

1. In beide Enden des Fadens fädelst du eine Nadel ein. Dann fasst du mit einer Nadel eine Perle auf und schiebst diese in die Mitte des Fadens. Du gehst mit der Nadel jetzt noch einmal durch die Perle hindurch.

2. Fädle nun mit einer Nadel die Perlen für die nächste Reihe auf. Mit der anderen Nadel fasst du die Perlen in der umgekehrten Richtung auf und ziehst den Faden an. Zieh den Faden fest und achte darauf, dass die Perle der ersten Reihe in der Mitte sitzt.

3. Setze deine Arbeit immer so fort: Fädele mit einer Nadel die Perlen der nächsten Reihe auf und ziehe die andere Nadel wieder in umgekehrter Richtung durch die Perlenreihe. Mit Perlen in unterschiedlichen Farben kannst du Augen und Nase darstellen oder Muster gestalten.

4. Für ein Bein des abgebildeten Tieres nimmst du mit der Nadel 5 Perlen auf. Mit der gleichen Nadel gehst du auch durch die 4 inneren Perlen zurück. Die ganz rechte Perle dient als eine Art Halteperle, durch die der Faden nicht zurückläuft.
Nicht vergessen: alles fest anziehen.

5. Mit der anderen Nadel gestaltest du das zweite Bein auf die gleiche Weise. Dann setzt du die Arbeit am Tierbauch wie oben beschrieben fort.

6. Wenn dein Perlentier fertig ist, verknotest du die Fadenenden miteinander und schneidest sie ab. Fertig!

Tipp: Plastische Tiere bestehen aus einer Ober- und einer Unterseite, die in einem Arbeitsgang hergestellt werden. Man kann stattdessen auch ein Tier zweimal herstellen und es dann zusammennähen. In diesem Fall solltest du aber beim zweiten Tierteil (= Unterteil) die Füße weglassen.

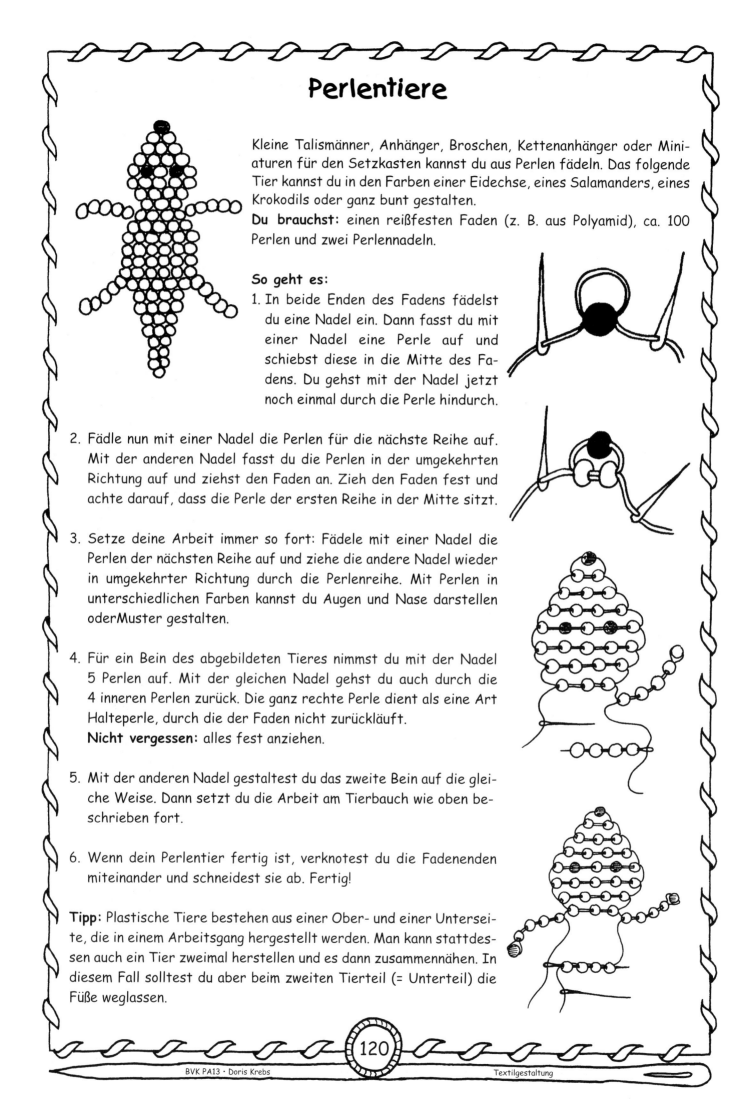

Perlenkunst mit Sicherheitsnadeln

Mit Perlen kannst du deine Lieblingskleidungsstücke verzieren, Perlentiere gestalten oder Weihnachtsschmuck anfertigen. Mit Sicherheitsnadeln lassen sich tolle Perlenarbeiten herstellen. Einen prächtigen Weihnachtsstern machst du wie folgt:

Du brauchst: verschiedene Perlen, Silberdraht (oder Faden), 11 Sicherheitsnadeln.

So geht es:

1. Zuerst fädelst du Perlen auf 11 Sicherheitsnadeln.

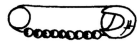

2. Lege die Sicherheitsnadeln sternförmig auf den Tisch und schließe den inneren Kreis mit einem Stück Draht (oder Faden).

3. Jetzt schließt du den äußeren Kreis. Du fädelst die Enden der Sicherheitsnadeln auf einen Draht. Zwischen den jeweiligen Enden fädelst du einige Perlen auf. Denke dir ein Muster aus, das du gleichbleibend wiederholst.

4. Für die Zacken des abgebildeten Sterns muss du 7 kleine Perlen auffädeln, dann eine große Perle aufnehmen, diese verdrehst du etwas (oder bildest einen Halteknoten) und fädelst schließlich noch einmal 7 Perlen auf.

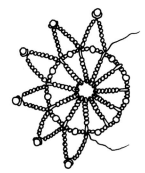

5. Ziehe den Faden durch das Ende einer der 11 Sicherheitsnadeln und arbeite die nächsten Zacken auf die gleiche Weise.

6. Zum Schluss kannst du in die Mitte deines Sternes noch eine besondere Perle kleben. Fertig!

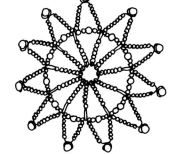

Tipp: Mit der Sicherheitsnadel-Technik kannst du auch Armreifen, Serviettenringe (als Weihnachtsgeschenk) und vieles mehr basteln. Viel Spaß!

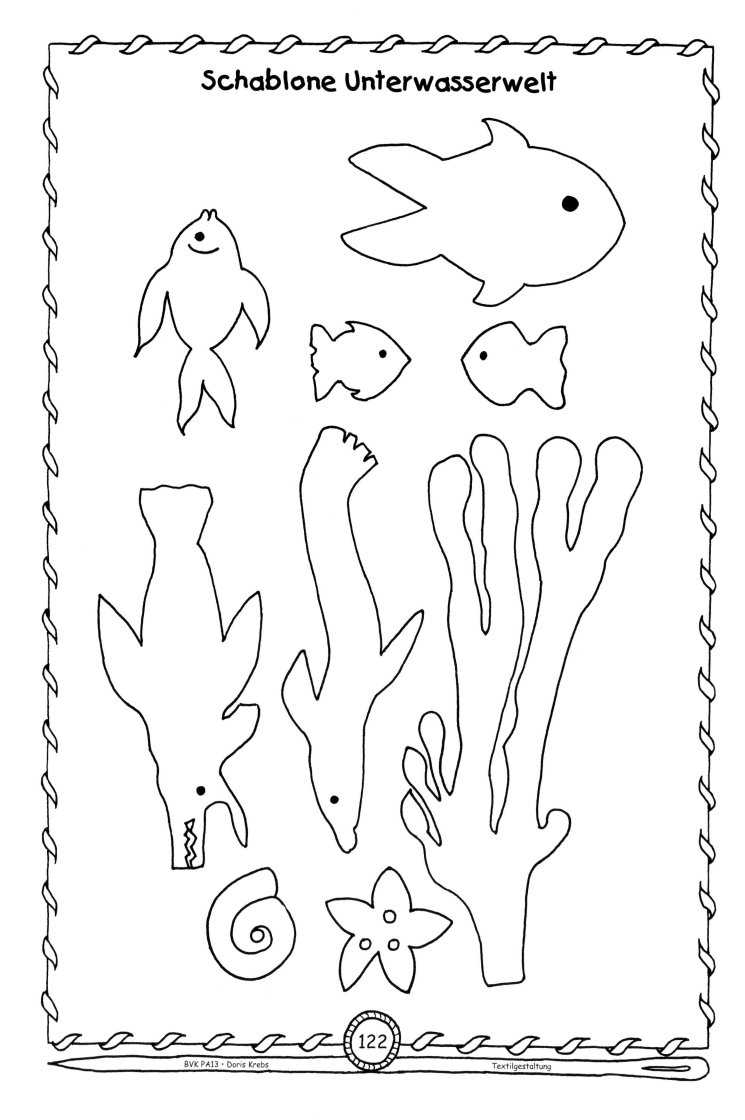

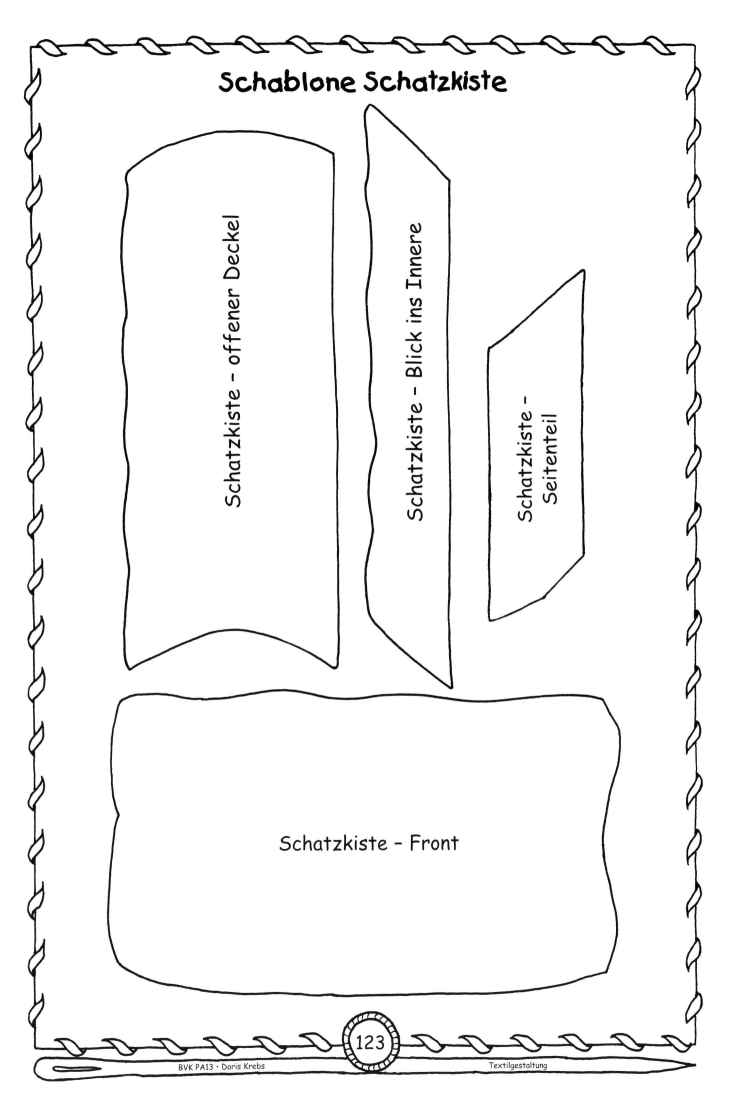

„Schnecke Schorschi"

Schwerpunktthema: Flechten

Passend zu den Sach-Deutsch-Projektthemen: Lebensraum Wiese – Schnecke – Sommer / Herbst

Zeit: 8–10 Unterrichtsstunden

Material: Deckfarben, Zeichenblock oder Stoff DIN A3, Garnreste (evtl. Synthetik- oder Woll-Synthetik), Stoffreste oder Filz, Schere, Klebstoff
Nach Wahl: Stickgarn, Sticknadeln, Perlen, Naturmaterialien

Lernziele:

Motiv „Schnecke":
- Handwerklich-technische Verfahren des Flechtens kennenlernen und erproben
- Bildmittel Farbe nutzen (z. B. Farbkombinationen beim Erstellen der Flechtstränge ausprobieren)
- Bildzeichen Schneckenkörper aus Filz gestalten (oder eine Schablone als Schnittmustergrundlage nutzen)
- Flechtbänder zu einer geschlossenen Kreisfläche legen und befestigen (kleben, nähen etc.)
- Ausdifferenzierung des Motives mittels beliebiger textiler Techniken und Materialien

Hintergrund:
- Deckfarben- oder Stoffmalerei in Aquarelltechnik unter Berücksichtigung der Kontrastfarben (Ittenscher Farbkreis)
- *Ausdifferenzierung des Hintergrundes:* Entdecken und Ausschöpfen der gestalterischen Möglichkeiten mit textilem Material und textilen Techniken (nach Wahl: Applizieren, Sticken, Nähen, Malen, Knoten, Perlen auffädeln, Naturmaterialien integrieren …)

Weitere mögliche Lernziele:

- Möglichkeiten der Flechttechnik kennenlernen (Flechten als Technik zur Fadenverstärkung, Flächenbildung, Flächenverzierung, Hüllenbildung und Objektbildung)
- Flechten mit vier und mehr Strängen erproben (Schülerarbeitsblatt)
- Flechttechnik zur Bildung einer plastischen Körperform (Puppe) nutzen (Schülerarbeitsblatt)
- Umgang mit dem Ittenschen Farbkreis an praktischen Arbeiten erproben
- Flechtfäden analysieren und deren Entstehung erfahren (Rohstofflehre)

Einstieg:

Zum Einstieg bietet sich das Gedicht
„Sieben kecke Schirkelschnecken"
von Josef Guggenmos an (siehe Seite 138).

Dieser Vers von Josef Guggenmos (den man übrigens auch singen kann) ist nicht nur ein lustiger Zungenbrecher, sondern auch ein schöner Einstieg in das Schneckenthema. Natürlich lässt sich die Gestaltungsaufgabe auch sehr gut aus dem Sachunterricht ableiten. In diesem kann man gefundene Schnecken betrachten und besprechen. Hat man seine persönliche „Vorliebe" für diese Weichtiere erst einmal überwunden und befasst sich mit diesen Tieren näher, stellt man fest, wie raffiniert die Natur die Schnecken ausgestattet hat. Einen ganz „bewegten", lustigen Einstieg in das Flechtthema stelle ich Ihnen im Sachinformationsteil „Flechten" vor. („Flechten" als Technik kann man sich im Sportunterricht auch erturnen!)

Diese Gestaltungsaufgabe bietet wieder einmal die Gelegenheit, mehrere textile Werktechniken (Flechten, Sticken, Perlensticken, Applizieren, Nähen, Stoffmalerei etc.) zu erproben und damit dem Fach Textilgestaltung vielseitig gerecht zu werden. Zudem hat man schnell mehrere Stunden Kunst und Textilgestaltung als eine Einheit vorbereitet. Insgesamt können bei dieser Aufgabe die Lernbereiche Kunst, Textilgestaltung, Sprache, Sachunterricht, Musik und Sport fächerübergreifend hervorragend miteinander verbunden werden. Also: ein vorbildliches Vorhaben. (Haben Sie noch eine Revision zu bestreiten? Das wäre doch etwas!)

Man sollte die folgende Aufgabe mit der Hintergrundgestaltung beginnen und alle weiteren, fertiggestellten Bildteile sofort befestigen. Es fliegen auf diese Weise später weniger Einzelteile, die noch nicht weiterverarbeitet werden konnten, herum. Alternativ lässt sich auch (wie im Folgenden beschrieben) mit dem Hauptmotiv „Schnecke" beginnen. Man fügt dann erst zum Schluss alle Elemente des Kunstwerkes zusammen; das heißt aber: Alles muss zwischendurch gut aufbewahrt werden (Schuhkarton/Kunststoffdose).

Methodische Anleitung / Bildaufbau:

1. Schneckenhaus:

Für das Schneckenhaus flechten die Kinder je nach Fingerfertigkeit entweder ein dickes Flechtband oder mehrere dünne. Auf jeden Fall empfiehlt es sich, für jeden der drei Flechtstränge eine andere Farbe zu wählen. Das lässt das Flechtprinzip etwas anschaulicher werden. Je jünger die Kinder sind, desto dicker sollte das Garn sein. Für junge Kinderhände ist der Flechtvorgang an sich schon schwer genug. Es macht aber allen Schülern in der Regel sehr viel Spaß, mit der Technik und den Garnen zu experimentieren, wenn der berühmte „Flechtgroschen" erst einmal gefallen ist. Als zusätzliche Hilfe und Arbeitserleichterung empfiehlt sich ein fester Halt für das Flechtband. Man kann z. B. die drei Flechtstränge um das Stuhlbein des Nachbarn legen oder binden. Natürlich bieten sich auch Tischbeine, Türklinken, Tornistergriffe, Kleiderhaken usw. an. Je kürzer die Flechtstränge sind, umso leichter ist es, Ordnung unter den Strängen zu halten. Es ist also grundsätzlich leichter, mehrere kurze Flechtbänder herzustellen als ein langes.

Tipp: Die Flechtstränge lassen sich gut ordnen und liegen („pappen") besser auf einer Unterlage, wenn sie angefeuchtet werden.

2. Schneckenkörper:

Für die Schnecke selbst kann man Stoffreste oder Filz verwenden. Das Material wird zugeschnitten. Wer mag, kann dazu eine Schablone anbieten. Das ist aber eigentlich nicht nötig, da die Schneckenform für jede Altersstufe machbar ist. Lediglich die Motivgröße stellt oft ein Problem dar, da Kinder oft zu kleine Figuren gestalten. Man sollte einen Größenmaßstab vereinbaren, z. B. „die Schnecke muss so groß werden wie ein DIN-A4-Blatt (oder das Mathebuch) im Querformat".

Die Ausgestaltung des Körpers erfolgt erst, wenn der Hintergrund fertiggestellt und der Körper auf diesem befestigt wurde.

3. Hintergrund:

Der Hintergrund wurde in der abgebildeten Arbeit als Stoffmalerei angelegt. (Möglich ist aber auch eine Deckfarbenmalerei auf dem Zeichenblock.) Ein Stück Stoff im DIN-A4-Format reicht aus, DIN A3 ist aber besser und kommt den Kinderhänden mehr entgegen. Sie zerschneiden entweder ein altes (gespendetes) Bettlaken o. Ä. oder kaufen weißen, billigen Baumwollstoff. Damit die Tische nicht eingefärbt werden und die gefärbten Stoffstücke nach der Arbeit gut zu einem Trocknungsplatz transportiert und gelagert werden können, legen die Kinder eine alte Plastiktüte unter das Stoffteil. Dabei können zwei Kinder eine Tüte zerschneiden und sich teilen. Nicht vergessen: Namen auf die Tüte schreiben!

Das Hintergrundmotiv ist beliebig. Es kann eine Landschaft sein, eine grüne Wiese, ein Baumstamm, ein alter Schuh in der Wiese, eine Uferlandschaft, ein Terrarium, ein Waldboden mit Pilzen oder (wie in der abgebildeten Arbeit) ein Kornfeld. Entscheidend für die Wahl des Hintergrundmotives ist die Farbe bzw. die vorwiegende Farbe des Schneckenhauses und des Schneckenkörpers. In der abgebildeten Arbeit ist die Schnecke in Pink-Violett-Blautönen gestaltet. Ein Blick auf den Ittenschen Farbkreis (siehe Einleitung) zeigt uns die Kontrastfarben: Den Farben Pink, Violett und Blau liegen im Farbkreis die Farben Orange und Gelb gegenüber. Ein Hintergrund in Gelborange würde die Schnecke also besonders gut zur Geltung bringen. Gelborange könnte z. B. ein Kornfeld sein. Aber auch ein Blütenteppich in Gelborange oder ein alter Stiefel, Herbstblätter in den Farben Gelb, Orange, Rot und Braun und vieles mehr wären denkbar. Damit sich noch ein harmonischer Farbzusammenhang mit der Schnecke ergibt, werden die Schneckenfarben (hier: Blau, Violett, Pink) in die Hintergrundgestaltung eingebunden: Der Himmel über dem Kornfeld leuchtet in einem abendlichen Sonnenuntergangs-Farbenspiel: Blau, Violett und Pink. (Ein bisschen künstlerische Freiheit ist bei der Farbgebung stets erlaubt.)

Das Stoffstück liegt im Querformat vor den Kindern. Himmel und Kornfeld werden mittels der Nass-in-Nass-Technik (Aquarelltechnik) auf den Stoff gemalt. Je nach Verwendungszweck kann man mit Stoff- oder Deckmalfarben arbeiten. Das Tuch wird mit einem Stück Küchenpapier, einem Schwamm, einem sauberen Pinsel oder einem Wassersprüher befeuchtet. Für den Himmel tupft man mit einem Schwamm oder einem dicken Pinsel etwas blaue, violette und pinke Farbe auf das obere Viertel des Stoffes. Durch die Feuchtigkeit zerläuft die Farbe und es entstehen interessante Zufallseffekte. Das Kornfeld entsteht aus schwungvollen Pinselstrichen (von unten nach oben!) in gelben, orangen, beigebraunen Farben. Einzelne Tupfen Braun deuten das Korn an.

Eine farbliche und technische Alternative für die Gestaltung des Hintergrundes (z. B. einer Wiese) ist folgende: Die Wiese bzw. das Bodengrün wird aus Filz- oder Stoffresten gestaltet. Je nach Alter der Kinder bzw. den Unterrichtszielen des Lehrers kann man die Grünelemente aufkleben, applizieren oder aufnähen lassen. Wer noch keinen Stick- oder Nähkurs an dieser Stelle starten möchte, lässt die Teile einfach aufkleben (es gibt sogar speziellen Textilkleber in Bauhäusern, diesen muss man aber nicht unbedingt verwenden, ein Klebestift reicht auch). Annähen ist meine Lieblingslösung, weil das Bild dadurch an räumlicher Tiefe gewinnt. Die Blattadern z. B. werden auf das Grün gestickt und befestigen dadurch das Blatt an dem Stoff. Die Blattränder heben sich etwas vom Untergrundstoff ab, das Blatt wirkt dadurch noch plastischer.

4. Fertigstellung:

Auf den fertigen Hintergrund werden nun der Schneckenkörper und das Schneckenhaus entweder aufgeklebt oder festgenäht (Differenzierungsmöglichkeit). Für das Schneckenhaus werden die Flechtbänder „schneckenförmig" aufgerollt. Sollte das den Kindern schwerfallen, können die Bänder angefeuchtet und auf dem Tisch aufgerollt werden. Ein rundes Papier in der Größe des Flechtkreises wird mit Flüssigkleber bestrichen und auf den Kreis gedrückt. Papierüberstände werden abgeschnitten. Das Schneckenhaus kann nun umgedreht und auf den Schneckenkörper geklebt werden.

Flechtkreis

Tipp: Um bestimmte Schneckenhäuserumrisse zu erzielen, beginne ich mit dem Flechtkreis von außen nach innen und klebe das Flechtband direkt auf dem Hintergrund und dem Schneckenkörper fest. Wenn meine Flechtbänder nicht ausreichen, um den Kreis vollständig zu schließen, muss ich natürlich noch Bänder nachflechten.

Wer mag, kann den Schneckenkörper besticken. Das lässt die Schnecke noch plastischer erscheinen. Auge, „Mund", Fühler etc. bieten sich zum Besticken an. Eine Perlenstickerei kann den Hintergrund mit Tautropfen, Steinchen, Erde etc. bereichern. Auch die Fühler können in einer Perle enden. Selbst die Pupille kann etwas Aufgenähtes (z. B. einen kleinen, schwarzen Knopf) enthalten. Das Kornfeld kann mit Kordeln und gelben Fäden beklebt oder bestickt werden. Kleine braune, aufgetrieselte Wollfasern bilden die Getreideköpfe. Schließlich sei noch die Möglichkeit Naturmaterialien (wie Gräser, Blätter und getrocknete Blumen) zu verarbeiten erwähnt. Diese können angeklebt, angestickt, angenäht, angeknotet, mit verflochten und eingehängt werden.

Kostenplan:

Fast alle Preise richten sich nach dem Labbé-Katalog:

Weißer Baumwollstoff	2 m (1,50 m breit) Stoff reichen für 25 Kinder und kosten je nach Angebot 8–10 Euro / m. (Statt den Hintergrund auf Stoff anzulegen kann man diesen auch einfach auf ein Blatt Zeichenblockpapier malen.)
Filz	1 Filzplatte (20 x 30 cm) kostet 0,30 Euro und reicht für 1 Kind.
Passepartout-Karton	1 Fotokarton (50 x 70 cm) kostet 0,45 Euro. Eine 10er-Packung Tonpapier (50 x 70 cm) kostet 1,85 Euro und reicht für 20 Kinder.
Zusatzmaterial nach Wahl	Wollreste, Stoffreste, Stickgarn, Perlen, Knöpfe etc. je nach häuslichen Reserven von den Kindern sammeln und mitbringen lassen.

Wenn Sie Wollreste zur Verfügung haben und nicht kaufen müssen, müssen Sie pro Kind mit Materialkosten von ungefähr 1,– Euro rechnen (wobei Sie 0,65 Euro sparen können, wenn Sie statt weißer Baumwolle ein Blatt Zeichenblockpapier nehmen).

Material für die Zusatzaufgaben: Fertige Flechtblätter (100 Blatt, 10 x 10 cm) kosten bei Labbé 3,30 Euro, Flechtstreifen (100 Stück, 2 x 43 cm) kosten 10,80 Euro und Flechtnadeln (10 Stück) 2,80 Euro.

Zusätzliche Aufgaben für schnell arbeitende Schüler:

Ausdifferenzieren der Bildaufgabe:

Die Fertigstellung der zuvor beschriebenen Bildaufgabe beinhaltet zahlreiche Möglichkeiten zur qualitativen und quantitativen Differenzierung der Lerngruppe. Nutzen Sie sie und ermutigen Sie die Kinder, bei der weiteren Ausgestaltung des Bildes
- mit den Verwendungsmöglichkeiten unterschiedlicher textiler Materialien zu experimentieren,
- bekannte und neue textile Techniken zu erproben,
- textile Materialien zu bearbeiten oder zu verändern und
- eigene bildnerische Lösungen für freigewählte Zusatzelemente (z. B. Insekten) zu suchen.

Rund ums Schneckenthema:

Das Schneckenthema lässt sich in den verschiedensten künstlerischen und textilen Techniken aufgreifen:

- Eine Schnecke kann mit einem schwarzen Filzstift sehr interessant grafisch gestaltet werden. Die Kinder erproben dabei die bildnerischen Mittel der Musterung.
- Mit dem Deckfarbenkasten lässt sich ein tolles Schneckenhaus malen oder mit den Fingern tupfen.
- Jüngere Kinder können aus Seidenpapier kleine Kügelchen knüllen und diese zu einer großen gemeinsamen Klassenschnecke zusammensetzen (Mosaikeffekt). Diese Aufgabe bringt die kleinen Fingerchen in Schwung und bereitet sie auf das Schreiben vor.
- Eine Stickarbeit auf geprickeltem Papier ähnlich der Vorschläge in Projekt Nr. 7 („Sticken") könnte stickfreudige Kinder reizen.
- Aus Karton, Moosgummi oder anderen Materialien lassen sich einfachste Druckstempel für einen Stoffdruck oder Papierdruck herstellen. Da das Schneckenmotiv von seinen Umrisslinien sehr einfach zu gestalten ist, bietet es sich für fast alle Druckverfahren an. Wie viele Drucktechniken Ihnen dazu zur Verfügung stehen, entnehmen Sie dem Projekt Nr. 8 („Drucken").
- Auch als Batikarbeit wirkt eine Schnecke reizvoll: Mit einer Kerze tropft man Wachs auf Papier oder Stoff (trauen Sie Ihren Kinder das Arbeiten mit einer brennenden Kerze ruhig zu, wer sich nicht verantwortungsbewusst verhält, hat die Aufgabe auch nicht verdient). Normalerweise wird Batikstoff anschließend in ein Farbbad getaucht. Innerhalb einer Zusatzaufgabe würde ich den Stoff oder das Papier nur mit Deckfarbe bepinseln. Wenn alles trocken ist, wird das Wachs abgekratzt und ausgebügelt. Reizvoll sind wiederholte Tropf-Färb-Durchgänge.

Rund ums Flechten:

Flechten ist eine (eigentlich) einfache, aber sehr vielseitige textile Werktechnik. Wenn man die Bandbreite der historisch und kulturell genutzten Möglichkeiten betrachtet, erhält man einen unerschöpflichen Vorrat an Zusatzaufgaben und Vertiefungs- bzw. Anschlussthemen:

- kleine *Gebrauchs- und Dekorationsgegenstände* flechten: Lesezeichen, Schlüsselanhänger, Freundschaftsbänder, Gürtel, Libelle, Seilspiele

Freundschaftsbändchen   Kette

- *Flechten mit verschiedenen Materialien erproben:* Stoffstreifen, Bast, Geschenkband, Krepppapierstreifen, Stroh, Gräsern, Blumen, Draht, Pfeifenputzern, Springseilchen, Rohwolle (angedreht), Holzspänen, Furnierstreifen, Ramilon, Haaren (natürlich!), Kniestrümpfen, Maisstrohstreifen, Strohhalmen etc.

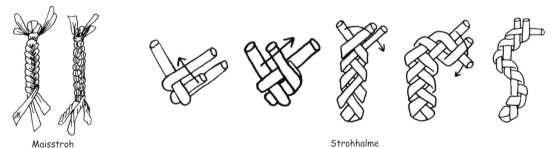

Maisstroh   Strohhalme

- *Kranzflechten:* Blumen mit langen Stielen zu einem Kranz flechten, wobei immer mehr Blumen hinzugenommen werden (Das kann eine tolle Forscheraufgabe sein!)
- *Flechtfrisuren* erproben (Barbiepuppen oder Klassenkameradinnen)
- *Flechten mit mehreren Strängen* (möglicher Forscherauftrag)

- Herstellen einer *Flechtpuppe* (siehe Schülerarbeitsblatt) als Beispiel für die Herstellung eines Körpers durch einfaches Abbinden und Flechten von Fäden, wobei die Proportionen des menschlichen Körpers wahrgenommen, gestaltet und eine Flechtanweisung umgesetzt werden müssen
- Herstellen von *Flechttieren (Krake)* oder *Fantasiewesen* (analog zur Flechtpuppe)
- *Strohfiguren und -objekte flechten* (Flechtstränge werden zu Tieren, Tellern, Platten, Körben geklebt, geknotet oder genäht)
- *Flechthülle am Beispiel „Herztasche"* erproben (sehr geeignet zur Förderung (hoch-)begabter Schüler, Anleitung siehe Internet-Tipps)
- *Flechtkörper „Würfel"* erproben (sehr geeignet zur Förderung (hoch-)begabter Schüler, siehe Internet-Tipps)
- *Flechtbüchlein:* In eine Isoliermatte (aus dem Baumarkt) werden ähnlich dem Stopfweben Garne, Bänder, Papierstreifen o. Ä. geflochten.
- *Flechtflächen:* Bunte Matten, Untersetzer, Hefteinbände können durch Flächenflechten entstehen.
- *Flechtbilder:* Ähnlich dem Papierweben (siehe Projekt Nr. 10 „Weben") entstehen kleine Flechtmatten, die die Kinder hinter Malereien kleben können.

Herztasche

Flechtbüchlein

Flechtbild

- *Flechtkorb:* Aus Bast, Sisal, Kordel o. Ä. können die Kinder mehrere Flechtbänder herstellen und zu einem Korb oder zu einer Matte zusammennähen.
  Vorbereitete Flechtkörbe gibt es bei Labbé. Diese können die Kinder ohne große Probleme zu Weihnachts- oder Osterflechtkörbchen gestalten. 25 Flechtkörbe (14 x 10 cm Grundfläche) kosten 12,– Euro.
- *Klöppeln:* Eine spezielle Art des Flechtens ist das Klöppeln. Einen einfachen Viererzopf kann man mit dem sogenannten „Flechtschlag" klöppeln.
- *Zauberbänder oder Lederarmbänder:* Sie sind etwas komplizierter, aber machbar: Streifen wie auf dem Bild zuschneiden, das untere Ende zwischen Streifen 2 und 3 durchziehen, Streifen 1 über Streifen 2 legen, danach Streifen 3 über Streifen 1, dann Streifen 2 über Streifen 3, schließlich das untere Ende wieder durch den rechten Schlitz ziehen und so weiter.

Flechtkorb

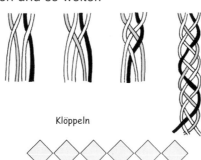
Klöppeln

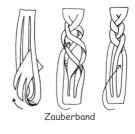
Zauberband

Anschlussthemen:

Flechtarbeiten: Nicht nur als Zusatzaufgaben, sondern auch als reizvolle Anschlussthemen bieten sich die Gestaltungsmöglichkeiten von Flechtarbeiten an (siehe Zusatzaufgaben).

Weben: Flechten und Stopfweben sind die kulturhistorischen Vorläufer des Webens. Flechttechniken mit mehr als drei Fadensträngen sind mit der Webtechnik nah verwandt. Alles übers Weben und viele kleine Webideen finden Sie im Projekt Nr. 10 („Weben").

Textile Flächenbildung: Flechten und Weben gehören zu den textilen Flächenbildungstechniken mit einem Fadensystem. Andere Flächenbildungstechniken stellen Verfahren mit einem fortlaufenden Faden dar: Häkeln, Stricken etc. (siehe Projekte Nr. 6 und 13).

Rund um den Faden: Mit Fäden lassen sich außer Flechtarbeiten auch noch viele andere Dinge gestalten:
- Fadenkunst: Möglichkeiten der Umformung und Umgestaltung des Fadens gestalterisch nutzen: Auftrieseln des Fadens, Verknoten von Fäden als Befestigung, Verzierung oder Verlängerung, Umwickeln von und mit Fäden, Zusammendrehen von Fäden, Legen und Kleben von linearen Figuren etc. (siehe dazu Sachinformationen zu den Projekten Nr. 2, 3, 4)
- „Von der Faser zum Faden" – Spinnen, Zwirnen, Kordeldrehen (siehe Projekte Nr. 2, 3)
- Rohstofflehre: „Vom Schaf zur Schurwolle" (und zum Wollpullover), „Vom Baumwollstrauch zur Baumwolle" (und zum T-Shirt), „Von der Seidenraupe zum Seidenfaden" (und zum Seidentuch), „Vom Flachs zum Leinen" (und zum Geschirrtuch), „Von der Chemiefabrik zum Chemiefaden" (und zum Teppich)
- Gestalten des Gedichtes „Der Faden" von Josef Guggenmos (siehe Projekt Nr. 3)

Sachinformation „Flechten"

1. Fachliche Einordnung

Flechten ist eine vielseitige Technik, die sich nicht nur einem textilen Gebiet zuordnen lässt. Durch Flechten bildet man in erster Linie textile Flächen, aber auch in der Fadenherstellung und -verstärkung, der Stoffverzierung und der Stoffverarbeitung wird die Technik aufgegriffen.

Textile Flächen wie Stoffe können auf verschiedene Weise entstehen: Weben, Filzen, Wirken (z. B. Stricken) oder eben durch Flechten. Ähnlich dem Weben entsteht beim Flechten aus der Verkreuzung mehrerer Fäden eine Fläche.

Mittels der Flechttechnik lassen sich flächige, aber auch lineare und plastische textile Objekte herstellen: Bänder, Gürtel, Puppen, Körbe usw. Man unterscheidet hand- und maschinengearbeitete Waren. Industriell gefertigte Flechtwaren kennen wir oft in Form von Spitzen, Bändern, Borten, Untersetzern und Körben.

Innerhalb der Textilgestaltung in der Grundschule ist es sinnvoll, das Flechten erst einmal auf die Arbeit mit drei Fadensträngen zu begrenzen. Aber auch Techniken mit mehreren Flechtsträngen reizen flechtbegeisterte Kinder zur Herstellung von Freundschaftsbändern und zum Spiel mit den Farben und dem Fadenmaterial. Neben der Flächengestaltung lassen sich Flechtarbeiten in der Grundschule zur Ausgestaltung von textilen Flächen einsetzen: Bänder können Flächen mustern und gliedern, wenn sie auf diese aufgebracht werden (z. B. durch Annähen).

Unterstützung des Schreiblernprozesses: Da der Flechtvorgang sehr einfach und übersichtlich ist, bietet sich diese Technik schon in den untersten Grundschulklassen an. Die nötige feinmotorische Geschicklichkeit erwerben die Kinder schnell. (Den oft verkrampften kleinen „Schreibhändchen" tut diese Arbeit übrigens sehr gut, da sie die Beweglichkeit der Finger fördert.)

Bildnerische Mittel, die im Zusammenhang mit Flechtbändern zur Flächengestaltung eingesetzt werden (wie im Falle des Schneckenmotivs und der Kornfeld-Hintergrundgestaltung) sind sehr vielfältig. Flechtbänder auf Flächen aufzubringen ist wie „Zeichnen und Malen mit einem Faden", man nutzt unweigerlich folgende bildnerische Mittel, die Sie vielleicht aus dem Bereich der Kunst kennen:
- Bildelemente (des Flächenhaften / Formelemente der Grafik):
  - Punkt (in Form aufgewickelter Flechtbänder)

- Linie (in unterschiedlichen Qualitäten und Grundformelemente Kreis, Oval, Dreieck, Viereck; Linien können gewellt, gezackt, dick, dünn, lang, kurz ... sein)
• Kontraste: Mit mehreren Flechtbändern lassen sich folgende Kontraste bilden:
  - Farbkontraste, Formkontraste, Größenkontraste, Mengenkontraste, Richtungskontraste
• Ordnungsprinzipien:
  - Kontur, Struktur, Textur, Reihung, Streuung, Ballung, Verdichtung, Auflockerung, Überschneidung, Symmetrie / Asymmetrie, Parallelität, Verzweigung, Rhythmus ...

Stichwort „Schlüsselqualifikation": Auch in einer textilen Technik, die auf den ersten Blick sehr simpel erscheint, stecken zahlreiche Möglichkeiten Schlüsselqualifikationen mit einem kognitiven Hintergrund zu fördern. Haben die Kinder die Grundtechnik des Flechtens mit drei Strängen erlernt, stellen alle Flechtvariationen (siehe „Zusatzaufgaben", „Anschlussaufgaben", „Technik") eine große geistige Herausforderung dar, sofern man die Kinder die technischen Lösungen selbst herausfinden lässt. Unterrichtsfragen und Forscheraufgaben könnten z. B. lauten: „Wie kann man mit vier Strängen flechten?", „Kann ich mit der Flechttechnik eine Fläche (z. B. eine Decke oder einen Korb) herstellen?", „Wie könnte diese Flechtmatte entstanden sein? Löse sie vorsichtig auf und versuche, das Werkverfahren nachzuarbeiten."
Weitere Anregungen für Flechtforscher finden Sie auf dem Schülerarbeitsblatt.

2. Kulturhistorische Einblicke

Flechten ist eine der ältesten textilen Techniken. Das Ineinanderflechten von Zweigen und Ästen zu einem festen, gewebeähnlichen Verband wurde schon in der Steinzeit ausgeübt. Daraus entwickelte sich die Korbflechterei. Aus dem Flechten selbst entwickelte sich schließlich die Webtechnik. Allerdings war es vom Flechten eines Korbes bis zum Verweben eines flexiblen, langen Materials ein großer Schritt. Für diesen musste man zuerst einmal lernen, Naturmaterialien so aufzuarbeiten, dass sie zu endlosen Fäden gesponnen werden konnten. Erst dann konnten textile Flächen und Produkte geflochten und schließlich gewebt werden. Bei dieser Technik sind besonders die kulturellen Unterschiede und Erscheinungsformen interessant. Als Westeuropäerin, die mit den Produkten der Industrieländer aufgewachsen ist, staune ich oft, wie vielseitig die Flechttechnik in anderen Ländern genutzt wird und wie wichtig sie dort für das tägliche Leben ist.

Wer Interesse an der kulturhistorischen Bandbreite von geknoteten, geknüpften, verschlungenen und geflochtenen Objekten hat, dem sei das Buch „Textile Strukturen" von Peter Colligwood mit tollen DIN-A4-Fotos wärmstens ans Herz gelegt. Hier finden Sie z. B.
• eine afghanische Tasche, bei der vier Schnüre gebündelt und über eine fixierte Anfangsschnur gespannt wurde, mit den acht Fadenenden wurde eine Vierkant-Flechte erzeugt,
• eine Schleuder aus Tibet, bei der die Haltetasche aus drei zusammengenähten Achtstrangflechten und die Handgelenkschlaufe aus einer gemusterten Achtstrangflechte mit Einlage besteht,
• eine Schleuder aus dem Jemen, bei der das Mittelstück eine Fünfstrangflechte ist, für das fünf Doppelstränge kettfadenähnlich vorbereitet werden, damit um diese der Eintrag gewickelt werden kann.

   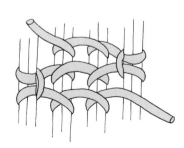

Vierkant-Flechte   Zusammengenähte Flechten   Achtstrangflechte mit Einlage   Doppelstränge mit gewickeltem Eintrag

- eine Matte zur Olivenölpressung aus Spanien, bei der die Flechte gleichzeitig hergestellt und mit der vorhergehenden Tour verflochten wurde,
- einen Schwimmer für Fischnetze aus Norwegen, bei dem diagonal geflochten wurde und ein Sechsfachzwirn und eine Einlage mit eingeschlossen wurden,
- einen Korb aus Zypern mit einem Diagonalgeflecht in 2/2-Köperbindung,
- Körbe aus Japan und Indien in Form eines Dreirichtungsgeflechtes.

 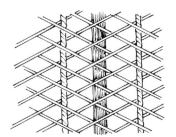  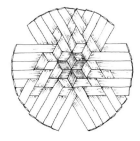

Aber man entdeckt in diesem Band auch noch andere kulturhistorische Flechtschätze wie Beutel, Stirnbänder, Ringe, Socken, Haarschmuckstücke, Geldkatzen, Gürtel, Küchengeräte wie Reissiebe, Topfhalter und Topfreiniger, Kamelgeschirr, Pferdehalter, Sattelgurte, Bälle, Teppiche, Hüte, Schuhe, Bierfilter, Schärpen, Dolchgurte, Fliegenwedel, Zeltbehänge, Fächer, Untersetzer usw. Sie sehen, wie groß die Bandbreite ist, aus weichem, linearem Material Gebrauchsgegenstände zu knoten, zu flechten oder auf andere Weise zu verbinden.

Das große Spektrum der Flechtmöglichkeiten ist erschlagend. Ich war bei der Durchsicht des Buches fasziniert davon, was man mit dieser variationsreichen Technik alles herstellen kann und wie nützlich sie in anderen Kulturen ist, die nicht auf unsere industriellen Möglichkeiten zurückgreifen können.

Eine ganz ungewöhnliche und kulturhistorisch aktuelle Bedeutung hatte das Flechtband im Frühjahr 2000 in Brandenburg. Dort wurden 5 000 Meter Wollzöpfe von Kindern der Kindertagesstätte „Bambi" in Frankfurt an der Oder und der Kindereinrichtung „Fliegenpilze" im polnischen Slubice geflochten. Die Flechtstränge wurden über den Grenzübergang „Stadtbrücke" geführt und auf der Brückenmitte zusammengeflochten. Gegen den fremdenfeindlichen Trend stand der Bänderschluss für Verbundenheit und ein ineinandergreifendes Miteinander. Das Band wurde zu einem großen Wandteppich verarbeitet und hängt im Frankfurter Rathaus. Flechtbänder stehen in vielen Kulturen für Freundschaft und Hoffnung. Diese Symbolik kommt auch bei den so beliebten Freundschaftsbändern zum Ausdruck.

Typische textile Flechtwaren, die wir regelmäßig in unserem Alltag verwenden, erkennen wir oft nicht als solche: Es sind z. B. die „Echten Spitzen" (Spitzen, Bänder und Borten), die mit der Hand hergestellt werden und die „Maschinenspitzen", die vergleichsweise günstig zu erwerben sind. Lassen Sie die Kinder zu Hause nach Spitzenwaren „fahnden". Die Kinder werden staunen, was alles zusammenkommt (auch wenn Mutter ihre Spitzenunterwäsche vor den Flechtforschern versteckt!).

3. Das Material

Flechten ist unter anderem deshalb so reizvoll, weil man außer dem zum Flechten benötigten Material eigentlich nichts anderes braucht. Geflochten werden kann mit allem, was formbar und länglich ist:
- Woll- und Garnreste, Bast, Stoffstreifen, Geschenkband, Krepppapierstreifen, Stroh, Gräser, Blumen, Draht, Pfeifenputzer, Springseilchen, Rohwolle (angedreht), Holzspan, Furnierstreifen, Ramilon, Haare (natürlich!), Kniestrümpfe

4. Die Technik

Textile Flächen und Stoffe lassen sich grundsätzlich in zwei Gruppen einteilen:

1. in Flächen, die mit einem fortlaufenden Faden gebildet werden (wie z. B. Maschenstoffe, die gehäkelt, gewirkt oder gestrickt werden), und
2. in Flächen, die mit einem Fadensystem von mindestens zwei Fäden gebildet werden (wie Flechtwaren oder Gewebe).

Flechten zählt zur Stoffbildungstechnik mittels eines Fadensystems. Innerhalb der Flechttechnik lässt sich wiederum das *„Halbflechten"* vom *„Echten Flechten"* unterscheiden. Die Unterscheidung trifft man nach dem Verhältnis der Fadensysteme untereinander, d. h. nach der Arbeitsweise und der Bindungsform. So arbeitet man beim „Halbflechten" mit einem passiven und einem aktiven Fadensystem und beim „Echten Flechten" mit zwei aktiven Fadensystemen:

Halbflechten: Passive Fadensysteme werden von aktiven umwickelt, durchstochen, verbunden etc. Das heißt, mit der aktiven Fäden oder Fadensysteme fixiert man den anderen Faden oder die andere Fadengruppe, die während der Arbeitsvorgänge passiv bleibt:

- Beim Durchstechen des einen Systems werden parallel nebeneinanderliegende, dicke Fadensysteme von Fäden des aktiven Fadensystems an einander entsprechen den Stellen durchstochen.
- Beim Wickeln fixiert man parallel gelegte, passive Fäden mithilfe von rechtwinklig oder schräg dazu verlaufenden aktiven Fäden durch ein- oder mehrmaliges Umwickeln. Variationen ergeben sich durch Überspringen, Zusammenfassen und Kombinieren von Verschlingungs- und Knotentechniken.

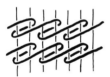 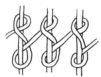

- Beim Binden legt man zwei oder mehr passive Fadensysteme übereinander. Nun fixiert man die Kreuzungsstellen mit einem fortlaufenden aktiven Faden oder Fadensystem. Varianten ergeben sich durch umwickelndes Binden, umschlingendes Binden, verknotendes Binden, Zwirnbinden, Flechtbinden etc.

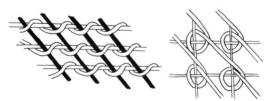 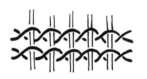 

- Beim Wulsthalbflechten fixiert (umfasst oder durchsticht) man die dicken oder aus einem Fadenbündel bestehenden Einheiten des passiven Systems mithilfe aktiver Fäden. Bei den Variationen der Technik ergeben sich fließende Übergänge, z. B. zu den Maschenstoffen mit Einlagen.

 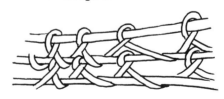

Echtes Flechten: Beim Verfahren mit zwei aktiven Fadensystemen werden Stoffe durch Verkreuzung der Elemente gebildet.

Flechten in zwei Richtungen:

- Beim Flechten in zwei Richtungen ist der Übergang zum Weben wiederum fließend. Diese Flechtstoffe entstehen durch Verkreuzen der Elemente von zwei Fadensystemen. Die Bindungsformen der Zweirichtungsgeflechte werden ferner analog derjenigen von Geweben bezeichnet. Variationen entstehen durch randparalleles Flechten, Diagonalflechten, Zopf-, Kordel-, oder Schlauchflechten, Zwirnflechten, Zwirnspalten ...

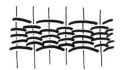 

- Dreidimensionale Flechtformen: Man unterscheidet Schlauchgeflechte von kompakten Geflechten.

- Zwirnflechten: Hier werden die Elemente in einer Zwirnbindung fixiert. Von der Flechtrichtung ausgehend gehört das Verfahren in die Nähe des Diagonalflechtens. Man unterscheidet aktiv-passives vom aktiv-aktiven Zwirnflechten.

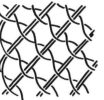 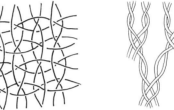

- Zwirnspalten: Gezwirnte, passive Elemente werden gespalten.

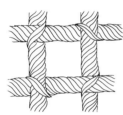 

Flechten in drei Richtungen:
Statt zwei braucht man hier mindestens drei Fadensysteme. Man unterscheidet auch hier verschiedene Bindungsarten. Flechten in drei und mehr Richtungen ist eine hochspezialisierte Endform des Flechtens.

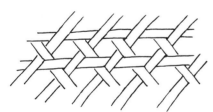 

Kombinationen von Zwei- und Mehrrichtungsgeflechten:
- Klöppeleiartige Verfahren: Eine spezielle Art des Flechtens ist das Klöppeln. Die auf Klöppeln aufgespulten Fäden werden nach einem bestimmten Muster (dem Klöppelbrief) gekreuzt. Klöppelartige Verfahren sind Kombinationen von Zwei- und Mehrrichtungsflechten, bei denen auch Elemente aus anderen Verfahren wie der Maschenstofftechnik hinzukommen können.

- Makramee: Auch die Makrameetechnik mit ihren variationsreichen Verknüpfungen mehrerer Fäden kann als Verwandte der Flechttechnik betrachtet werden. Makramee ist ein dem klöppeleiartigen Verfahren ähnliches Verfahren, unterscheidet sich aber durch zusätzliches Verschlingen und Verknoten.

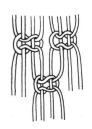

5. Flechten in der Grundschule

Für die Grundschularbeit bietet sich folgende Vereinfachung an:

- *Eingrenzung:* Flechten mit drei Fäden: Innerhalb der Textilgestaltung in der Grundschule ist es meiner Meinung nach sinnvoll, den Begriff „Flechten" erst einmal wie folgt einzugrenzen: Unter Flechten versteht man das Verkreuzen von mindestens drei Fäden in diagonaler Richtung. Das verwendete Material wird wechselseitig über- und unterführt. Das Material wendet am Rand der Flechtarbeit.

- *Technik:* Drei gleich lange Bänder werden miteinander verknüpft. Es wird abwechselnd einmal von der rechten und einmal von der linken Seite geflochten.

  Man legt also den äußerst rechten Faden nach links zwischen die beiden anderen, dann das äußerste linke Band nach rechts zwischen die beiden anderen etc. Die einzelnen Elemente müssen immer gut zusammengezogen werden, damit die Flechtarbeit nicht zu locker wird.

- *Didaktisch-methodische Möglichkeiten:*
  - *Vormachen:* Die häufigste (aber nicht unbedingt die beste) Lehrmethode ist das Vormachen der Technik. Mit drei dicken Seilen in verschiedenen Farben (bunte Springseile) kann das Flechten gut sichtbar demonstriert werden.

  Flechten

  - *Schaubild:* Zur Unterstützung der Demonstration können farbige Ablaufzeichnungen an die Tafel gemalt werden.
  - *Analyse:* Alternativ können sich die Kinder das Prinzip des Flechtens über das Auflösen von dreisträngigen Flechten erschließen. Diese Untersuchung im Sinne des entdeckenden Lernens würde sich zu Beginn der Einführung des Flechtens anbieten. Im Anschluss daran kann jeder einmal mit drei dicken Fäden herumprobieren und versuchen, die Technik zu erforschen. Wenn das Fadenmaterial dabei angefeuchtet wird, geht die Arbeit sogar noch etwas leichter von der Hand. (Wer mag, kann auf diese Weise die feuchten Fäden an den Tisch „kleben" und diese in Ruhe betrachten.)
  - *Turnen*: Besonders anschaulich wird die Technik für Kinder, wenn sie die Technik unter Einsatz des ganzen Körpers erturnen. Die Kinder werden in Viereergruppen eingeteilt. Jede Gruppe erhält drei Springseile zum Flechten. Noch besser und unkomplizierter geht es mit farbigen Kreppbändern (dazu drei verschiedenfarbige Krepppapierrollen in ca. 5 cm breite Stücke schneiden). Die Anfänge der Seile oder Flechtbänder werden miteinander verknotet. Ein Kind hält den Knoten fest. Die anderen drei ergreifen ein Band- bzw. Seilende. Nun gilt es, durch Laufbewegungen, Springen und Krabbeln einen Zopf zu flechten.

  Macht irre Spaß und alle haben etwas zu lachen.

- *Differenzierung für Fortgeschrittene:*
  - *Flechten mit vier und mehr Fäden:* Vier gleich lange Bänder werden miteinander verknüpft. Es wird immer nur von einer Seite geflochten. Man nimmt den äußerst rechten Faden, legt ihn nach links unter den ersten, über den zweiten und unter den dritten. Eine Reihe ist fertig. Den Faden, den man von rechts nach links mit den anderen verflochten hat, legt man wieder so hin, dass er wie die anderen nach unten schaut. Jetzt nimmt man wieder den äußersten rechten Faden und flicht ihn wie zuvor unter, über und unter die anderen durch (siehe Schülerarbeitsblatt).
  - *Mattenflechten aus steifen Materialien:* Geflochtene Untersetzer, die wasserresistent und hitzebeständig sein sollen, kann man aus Rauten-Flechtspan herstellen. Das Ergebnis ähnelt einer Webarbeit. Geflochten wird von der Mitte nach außen:

Die waagerechten Streifen werden kreuzweise mit den senkrechten verbunden, sodass jeweils ein Schussstreifen rechtwinklig über oder unter einen Kettstreifen gelegt wird. Die Musterbildung ist abhängig von der Wahl der Farben und ihrer Zusammenstellung (siehe Arbeitsblatt).

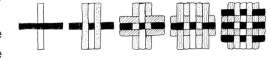

- *Flechtobjekte:* Kleine Puppen, Tiere, Körbe sind einfache dreidimensionale Flechtarbeiten für Grundschulkinder (siehe Schülerarbeitsblätter).
- 2004 war die Flechttechnik *Scoubidou* ein wahrer Renner auf den Schulhöfen. Die Kinder haben sicherlich Interesse daran, diese Technik fortzuführen und weiterzuentwickeln.

Fundgrube:

Bücher

- Heidi Grund-Thorpe, Natascha Sanwald: „Freundschaftsbänder", Cormoran Verlag, 2000
- Marina Schories: „Freundschaftsbänder. Neue Knüpf-Ideen. Schritt-für-Schritt-Anleitungen", Augustus Verlag, 1998
- „Freundschaftsbänder. Flechten, Weben, Knüpfen", Falken Verlag, 1997
- Sigrid Hennke: „Echt coole Freundschaftsbänder. Schritt-für-Schritt-Anleitungen", Augustus Verlag, 1996
- Elisabeth Jensen: „Korbflechten. Das Handbuch. Körbe aus 147 verschiedenen Pflanzen", Paul Haupt Verlag, 1994
- Elisabeth Thaler: „Mit Bändern flechten", Falken Verlag, 1997
- Rodrick Owen: „Geflochtene Kordeln und Tressen. Ein Anleitungsbuch mit über 250 Mustern", Paul Haupt Verlag, 1996
- Rudolf Stanonik: „Korbflechten. Ein kleiner Unterrichtsbehelf für Schule und Haus", Stocker Verlag, 1984
- Marianne Kempe: „Flecht-Technik. Dekoratives mit Bändern", Englisch Verlag, 1996
- Irmgard Dose: „Weihnachtssterne. Fröbelsterne und Co. schneiden, falten, flechten", Knaur, 2003
- Rowena Strittmatter: „Wickeln, Flechten und mehr. Zauberhafte Ideen mit Bändern und Kordeln", frechverlag, 1997

Internet

- *www.zzzebra.de* (Anleitung für Kinder für ein geflochtenes Osterkörbchen)
- *www.textilwerk.ch* (Unterrichtsideen aus der Schweiz)
- *www.basteln-mit-elisabeth.de* (Homepage, auf der Sie für Ihre „hochbegabten" Kinder zwei anspruchsvolle, aber machbare Flechtaufgaben finden können: ein Herztäschchen und einen Würfel)
- *www.flechtwerk-dieter-deringer.de* (Flechten heute: Diese Seite gibt einen Einblick in die Flechtwerkstatt eines Kunsthandwerkers und seine Flechtprodukte, im Werkstatt-Infoteil erfährt man, warum Weiden das beste Flechtmaterial für Gebrauchsgegenstände sind und wie sie zu Körben verarbeitet werden.)
- *www.fancyworks.de* (Angebot von Flechtprodukten)

Flechten, Flechten, Flechten
Ein Angebot für Superflechter!

1. Wickle einen Strang mit mindestens 24 Fäden. Bei dünnen Fäden nimmst du noch mehr Fäden. Die Anzahl der Fäden sollte durch 6 teilbar sein (24, 30, 36, 42, 48, 54 … Fäden).
   Tipp: Wickle die Fäden um deinen angewinkelten Oberarm und deine Hand. Du kannst die Fäden auch um ein großes Buch wickeln.
   Binde den Strang oben ab und schneide ihn unten auf.

2. Der Kopf wird mit einem Extrafaden abgebunden.

3. Für die Puppenarme wickelst du einen zweiten Strang mit 9 Fäden. Es können auch mehr Fäden sein. Die Anzahl sollte durch 3 teilbar sein. Zum Wickeln kannst du z. B. ein kleines Buch nehmen.
   Der Strang wird in der Mitte abgebunden.
   Die Enden schneidest du auf.

4. Flechte einen kleinen Zopf. Fertig sind die Arme.

5. Schiebe die Arme durch die Fäden unter dem Kopf.

6. Flechte den Leib.
   Binde den Leib ab.
   Teile die Fäden und flechte die Beine.
   Binde Füße und Hände ab.

7. Wenn du magst, kannst du deine Puppe noch ausgestalten: mit Haaren, Augen, Mund, Kleidung, Schmuck …

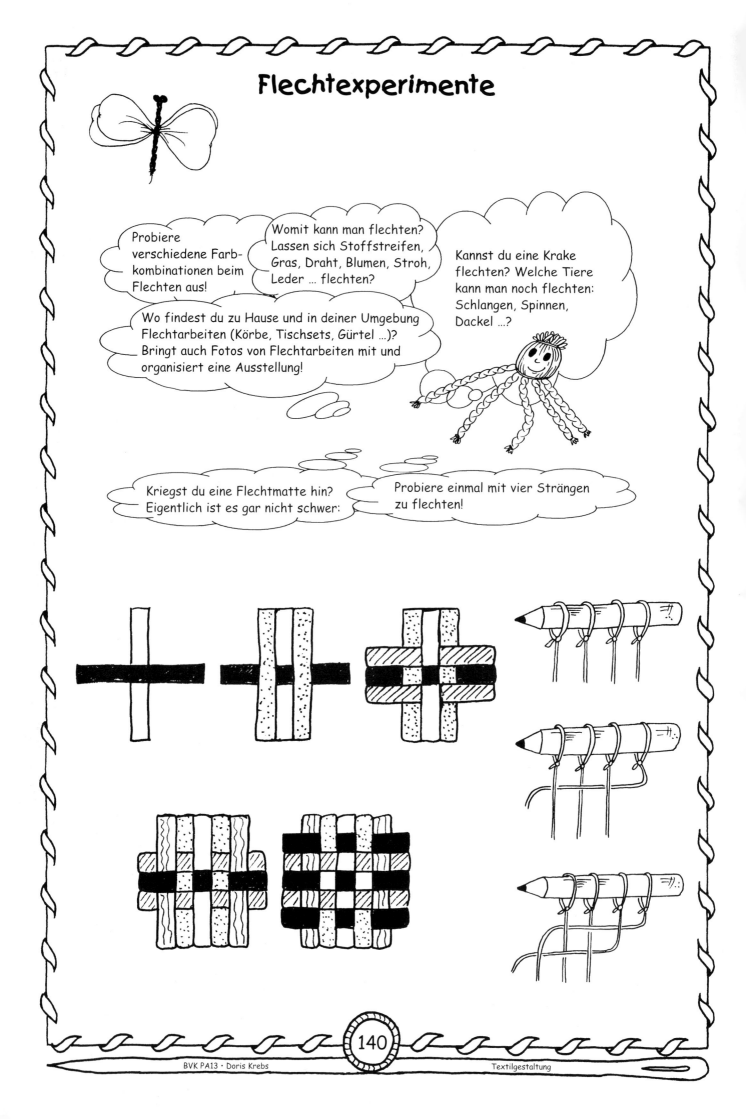

„Sonnenblume"

Schwerpunktthema: Häkeln

Passend zu den Sach-Deutsch-Projektthemen: Sommer – Herbst – Blumen – Sonnenblumen – Garten – Hecke

Zeit: 6–8 Unterrichtsstunden

Material: braune und grüne Wolle, gelber und grüner Tonkarton (oder Filz), Stöcke, Deckfarben, Zeichenblock oder weißer Stoff DIN A3, Schere, Flüssigkleber

Lernziele:

Sonnenblume:

Blüte:
- Häkeln als ein Werkverfahren zur Herstellung von (textilen) Bändern und Flächen kennenlernen
- Technische Lösung für die Anfangsschlinge finden
- Luftmaschenkette als Fingerhäkelei anfertigen
- Fachbegriffe (wie Anfangsschlinge, Luftmasche, Häkelnadel, Garn etc.) zur leichteren Verständigung nutzen
- Bildnerische Möglichkeiten durch Verwendung verschiedener Brauntöne erfahren und nutzen
- Ausdauerndes und sorgfältiges Arbeiten und Beenden der Luftmaschenketten üben
- Luftmaschenketten zu einer geschlossenen Kreisfläche legen und aufkleben
- Handgeschicklichkeit fördern und Tastsinn sensibilisieren

Stiel und Blätter:
- Gestaltungsmöglichkeiten von Naturmaterialien entdecken und nutzen
- Sauberes Umwickeln eines Stabes üben
- Formgerechtes Zuschneiden von Sonnenblumenblättern erproben

Hintergrund (frei gestalten oder wie abgebildet):
- Stoffmalerei oder Deckfarbenmalerei in Aquarelltechnik (Nass-in-Nass-Maltechnik) erproben
- Zaun mittels Stoffcollage gestalten
- Ausdifferenzierung des Motivs und des Hintergrundes: Entdecken und Ausschöpfen der gestalterischen Möglichkeiten mit textilem Material und textilen Techniken (Applizieren, Sticken, Nähen, Malen, Knoten, Perlen auffädeln, Naturmaterialien integrieren etc.)

Weitere mögliche Lernziele:

- Sich mit den handwerklich-technischen und ästhetischen Aspekten des Häkelns auseinandersetzen
- Die bildnerischen Möglichkeiten entdecken, die bezüglich der Wahl der Farben, der Materialien (Rohstoffe) und letztendlich der ausgeführten Häkeltechnik gegeben sind
- Farb- und Musterungsmöglichkeiten erproben
- Die Einsicht gewinnen, dass Maschenwaren wie Häkelarbeiten gut zur Bildung von textilen Hüllen geeignet sind
- Eine textile Hülle zu einem plastischen Objekt ausformen und damit die Bildelemente der Plastik zur Formgebung nutzen (siehe Häkelpüppchen auf dem Schülerarbeitsblatt)
- Verschiedene Textilien mit Maschenbindung sammeln, ordnen, beschreiben und vergleichen

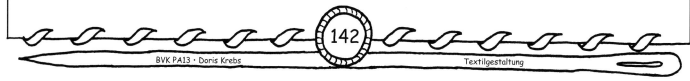

- Gehäkeltes von anderen Maschenwaren unterscheiden
- Maschenwaren von Geweben, Flechtwaren und Filzen abgrenzen
- Die Auswirkungen der Flächenbildungsart auf die Materialeigenschaften erforschen
- Einblicke in kulturelle und historische Bezüge des Häkelns gewinnen
- Kreative Denkprozesse bei der Planung der Gestaltungsaufgabe anregen, Arbeitsprozesse planen und Arbeitsabläufe erkennen

Einstieg:
Die Sonnenblume (von Georg Britting)

„Über den Gartenzaun schob sie
Ihr gelbes Löwenhaupt,
Zwischen den Bohnen erhob sie
Sich, gelb und gold überstaubt.

Die Sonne kreist im Blauen
Nicht größer, als ihr gelbes Rad
Zwischen den grünen Stauden,
Den Bohnen und jungem Salat."

aus:
Sämtliche Werke
Georg Brittings, Band 2,
List Verlag, München

Herrlich, wenn ein Spaziergang zu einem nahen Sonnenblumenfeld möglich ist. Der Anblick ist faszinierend. Oft kann man auch auf dem Schulweg die ein oder andere Sonnenblume über den Gartenzaum wachsen sehen. Hier sind die Kinder als Blumendetektive mit offenen Augen gefragt. Natürlich bieten sich für die „Sachkundler" unter Ihnen viele biologische Einstiegsthemen an, wie z. B. der Aufbau von Pflanze und Blüte, die Weiterverarbeitung der Sonnenblumenkerne zu Öl etc. Ein Exemplar könnte auch einmal längs durchgeschnitten und untersucht werden. Sicher gibt es hier interessante Einblicke.

Schließlich möchte ich Ihnen noch ein altes, sehr reizvolles Bilderbuch von Eric Carle in Erinnerung rufen: „Nur ein kleines Samenkorn", das die Reise eines kleinen Samenkornes ähnlich des Sonnenblumenkernes erzählt.

Tipp: Die fertigen Häkel-Sonnenblumen können auch anders als auf der abgebildeten Gestaltungsaufgabe in Ihrer Klasse verwendet bzw. dekoriert werden:
- Entweder stecken Sie alle fertigen Blumen in eine große Vase (z. B. einen mit Seidenpapier umwickelten Eimer) oder
- Sie stecken alle Blumen in einen mit Sand gefüllten Balkonkasten und stellen diesen auf das Klassenfensterbrett oder
- Sie gestalten aus allen fertigen Werken ein großes Sonnenblumenfeld auf der Schulwiese, ein tolles gemeinschaftliches „Happening" für ein Klassenfoto oder zu einem besonderen Anlass (Schulfest oder Einschulungsfeier).

Methodische Anleitung / Bildaufbau:

1. Häkeln:

Nach der eingehenden Betrachtung eines Sonnenblumenexemplares ordnen die Kinder zuerst einmal die mitgebrachten Wollreste. Alle Farbtöne, die sie zuvor im Inneren der Blume entdeckt haben, werden benannt und aus den Wollresten herausgesucht. Aus diesem Fundus entstehen die Häkelschnüre. Dabei kann man übrigens schöne Farbtonnamen erfinden: Erdbraun, Nutellabraun etc.

Fingerhäkeln geht nicht allen Kindern gleich gut und schnell von der Hand und will daher gut organisiert sein, damit der Lehrer an dieser Stelle nicht allzu viele Nerven lässt. Bei mir hat sich folgendes Vorgehen bewährt: Nachdem ich mit den Kindern den Gestaltungsauftrag im Sitzkreis besprochen habe, schneidet jedes Kind ein Stück Wolle für sich ab. Gemeinsam knoten wir im Kreis die Anfangsschlaufe. „Fingerballett" nennen wir das gemeinsame Ausführen jeder noch so winzigen Handbewegung bis hin zur fertigen Anfangsschlaufe.

Ein dickes Springseil für die Hand des Lehrers wäre ideal. Noch besser wäre es, wenn für alle Kinder aus der Turnhalle Springseile entliehen werden könnten. Mit diesen kann man das Grundprinzip der Anfangsschlaufe leichter üben, um es danach auf das Wollreststück zu übertragen.

Schnell sehe ich in dieser Kreis-Sitzform, wem die Aufgabe leicht fällt und ich somit als Helfer einem anderen Kind zur Knotenbildung zur Seite stellen kann. Benötigen sehr viele Kinder Hilfe, startet das „Ballett" von vorne. Die schnelleren Kinder versuchen sich derweil an den ersten Luftmaschen (evtl. OP-Abbildung im Hintergrund anbieten).

Auch das Luftmaschenhäkeln mit den Fingern demonstriere ich an einem dicken Seil. Kinder, die sich nach einem gemeinsamen Durchgang das Weiterhäkeln selbstständig zutrauen, verlassen den Kreis und arbeiten an ihrem Platz weiter. Die anderen rücken näher zusammen und können sich so meine Vorführung noch einmal etwas näher anschauen und immer wieder ihre Eigenversuche probieren, bis es klappt und so nach und nach alle den Kreis verlassen können.Je nach den Vorerfahrungen der Kinder Ihrer Klasse können Sie die Häkelschnur mit der Häkelnadel oder den Fingern herstellen lassen. Zur qualitativen Differenzierung wäre es sinnvoll, beide Methoden (mit und ohne Häkelnadel) anzubieten. Ohne Ihr Zutun als Lehrer ist es so schon möglich, viele Kinder mittels des „Über-die-Schulter-Guckens" an das Nadelhäkeln heranzuführen.

Nun geht es an die Arbeit. Für die Blüte werden viele Schnüre in den unterschiedlichsten Brauntönen gebraucht.

2. *Blüte:*

Für die Blüte der Sonnenblume schneiden die Kinder zwei Kreise aus fester, brauner Pappe aus. Für das Zeichnen der runden Form auf den Fotokarton können Sie einen Bierdeckel, Müslischalen oder die beigefügte Schablone anbieten. Auf den einen Kreis verteilen die Kinder den Flüssigkleber und legen die Häkelschnur von außen nach innen spiralförmig auf. Dicht an dicht müssen die Schnüre aneinanderliegen. Es entsteht ein effektvolles plastisches Inneres der Blume. Ermutigen Sie die Kinder unbedingt, beim Häkeln verschiedene Wollfäden zu benutzen. Das erzeugt ein interessantes braunes Farbspiel im Herzen der Blüte.

Für den zweiten braunen Kreis werden viele gelbe Blütenblätter ausgeschnitten. Auch hier kann man wieder eine Schablone anbieten. Besonders schnell lassen sich viele Blütenblätter herstellen, wenn die Kinder drei gelbe Tonpapierstücke (oder Filzstücke) übereinanderlegen, längs falten, das halbe Blütenblatt auf das obere Papier (Filz) aufzeichnen und die drei Blätter mit einem Schnitt ausschneiden. Die Blütenblätter werden dicht an dicht an den Rand des Pappkreises geklebt. Der erste, mit Wollschnüren gestaltete Kreis wird später zusammen mit dem Stiel auf diesen zweiten Kreis geklebt. Der Stiel befindet sich dann zwischen den beiden Pappscheiben. Auch die Klebespuren der Blütenblätter verschwinden zwischen den Scheiben. So sieht die Blüte später von vorne und hinten sauber gearbeitet aus (siehe Schablone Sonnenblume).

3. *Blütenstiel:*

Auf dem Weg zur Schule lassen sich immer kleine Stöcke finden. Natürlich dürfen diese nicht von den Bäumen abgeknickt werden. Der Stock wird auf die gewünschte Länge gekürzt. Ein bis drei Sonnenblumenblätter werden aus grünem Filz ausgeschnitten (siehe Schablone). Das Filzblatt wird steifer, wenn es mit Pappe hinterklebt wird. Grüne Wolle wird an ein Stockende geknotet. Der Ast wird nun dicht umwickelt. Die vorbereiteten Blätter werden an ihren Stielen mit eingewickelt. Wer mag, kann sie auch zuvor mit etwas Flüssigkleber am Stiel vorfixieren. Ist der Sonnenblumenstängel fertig umwickelt, wird das Wollende festgeklebt oder festgeknotet. Der Stock wird nun zwischen die beiden braunen Pappkreise gelegt und mitverklebt. Fertig ist die Blume!

Alternativ kann man die Blumenstiele auch aus einem Strang Wolle in verschiedenen Grüntönen häkeln.

4. *Hintergrund:*

Die fertigen Sonnenblumen können nun wie zuvor beschrieben als künstliche Blumen die Klassenfensterbank zieren oder als Motivelement auf ein Bild aufgebracht werden. Für eine Bildgestaltung müssen sich die Kinder einen entsprechenden Hintergrund ausdenken. Das sollte ein toller, „freier" Gestaltungsteil innerhalb der Einheit sein. Meine auf dem Foto dargestellte Möglichkeit der Hintergrundgestaltung ist nur eine von vielen. Haben Sie den Mut und lassen Sie die Kinder an dieser Stelle los. Die schöpferische Kraft und die gestalterische Freiheit müssen sich an einer Stelle der Bildaufgaben entfalten können. Besprechen Sie mögliche Motive, Ideen und Farbgebungen.

Für die Hintergrundgestaltung bieten sich viele Möglichkeiten an:
- textile Collagen (Landschaft, Blätter, Fenster, Gartenzaun etc.)
- Malerei auf Stoff oder Papier (Landschaft, Sonnenblumenfeld, Marktstand etc.)
- Tonpapiercollagen
- eine geformte und bemalte Blumenvase (mehrere aufgeschnittene Plastikbecher) etc.

Vor der Gestaltungsausführung müssen die Kinder lediglich das Format und die Farbgebung bewusst planen. Die Hintergrundmotive müssen von ihrer Größe zur fertigen Sonnenblume passen und die gewählte Hintergrundfarbe sollte die Sonnenblume entweder kontrastierend hervorheben oder harmonisch einbinden. Bei jüngeren Kindern würden schon zwei Tipps ausreichen, um die Gesamtwirkung des Bildes sicherzustellen: Die Hintergrundfarbe rund um die Blüte sollte nicht unbedingt gelb sein und viele kleine Bildelemente sollten eher am unteren Bildrand positioniert werden, um die Hintergrundfläche um die Blüte herum nicht zu unruhig werden zu lassen.

Tipp: Für den abgebildeten Hintergrund wurde weißer Stoff auf eine Plastiktüte gelegt, angefeuchtet und mit blauer und violetter Farbe aus dem Deckfarbkasten betupft. Mit etwas Wasser kann man die Farben stellenweise noch etwas ausschwemmen, um sie heller erscheinen zu lassen.

Für den Lattenzaun wurde brauner Filz auf verstärkende Pappe geklebt und entsprechend zugeschnitten. Die Latten wurden auf kleine Abstandhalter (Korkscheiben, Holzstücke, Papierknäuel, Pappringe etc.) geklebt und auf dem Hintergrund befestigt.

Für die weitere Ausgestaltung des Hintergrundes bieten sich Motive rund um den „Lebensraum Hecke" an: weitere kleine Blumen, Insekten, Kleintiere (Igel, Hasen), Vögel, Schmetterlinge, Kürbisse, Gräser, Korn etc.

Übrigens: Eine Sonnenblume aus textilem Material mit einem weichen Häkelstiel kann man auch toll auf eine Gebrauchstextilie nähen und verschenken. So könnte eine schöne Leinentasche als Elterngeschenk entstehen oder eine Kissenhülle oder ein individuelles T-Shirt.

Kostenplan:

1,60 Euro

Fast alle Preise richten sich nach dem Labbé-Katalog:

Weißer Baumwollstoff	2 m (1,50 m breit) Stoff reichen für 25 Kinder und kosten je nach Angebot 8–10 Euro/m. Statt den Hintergrund auf Stoff zu malen, kann man diesen auch auf einem Blatt Zeichenblockpapier anlegen.
Braune und grüne Wolle	1 Knäuel Stärke 5 kostet ca. 2–4 Euro und reicht für 8–10 Kinder (je eine Blüte).
Tonpapier (Passepartout, Blütenblätter, Blätter, Zaun etc.)	1 Bogen 50 x 70 cm kostet 0,20 Euro. Die Menge Tonpapier richtet sich nach der Anzahl und der Größe der Bildelemente, die Sie gestalten möchten.
alternativ: Filz (für Blütenblätter, Blätter, Zaun etc.)	1 Platte 20 x 30 cm kostet 0,30 Euro. Die Filzmenge richtet sich nach der Anzahl und der Größe der Bildelemente, die Sie mit diesem Material gestalten möchten.
Material für das freie Gestalten des Hintergrundes (z. B. Wolle, Perlen, Stickgarn)	Von den Kindern sammeln und mitbringen lassen

Sie müssen bei einer Bildausführung ähnlich dem abgebildeten Beispiel mit ungefähren Materialkosten von 1,60 Euro pro Kind rechnen. Von diesem Betrag entfallen ca. 0,80 Euro auf den Baumwollstoff (Hintergrund) und das Passepartout-Papier. Beides ist für die Bildaufgabe nicht zwingend notwendig, sodass man im Notfall auch sehr günstig (also für 0,80 Euro) arbeiten kann.

Zusätzliche Aufgaben für schnell arbeitende Schüler:

Mit Luftmaschenketten bzw. Häkelschnüren lassen sich viele nützliche und dekorative Gebrauchsgegenstände gestalten:

- Freundschaftsbänder (für die beste Freundin oder als Indianerband auch für Jungen tragbar)
- selbst gemachte Schnürsenkel (meine Lieblingsidee, weil diese nicht nur lustig aussehen, sondern auch zum „Schleifenbindenüben" verlocken)
- Lesezeichen (vielleicht mit zwei Perlen an den Enden)
- Schlüsselanhänger (zum Vatertag oder als Weihnachtsgeschenk)
- Gürtel (aus verschiedenen bunten Garnen und mit kleinen Perlen versehen – sehen an Jeanshosen pfiffig aus)
- Haarbänder und Indianerbänder
- Zugband für eine mittelalterliche Geldbörse oder einen Indianerlederbeutel
- Wuscheltiere, Kraken, Blumen können aus einem Bund von Luftmaschenketten entstehen
- Luftmaschenbilder (Wie beim Fadenlegen können viele Luftmaschenschnüre zu Bildern gelegt und geklebt werden. Es bieten sich Motive wie Blumen, Bäume, Fische, Schmetterlinge, Schneemänner, Schnecken, Buchstaben etc. an. Mehr dazu siehe Projekt Nr. 5.)

Schnurpüppchen

Schmuckband

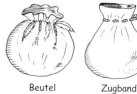
Beutel   Zugband

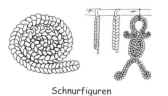
Schnurfiguren

Luftmaschenbilder

Buchstabenlegen

Man kann nicht nur den Verwendungszweck variieren, sondern auch
- das verwendete Material (auch Bänder, Stoffstreifen lassen sich verarbeiten),
- das Werkzeug (es gibt viele verschiedene Häkelnadeln, die sich auf ihre Eignung für bestimmte Gestaltungsabsichten hin untersuchen lassen),
- das Zusatzmaterial. (Was kann man beim Häkeln mitverarbeiten? Perlen, Federn, Papierröllchen, gelochte Pappe, Stoffe, bunte Bänder? Herumprobieren ist spannend und kann sehr lustig sein.)

Perlenband

Mit all diesen Aufgaben verfeinern die Schüler ihre handwerklich-technischen Erfahrungen und ihr feinmotorisches Geschick. Häkeln hat auch etwas Beruhigendes. Nicht selten versinken die Kinder in diese gleichmäßig-rhythmischen Bewegungen und entspannen dabei. Ein nicht zu verachtender Nebeneffekt.

Rund um die Sonnenblume:
- Ein Blumenmemory ist eine tolle Sache, besonders, wenn die Blütenmotive selbst ausgesucht und liebevoll auf Pappquadrate gemalt wurden. Beim Spielen können mehrere Kinder ihre Karten zu einem „Supermemory" zusammenfügen.
- Das Gedicht von Georg Britting könnte auf ein passend gestaltetes Schmuckblatt abgeschrieben werden. (Manche Kinder benötigen auch einmal eine ganz „ruhige" Zusatzaufgabe.)
- Eine kleine Bildergeschichte könnte zu dem Text von Werner Schrader entstehen, der auch von Heinz Lemmermann (in: „Die Sonnenblume", Fidula Verlag) zu einem netten Lied vertont wurde (siehe Seite 154).

Anschlussthemen:

- Häkeln mit der Häkelnadel (z. B. Umrandung eines Papieres (Bilderrahmen) oder einer Beutelkante)
- Flächenbildendes Häkeln mit „festen Maschen" (siehe Schülerarbeitsblatt)
- Häkelpüppchen: eine Häkelfläche zu einem plastischen Objekt zusammenfügen und ausformen (siehe Schülerarbeitsblatt)

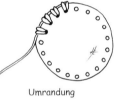

Umrandung

Häkeltiere   Häkelpüppchen   Nadelkissen   Fingerpüppchen   Lesezeichen

- Häkelgarn und andere Fäden:
  - „Von der Faser zum Faden" – Spinnen, Zwirnen, Kordeldrehen (siehe Projekte Nr. 2, 3)
  - Rohstofflehre: „Vom Schaf zur Schurwolle" (und zum Wollpullover), „Vom Baumwollstrauch zur Baumwolle" (und zum T-Shirt), „Von der Seidenraupe zum Seidenfaden" (und zum Seidentuch), „Vom Flachs zum Leinen" (und zum Geschirrtuch), „Von der Chemiefabrik zum Chemiefaden" (und zum Teppich) (siehe Projekte Nr. 1 und Nr. 15)

Fadenkunst: Möglichkeiten der Umformung und Umgestaltung des Fadens künstlerisch nutzen:
- Auftrieseln des Fadens am Ende und in der Mitte, Verknoten von Fäden als Befestigung, Verzierung oder Verlängerung, Umwickeln von und mit Fäden, Zusammendrehen von Fäden, Legen und Kleben von linearen Figuren etc. (siehe dazu Sachinformationen zu den Projekten Nr. 2, 3, 4)
- Gestalten zum Gedicht „Der Faden" von Josef Guggenmos (siehe Projekt Nr. 3)
- Weitere Möglichkeiten zur textilen Flächen- und Hüllenbildung kennenlernen: mit dem Faden nähen, weben, stricken, filzen, flechten etc. (siehe Projekte Nr. 6, 7, 10, 11, 13)

Sachinformation „Häkeln"

1. Fachliche Einordnung

Häkeln ist ein faszinierendes, einfaches Werkverfahren, das Kindern viel Spaß macht und wenig kostet. Mit geringsten Mitteln können sowohl lustige Spielsachen als auch nützliche Gebrauchsgegenstände angefertigt werden. Häkeln gehört zu den textilen Stoffbildungstechniken, die sich unter dem Begriff Maschenware zusammenfassen lassen. Beim Häkeln werden Maschen gebildet, indem man den Faden durch eine oder mehrere vorgebildete Schlaufen zieht.

Die Maschenbildungstechnik ist eine der drei *Grundtechniken zur Stoffbildung* bzw. zur Herstellung einer textilen Fläche, die sich wie folgt unterscheiden:

- Maschenbildung (Maschenware): Hierzu gehören neben dem Häkeln auch Techniken wie Einhängen, Verschlingen, Verknoten, Stricken. Bei diesen Techniken kann eine Fläche aus einem einzigen Faden entstehen.
- Verarbeitung von Fadensystemen (Gewebe / Geflecht): Zwei sich rechtwinklig kreuzende Fadensysteme werden durch Flechten oder Weben zu einer Fläche verbunden.
- Zusammenpressen von Fasern (Filze / Vliese): Fasern werden aus einer Kombination von Wärme, Feuchtigkeit, Druck und chemischer Einwirkung verdichtet.

Gehäkelte Textilien sind luftdurchlässig und elastisch. Die Maschen schließen Luft ein, sodass sich diese Technik gut für wärmende Winterbekleidung eignet.

Die Häkeltechnik lässt sich nicht nur auf das Herstellen einer zweidimensionalen Fläche beschränken. Mit ein und derselben Technik kann auch eine textile Hülle oder eine lineare Schnur (wie in diesem Projekt vorgestellt) gebildet werden.

Vom künstlerischen Standpunkt aus betrachtet lassen sich mit linearen Gebilden wie Luftmaschenketten viele *bildnerische Mittel* erfahren: die Linie, der Punkt (als Knoten), die Fläche (Kreis, Oval, Dreieck, Viereck), Farbkontraste, Mengenkontraste, Richtungskontraste, Struktur, Muster, Verdichtung, Auflockerung, Schichtung, Symmetrie, Asymmetrie, Parallelität, Verzweigung, Rhythmus, Faktur (= persönliche Werkspur), Textur (= Oberflächenbeschaffenheit), Horizontale / Vertikale / Diagonale etc.

2. Kulturhistorische Einblicke

Im Sagenschatz der Völker gibt es eine nette Sage, mit der Geschichtenerzähler schon vor langer Zeit Erwachsene wie Kinder zu faszinieren wussten:

„Vor Tausenden von Jahren gab es einmal eine weiße Schlange, die durch die Lande zog. Sie war der König der Reptilien. Auf einer seiner Reisen traf der König eine Frau. Sie hieß Eva. Eva war von der Schlange so angetan, dass sie den König bat, mit ihm zusammenleben zu dürfen. Dieser aber lehnte die Bitte ab. Eva gab jedoch nicht auf und umschmeichelte den König so lange, bis er schließlich nachgab und sagte: ‚Wenn du bei mir bleiben willst, musst du zuvor eine Aufgabe erfüllen. Meine Schlangenhaut ist herrlich weiß, aber auch sehr langweilig. Ich möchte noch schöner aussehen. Häkel oder stricke mir ein Muster für meinen Rücken!' Eva machte sich sofort an die Arbeit und schuf ein wunderschönes Muster für ihn. Dieses Muster tragen noch heute die Pythonschlangen …"

Die Anfänge des Häkelns (wie des Strickens) vermutet man in den Ländern des Ostens. Später, im 16. Jahrhundert, bezeichnete man das Häkeln als Nonnenarbeit, da Nonnen Altardecken und andere Gegenstände für die Kirche häkelten. Um das Jahr 1785 war die irische Stadt Cork mit ihrer traditionellen irischen Rose das Zentrum dieser Handarbeit. Die Blütezeit dieser Technik legt man auf das 19. Jahrhundert, in dem viele Kleidungs- und Gebrauchsgegenstände gehäkelt wurden, da die Technik sehr leicht zu erlernen und der Werkzeugbedarf (Häkelnadel) sehr gering war.

3. Das Material

- *Nadeln:* Die Wahl der Häkelnadel hängt von der Garnstärke, den Garneigenschaften und der Häkeltechnik ab. So unterscheidet man die gewöhnliche Häkelnadel von der tunesischen Häkelnadel, die Spitzenhäkelnadel von der Gabel für die Gabelhäkelei. Für Anfänger empfiehlt sich eine Metall- oder Kunststoffnadel mittlerer Stärke (Nr. 4), die aber immer passend zur Garnstärke gewählt werden muss.
- *Garn:* Grundsätzlich kann man alle Fadenqualitäten verarbeiten. Ein glattes, festes Garn (z. B. aus Baumwolle) erleichtert Anfängern die Arbeit. Mittelstarke Sportwolle gleitet gut durch die Finger und es entsteht ein dichtes, geschlossenes Maschenbild. Beim Fingerhäkeln können wunderbar vorhandene Garnreste aufgebraucht werden. Für kleine Kinder eignen sich dickere, relativ glatte Garne aus Wolle, Wollgemischen oder Baumwolle.

4. Technik

Die Grundtechnik basiert auf einer Reihe Luftmaschen und vielen Reihen fester Maschen. Mit weiteren Grundmaschen erweitert sich auch der kreative Spielraum.

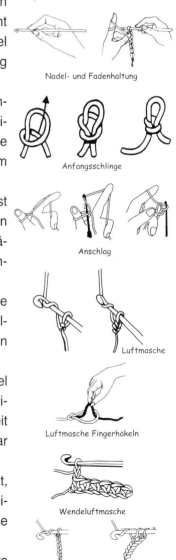

- *Fadenhaltung:* Für die Nadel- und Fadenhaltung gibt es unterschiedliche Vorschläge. Ein fester Halt erleichtert in jedem Fall die Arbeit. Beim Fingerhäkeln und bei den ersten Versuchen mit der Häkelnadel verlange ich aber noch nicht zu viel auf einmal. Der „Nahkampf" mit der Luftmasche erfordert in der Regel schon die ganze Aufmerksamkeit der Kinder. Die vorbildliche Fadenhaltung darf daher auch an die zweite Stelle treten.
- *Anschlag / Anfangsschlinge:* Dies kann ein einfacher Knoten oder eine Schlinge sein. Die Schlaufe muss groß genug für die erste Luftmasche sein. In meinem Unterricht gilt: Erlaubt ist, was funktioniert. Die Kinder finden viele Wege „nach Rom" und das sollte unterstützt werden. Anfänger können gut auf dem Tisch arbeiten und sich die erste Schlinge zurechtlegen.
Eine professionelle Anschlagtechnik für die erste Masche mit der Häkelnadel ist folgende: Der Faden wird über den Zeigefinger der linken Hand geführt. Dann wird von rechts nach links über den Daumen eine Schlinge gelegt. Mit der Häkelnadel wird von unten durch die Schlinge der über den Zeigefinger gespannte Faden geholt. Die Schlinge gleitet vom Daumen und wird zugezogen.
- *Luftmasche:* Für jede nun folgende Luftmasche zieht man den Faden durch die vorherige Schlaufe. Das kann mit der Häkelnadel oder mit den Fingern erfolgen. Beim Fingerhäkeln kann man die Häkelarbeit auch auf den Tisch legen oder kleben, um die Schlaufen mit beiden Händen zu legen und zu ziehen.
Bei der Arbeit mit der Häkelnadel wird der Faden von hinten über die Nadel gelegt. Nun wird der Faden mit der Nadelspitze gefasst und durch die vorherige Masche gezogen. Auch hier müssen Kinder üben, bis sie die Häkelarbeit fest im Griff haben. (Sie haben ständig das Gefühl, dass ihnen noch ein paar Hände fehlen.)
- *Wendeluftmasche:* Nachdem die Luftmaschenkette die gewünschte Länge hat, wird eine zusätzliche „Wendeluftmasche" gehäkelt. Am Ende einer jeden weiteren Reihe wird wiederum eine Wendeluftmasche gehäkelt, damit sich die Arbeit nicht verzieht (siehe Bild).
- *Feste Maschen:* Die Häkelnadel wird von vorne nach hinten durch das obere Maschenglied der vorigen Reihe (bzw. der vorletzten Luftmasche) geführt. Der

Faden wird über die Nadel gelegt ("geholt") und durchgezogen. Nun befinden sich zwei Schlingen auf der Nadel. Der Faden wird erneut geholt und durch beide Schlingen durchgezogen. Fertig ist die erste feste Masche.

Linkshänder sollten mit ihrer Arbeitshand häkeln dürfen. Andernfalls erreichen sie nicht das ordentliche Maschenbild und das Arbeitstempo der Rechtshänder. Bei der Demonstration benötigen diese Kinder auch ein entsprechendes Vorbild. Eine schwierige Aufgabe für den Lehrer. Mit dieser einfachen Grundtechnik kann ein kleines Rechteck entstehen, aus dem Grundschüler nette Sachen gestalten können: Püppchen, Schlangen, Stiftetuis, Geldbeutel, Puppenstubendecken/-teppiche oder Topflappen zu Muttertag. In einigen neueren Anleitungen findet man pfiffige Anregungen, die einmal ganz andere Topflappen vorstellen. Über diesen "Häkel-Grundkurs" hinaus kann man seine technischen Kenntnisse noch mit folgenden "Disziplinen" erweitern, die in vielen Hand-arbeitsbüchern näher erläutert sind:

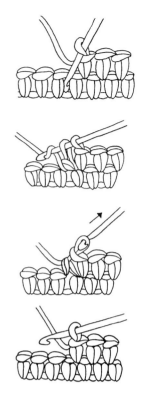

- Randgestaltung durch Zu- und Abnehmen der Maschen
- Kettmasche
- halbe/einfache/doppelte Stäbchenmaschen
- Farbwechsel
- Vernähen der Fadenenden
- Zusammenhäkeln mehrerer Häkelteile
- Schlingenhäkeln, Rundhäkeln, Zierkanten-, Spitzen- und Bordürenhäkeln
- Einhäkeln von Perlen
- Musterhäkelei (Schachbrett-, Kreuz-, Noppen-, Muscheln-, Schlingen-, Hohlsaummuster etc.)
- Tunesische Häkelei, Gabelhäkelei, Irische Spitzenhäkelei
- Einarbeiten von Quasten/Fransen/Pompons/Tressen/Knopflöchern …

Sie erahnen die Möglichkeiten dieser Technik! Mit diesen Häkeltechniken können die unterschiedlichsten textilen Gestaltungsabsichten verwirklicht werden. So entstehen:

- Kleidungsstücke: Mütze, Schal, Pullover, Rock, Hose (wer mag) etc.
- Gebrauchstextilien: Beutel, Stiftetuis, (Spitzen-)Deckchen, Kissen, Topflappen, Teppiche, Eierwärmer (es gibt auch sehr schöne, witzige Exemplare), Gardinen etc.
- Dekorationsmittel/Schmuck/Spielzeug: Zierbänder, Perlenhäkelketten, Häkelblumen, Bären, Puppen, Weihnachtssterne, Krippenfiguren, Windspiele, Bildobjekte etc.

Fundgrube:

Bücher
- H. Elsner: "Häkeln einfach tierisch gut", ALS Verlag, 1991
- U. Hammond: "Mein erstes Häkelbuch", Augustus Verlag, 2001
- A. Thiemeyer: "Neue tolle Topflappen", Ravensburger Verlag, 2002
- A. Thiemeyer: "Das kleine Häkelbuch", Ravensburger Verlag, 2002
- M. Natter/H. Fuchs: "Bassermann Handbuch Häkeln", Bassermann Verlag, 1999
- E. Hambach: "Die schönsten Häkelblumen", Ravensburger Verlag, 2001

Internet
- www.handarbeitslinks.de
- www.creativ-seiten.de/links.html
- www.nathalies-naehkiste.de/link9.htm

Nur für harte Häkel-Helden
Mit der Nadel – wie die Profis

Kannst du genau gucken und hast sehr viel Geduld? Dann kannst du weiterlesen. Die ersten Häkelversuche mit der Nadel sind nur etwas für coole Kids, die nicht gleich aufgeben:

1. Halte deine Häkelnadel wie einen Stift. Fasse vorne an. Der Haken zeigt nach unten.

2. Anschlag: Der Anschlag ist die erste Masche. Dazu legt man den Faden auf eine bestimmte Weise zu einem Knoten. Betrachte das Bild genau: Zuerst legt man den Faden zu einer Schlaufe. Dann wird der lange Teil des Fadens, der zum Knäuel führt, von hinten durch die Schlaufe gezogen. Zieht man jetzt gleichzeitig an der Schlinge und am Fadenende, wird die Schlinge durch einen Knoten festgehalten. Geschafft? Prima!

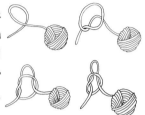

3. Luftmaschen: Damit du alles gut „im Griff" behältst, halte deine Häkelarbeit mit dem Mittelfinger und dem Daumen fest. Der Faden liegt über deinem Zeigefinger. Wer mag, kann den Faden auch noch zwischen Ringfinger und kleinen Finger klemmen. Nur Geduld!

Die Nadel steckst du in die Schlinge deiner ersten Masche. Lege den Faden von hinten über die Nadel. Drehe die Nadel so, dass sie den Faden fassen und durch die Schlaufe ziehen kann. So kannst du endlos lange Luftmaschenketten häkeln. Nicht verzweifeln, wenn dir der Faden noch einige Male von der Nadel „hüpft". Das ist ganz normal. Wenn man den Dreh heraus hat, macht das Häkeln riesig Spaß!

 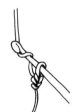    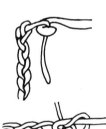

Für Profis:

4. Feste Maschen: Wer bis hierhin gekommen ist, ist SUPER und sollte einmal ein paar „feste Maschen" versuchen.

Die letzte Luftmasche lässt du als unberührte Wendeluftmasche stehen. Du steckst deine Nadel in die vorletzte Luftmasche. Den Faden legst du über die Nadel und ziehst ihn durch. Jetzt hast du zwei Schlingen auf deiner Nadel. Hole noch einmal den Faden und ziehe ihn durch beide Schlingen. Fertig ist die feste Masche! Achte darauf, dass du nun in die nächste Luftmasche einstichst. Nicht in die alte Luftmasche einstechen und keine Masche überspringen. Am Ende folgt wieder eine einzelne Wendeluftmasche, damit sich deine Arbeit nicht verzieht.

Häkelpüppchen

1. Aufbau der Häkelarbeit:

   - 30 Luftmaschen anschlagen
   - Rechteck in verschiedenen Farben häkeln

Mütze	5 Reihen
Gesicht / Kopf	4 Reihen
Pulli	5 Reihen
Hose	5 Reihen
Schuhe	3 Reihen

2. Fertigstellen des Püppchens:

   - Puppenkörper seitlich zusammennähen (Bild 1)
   - Heftstich durch die letzte Reihe des Mützenabschnittes (2)
   - Mütze mit dem Heftfaden zusammenziehen (2)
   - Puppe mit Watte, Wollresten oder anderem Füllmaterial ausstopfen (3)
   - Puppe an den Schuhen schließen und zusammennähen (3)
   - Kopf abbinden (4)
   - Arme abnähen (5)
   - Beine absteppen (6)
   - Püppchen ausgestalten (Augen, Mund, Haare, Gürtel, Schal, Knöpfe und so weiter) (7)

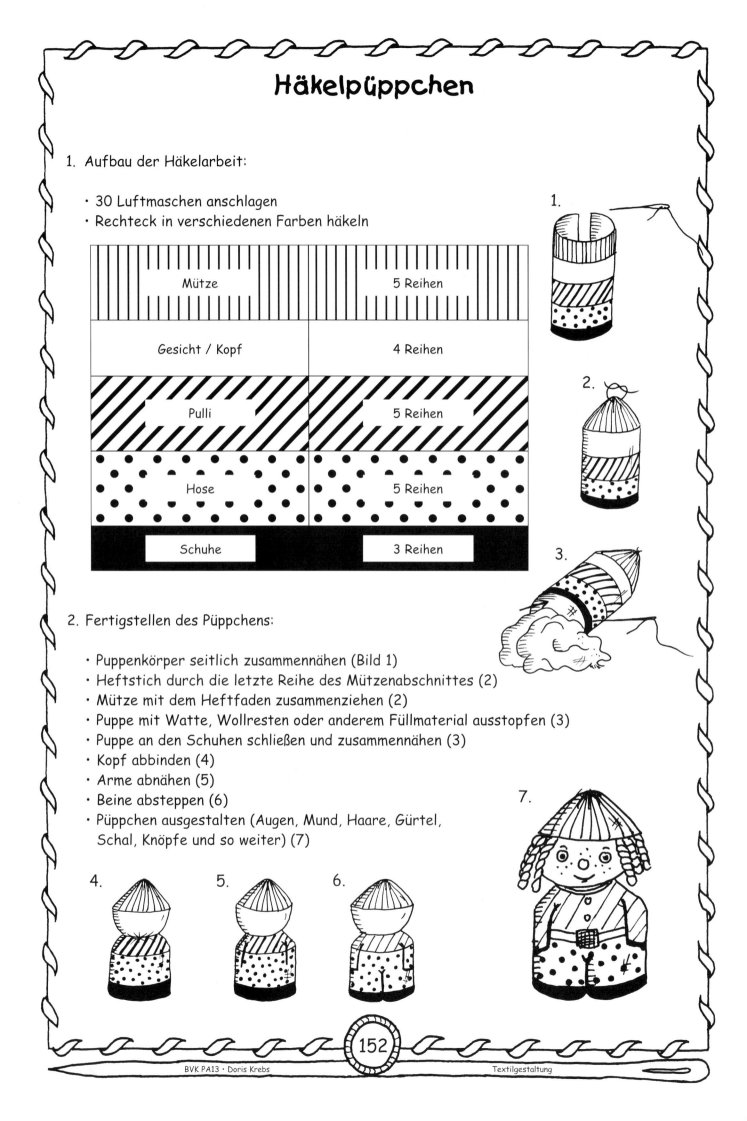

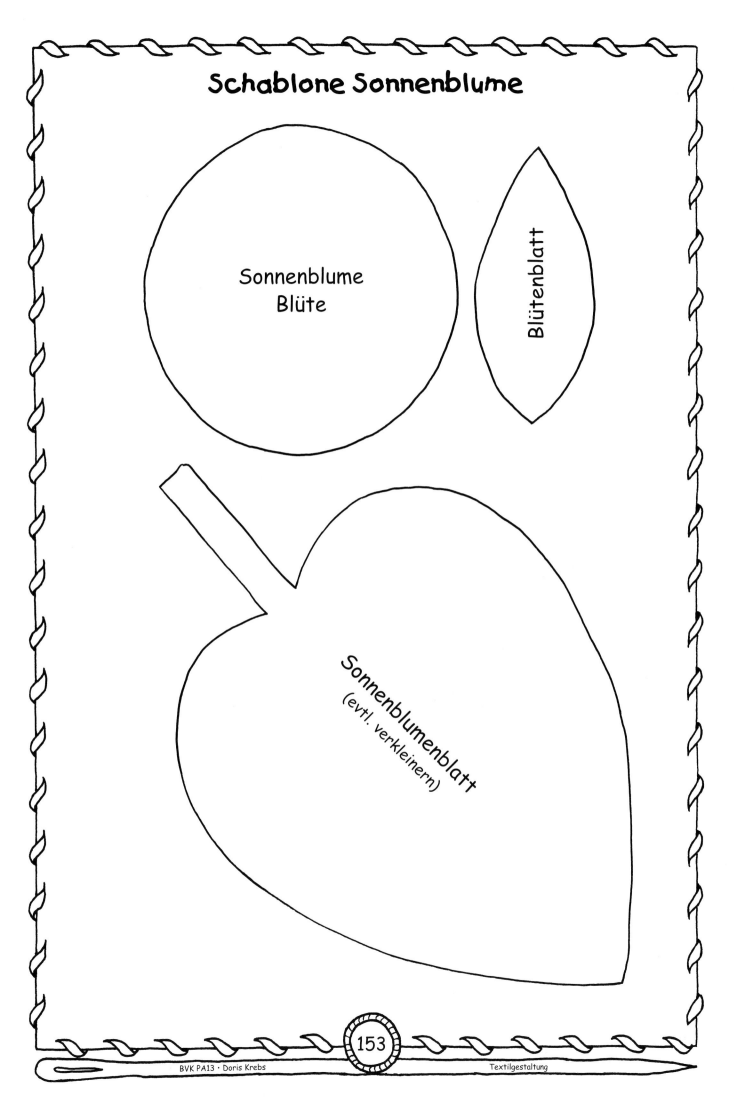

„Möhren und Co."

Schwerpunktthema: Sticken

Passend zu den Sach-Deutsch-Projektthemen: Beliebige Themen, hier: Gemüse – Nahrung – gesundes Essen / Frühstück – Bauernhof – Garten

Zeit: 4–5 Unterrichtsstunden

Material: Deckfarben, weißer Karton DIN A4 oder A5, Prickelnadel, Stickgarn, Sticknadel
Alternativ: Stickkarten (z. B. von Labbé)

Lernziele:

- Darstellung eines beliebigen Gegenstandes mit einfacher Form (z. B. Möhre)
- Sticken als Möglichkeit zur Ausgestaltung textiler und nichttextiler Flächen kennenlernen
- Geeignete Stickstiche zur Ausgestaltung entsprechender Flächen kennenlernen (z. B. Vorstich, Rückstich, Steppstich)
- Bildnerische Mittel (wie Linie, Richtung, Kontur) bewusst zur Flächengestaltung einsetzen
- Ittenschen Farbkreis kennenlernen und zur Herstellung und zum gezielten Einsatz von Farbtonabstufungen sowie Farbkontrasten nutzen

Weitere mögliche Lernziele:

- Ästhetische Wirkung bestickter Flächen wahrnehmen (z. B. die gesteigerte Plastizität)
- Stiche abwandeln, neue Stiche erfinden und das Stichrepertoire kreativ kombinieren
- Musterungen erproben und u. a. zur Randgestaltung einsetzen
- Begriffe: „Einstechen", „Ausstechen", „Fäden fassen", „Sticknadel", „Stickgarn", „Stickgrund", „Vernähen" zur besseren Verständigung kennenlernen und nutzen

Einstieg:

Hier stelle ich einmal eine ganz schnelle, dafür aber nicht minder dekorative Bildaufgabe vor. Man benötigt lediglich eine Motividee, die aus einer einfachen Form besteht, etwas Farbe und Stickgarn. Im Handumdrehen kann eine Klassenwand mit neuen fröhlich-farbigen Bildern verziert werden.

Motive können sein z. B. Obst- oder Gemüsesorten (Pflaumen, Äpfel, Orangen, Gurken etc.) oder einfache Gegenstände (Ball, Ballon, Flasche, Fisch, Zauberhut, Herbstblatt etc.) mit einer einfachen runden, eckigen, ovalen oder ähnlichen Form. Junge Künstler mit Zutrauen in ihre Gestaltungsmöglichkeiten seien auch dringend ermutigt, sich schwierigere Motive auszuwählen.

Das Geheimnis der Gesamtwirkung liegt weniger in der gewählten Form als in der farblichen Ausgestaltung (siehe auch Kapitel „Farbenlehre"). Leuchtende Farben, die mit einer „Nachbarfarbe" abschattiert werden, lassen jede Form interessant wirken. „Nachbarfarben" sind Farben, die im äußeren Ring des Ittenschen Farbkreises rechts und links neben der gewählten Farbe liegen (Violett hat somit die Nachbarfarben Blauviolett und Rotviolett, Orange hat die Nachbarfarben Gelborange und Rotorange etc.).

Die ganze Wirkung wird schließlich durch die Wahl der Hintergrundfarbe verstärkt. Auch hier hilft wie immer der Ittensche Farbkreis. Die Farbe, die der Motivfarbe gegenüberliegt, bezeichnet man als Kontrastfarbe (die Kontrastfarbe von Violett ist somit Gelb, die Kontrastfarbe von Orange ist Blau etc.). Sie hebt das Motiv hervor und unterstützt dessen Leuchtkraft. Auch die Hintergrundfarbe erhält Ihre Aufwertung durch eine Nachbarfarbe.

Zu viel Theorie? Also dann gleich ein ganz praktisches Beispiel in der folgenden „Methodischen Anleitung" anhand eines „Möhren"-Motives.

Natürlich darf die Motivation der Schüler zu Beginn der Einheit nicht fehlen. Wie wäre es denn in diesem Zusammenhang mit einem gesunden Frühstück? Jeder bringt ein Obst- oder Gemüsestück seiner Wahl mit. Je abwechslungsreicher desto besser. Alle Schätze werden zusammengelegt und betrachtet. Man kann an dieser Stelle die Gelegenheit nutzen und auf den Unterschied zwischen Obst und Gemüse eingehen. Dazu werden die Teile geordnet und vielleicht auf zwei großen Tellern nett arrangiert. Schließlich können sie in Form von Obstspießen oder Gemüse-Brotgesichtern vertilgt werden. Guten Appetit!

Methodische Anleitung / Bildaufbau:

1. Motiv anlegen:

Für das abgebildete Stickbild wurde eine Stickkarte von Labbé verwendet. Das ist aber nicht unbedingt nötig, da alle Kinder eine Möhre oder ein anderes Obst-/Gemüsestück auch ohne eine Vorlage auf ein Stück weißen Karton malen können. Die Arbeitserleichterung bei den Stickkarten besteht in den schon vorgestanzten Löchern für das Sticken. Diese benötigt man meiner Meinung nach aber auch nicht, da die Kinder leicht selbst mit einer Prickelnadel die Löcher in den Karton stanzen können. Abstandhalter für die Löcher könnte z. B. der Bleistift sein. Jeweils nach einer Bleistiftbreite erfolgt das nächste Loch.

2. Motiv und Hintergrund färben:

Die Möhre wird mit Deckfarbe in Orange ausgemalt. In das noch nasse Orange wird eine der beiden Nachbarfarben Gelb/Gelborange oder Rot/Rotorange gemischt. Die abgebildete Möhre hat einen guten Schuss Rot an den Rändern erhalten. Das Rot wurde vorsichtig mit der Motivfarbe auf dem Karton vermischt. Jennifer, die junge Malerin, hat sich die künstlerische Freiheit genommen und die andere Möhre Rotviolett ausgemalt und mit der Nachbarfarbe Violett schattiert. Erlaubt ist, was gefällt! Die Kontrastfarben zu Violett und Rotviolett sind die Farben Gelbgrün und Gelb. Diese wurden um die Möhren herum aufgetragen. Zum Anbeißen! In diesem abgebildeten Fall wäre auch ein Hintergrund in den Farben Blau und Gelbgrün interessant gewesen. Blau (als Kontrastfarbe zu Orange) hinter der orangefarbenen Möhre und Gelbgrün (als Kontrastfarbe zu Rotviolett) hinter der rotvioletten Möhre. Der Farbübergang wird fließend „Nass-in-Nass" ineinander gepinselt.

3. Sticken:

Der Motivrand wird in dieser Aufgabe mit einer textilen Kontur hervorgehoben. Dadurch grenzt sich die Möhre noch mehr vom Hintergrund ab und erscheint plastischer. Ein interessanter Ferneffekt. Zusätzlich werden „Malunebenheiten" kaschiert. Die Malerei wirkt sauberer. Da Pappe wesentlich formstabiler ist als Stoff, lassen sich darauf auch sehr gut erste Stickstiche erproben. In der abgebildeten Arbeit wurde der Steppstich verwendet (Näheres siehe „Sachinformation Sticken"). Alternativ können sehr junge Kinder auch zwei „Runden" Vorstich sticken (siehe Abbildung).

Anfang und Ende der Stickfäden können auf der Rückseite der Stickpappe vernäht oder mit Klebeband festgeklebt werden.

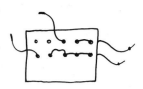

Um die gewählten Stiche vor der Klasse zu demonstrieren, biete ich folgende, sehr billige Lösung an: Sie nehmen eine DIN-A2- oder DIN-A1-Pappe. In diese lochen Sie mit dem Locher oder einer Prickelnadel eine gleichmäßige Reihe von Löchern. Das ist der Stickgrund. Anstelle des Stickgarnes verwenden Sie Schnürsenkel, Kordel, Paketband, Geschenkband, ein dünnes Seil oder Haushaltsgummiband. Demo-Stickgrund und Demo-Stickgarn sollten in Kontrastfarben gewählt werden, damit der vorgeführte Stich gut zu sehen ist. Damit sich das Demo-Stickgarn besser durch die Löcher fädeln lässt, kann man ein Ende mit Klebeband mehrfach umwickeln. Wer mag, kann auch noch einen Schaschlikspieß oder Ähnliches mit einwickeln. So ist das eine Ende so stabil, dass es sich ohne Nadel gut ein- und ausstechen lässt.

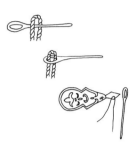

Tipp: Eine sehr „nervenpflegende" Anschaffung ist ein halber Klassensatz „Einfädler". Wer auf diese Anschaffung verzichtet, sollte aber mit den Kindern üben, wie man das Stickgarn durch das Öhr der Sticknadel bekommt: Faden über die Nadel legen, eng zusammenfassen, Nadel herausziehen, ohne den Faden loszulassen, Faden in das Nadelöhr einführen, drin! Das gründliche Üben vorab schont später Ihre Nerven.

4. *Fertigstellung:*

Je nach Vorerfahrung der Kinder können die Fadenenden – wie oben erwähnt – auf der Rückseite verstopft oder verklebt (Klebeband) werden. Das ganze Kunstwerk kommt auf einem passenden Passepartout (in einer Kontrastfarbe) noch besser zur Geltung. Diese Investition lohnt sich immer, wenn man die Werke zur Klassenraumgestaltung nutzen möchte. Jennifer hat auch noch auf dem Passepartout eine Stick- und Musteridee aufbringen wollen, wobei ihre gewonnenen Stickkenntnisse sie ermutigt haben, einen neuen Stickstich „zu erfinden". Ach, da schlägt das Lehrerherz höher!

Kostenplan:

Fast alle Preise richten sich nach dem Labbé-Katalog:

Sticknadeln	Eine 25-Stück-Packung kostet 1,84 Euro. (Je nach „Einzugsgebiet" können Sie die Kinder diese auch von zu Hause mitbringen lassen.)
Stickkarten (wie die abgebildete Möhrenkarte)	Eine 80-Stück-Packung kostet 8,39 Euro.
Stickgarn	1 Strang (21 m) kostet 1,18 Euro. Für 25 Kinder würde ich in jeder in Frage kommenden Farbe (z. B. Rot, Gelb, Blau, Violett, Orange, Grün, Schwarz) einen Strang kaufen. Bei 7 Strängen bleiben noch viele Reste.
Passepartout-Karton	1 Fotokarton (50 x 70 cm) kostet 0,45 Euro. Eine 10er-Packung Tonpapier (50 x 70 cm) kostet 1,85 Euro und reicht für 40 Kinder.
Stramin (Zusatzaufgabe)	60 x 100 cm kosten 3,53 Euro.
Jutetuch (Zusatzaufgabe)	100 x 130 cm kosten 4,70 Euro.
Zusatzmaterial nach Wunsch	Wollreste, Stickgarn, Perlen, Knöpfe etc. je nach häuslichen Reserven von den Kindern sammeln und mitbringen lassen.

Bei einer Bildausführung ähnlich dem abgebildeten Beispiel müssen Sie pro Kind mit Materialkosten von ungefähr 0,55 Euro rechnen. Wenn Sie aber auf die fertigen Stickkarten verzichten und die Kinder Sticknadeln und Stickgarnreste von zu Hause mitbringen können, kostet die Bildaufgabe fast nichts (weißer Karton und etwas Passepartout-Papier findet sich meistens noch in der Schule).

Da Sie bei den evtl. angeschafften Stickkarten, dem Stickgarn und dem Passepartout-Papier viel übrig behalten werden, überlegen Sie gegebenenfalls, ob Sie das textile Kunstprojekt nicht mit zwei Klassen durchführen können. So lassen sich zu große Restmengen vermeiden.

Zusätzliche Aufgaben für schnell arbeitende Schüler:

- Auf einem weiteren „geprickelten" Kartonstreifen können Schmuckstiche ausprobiert werden, die zwei gegenüberliegende Lochreihen miteinander verbinden. Das Arbeitsergebnis könnte als Lesezeichen dienen.
- Und noch mehr Lesezeichen-Ideen: Auf einem locker gewebten Rupfen oder einem anderen gut zählbaren Stoff (z. B. Stramin) können erste Stickexperimente ausgeführt werden, z. B.:
  - mehrere fadengerade Reihen Vorstiche
  - versetzte Reihen mit Vorstichen
  - Vorstichreihen, die mit einem zweiten Faden verbunden werden
  - Steppstiche, Hexenstiche, Kreuzstiche, Kettstiche etc. in verschiedenen Varianten
  - fantasievolle, eigene Sticherfindungen

Lesezeichen

- Grußkarten mit freier Stickerei ausgestalten (z. B. eine Malerei mit gestickten grafischen Elementen ausdifferenzieren)
- Stickbilder
  - Tüllstickerei: einfache Liniengrafiken als Stickbilder gestalten, z. B. für ein Fensterbild oder eine Grußkarte
  - Fadengrafik / Kurvensticken (bei Labbé gibt es vorgedruckte Stich-für-Stich-Karten (40 Stück / 8,59 Euro), man kann solche Grafikgerüste auch selber zeichnen und sich dadurch die Anschaffung ersparen)
  - Freies Sticken (mit dem Vorstich oder einem anderen Stich)
  - Plattstichbilder / Mini-Gobelins (auf z. B. Stramin)
  - Kreuzstichstickerei (auf einem gut auszählbaren Gewebe)

freies Sticken

Grußkarten

- Lieblingsbekleidung mit Stickerei zu Unikaten erheben (T-Shirt, Hose, Espandrilles, Kappen, Schals, Tücher, Leinenturnbeutel etc.)
- Freies Sticken erproben (und hier meine ich „echtes" Freies Sticken) (siehe Arbeitsblatt)
- Begriffe rund um die Stickerei kennenlernen (siehe Arbeitsblatt)
- Auf den kulturhistorischen Spuren der Stickerei: eine Ausstellung „Stickerei früher – heute – anderswo"

Tüllstickereien

   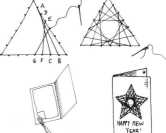 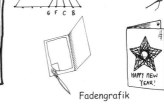

Stickbilder   Plattstichstickerei   Kreuzstichstickerei   Fadengrafik   Kurvensticken

Anschlussthemen:

Rund ums Sticken bieten sich an:
- Randbefestigungen (Saum, Hohlsaumfransen etc.), die man für Bilder, Deckchen und Lesezeichen benötigt
- Kreuzstichstickereien
- Variationen zur Hohlnahtstickerei
- Applikationen in Verbindung mit freier Stickerei
- Puppen, Figuren, Bilder mit kunstvoll bestickten Textilien (z. B. Stockpuppen wie Orientale, Zauberer, Indianer, Prinz etc.) Fadengrafiken auf Holz: Zwischen eine Anordnung von Nägeln werden Fäden gespannt

Warenkunde:
- Rohstofflehre – Herkunft von (Stick-)Fasern
- Herstellung von Garnen
- Eigenschaften von Geweben und Garnen
- Herstellung von Geweben, Maschenwaren und Vliesen

Stickerei und andere Verfahren zur textilen Flächengestaltung:
- Smoken, Aufnähen von Perlen o. Ä., Applikationen, Färben, Bedrucken, Bemalen, Reservieren etc.

Hohlnahtstickerei

Stockpuppe

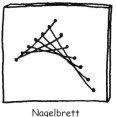
Nagelbrett

Sachinformation „Sticken"

1. Fachliche Einordnung

Sticktechniken werden vorwiegend bei der Zusammensetzung oder Ausgestaltung textiler Flächen genutzt. Sie stehen am Ende des langen Produktionsprozesses von Textilien: Nach dem Gewinnen und Verarbeiten der textilen Rohstoffe zu Garnen, der Stoffherstellung und der Bildung textiler Hüllen folgt die Stickerei. Entweder werden Stoffe vor ihrer Weiterverarbeitung bestickt oder Textilien werden nach ihrer Fertigstellung durch Stickerei strukturiert, aufgewertet und individualisiert.

Eine Vielzahl von Faktoren bestimmen die Wirkung einer Stickerei: Die Beschaffenheit des Stickfadens und der zu bestickenden Fläche bieten Gelegenheit, mit den Kindern über Rohstoffe, Farbkombinationen, Musterungen und Stoffstrukturierung nachzudenken.

Sticken ist wie „Zeichnen und Malen mit einem Faden", man nutzt unweigerlich bestimmte bildnerische Mittel aus dem Bereich Kunst. Je nach Stickerei kann man folgende Bildmittel verwenden:
- Bildelemente (des Flächenhaftens): Die Stickerei nutzt die Formelemente der Grafik:
  - Punkt (durch z. B. den Knötchenstich)
  - Linie in unterschiedlichen Qualitäten (dick, dünn, lang, kurz, gerade/gebogen/gewellt, gezackt (durch z. B. den Vorstich oder Steppstich), waagerecht, senkrecht)
  - Fläche nach den Grundformelementen (Kreis, Oval, Dreieck, Viereck); mit dem Spannstich lassen sich z. B. Flächen füllen
  - Fleck (z. B. in der freien Stickerei)
- Kontraste: In der Stickerei kann man wie beim Zeichnen und Malen z. B. folgende Kontraste einsetzen:
  - Farbkontraste, Formkontraste, Größenkontraste, Mengenkontraste, Richtungskontraste

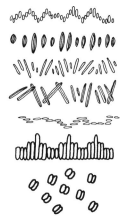
Variationen des Bildmittels „Linie"

- Ordnungsprinzipien: Von den vielen Ordnungsprinzipien sind in der Stickerei folgende besonders interessant:
  - Kontur, Struktur, Textur, Reihung, Muster, Streuung, Ballung, Verdichtung, Auflockerung, Überschneidung, Symmetrie / Asymmetrie, Parallelität, Verzweigung, Rhythmus

Mit dem Sticken in der Grundschule verbinden sich auch immer Ziele wie das genaue, saubere, ausdauernde Ausführen der Arbeiten, feinmotorische Übungen und das gewissenhafte und verlässliche Beenden einer Bildaufgabe. Alte Tugenden, die wieder mehr den je aktuell geworden sind.

Schulstickerei bedeutet aber nicht, dass die Kinder akkurate Probelappen oder ein perfektes Weihnachtsdeckchen sticken sollen. Lassen Sie die Kinder Tuchfühlung mit der freien Stickerei aufnehmen und ihre eigenen Gestaltungsabsichten entwickeln und umsetzen. Auch das freie Gestalten schließt natürlich die oben erwähnten Tugenden wie sauberes, ausdauerndes und beendendes Arbeiten ein. Wie frei und verblüffend Stickkunst sein kann, lesen Sie später im Abschnitt: „Kreativer Umgang mit der Sticktechnik".

2. Kulturhistorische Einblicke

Zu allen Zeiten und in allen Ländern haben die Menschen ihre Kleidung und ihre textilen Alltagsgegenstände mit Stickerei verziert und verschönert. Stickereien findet man auf kostbarster und schlichtester Kleidung, mit edelsten wie einfachsten Materialien, mit schlichten wie komplizierten Stichen und Mustern verwirklicht.

Die Art der Stiche und die gewählten Motive geben Aufschluss über die jeweiligen Jahrhunderte. Einige wenige Exemplare aus der Frühzeit der Menschen sind noch erhalten. In der Bibel, im 2. Buch Moses, erfährt man, dass auch Aarons Kleidung reich bestickt war mit „Granatäpfeln in Blau und Purpur und karminroten Bögen am Saum; und mit goldenen Glöckchen rundum". Feine Stickereien aus ägyptischen Grabanlagen, frühorientalische Stücke, der berühmte Bayeux-Teppich des 11. Jahrhunderts, Maria Stuarts Stickereien und die ersten Mustertücher des 15. Jahrhunderts (auf denen wie in einem Notizbuch detailliert alle bekannten Techniken ausgeführt wurden) sind herausragende, kulturhistorische Meilensteine der Stickerei. Im 18. und 19. Jahrhundert war in vielen europäischen Mädchenschulen „Sticken" ein wichtiges Fach. Jede Schülerin fertigte ein Mustertuch an, eine Art Mustermemorandum und Motivpräsentation. Beliebt waren Landschaften, Tierdarstellungen, Pflanzen, Buchstaben, Stammbäume, Lebensläufe, fromme Sprüche etc.

Von allen Nadelarbeiten bietet die Stickerei als einzige eine unerschöpfliche Fülle immer anspruchsvollerer Muster und neuer, kreativer Entdeckungen. Stickerei diente auch stets nützlichen Zwecken wie dem Schließen von nicht beabsichtigten Löchern, dem Verdecken durch Applikationen, dem Verlängern oder Verkürzen von Kleidung durch Ajoureinsätze etc.

Kinder können sich mit der Erscheinungsvielfalt gestickter Flächen und den ästhetischen und gebrauchsdienlichen Eigenschaften dieser Technik auseinandersetzen. Ansatzweise ist es möglich, kulturelle und historische Bezüge zur Lebenswirklichkeit der Kinder herzustellen, um das Verständnis für fremde Kulturkreise zu fördern.

„Stickerei im Alltag und um uns herum" könnte ein reizvolles Ausstellungsthema für Ihre Klasse sein. Ihre Kinder und Sie selbst werden staunen, was in unserem alltäglichen Umfeld mit Stickerei geschmückt und mit „Stickverbindungen" zusammengehalten wird (z. B. Schnürsenkel in Winterstiefeln werden oft mittels des Kreuzstiches eingefädelt, ist Ihnen das schon einmal aufgefallen?).

Im Internet finden Sie weitere interessante Ausführungen zur Geschichte der Stickerei.

BVK PA13 · Doris Krebs

Textilgestaltung

3. Das Material (und die damit verbundenen kreativen Möglichkeiten)

Die Grundausstattung ist angenehm übersichtlich und preiswert: Sticknadel, Garn, Schere und ein Material, auf das etwas gestickt werden soll. Profis können auch noch einen Fingerhut und einen Stickrahmen / -ring ergänzen.

- *Sticknadeln* gibt es (entsprechend der unterschiedlichen Stickgarne) in verschiedenen Stärken. Das Nadelöhr ist dicker als bei Nähnadeln, damit auch Perlstickgarne leicht eingefädelt werden können. Bei einem auszählbaren Gewebe kann man Straminnadeln verwenden, die keine scharfe Spitze haben.

Sticknadel

- *Stickscheren* sind klein, scharf und haben spitz zulaufende Klingen.
- Mit einem *Stickrahmen* oder Stickring wird weiches Stoffmaterial bestickt, bei dem ein Einspannen nötig ist. Die einfachste Lösung stellt ein Stickring dar: Der Stoff wird faltenlos und fadengerade über den Innenring gelegt, der Außenring wird darüber gelegt und mit der Schraube angezogen.

Stickschere

Stickrahmen

- *Stickgarne* werden entsprechend dem Stickgrund, dem Stil der Stickerei, dem Verwendungszweck des fertigen Objektes und der Gestaltungsabsicht ausgewählt. Unterschieden werden Garne nach dem verarbeiteten Rohstoff, der Farbe, der Stärke und der Zwirnung.

Stickring

Angeboten werden u. a.:

- Sticktwiste (vielseitiges Stickgarn und für Anfänger empfehlenswert)
- Mattstickgarne
- Pefigarne (dickeres Baumwollgarn)
- Vielfachstickgarne (Stickgarn, das auch in großen Stärken verkauft wird)
- reinseidene Stickgarne (Stickgarn für edle Seidenstickereien)
- kunstseidene und synthetische Stickgarne
- Spitzengarne
- Wollstickgarne (für gröbere Arbeiten)
- Bast
- Metallfäden

Stickgarn

Für Grundschüler eignen sich am besten festgedrehte Garne in mittleren Stärken (Nr. 5) und in fröhlichen Farben.

Richtig spannend wird das Sticken aber erst, wenn man einmal versucht, mit ganz ausgefallenen Materialien zu sticken (siehe unten).

- *Stickgrund* (Stoffe und andere Trägermaterialien): Grundsätzlich können alle Stoffe als Unterlage für Stickerei dienen. Auch hier entscheidet man wie beim Stickgarn gemäß beabsichtigter / beabsichtigtem
    - Stichart (für Kreuzstiche empfiehlt sich z. B. auszählbares Gewebe),
    - Stickgarn (siehe oben),
    - Verwendungszweck des Objektes (Kleidungsstück, Gebrauchshülle oder Bildobjekt),
    - Geschick und Vorerfahrung des Stickers (vorgestanzte Pappen können sogar Kindergartenkinder besticken) und
    - Gestaltungsabsicht (Verzierung eines textilen Gebrauchsgegenstandes, bildendes Kunstwerk, provozierende Plastik, sticktechnisch-experimentelle Arbeit etc.).

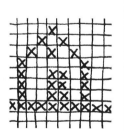

Es lassen sich die verschiedensten Trägermaterialien besticken:
- *klassische Stickgründe* aus Stoff oder Kunstfasermatten (Stramin, Rupfen, Flockenbast, Nessel, Leinen, Jutetuch, Seide etc.), wobei man leicht zu bestickende Materialien, die fest und / oder auszählbar sind wie z. B. Stramin, von schwer zu bestickenden Materialien mit fließendem Fall und gleichmäßiger Oberfläche wie Seide unterscheidet
- *Pappen oder Stickkarton* (gibt es bei Labbé – ideal für junge Anfänger)
- *gelochte Flächen und Körper* jeglichen Materials (wie z. B. Leder, Metall, Kunststoff, Sieb, Maschendraht, Eierkartons, Strohpapierkörbe, gelochte Ränder von Tonvasen etc.). Dazu nachfolgend mehr.

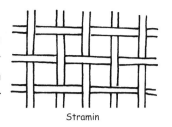

Stramin

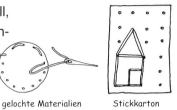

gelochte Materialien   Stickkarton

4. Technik

- *Entwurf:* Freigestaltete Motive können mit Bleistift, Wasserfarbe, einer Spezialtinte, Abplättmaterialien, Kopier- oder Schneiderpapier auf den Stickgrund (z. B. Stoff) übertragen werden. Kreuzstichmotive können auf Karopapier entworfen werden.
- *Stickstiche:* Aus der Vielzahl von Stichen lassen sich einige „klassische" Stiche herausfiltern. Von jedem dieser Grundstiche gibt es wieder etliche abgeleitete Stiche. Für die Arbeit in der Grundschule sind besonders folgende Stiche interessant:
  - Vorstich (als Ableitung: Saumstich (= Überwindlingsstich), Stopfstich): Der Vorstich ist der einfachste Stich, der auch beim Nähen verwendet wird. Der Stopfstich nähert sich dem Weben an.

Vorstich   Saumstich   Stopfstich

  - Hinterstich (Ableitung: Steppstich, Kettstich)

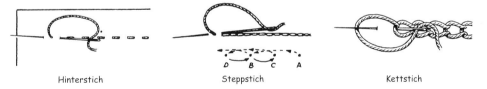

Hinterstich   Steppstich   Kettstich

  - Spannstich (Ableitungen: Plattstich (gerade / schräg), Schnurstich, Nadelmalerei, Flachstich)

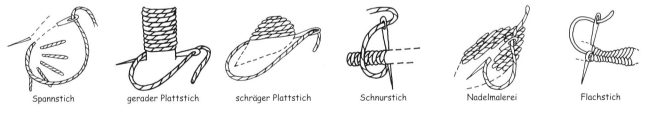

Spannstich   gerader Plattstich   schräger Plattstich   Schnurstich   Nadelmalerei   Flachstich

  - Hexenstich (Ableitung: überstickter Hexenstich)

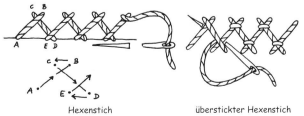

Hexenstich   überstickter Hexenstich

- Stielstich

Stielstich

verlängerter Stielstich

- Schlingstich

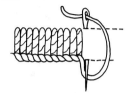
gerader Schlingstich

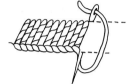
schräger Schlingstich

aufgelockerter Schlingstich

- Knötchenstich (Ableitung: doppelter Knötchenstich, Wickelstich)

Knötchenstich

doppelter Knötchenstich

Wickelstich

- Kreuzstich (Ableitung: Sternstich, halber Kreuzstich)

Kreuzstich

Sternstich

halber Kreuzstich

Die vielen Stickstiche lassen sich meist einer der fünf Hauptgruppen zuordnen:
- Linienstiche
- flächenfüllende / gerade Stiche
- Kreuzstiche
- Schlingstiche / Kettenstiche
- Knotenstiche

Nicht nur die Grundstiche können abgeleitet werden. Die Stickerei selbst findet in vielen Variationen „nahe und ferne Verwandte":

Kreuzstichstickerei, Assisi-Stickerei, Buntstickerei, Spanische Schwarzweiß-Stickerei, Hardanger-Stickerei, Hohlnahtstickerei, Ajourstickerei, Ausschnittstickerei, Gobelinstickerei, Weißstickerei, Bretonische Stickerei, Durchbruchstickerei, Frivolitätenstickerei, Tapisserie- und Teppichstickerei, Pefien- / Paillettenstickerei, Maschinenstickerei, Nähspitzenstickerei, Wabenmuster-Stickerei, Smoken, Nähen, Applikationstechniken, Einsatztechniken etc.

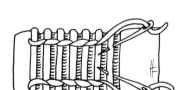
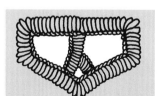
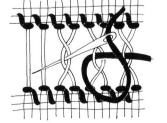
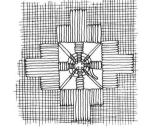

- *Kreativer Umgang mit der Sticktechnik*

  Die wirklich große Vielfalt der Möglichkeiten schöpft man dann aus, wenn man die Kinder mit allen „Variablen" der Stickerei spielen lässt. Die Kinder können:
  - verschiedene *Garne* ausprobieren. Die Palette der Stickgarne ist groß und kann durch alles Mögliche erweitert werden: Schnürsenkel (durch gelochte Pappe ziehen), Geschenkbänder, Pflanzenhalme (durch große Blätter), Lametta, Bänder, Stoffstreifen, Draht und jedes andere formbare, lineare Material.
  - verschiedene *Stickunterlagen* ausprobieren. Alles, was man durchlöchern kann oder durchlöchert ist, ist einen Versuch wert: Pappe, Stickkarton, Blätter, Siebe, Maschendraht, Styropor, Baustoffvlies, Gardinen, Leder, Eierkartons, Strohpapierkörbe, gelochte Tongefäße, Fliegengitter, Geschenkpapier, Holzgitter, Elektrosteckplatten, Metallzaunstücke, Gartenzaun, der Zaun ums Schulgebäude etc. Aber natürlich auch textile Materialien wie Gewebe, Stramin, Tüll, Maschenwaren, Filze, Vliese etc.
  - verschiedene *Zusatzmaterialien* mit einbeziehen:
    Perlen, Stöckchen, Papierröllchen, Stoffreste, Federn, Pailletten, Watte, Knöpfe, Bänder etc.
  - verschiedene *Werkverfahren* ausprobieren:
    Stickgrund zuvor verändern (wie z. B. bei der Durchbruchstickerei, bei der vor der Stickerei Fäden aus dem Gewebe gezogen werden)
    · Ton-in-Ton-Stickerei (wie z. B. bei der Weißstickerei, bei der die Stickerei eine neue Oberflächenstruktur erzeugt)
    · Stickmaterialien knäulen, in Falten legen, beim Sticken zusammenziehen (wie z. B. bei der Wabenmusterstickerei oder bei der Smoktechnik)
    · Bänder mit verschiedenen Stickstichen formen und verbinden (wie z. B. bei der Nähspitzenstickerei)
    · Maschinenstickerei (Nähmaschinen mit Stichfunktionen haben ihre ganz eigenen Reiz. Vielleicht bringt eine Mutter ihre Maschine einmal für einige Stunden in die Schule und beaufsichtigt auch gleich die Kinder beim Experimentieren!)

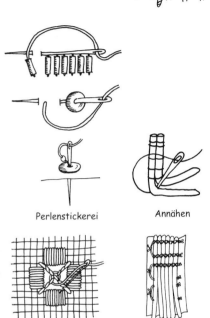

Perlenstickerei   Annähen

Durchbruchstickerei   Smoken

Bitte lassen Sie sich bei der Arbeit mit Grundschülern nicht von den perfekten Vorlagen in Stickheften oder Bastelheften verführen und/oder verrückt machen. So etwas können Grundschüler nicht und sollen es auch nicht können. Beim Sticken mit Grundschülern zählt das Werkeln, Machen und Entdecken. Die Freude beim Experimentieren mit der Technik steht im Mittelpunkt. Nicht das perfekte Ergebnis. Das heißt nicht, dass die Kinder ihr Vorhaben nicht auch sorgfältig und ausdauernd zu Ende führen müssen. Man kann auch einen Schulzaun unkonventionell und trotzdem ordentlich besticken.

Die intellektuelle Leistung, aus dem Vorhandenen die unterschiedlichsten Variationen zu gestalten, ist das eigentliche Ziel (im Sinne von: „Der Weg ist das Ziel"). Ich finde es äußerst spannend, die Kinder bei der Umsetzung ihrer schöpferischen Energie zu beobachten und lasse mich gerne von der fantasievollen Experimentierfreude mitreißen. Nicht selten entstehen dabei kostbare und einzigartige Kunstwerke, die eine einmalige Ausstellung ergeben können. Oft verweilen die Betrachter der (nicht unbedingt im klassischen Sinne als schön zu bezeichnenden) Exponate gerne vor diesen, gerade weil sie so abwegig und unterschiedlich sind und man in ihnen die Gedankenwelt der Kinder und die Entstehungsgeschichte des Objektes ablesen kann.

Stickereien auf Alltagsgegenständen und als kleine Geschenke:

Wer kein Bildobjekt mittels Stickerei gestalten, sondern Stickerei auf gebräuchlichen Alltagsgegenständen und damit in ihrer häufigsten Anwendungsform einsetzen möchte, hat auch mit Grundschülern ein weites Feld von Möglichkeiten. Stickerei kann:

- textile Hüllen und Flächen verzieren, differenzieren, strukturieren:
  T-Shirts, Pullis, textile Schuhe (Leinenturnschuhe, Espandrilles), Kappen, Mützen, Schals, Handschuhe, Servietten, Tischdecken, Kissen, Duftkissen, Handtücher, Taschen, Turnbeutel, Leinentaschen, Buchhüllen, Fotoalbumhüllen, Schreibzeugetuis, Teppiche, Bettwäsche u. a. für die Puppenstube, Karnevalskostüme (Indianer- oder Piratenweste),
- textile Materialien und Objekte verbinden (wie z. B. beim Nähen oder Applizieren).

Fundgrube:

Bücher

- A. Schulte-Huxel / A. Sperber: „Stoff, Garn, Wolle", Augustus Verlag
- Ute Hammond: „Mein erstes Stickbuch. Der Stickkurs für Kinder ab 8 Jahren", Augustus Verlag, 1999
- Karin Levenig (Mitarbeiter), u. a.: „Spiel und Spaß Aktiv. Ich kann sticken." (Ab 8 J.) Coppenrath, 2002
- Ingeborg Bohne-Fiegert / Waltraud Ragnow: „Wir sticken. Handarbeitsbuch für Kinder", 1988
- Katharina Dietrich: „Perlenspaß. Kinder basteln mit Perlen. Sticken, Weben, Fädeln", Augustus Verlag
- Martha Riedl: „Sticken mit Kindern", frechverlag, 1995
- Jutta Lammer: „Das neue Ravensburger Handarbeitsbuch für Kinder. Nähen, Sticken, Applizieren, Weben, Häkeln, Knüpfen, Stricken", Ravensburger Buchverlag, 1985
- Helga Lang: „Sticken. Stiche, Techniken und Anregungen", Ulmer, 1997
- Barbara Wälchli Keller: „Freies Sticken. Kreatives Arbeiten mit Faden und Farbe", At-Verlag, 1993
- Regine Lubert: „Kreuzstich, Bunte Clowns", Augustus Verlag, 1996
- „Alphabete, Monogramme, Ziffern und Ornamente für die Stickerin", Schäfer, 1998
- Uta-Christiane Bergemann, u. a.: „Die Stickereien", Akademie-Verlag, 2000
- Axel Scheffler, Rosa Scheffler: „Perlhuhn und Glitzermond. Mit einer Anleitung zum Perlensticken", Rowohlt, 1998
- M. Rice: „Spiel-und Bastelbuch Stoff", Neuburg Verlag

Internet

- *www.die-nadelmalerin.de.vu* (Plattstiche)
- *www.kreuzstichparadies.de* (Kreuzsticharbeiten)
- *www.naehkoerbchen.de* (Verschiedene Stickstiche)
- *www.handarbeiten.de* (Stickliesels Homepage)
- *www.stichart.de* (StichArt)
- *www.bildkompositionen.de* (Bildkompositionen osmanischer Stickereifragmente)
- *www.ekd.de* (Paramentik der Evangelischen Kirche in Deutschland)
- *www.bitverlag.de* („Kleine Technikhistorie Sticken: Zierde zum Zeigen")
- *www.naehstudio.de* (Stickbedarf, Anregungen, Anleitungen)
- *www.hyggelig.de* (Stickbedarf)

Sonstiges

- „Werkstatt für Textile Objekte und Paramentik", die auch zu einem Besuch herzlich einlädt:
  Kaiserswerther Diakonie, Alte Landstraße 179, 40489 Düsseldorf, Tel: 02 11/ 4 09-0

Klassisches Sticken

1. Materialforscher: Das benötigen Sticker. Notiere die richtige Zahl vor dem entsprechenden Begriff!

① ② ③ ④ ⑤ ⑥

◯ Stickgarn ◯ Sticknadel ◯ Stoff oder Stramin ◯ Fingerhut ◯ Schere ◯ Stickrahmen

2. Wozu benötigt man die abgebildeten Gegenstände? Ergänze die Begriffe von Aufgabe 1.

Die _____ kann spitz oder stumpf sein. Durch das Öhr fädelt man das Stickgarn ein.

Die für feine Stickarbeiten geeignete _____ hat spitze und scharfe Klingen.

Das _____ schützt den drückenden Finger vor spitzen Nadeln und erleichtert die Arbeit mit festem Stoff.

Das _____ kann aus Seide, Leinen, Baumwolle, Wolle oder Kunstfasern sein. Für Anfänger eignet sich zum Beispiel „Perlgarn" oder „Sticktwist". Es wird oft in Strängen verkauft.

_____ oder _____ sind zwei von vielen möglichen Dingen, die bestickt werden können. Es macht auch Spaß, Turnschuhe, Hosen, Kappen, Beutel oder einen Stickgrund aus einem ganz anderen Material (wie zum Beispiel Pappe) zu besticken.

3. Stickstichrätsel!
   Findest du den Steppstich, Plattstich, Stielstich, Schlingstich, Knötchenstich und Kreuzstich? Trage ein.

Vorstich

P

Ste

Kn

K

St

Sch

Freies Sticken entdecken
Etwas für findige Forscher

Stickgrund
Darauf kannst du sticken:
Spezielle auszählbare Stickstoffe, Stramin, Tüll, alte Gardinen, Fliegengitter, Filz, Pappe, Blätter von großen Pflanzen, Maschendraht, Holzgitter, Gartenzaun, aber natürlich auch auf deiner Lieblingshose, T-Shirts, Espandrilles, Kappen, Handtücher, Schals, Tücher, Turnbeutel, textile Buchhüllen …
Weißt du noch mehr? _____

Zubehör-Material
Versuche doch einmal, ein paar Perlen mit einzusticken!
Geht es auch mit Stöckchen, Papierröllchen, Stoffresten, Federn, Watte, Bändern, Knöpfen?
Was hast du gefunden? _____

Stickfaden
Probiere doch mal etwas Neues aus:
Interessante Stoffgarne, effektvolle Wolle, Seile, Pflanzenhalme, Bänder, Draht, Lametta, Schnürsenkel, Stoffstreifen …
Was fällt dir noch ein? _____

Technik
Es gibt unzählige Stiche! Hier findest du einige Grundstiche. Erfinde selbst ein paar Stiche und male sie dazu.

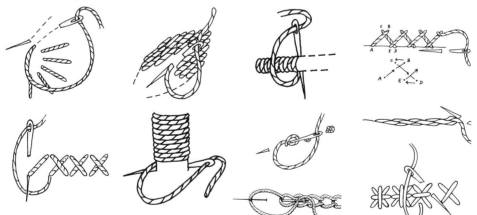

BVK PA13 · Doris Krebs   Textilgestaltung

„Spritzig"

Projekt Nr. 8

Schwerpunktthema: Spritzdruck und andere Stoffdruck- und Reserveverfahren

Passend zu den Sach-Deutsch-Projektthemen: beliebig, je nach Motivwahl; hier Pferde – Tiere – Natur

Zeit: 6–8 Unterrichtsstunden

Material: weißer Baumwoll- oder Leinenstoff (z. B. ein altes Betttuch), Spritzsieb, Zahnbürste, Textilfarben oder Deckfarben (je nach Verwendungszweck), Küchenpapier, Zeitschriften oder Motivgegenstände (siehe unten), Schere
Nach Wahl: Stickgarn, Sticknadeln, Tüll, Perlen

Lernziele:

- Veränderung von textilen Flächen durch Bedrucken oder Reservieren erfahren
- Die ästhetische Wirkung beim Ausgestalten einer textilen Fläche wahrnehmen
- Spritzdruck als Reserveverfahren und als ein mögliches Stoffdruckverfahren kennenlernen und erproben
- Möglichkeiten zur Rapportbildung, Musterung, Ornamentierung, Motivbildung und Bildgestaltung erproben:
    - Figuren durch Umrissdarstellungen wiedergeben
    - Ornamente bzw. Musterrapporte mittels einer Schablone gestalten
    - Schablonen exakt ausschneiden
    - Muster und Ornamente anordnen und Druckmotive aufeinander beziehen
    - Durch planvolles Reservieren Vordergrund- und Hintergrundmotive gestalten
    - Farbmischungen wahrnehmen und gezielt einsetzen
    - Sauberes, geduldiges und ausdauerndes Arbeiten

Weitere mögliche Lernziele:

- Variationsmöglichkeiten des Musters kennenlernen und sie beim Erfinden von Mustern anwenden (Reihung, versetzte Reihung, Abstand, Drehung, Spiegelung, Bilden von addierten Formen)
- Hell-Dunkel-Kontrast kennen lernen und Helligkeitsunterschiede der Farben bewusst einsetzen
- Durch weitere Flächengestaltungstechniken (Sticken, Applizieren, Malen etc.) das Druckbild verändern
- Entdecken und Ausschöpfen der gestalterischen Möglichkeiten mit textilem Material und textilen Techniken
- Einfache Formen sticken, geeignete Stiche kennenlernen und dadurch Druckmotive hervorheben
- Begriffe wie „Muster" und „Rapport" („Ornament", „Bildmotiv") handelnd erschließen und zur besseren Verständigung nutzen

Einstieg:

Diese Gestaltungsaufgabe bietet eine einfache Möglichkeit, schon mit den jüngsten Grundschulkindern Reserveverfahren zu erproben, ohne den üblicherweise damit verbundenen Aufwand auf sich zu nehmen. Reserveverfahren wie z. B. Batiken sind zwar technisch kein Problem für Schulanfänger, stellen aber für den Lehrer eine „Großkampfaktion" dar. Diese Matscherlebnisse sind herrlich, aber nur in den höheren Klassen (3./4. Jahrgang) auch ein Vergnügen für den Lehrer.
Andere Stoffdruckverfahren, wie z. B. der (Kartoffel-)Stempeldruck sind eine weitere reizvolle Unterrichtsmöglichkeit. Die Druckergebnisse werden aber nicht so „filigran" und „kunstvoll" wie Spritzdruckarbeiten.

Ferner wirken „zarte" Stickereien auf gespritzten Arbeiten besser.

Das vorgeschlagene Bildthema ist sehr flexibel. Das gespritzte Motiv kann beliebig gewählt werden. Wenn Sie mögen, können Sie die Motivvorgabe an Ihren Sach-/Sprachunterricht binden (Igel/Blätter zum Herbstprojekt, Hunde/Katzen/Vögel/Hamster zum Haustiereprojekt, Autos/Flugzeuge etc. zum Verkehrsprojekt, Schreibwerkzeuge o. Ä. zum Postprojekt usw.).

Methodische Anleitung / Bildaufbau:

1. *Spritzdruck:*

Beim Spritzdruck ist die Form (die spätere Umrisslinie) des Motivs sehr wichtig. Nur diese wird schließlich „gedruckt". Die Binnengestaltung wird bei dieser Art Druck nicht wiedergegeben. Das muss den Schülern bei der Motivauswahl bewusst sein, damit sie von ihrem späteren Arbeitsergebnis nicht enttäuscht sind. Diese Erkenntnis können Sie durch eine vorangestellte Forscheraufgabe anbahnen: Entweder lassen Sie die Kinder frei mit der Technik experimentieren (mit Deckfarben und Schmierpapier) oder Sie bereiten drei Motive vor:

Suchen sie aus Zeitschriften drei Motive aus, kleben Sie diese auf einfarbige Pappen und schneiden Sie sie aus. Die Kinder können nun betrachten und vergleichen wie unterschiedlich die Wirkung der Vorder- und Rückseiten sind. Beginnen Sie mit der einfarbigen Rückseite und lassen vermuten, was sie aus der Zeitung ausgeschnitten haben. Die Kinder erkennen schnell: Es gibt eindeutige Umrisse und weniger eindeutige Umrisse.

Scherenschnittspritzdruck

Die Druckschablonen für die Gestaltungsarbeit können sich die Kinder entweder selbst zeichnen oder sie wählen Motive mit interessanten Umrissen aus Zeitschriften aus. Das Motiv wird auf feste Pappe geklebt und sauber ausgeschnitten. Alternativ lassen sich auch alltägliche Gegenstände als fertige „Schablonen" zum Drucken verwenden: Blätter, Büroklammern, Gardinenstoff, Tortenspitzen etc. Sehr interessant wirken auch kleine Scherenschnittornamente.

Folgende Motive sind besonders „dankbar":

- *Ein Blatt oder mehrere Blätter:* Mit ihnen kann eine Herbstlandschaft entstehen
- *Tiere in Bewegung:* Eine Pferdeschablone kann zu einer Herde rennender Pferde in einer Koppel werden. Hühner können sich um Körner „ballen". Vögel fliegen in den Süden. Fische schwimmen in Schwärmen durch das Meer. Schmetterlinge fliegen über eine Wiese ...
- *Zwei bis drei Hausmotive:* Aus ihnen kann eine Stadt (bei Nacht) werden.
- *Menschen in Bewegung:* Man kann ein Fußballspiel gestalten oder Menschen an der Bushaltestelle, Kinder auf dem Schulhof etc.
- *Autos:* Eine belebte Straße, ein Stau oder ein Autotransporter wären denkbare Motive.
- *Blumen:* Eine verspielte Blumenwiese ist der ideale Ausgangspunkt für die Bildergänzungen, die nachfolgend noch beschrieben werden.
- *Dinosaurier:* Die Jungen werden begeistert sein. Dinosaurier unterscheiden sich deutlich in ihren Umrissen. Eine Dinosaurierherde auf der Flucht vor einem ausgebrochenen Vulkan müsste doch auch etwas für die ganz „Coolen" sein.
- *Segelschiffe:* Eine Segelregatta oder ein Hafen sind reizvolle Motive.

- *Pilze:* Ein Waldboden kann mit einer Mischung aus zugeschnittenen Schablonen und getrockneten Blättern (Farnen) toll aussehen.
- *Sterne:* Ein Himmelbild, Sternbilder, Weihnachtssterne … Sterne sind vielseitig.
- *Buchstaben:* Es macht Kindern immer Spaß, ihren eigenen Namen kunstvoll zu gestalten.

Wenn Sie mit den Kindern Ideen sammeln, können Sie diese Liste mühelos ergänzen (bis auch der letzte Schüler sein Bildvorhaben entdeckt hat).

Für ein besonderes Elterngeschenk bietet sich auch ein abgespritzter Scherenschnitt des Kopfprofiles des Künstlers an.

Der Druckgrund (weiße Baumwolle oder Leinen) wird glatt auf die Arbeitsfläche gelegt (evtl. Stoff zuvor bügeln). Das Motiv wird aufgelegt. Die Umrisse werden umso deutlicher abgebildet, je glatter die Schablone auf dem Stoff liegt. Um das zu erreichen, kann man zusätzlich kleine „Beschwerer" (z. B. kleine Steinchen) auf das Motiv legen. Eine andere Möglichkeit besteht darin, die Schablone mit Stecknadeln festzuheften.

Vor der Spritzarbeit sollten Sie die Kinder Kittel oder alte Kleidung anziehen lassen (sonst machen Sie sich bei den Müttern unbeliebt!).

Mit Zahnbürste und Spritzsieb wird nun die Farbe über dem Motiv „vernebelt". Große Tropfen kann man vermeiden, wenn man die Zahnbürste vor dem Verspritzen der Farbe etwas ausschlägt. Tropfnasse Bürsten kleckern schnell. Nichtsdestotrotz stellen Sie Ihre Kinder vor der Arbeit darauf ein, dass Spritzflecken nur schwer vermeidbar sind. Sie zerstören das Werk auf keinen Fall, sondern stellen einen besonderen Reiz und einen interessanten Effekt auf dem Bild dar. Ist die Spritzarbeit komplett beendet, kann sich jeder Künster überlegen, ob er den ein oder anderen Klecks noch in das Kunstwerk einbinden will. So kann aus einem größeren Tröpfchen ein kleiner Schmetterling, ein Käfer, ein Steinchen oder Ähnliches werden. Auf keinen Fall sollten die Kinder versuchen, diese Tropfen wegzuwischen. Das ist auf Stoff nicht möglich und macht das Versehen zu einer nicht reversiblen Schmiererei. Die Einstellung ist eben wichtig: Größere Tröpfchen sind nicht schlimm, sondern machen das Bild lebendig.

Die verwendete Farbreihenfolge ist im Grunde beliebig. Ich spritze meist erst die hellen Farben und ergänze später vorsichtig die dunkleren. Bei jeder neuen Farbe kann man das Motiv oder die Motive verschieben. Dazu hebt man die Schablone vorsichtig ab, säubert oder trocknet sie gegebenenfalls (Küchenrolle) und legt sie an einer anderen Stelle wieder auf. Wenn Sie jüngere Kinder auf die Grundfarben Rot, Gelb und Blau begrenzen, entstehen immer interessante Mischfarben-Kombinationen. Achtung: Die Farben Rot, Gelb, Blau übereinandergespritzt ergeben ein schlammiges Braun.

Letztendlich müssen die Kinder vor der Arbeit wissen, dass Spritzdrucken nicht hopplahopp geht. Man muss an allen Stellen geduldig Sprühnebelschicht auf Sprühnebelschicht spritzen, um letztendlich intensive Farben und tolle Umrisse zu erhalten. Das heißt, dass das Bildschaffen durch mehrere Arbeitspausen unterbrochen werden kann und sollte, damit sich die Arme erholen können. Textilfarbe muss nach dem Druck unbedingt fixiert werden, wenn sie waschfest werden soll. Das bedeutet in der Regel: „Einbügeln"! Aktivieren Sie dazu Mütter! (Je nach verwendetem Produkt kann man die Stoffmalfarbe auch im Backofen, in der Mikrowelle oder im Wäschetrockner fixieren.)

Tipp: Sollten Sie keine Spritzsiebe in der Schule haben, können die Kinder auch mit einem einfachen Haushaltssieb die Farbe vernebeln oder die Farbe über ein Lineal rubbeln. Ganz Geschickte können auch nur mit der Zahnbürste spritzen.

Alternativ können Sie dünnflüssige (Textil-)Farbe auch in einen Zerstäuber bzw. in eine Plastiksprühflasche füllen.

Tüftler können sich einen pfiffigen Zerstäuber selber basteln: Ein Plastiktrinkhalm wird nach ca. 6 cm durchgeschnitten. Ferner benötigt man noch ein rechtwinkliges Pappdreieck, bei dem die Schenkel 3 cm lang sind. Mit diesem befestigt man die beiden Trinkhalmstücke rechtwinklig zueinander (siehe Abbildung) und befestigt alles mit Klebeband. Dünnflüssige Farbe kann nun aus einem Wasserglas auf den Druckgrund gestäubt werden. (Dazu geht man am besten nach draußen und lehnt den verstärkten Malgrund gegen einen Baum.)

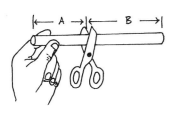 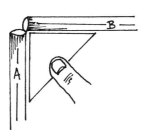 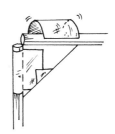 

2. *Sticken:*

Man kann die Arbeit so belassen, wie sie ist, oder sie mit einem schwarzen Filzstift ergänzen oder eine weitere Möglichkeit zur textilen Flächengestaltung wählen:

Mit Nadel und Stickgarn lassen sich ganz zauberhafte Effekte auf den bestehenden Druck zaubern. Zudem wirkt das gedruckte Motiv dadurch noch plastischer und interessanter. Betrachter solcher Arbeiten streichen übrigens oft mit der Hand über solche Werke, um taktil wahrzunehmen, was das Auge „erblickt".

Entweder kann man mit Stickerei

- Konturen verstärken oder
- Struktur ergänzen bzw. besser herausarbeiten oder
- man ergänzt das Bild durch zusätzliche Motive oder
- man belebt die Arbeit durch farblich abgestimmte Perlen, Pailletten, Naturmaterialien etc.

(Ein Blick in die „Mogelkiste": Man kann den Stickereieffekt übrigens auch mit Plusterfarben für Textilien erzielen.)

Kostenplan:

„Herrlich, mal was, wat nüscht kost", jubelte unlängst eine Kollegin, die das Projekt erprobte.

Fast alle Materialien sind in der Schule vorhanden oder können von den Kindern mitgebracht werden, wenn man das Projekt als Papierarbeit durchführt. Eine Textilarbeit mit edler Stickerei darf darüber hinaus aber einige Cents kosten (finde ich!).

Fast alle Preise richten sich nach dem Labbé-Katalog:

Weißer Baumwollstoff	2 m (1,50 m breit) Stoff reichen für 25 Kinder und kosten je nach Angebot 8–10 Euro/m (Statt den Spritzdruck auf Stoff anzulegen, kann man diesen auch einfach auf mitgebrachten hellen Textilien gestalten: T-Shirts, Leinentaschen, Kissen, Geschirrtüchern etc.)
Stoffmalfarbe	Sie ist nur bei Textilarbeiten nötig, die waschfest bleiben sollen, sonst reicht Deckfarbe. Dickflüssige Stoffmalfarbe kann etwas verdünnt werden. Sie reicht dann länger und lässt sich leichter verarbeiten. 50 ml kosten 2,30 Euro. Ich würde sechs Fläschchen in verschiedenen Farben kaufen.
Stickgarn	1 Strang kostet 1,25 Euro. Man braucht nur sehr wenig Stickgarn, da man die Fäden für eine Spritzdruckstickerei auch noch teilen sollte, damit die Stickerei zu dem feinen Farbstaub passt.
Passepartout-Karton	1 Fotokarton (50 x 70 cm) kostet 0,45 Euro. Eine 10er-Packung Tonpapier (50 x 70 cm) kostet 1,85 Euro und reicht für 20 Kinder.
Zusatzmaterial nach Wahl	Perlen, Knöpfe etc. je nach häuslichen Reserven von den Kindern sammeln und mitbringen lassen.

Wenn sie Gebrauchstextilien mit den Kindern bespritzen, benötigen Sie nur die Textilfarbe und evtl. etwas Stickgarn. Das macht ohne die Textilien selbst ca. 0,80 Euro pro Kind.

Bei einem Spritzdruckbild benötigen Sie den weißen Stoff, evtl. Stickgarn und das Passepartout-Papier. Dann müssen Sie mit ca. 0,90 Euro pro Kind rechnen.

Zusätzliche Aufgaben für schnell arbeitende Schüler:

Da der Spritzdruck endlos variabel ist, gibt es noch viele interessante Experimentierideen.

- *Material variieren:* Besonders das Material sollte einmal vielseitig variiert werden: Wie schon angedeutet lassen sich viele Alltagsgegenstände zu fantastischen Spritzkunstwerken verarbeiten: Büroklammern, Stifte, Kugelschreiberspiralen, Scheren, Kämme, Nudeln etc.
- *Stoff spritzen:* Besonders spannend ist es, wenn man Materialien wie Tüll, Gardinenstoff und Spitzen in Wellen und gedreht ansteckt und abspritzt.
- *Farbvariationen erproben:* Auch die möglichen Farbkombinationen schaffen ein großes Experimentierfeld.
- *Reihenfolge verändern:* Genauso verändert die Reihenfolge der gespritzten Farben die Bildwirkung enorm.
- *Musterexperimente:* Die zahlreichen Möglichkeiten der Musterung durch sich wiederholende Rapporte lassen sich auf textilen und nicht textilen Druckgründen endlos ausprobieren.
- *Gebrauchspapiere herstellen:* Spritzdruck eignet sich sehr gut zur Herstellung von Briefpapier oder Schmuckblättern für ein Gedicht. Aber auch Geschenkpapier (Packpapier verwenden) u. Ä. lässt sich mit dieser Technik gut produzieren.
- *Gebrauchsgegenstände herstellen:* Schließlich kann man den Spritzdruck auf vielen verschiedenen Materialien aufbringen. Es lassen sich fast alle geliebten Kleidungsstücke (wenn's die Eltern erlauben!) und textilen Gebrauchsgegenstände individuell gestalten:
  - T-Shirts, Sweatshirts, Turnschuhe, Espandrilles, Shorts, Söckchen, Kappen, Seidentücher, Baumwolltücher, Stoffgürtel
  - Brustbeutel, Turnbeutel, Leinentaschen, Taschen, Brillenetuis, Stiftetuis, Taschentücher, Kulturbeutel, Schirme, Flaschenbeutel, Brotbeutel, Utensilienwandbehänge
  - Tischtücher, Betttücher, Kissenhüllen, Tischsets, Topflappen, Gardinen, Lampenschirme (gefärbte oder bedruckte Stoffe auf selbstklebende Lampenfolie kleben)

- Grußkarten, textile Einbände für Hefte und Bücher, Häubchen für Verschenk-Marmeladengläser
- Textile Brettspiele (z. B. „Mensch ärgere dich nicht" für den Strand bzw. Spielstrandlaken), Stoffpuzzle, Stoffmemory mit Druckmustern, Musterbuch oder -tuch

Anschlussthemen:

- Drucken: Innerhalb des Kapitels „Sachinformation Drucken" erhalten Sie einen Überblick über die zahllosen Möglichkeiten des Druckens, die sich ergeben, wenn Sie die Variablen Druckgrund, Druckfarbe, Druckform, Drucktechnik und Druckart verändern und in sich kombinieren.
- Kombinationstechniken: Neben dem Stoffdruck können textile Flächen auch auf andere Weise gestaltet, strukturiert und verändert werden: Malen, Applizieren von weiteren Stoffstücken, Annähen von z. B. Perlen, Färben (Batik), Marmorieren u. a. Hier gilt es zu sammeln, zu beschreiben, zu ordnen und auszuprobieren. Das Entdecken und Probieren stehen im Mittelpunkt.
- Batik als ein weiteres Reserveverfahren kennenlernen und erproben (siehe Schülerarbeitsblatt)
- Kulturhistorische Überlegungen: Eigene Ausstellungen mit gesammelten Bildern, Büchern, Internetseiten, Exponaten, Hinweisen auf Museen etc. können als Zusatzarbeit oder als eine Aufgabenstellung im Wochenplan eingebaut werden. Welche Textilien und Gegenstände sind bei mir zu Hause bedruckt? Was finde ich in meiner Umgebung? Wo findet man unbeabsichtigte Abdrücke? Was und wie haben die Menschen früher gedruckt? Wie sehen Druckmuster und bedruckte Gegenstände in anderen Ländern aus?
- Die Themen „Farbe", „Muster", „Rapport" sind auch in anderen Techniken von zentraler Bedeutung. Die Stoffverzierungstechnik Sticken greift zum Beispiel auf diese Lernerfahrungen zurück. Näheres finden Sie in Projekt Nr. 7.

Sachinformation „Spritzdruck und andere Stoffdruck- und Reserveverfahren"

1. Fachliche Einordnung

Stoffdruck ist eine Stoffverzierungstechnik mit flüssigem Farbmaterial. Sie stellt für Kinder eine tolle Möglichkeit dar, Textilien Farbe, Muster, Ornament oder Motiv zu geben. Das Besondere der Drucktechnik ist, dass sie auf Grund des Druckstockes die Möglichkeit bietet, Motive beliebig oft zu vervielfältigen. Zusammen mit den in den Projekten Nr. 7, 8, 10 und 11 vorgestellten Stoffverzierungstechniken (Stoffdruck, Stoffmalerei, Marmorieren, Batik, Färben, Sticken, Nähen / Applizieren) können alle verwaschenen „Lieblingsklamotten" der Kinder zu einmaligen Designer-Stücken werden. Und das ist doch etwas!

Durch die vielen historischen und kulturellen Entwicklungen entstanden die unterschiedlichsten Druckverfahren für textile und nichttextile Gestaltungsgründe. Sie werden nach der Druckart, der Drucktechnik und dem Druckvorgang unterschieden:

- Zu den drei wesentlichen *Druckarten* zählen
  - *der Direktdruck:*
    Die Muster werden direkt mit Stempeln, Druckstöcken, Walzen oder Schablonen auf den Stoff gedruckt.
  - *der Ätzdruck:*
    Ein bereits gefärbter Stoff wird stellenweise mit ätzenden Chemikalien bedruckt. Die Färbung löst sich musterartig auf.
  - *der Reservedruck:*
    Stoffe werden mit Reservierungsmitteln bedruckt. Die freiliegenden Stoffstellen nehmen die Farbe an.

- Zu den drei *Drucktechniken* zählen
  - *der Hochdruck:*
    Die Farbe sitzt auf den hochstehenden Teilen der Druckform wie z. B. beim Kartoffelstempel, Linolschnitt, Holzschnitt, Materialdruck, Perrotinendruck.
  - *der Tiefdruck:*
    Die Farbe sitzt in den tiefliegenden Teilen (= Rillen) der Druckform wie z. B. beim Kupferstich, der Ätzradierung und der Kaltnadelradierung.
  - *der Flachdruck:*
    Die Farbe liegt flach auf der Druckform wie z. B. beim Schablonendruck, Siebdruck, Filmdruck, bei der Lithografie und der Monotypie.

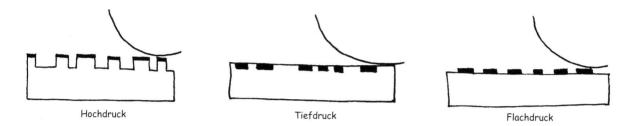

Hochdruck · Tiefdruck · Flachdruck

- Bei den *Druckvorgängen* unterscheidet man Hand- und Maschinendruck.

Beim Musterdrucken und Ornamentieren eines Werkstückes kommt man schließlich nicht um einen Begriff herum: den *Rapport*. Dieser ist die kleinste Figur, die durch Aneinanderreihung in Längs- oder Querrichtung das Druckmuster ergibt.

Auch schaffen Themen rund um die Stoffverzierung und Ausgestaltung textiler Flächen eine ideale Gelegenheit, das Thema *Farbenlehre* unter die Lupe zu nehmen. Ausführliche Informationen dazu erhalten Sie im Kapitel Farbenlehre innerhalb der „Didaktischen Grundlegung".

Beim Drucken sammeln die Kinder reichlich Erfahrungen mit den unterschiedlichsten *Bildmitteln*:
- *Bildelemente (des Flächenhaften):* Drucken nutzt die Formelemente der Grafik:
  - Punkt (durch z. B. einen Nagelabdruck) in unterschiedliches Qualitäten (groß, klein, farbig, mit Ecken, als Tupfen, als Sprenkel, als Farbstaub etc.)
  - Linie in unterschiedlichen Qualitäten (dick, dünn, lang, kurz, senkrecht, waagerecht, parallel, strahlenförmig, durchquert, gekreuzt, gebogen, zackig, gekrümmt, kurvig, rund, gewellt, strukturiert, negativ, gefüllt, mit Zwischenraum, ungleichmäßig dick etc.)
  - Fläche nach den Grundformelementen (Kreis, Oval, Dreieck, Viereck) und in unterschiedlichen Qualitäten
  - Fleck im Sinne einer nicht gleichmäßigen Fläche und in unterschiedlichen Qualitäten
- *Kontraste:* Beim Drucken kann man wie beim Zeichnen und Malen z. B. folgende Kontraste einsetzen:
  - Farbkontraste, Formkontraste, Größenkontraste, Mengenkontraste, Richtungskontraste (Kontrastüberlagerungen)
- *Ordnungsprinzipien:* Von den vielen Ordnungsprinzipien sind beim Drucken folgende besonders interessant: Umriss / Kontur, Silhouette, Reihung, Muster, Streuung, Ballung, Rhythmus, Verdichtung / Verschmelzung, Auflockerung, Überdeckung / Überschneidung / Überlagerung, Symmetrie / Asymmetrie, Parallelität, Horizontale, Vertikale, Diagonale, Verzweigung, Verkleinerung, Staffelung, Schichtung, Struktur, Faktur, Textur, Transparenz, Perspektive

2. Kulturhistorische Einblicke

Sich und seine Umgebung zu schmücken ist ein ureigenes Bedürfnis des Menschen. Gedruckte Muster sorgen für eine optische Veränderung textiler Flächen. Sie finden sich zu allen Zeiten und in allen Ländern: Die Bandbreite reicht von den einfachsten Fingerabdrücken mit pflanzlichen Farbstoffen auf dem eigenen Körper bis hin zum hochkomplizierten Muster ausgeführt von computergesteuerten Druckmaschinen der Neuzeit.

Schon in der Frühgeschichte schmückte man Gefäße mit aus Holz oder Bein geschnitzten Ornamentstempeln, die sich leicht in den weichen Ton eindrücken ließen. Die Babylonier drückten erste Schriftzeichensiegel in Ton. Die Chinesen entdeckten schließlich die Papierherstellung und nutzten die Siegel in Kombination mit Farbbreien als Stempel. Die Grundlage des ornamentalen Stempeldrucks auf Stoff war gelegt. Unlösliche Pigmentfarben wie Röteln und Kienruß wurden mit Öl angerieben. Rot und Schwarz waren die ersten Druckfarben, später kamen Grün, Gelb und Lichtblau hinzu.

Im 9. Jahrhundert wurde der Pigmentfarbdruck in Deutschland nur in Klöstern gepflegt. Im 17. Jahrhundert führten seereisende Kaufleute feine indische Baumwolle und mit ihr den überaus beliebten Kattundruck in Europa ein. Bis ins 20. Jahrhundert hielten sich typische Druckberufe wie der des „Handdruckers" und der des „Formenschneiders".

Zu Beginn des Textildruckes wurde mit hölzernen Druckmodellen direkt auf den Stoff gedruckt (Hand-, Model-, Blockdruck). Auch wurde mittels Musterschablonen und Spritzpistolen Farbe auf Stoff gespritzt (Spritzdruck). Später erleichterte der Walzendruck (Relief- und Rouleauxdruck) die Arbeit. Der Filmdruck (ähnlich dem Siebdruckverfahren) wurde ein gebräuchliches Industriedruckverfahren (Filmflachdruck und Rotationsfilmdruck). Schließlich wurden noch Transfer- und Umdruckverfahren entwickelt. Diese Art Thermodruck überträgt mittels Hitze und Druck Motive von Papier auf Stoff.

3. Das Material

- *Druckgrund:*

    Die Wahl des Trägermaterials hängt ab von
    - der verwendeten Drucktechnik,
    - der Druckfarbe,
    - der Verwendungsabsicht des bedruckten Objektes und
    - der Gestaltungsabsicht.

    Generell kann alles bedruckt werden, was Druckfarbe annimmt. Einfarbige, helle Materialien bieten sich für Anfänger an. Das können textile, aber auch nichttextile Untergründe sein:
    - Textile Druckgründe: appreturfreie, gewaschene Stoffe mit glatter, geschlossener Oberfläche wie Materialien aus Baumwolle, Leinen, Nessel oder Seide (z. B. alte Betttücher, T-Shirts, Kappen, Leinenschuhe, Stoffbeutel …).
    - Nichttextile Untergründe bieten sich bei den Differenzierungsaufgaben an: Papier (als Briefpapier, Umschlagpapier, Geschenkpapier), Pappe (Schachteln, Projektmappen), aber auch Sand, Wände, Schnee, Matsch etc.

- *Druckfarbe:*

    Die Wahl der Druckfarbe hängt wiederum von der gewählten Drucktechnik, dem Druckgrund, dem Verwendungszweck des Objektes und der Gestaltungsabsicht ab. Jede Farbe, die auf dem Trägermaterial haftet und die nötige Konsistenz hat, kann verwendet werden. Für Direktdrucke wie den Materialdruck benötigt man unlösliche Farben, die dickflüssig sind. Die Farbpigmente werden dazu in Öl oder anderen nicht wasserlöslichen Bindemitteln angerieben und verdickt. Für Reserveverfahren wie Batik, bei denen der Stoff im Tauchfärbeverfahren eingefärbt wird, benötigt man lösliche Farben. Auch beim Spritzdruck lassen sich dünnflüssige Farben besser „vernebeln" als dickflüssige.

Man kann mit den ungewöhnlichsten Farbmitteln drucken.

Farbstoffe für Textilien überziehen oder durchdringen Fasern, Garne oder Stoffe. Für den Stoffdruck gibt es pastöse Farben in Tuben und flüssige Farben in Flaschen. Stofffarben kann man u. a. durch Bügeln, heißen Dampf, aber auch mit der Mikrowelle und dem Wäschetrockner fixieren. Fixierte Farben sind so mit dem Stoff verbunden, dass sie nicht mehr auswaschbar sind. Wenn das Objekt nicht waschecht sein muss, kann man auch mit Deckfarben, Bunt- oder Wachsstiften, Ätzmitteln, Pflanzenbrei etc. drucken.

Dünnflüssige Farben können mit dem Pinsel auf den Stempel aufgetragen werden, dickere Farbpasten werden besser mit der Farbwalze von einer Glasplatte (oder Ähnlichem) aufgenommen.

- Druckform:
  - Beim Hochdruck kann man das zu druckende Motiv auf
    · eine Trägerplatte (Pappe, Holz, Styropor, feste Kartons etc.) aufkleben oder
    · eine Trägerrolle (Kork, Klopapierrolle, runder Waschpulvereimer etc.) befestigen oder
    · direkt aus dem Trägermaterial herausschneiden (Kartoffel, Styropor, Schwamm, Modelliermasse etc.).
  - Beim Tiefdruck können es im Grundschulbereich weiche, glatte Platten (Radiergummis, Styropor) sein.
  - Beim Flachdruck benötigt man je nach Technik unterschiedliche Materialien (z. B. ausschneidbares Schablonenmaterial wie Papier, Pappe, Klarsichthüllen etc.), die man auf den Druckgrund legt, um anschließend die Farbe über diese zu streichen oder zu spritzen.

4. Drucktechniken

Drucken geschieht oft unbewusst im alltäglichen Leben. Viele Situationen und zufällige Ereignisse führen zu bestimmten Drucktechniken. Diese Beobachtung kann für Grundschüler sehr spannend sein:

- Abdrücke unserer Schuhsohlen auf Mutters weißem Küchenboden, matschige Autoreifen auf der Straße, der Kinderpopo im Sandkasten, Spuren im Schnee, Strumpfbündchen auf der Haut, Fingerabdrücke auf der Tapete (wie schön!) etc.

Neben diesen tollen „Lebenskunstwerken" gibt es noch eine große Anzahl von Drucktechniken, die wir eher als solche erkennen. Von diesen eignen sich sehr viele für Grundschüler. Bei der spannenden Vielfalt der Möglichkeiten laufen nicht nur Kinder Gefahr in einen regelrechten Druckrausch zu geraten.

Die folgenden grundschulgeeigneten Drucktechniken habe ich nach ihrer Art (Direkt-, Ätz- und Reservedruck) geordnet:

- **Direktdruck:**
  - *Materialdruck* (Materialien verschiedener Art werden als Druckstempel benutzt. Das können sein: gepresste Blätter, Wellpappe, Draht, Styropor, Büroklammern, Spitzenstoffe, Knöpfe, Kartoffeln, Nudeln, Nussschalen, Kiefernzapfen, Dichtungsringe, Tüll, Schwämme etc. Das Motiv wird auf eine Trägerplatte geklebt oder direkt gestempelt. Mit Pinsel, Walze oder Stempelkissen wird das Motiv eingefärbt.

Material für Materialdruck | Blätter | Tortenspitze | Schwämme

Abhängig von der Stempelplatte haben die Druckergebnisse eine mehr oder weniger ausgeprägte Eigenstruktur.
Die nachfolgenden Druckverfahren sind die klassischen Grundschulvarianten des Materialdrucks:
- *Kartoffeldruck:* Motive werden in halbierte Kartoffeln eingekerbt.

- *Schablonendruck:* Motive werden aus Pappe, Karton, Wellpappe, Moosgummi etc. ausgeschnitten, gefärbt und gedruckt. Auch die Pappkanten eignen sich zum Drucken (Kantendruck).

Schablonendruck

- *Kartondruck:* Alternativ können Pappmotive aufgeklebt, zusammen mit dem Hintergrund eingefärbt und auf einen Druckgrund gedrückt werden.
- *Gemüsedruck:* Geschnittenes Gemüse oder Obst wie halbierte Äpfel, Blumenkohl- oder Paprikastreifen bieten sich ideal als Landschafts- oder Mandaladruckmotive an.
- *Gummistempeldruck:* Die Motive werden aus Radiergummis ausgeschnitten. Es funktioniert auch mit einem Stück Seife.

Kartondruck Obst-Gemüsedruck Radiergummidruck

- *Kordeldruck:* Kordel, Schnüre, Bindfäden etc. werden als lineare Ornamente aufgeklebt. Bei größeren Motiven kann das Papier auf das gefärbte Druckmotiv gelegt und das Ornament aufgedrückt werden.

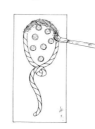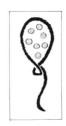

- *Finger- und Handdruck:* Aus Fingerabdrücken können mit einem Filzstift z. B. lustige Figürchen entstehen.

Fingerdruck Handdruck

- *Styropordruck:* Motive werden in Styroporplatten geritzt oder aus diesen ausgehoben.
- *Linoldruck:* Motive werden in Linolplatten geritzt oder aus diesen ausgehoben.
- *Prägedruck:* Ein Kartondruckbild aus Pappteilen kann auch durch weiches, leicht feuchtes Papier gedrückt werden.

Styropordruck

Linoldruck

Prägedruck

- *Frottage oder Rubbelbilder:* Strukturiertes Material (z. B. Geldstücke) wird unter Papier gelegt und mit Farbstiften durchgerieben. Auch Klebstoffbilder lassen sich toll durchrubbeln.
- *Klecksbilder:* Bemalte Bildhälften werden gespiegelt auf die zweite Bildhälfte gedrückt. Ähnlich verfährt man beim Marmorieren oder der Monotypietechnik (z. B. mit Kohlepapier).

Frottage

Frottage

Frottage

Klecksdruck

- *Kordelzugdruck:* Alternativ kann man auch einen gefärbten Faden zwischen zwei Druckgründe legen und langsam herausziehen.

Kordelzugdruck

- *Rolldruck:* Eine Schnur o. Ä. wird um eine Rolle (z. B. Klopapierrolle) geklebt und damit ein Endlosmuster gewalzt. Alternativ kann man Modelliermasse mit ausgeritzten Motiven um eine Rolle kleben und als Endlosmuster drucken.
- *Monotypie oder Einmaldruck:* Ein Blatt Papier wird vorsichtig auf eine Schicht ausgewalzter Farbe gelegt und der Entwurf von der Papierrückseite auf das Papier gedrückt.
- *Marmorieren:* Farbpigmente schwimmen auf einer Kleisterbadoberfläche und werden zu Mustern verzogen. Ein Muster kann nur einmal auf Papier, Stoff oder einem anderen Druckgrund abgedrückt werden. (siehe Schülerarbeitsblatt Projekt Nr. 14).
- *Seifenblasendruck:* Seifenlauge wird mit z. B. Temperafarbe eingefärbt. Man pustet Seifenblasen in die Luft und fängt sie mit dem Malgrund auf. Nett!

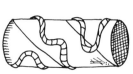
Rolldruck

Monotypie

Seifenblasendruck

- *Kreidedruck:* Auf einem feuchten Schwamm wird mit Kreide ein Motiv gemalt und mehrmals auf Papier oder Stoff gedruckt.
- *Filzstiftdruck:* Das Filzstiftinnenleben kann wie ein Stempelkissen für Punktmuster und Punktornamente genutzt werden.

Kreidedruck

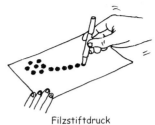
Filzstiftdruck

- **Ätzdruck** (z. B. wie bei Radierungen) kann man in der Grundschule nur bedingt einsetzen. Die Idee des Ätzdruckes findet sich aber in folgenden grafischen Techniken wieder:
  - *Tintenkillerdruck* (mit Tinte gefärbtes Papier erhält mittels Tintenkiller Muster und Motive)
  - *Kratztechnik* (Papier wird mit Wachsmalstiften erst flächendeckend bunt, anschließend mit deckender schwarzer Wasserfarbe übermalt. Das Motiv wird nun nicht geätzt, sondern herausgekratzt.)

Tintenkillerdruck

Kratztechnik

- **Reservedruck:** Reservemusterungen sind Färbemethoden, die eine farbige Verzierung von Stoffen oder Garnen mit Hilfe vor der Färbung angebrachter und nachher wieder entfernter partieller Abdeckungen oder Reserven erzielen. Die Musterung erfolgt also nicht durch direktes Auftragen von Farbe, sondern indirekt durch Aussparen auf einem zu färbenden Grund.
  - *Spritzdruck:* (siehe Projektbeschreibung)
  - *Schablonendruck:* Ähnlich dem Spritzdruck wird vor dem Farbauftrag eine Fläche durch Schablonen reserviert.

Schablonendruck

- *Siebdruck:* Die Farbe kann z. B. durch feinen Stoff auf eine Schablone und den Druckgrund gerieben oder gesiebt werden. In der Schule ließe sich ein Stickrahmen mit Stoff beziehen und eine pastöse Farbe (Stoffmalfarbe, Dispersionsfarbe oder cremig gerührte Deckfarbe) durch das Stoffsieb auf eine Papierschablone sieben. Der unter der Schablone befindliche Druckgrund (z. B. Stoff) wird überall dort gefärbt, wo keine Schablone aufliegt. Das Motiv erscheint heller und in der Stofffarbe.
  - *Klebstoffschablonendruck:* Ein Motiv wird mit Klebstoff auf Stoff gezeichnet. Der Stoff wird in einen Stickrahmen gespannt und auf den Druckgrund gelegt. Mit einem Gummischaber gibt man pastöse Farbe auf den Stoff und drückt sie durch den Stoff auf den Malgrund. Das Motiv erscheint auf dem Malgrund als ungefärbte Stellen. Dieses Verfahren überschneidet sich mit anderen Reserveverfahren wie dem Siebdruck.
  - *Wischdruck:* Ein Motiv wird z. B. aus Papier ausgeschnitten und mit Blei-, Bunt- oder Wachsmalstiften an den Rändern gefärbt. Mit dem Finger wird die Farbe von den Rändern auf den Druckgrund gewischt.

Das Motiv wird durch den farbigen Hintergrund bzw. die Umrandung sichtbar. Interessant ist es, sowohl die Positiv- wie die Negativschablone zum Wischen zu verwenden.
- *Wachsbatik:* Wachs reserviert auf Stoff oder Papier die Motivflächen (siehe Schülerarbeitsblatt).
- *Abbindetechnik (Plangi):* Durch Abbinden bleiben Materialteile farbfrei. Dieses Reservieren lässt sich auch durch Falten, Knäueln oder Nähen (Tritik) ermöglichen (siehe Schülerarbeitsblatt).
- *Sonnenabdruck oder Bleichbild (Heliographie-Technik):* Ein Motiv wird auf farbigem Papier oder Stoff in die Sonne (oder eine starke Lichtquelle) gelegt. Die Sonne bleicht nicht abgedeckte Stellen aus. Das Motiv selbst bleibt in dem ursprünglichen Farbton stehen, der Hintergrund erscheint einen Farbton heller.
- *Beizreserven:* Bestimmte Stoffstellen werden mit Alaun (aus der Apotheke) so präpariert, dass die Farbe nur dort, nicht aber an den unbehandelten Partien haftet.
- *Ikat:* Fadenmaterial für Gewebe wird vor der Stoffherstellung durch Umwickeln stellenweise reserviert. In der Grundschule würde ich Baumwollfadenstränge teilabbinden, färben und zu Webarbeiten, Flechtarbeiten oder mittels anderer flächenbildender Techniken weiterverarbeiten.

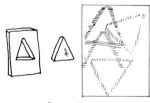   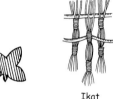

Positiv-Negativ   Bleichdruck   Ikat

Wer sich weiter über das Drucken mit Kindern informieren möchte, dem sei der BVK-Band „Drucken mit Kindern" von Astrid Friedrich ans Herz gelegt.

Fundgrube:

Bücher

- Astrid Friedrich: „Drucken mit Kindern", Buch Verlag Kempen, 2001
- Armin Täubner: „Stoffdruck für Kinder", frechverlag, 1995
- Heide Gehring: „Stoffmalerei und Stoffdruck leicht gemacht", Falken Verlag, 1983
- Ursula Kühnemann: „Stoffdruck, Stoffmalerei gar nicht schwer", frechverlag, 1981
- Susanne Patze: „Lust auf Farbe. Abdruck und Drucktechnik mit Seiden- und Stoffmalfarbe", frechverlag, 1995
- Kate Wells u. a.: „Textilien färben und bedrucken", Bern, 1998
- Marianne Heller-Seitz: „Musterbuch für Seidenmalerei, Batik und Stoffdruck", Ravensburger Buchverlag, 1988
- Ingrid Klettenheimer: „Schule der Stoffmalerei und des Stoffdruckes", 1976
- „Stoffmalerei, Stoffdruck und Batik", Fr. Schneider Verlag, 1982
- Barabara Pohle u. a.: „Färben. Marmorieren. Batik. Stoffdruck", Droemer Knaur Verlag, 1980
- Hilda Sandtner: „Stoffmalerei und Stoffdruck. Geschichte, Technik, Gestaltung", DuMont Reise Verlag, 1983
- M. Künzel: „Malen und Drucken", ALS, 1990

Internet

- *www.handdrucke-seppwach.at* („Produktion": Eine tolle Gelegenheit, in einer Textildruckerei den Handdruckern über die Schultern zu schauen und ein altes Handwerk kennenzulernen.)
- *www.formstecherei.de* (Ein fast ausgestorbenes altes Handwerk, das zur Stoffdruckerei gehört: das Anfertigen von Druckstempeln für den Textildruck. Tolle Stempelanregungen.)
- *www.blaudruckwerkstatt* (Blaudruckerei ist ein altes, traditionelles Stoffdruckhandwerk. Einen Einblick in eine Werkstatt und die Geschichte der Technik bietet diese Website.)
- *www.blaudruckerei-luedinghausen.de* (eine sehr ansprechende Seite zum Blaudruck)
- *www.chapora.de* (interessantes Textilfarbspray (IMAGO-Color))

Batik

- Birgitte Pello: „Batik für Kinder", Englisch Verlag, 2000
- Gabriele Hechtl: „Kreatives Batiken in Schnur- und Wickeltechnik", Urania, 2001
- Dorit Berger: „Batiken auf Seide", Bern, 1985
- Ernst Mühling: „Das Batik-Buch. Ein Lehrgang in Batik", frechverlag, 1982

Sonstiges

Museen mit Ausstellungen zum Stoffdruck:

- Blaudruckerei, Kattrepel 3, 26441 Jever, Tel: 0 44 61 / 7 13 88
- Heimathaus-Freilichtmuseum Scheeßel – Heimatverein „Niedersachsen e.V.,
  Zevener Str. 8, 27383 Scheeßel, Tel: 0 42 63 / 85 51
- Bestimmt finden Sie auch ein Heimatmuseum in Ihrer Nähe, das Druckprodukte zeigt (siehe Museumsliste).

Drucken auf Stoff und anderen Materialien

1. Was gehört wozu?
   Verbinde die Textkästen mit den entsprechenden Bildkästen.

| 1. Direktdruck: Hier klebt man Materialien auf eine Trägerplatte (z. B. einen Klotz) und druckt sie direkt auf den Druckgrund (z. B. Stoff). | 2. Reservedruck: Ein Motiv (z. B. ein Bild) wird ausgeschnitten und auf den Stoff gelegt. Die aufgetragene Farbe färbt nur den freiliegenden Stoff. Das Motiv erscheint schließlich weiß. | 3. Ätzdruck: Der Druckgrund wird gefärbt. Da, wo das Bild entstehen soll, wird die Farbe weggelöscht (weggeätzt). Das Motiv erscheint in der Farbe des Stoffes. |

Für Experten: Wozu würdest du folgende Drucktechniken ordnen (Direktdruck, Reservedruck, Ätzdruck)?

Kartoffeldruck · Wachsbatik · Kratztechnik (Graffiti)

2. Oft findet man auf Stoffen Druckmuster. Ein Muster besteht aus einem Motiv, das sich stets gleichbleibend wiederholt. Das sich wiederholende Motiv nennt man Rapport.

Male den Rapport weiter:

3. Sammle bedruckte Stoffe und klebe sie auf die Rückseite!

4. Wo findest du zu Hause, in deiner Umgebung, in der Natur Abdrücke und Druckmuster? (Denke dabei auch an die Abdrücke deiner Schuhsohlen, an das Strumpfbändchen auf deiner Haut, Handabdrücke im Sand usw.) Vielleicht magst du eine Sammlung oder ein Musterbuch anlegen?

5. Man kann mit vielen alltäglichen Dingen tolle Druckmuster und Abdrücke herstellen (z. B. mit Büroklammern, Spitzenstoffen, Blättern, Korken, Gemüse etc.). Färbe verschiedene Materialien ein und drucke sie auf einem Blatt ab.

Druckexperimente

Möchtest du dein Lieblings-T-Shirt einmalig gestalten? Dann kannst du es auf die verschiedensten Weisen bedrucken. Lasse dich von den Bildern anregen und notiere deine eigenen Druckideen auf der Rückseite. Natürlich kannst du mit der Drucktechnik auch andere Stoffflächen ausgestalten.

Turnschuhe, Leinentaschen, Decken, Geschirrtücher, T-Shirts, Sweat-Shirts, Shorts, Söckchen, Kappen, Seidentücher, Baumwolltücher, Brustbeutel, Turnbeutel, Stiftetuis, Kissenhüllen, Tischsets, Topflappen, Lampenschirme, Grußkarten, textile Einbände für Hefte und Bücher, textile Brettspiele (z. B. „Mensch ärgere dich nicht" für den Strand bzw. Spielstrandlaken), Stoffpuzzle, Stoffmemory mit Druckmustern

Positiv- und Negativschablonentechnik

Materialdruck und Spritzdruck

Fußabdruck

Rubbelabdruck

Fingerabdruck

Moosgummidruck

Endlosmusterdruck mit Rapportmustern auf Karton

Kartoffeldruck

Wachsreservedruck

Stiefelabdruck

Räderdruck

Batik - Ein Reserveverfahren

Beim Batiken wird ein Teil des Stoffes abgedeckt und dadurch vor dem Färben bewahrt. Nur die freien Stoffstellen saugen im Farbbad die Farbe auf. Jede Batikarbeit enthält Überraschungseffekte und ist einmalig. Das macht Batiken so spannend.

1. Du brauchst eine helle, gewaschene Textilie aus Baumwolle, Leinen, Seide oder einer anderen Naturfaser: einen weißen Stoffrest, ein T-Shirt, ein Kissenbezug, ein Geschirrtuch, eine Tischdecke ... - was du möchtest.

2. Nun „reservierst" du einige Stoffstellen. Das kannst du durch:

- **Knoten:** Viele feste Knoten zaubern sehr interessante Marmor-Effekte auf den Stoff.

- **Abbinden:** Mit einem festen Faden umwickelst du Stücke des Stoffes. So entstehen verschiedene „Zipfel". Auf diese Weise erhältst du kreisförmige Batikmuster. Wer mag, der kann in die Zipfel kleine Steinchen mit einbinden. Lose gebundene Stellen nehmen mehr Farbe auf als straff gebundene Stellen.
Diese Technik nennt sich übrigens „Plangi".

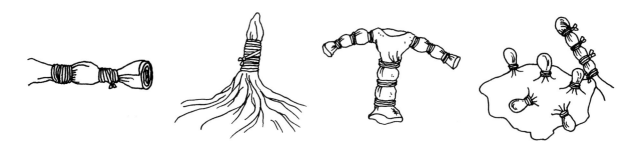

- **Falten oder Knäulen:** Du kannst den Stoff auf verschiedene Weisen falten oder knäulen. Damit sich die Falten beim Färben nicht öffnen, müssen sie befestigt werden. Das geht durch Umwickeln, Nähen, Tackern, Anklemmen von Wäscheklammern.
Geknäultes erzeugt ein marmorartiges Muster, Gefaltetes schafft je nach Faltart ein Streifen-, Dreiecks- oder Würfelmuster.

- **Nähen:** Du kräuselst den Stoff, indem du einen Faden mit der Nadel einziehst.
  Diese Technik nennt sich „Tritik".

- **Wachsen:** Schmelze Wachsreste in einem alten Topf. Pinsele das Wachs auf den Stoff oder tropfe es auf. Profis verwenden ein Wachskännchen namens „Tjanting". Gewachste Flächen bleiben weiß.

3. Setze nun die Batikfarbe nach Gebrauchsanweisung mit heißem Wasser und Salz in einem alten Topf an.

4. Lege den Stoff 30 Minuten ins Farbbad.
   Bewege ihn regelmäßig mit einem Löffel, damit sich die Farbe gut verteilt.

5. Spüle den Stoff in kaltem, klaren Wasser gut aus.

6. Wenn du magst, kannst du deinen Stoff noch an weiteren Stellen reservieren und in ein neues Farbbad mit einer anderen Farbe legen.
   Die Stoffteile, die du nun abdeckst, bleiben in der ersten Farbe erhalten. Öffnest du einige zuvor abgedeckten Stellen, nimmt der Stoff hier die neue Farbe auf. Sehr spannend!

7. Spüle den Stoff gründlich aus. Dem letzten Spülbad wird das Fixiermittel zugesetzt, damit deine Arbeit waschfest wird.
   (Achtung: Bei einigen Farbprodukten muss das Fixiermittel schon dem Farbbad zugegeben werden!)

8. Nach dem Fixieren und Trocknen werden alle Abdeckungen entfernt. (Bei gewachsten Stellen wird das Wachs abgekratzt und mit Zeitungspapier ausgebügelt.)
   Nun kommt der große Moment …

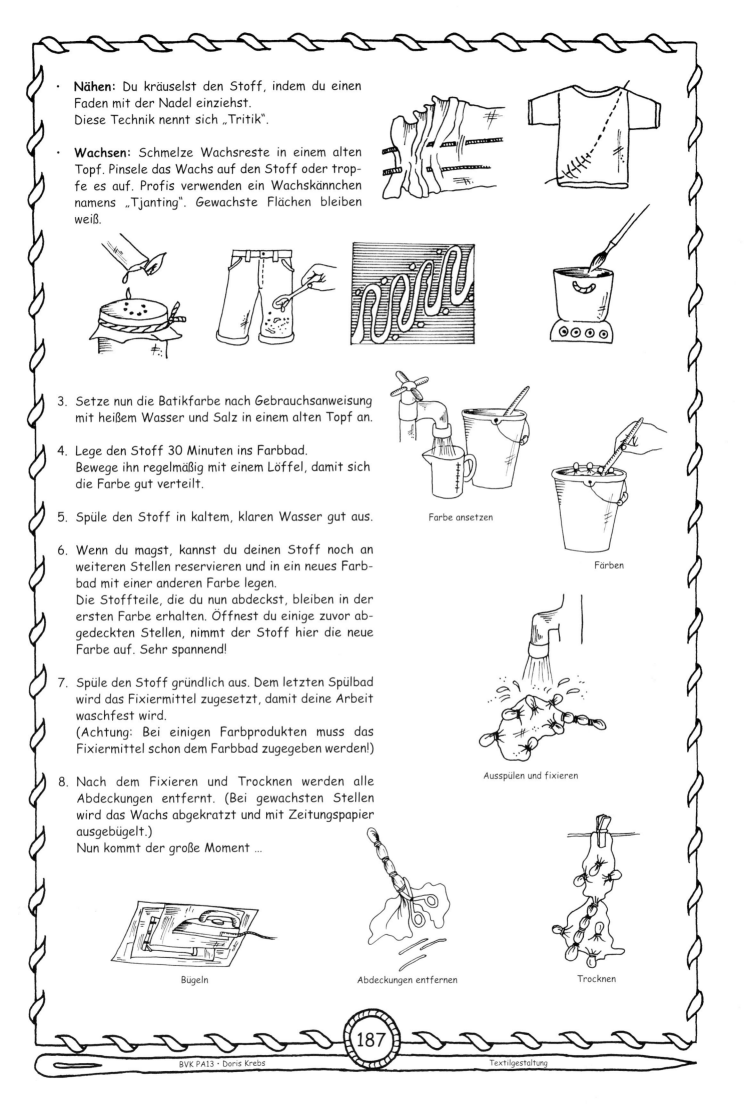

Farbe ansetzen

Färben

Ausspülen und fixieren

Bügeln

Abdeckungen entfernen

Trocknen

„Toddi Troll"

Projekt Nr. 9

Schwerpunktthema: Stoffe untersuchen

Passend zu den Sach-Deutsch-Projektthemen: Trolle – Märchen – Gefühle / Angst – Wald – andere Länder

Zeit: 8–10 Unterrichtsstunden

Material: Jute- oder Rupfengewebe (20 cm x 30 cm), Stoffreste oder Filz in Grün-, Braun-, Grautönen, Deckfarben, Zeichenblockblatt DIN A3 (oder weißer Baumwollstoff 30 cm x 40 cm), Flüssigkleber, Sticknadeln, Stickgarn
Nach Wahl: Verzierungsmaterial (Perlen, Äste etc.)

Lernziele:

Troll:
- Leinenbindung der Rupfenwebware erkennen und für die Gestaltungsabsicht nutzen
- Mittels unterschiedlichster Techniken das Gewebe verändern und einen Trollkopf gestalten (Fäden ziehen, Fäden schieben, Stoff durchbohren, Fäden verbinden, aber auch Sticken, Nähen, Knüpfen, Knoten, Zusammenbinden, Applizieren etc.)
- Mehrere Stoffschichten durch Annähen verbinden (Hände, Blätter etc.)

Hintergrund:
- Stoffmalerei (oder Deckfarbenmalerei) in Aquarelltechnik anwenden
- Grün-Braun-Farbdifferenzierung erproben
- Unterschiedliche Blattformen aus Stoffresten oder Filz ausschneiden und auf dem Hintergrund flächenfüllend anordnen
- Hintergrund nach Wahl ausdifferenzieren: Entdecken und Ausschöpfen der gestalterischen Möglichkeiten mit textilem Material und textilen Techniken (Applizieren, Sticken, Nähen, Wickeln, Binden, Knoten, Knüpfen, Flechten, Filzen, Perlenreihen (= Würmer) auffädeln und annähen, Naturmaterialien (z. B. Äste) integrieren etc.)

Weitere mögliche Lernziele:

- Verschiedene Stoffe hinsichtlich ihrer Herkunft, Herstellungsart, Eigenschaften, Verzierungstechniken etc. untersuchen (sammeln, ordnen, beschreiben, unterscheiden etc.)
- Experimente zu verschiedenen Materialeigenschaften von Stoffen durchführen
- Locker gewebten Rupfen als idealen Repräsentanten für Leinenbindung untersuchen und das Prinzip dieser Bindung erkennen
- Verschiedene Gewebe hinsichtlich ihrer Bindung unterscheiden (Begriff: „Leinenbindung")
- Textile Rohstoffe als Grundlage der Stoffbildung kennenlernen

Einstieg:

„… Weit weg, in einem fernen, kalten Land im Norden gibt es einen unheimlichen Wald. Finster beugen sich die Äste über den Boden und versperren der Sonne den Zugang zu den düsteren Geheimnissen des Waldes. Nur die Allermutigsten trauen sich bis zum Rand dieses Gebietes. Noch nie traute sich ein Mensch in den Wald hinein. Angsteinflößende Geschichten erzählt man sich von den Bewohnern der Finsternis. Kleine Trolle, heißt es, herrschen im Laub. Sie sollen eine Haut wie Wurzelwerk haben, ganz rau und faltig. Ihre Augen

seien blanke, glitzernde Kugeln. Die Zähne glichen schwarzen Hauern und die Haare stünden ab wie Teufelshörner …"

So oder ähnlich ließe sich eine Geschichte um unseren schaurigen Troll spinnen. Wer den Geschichteneffekt noch etwas steigern möchte, kann den Klassenraum verdunkeln und sich als Erzähler von unten mit einer Taschenlampe anstrahlen. Dadurch entsteht schon fast eine authentische „Am-Lagerfeuer-sitzen-und-Geschichten-erzählen"-Atmosphäre.

Wer die Geschichte noch etwas zum Weiterspinnen und zum Aufschreiben (Aufsatzerziehung) ausweiten möchte, könnte noch z. B. Folgendes ergänzen:

„Eines Tages kam Lisa, ein kleines Mädchen, beim Spielen aus Versehen an den Rand des Waldes. Einer der Trolle, namens Troddi, beobachtete Lisa aus dem Dickicht der Waldblätter heraus …"

Methodische Anleitung / Bildaufbau:

1. *Troll:*

Es macht großen Spaß, die spielerischen und gestalterischen Möglichkeiten von locker gewebten Stoffen (Jute, Rupfen, Leinen etc.) zu erforschen und gestalterisch zu nutzen. Bevor die Kinder mit der Arbeit an der Trollfigur beginnen, sollten sie erst einmal erforschen und entdecken, was es für Möglichkeiten zur Stoffveränderung gibt.

Dazu können Sie verschiedene locker gewebte Stoffe anbieten und die Kinder mit ihnen experimentieren lassen. Es gibt viele Möglichkeiten:

- Ränder ausfransen: Gewebe lassen sich toll ausfransen. Die Leinwandbindung wird bei groben Stoffen schnell erkennbar. (Bietet man Stoffproben anderer Herstellungsart an, kann man auch noch feststellen, dass sich Maschenwaren an einem Faden aufziehen lassen und Vliese nur aufzupfbar sind.)

Ausfransen

- Verschieben der Fäden: Die Fäden werden in Längs- oder Querrichtung verschoben, ohne Fäden herauszuziehen. Das ist ein Spiel mit den bildnerischen Mitteln „Verdichtung" und „Öffnung" (ähnlich der „Streuung" und „Ballung" in der Punktgrafik). Bei feineren Geweben kann das auch mit einer Nadel erreicht werden.

Verschieben

- Herausziehen der Fäden: Neue Muster und Gewebebilder entstehen, wenn man sowohl in Längs- als auch in Querrichtung Fäden herauszieht. Dies kann gleichmäßig („rhythmisch") geschehen, kann aber auch als Objekt ohne Rapport sehr interessant wirken.

Herausziehen

- Herausziehen und Verschieben: Beide Techniken lassen sich toll kombinieren. In dem ausgedünnten Gewebe lassen sich die Fäden gut verschieben, sodass ovale und spindelförmige Öffnungen entstehen. Unterschiedlich große Öffnungen bewirken einen reizvollen Größenkontrast.

Herausziehen und Verschieben

- Durchbohren: Richtig Spaß macht das Durchbohren des Gewebes. Das geht mit den Fingern oder mit beliebigen runden Gegenständen. Ein interessanter plastischer Effekt entsteht, wenn sich beim Durchbohren die Ränder der Löcher aufwölben.

Durchbohren

- Fäden ziehen und abbinden: Fäden werden in Längs- und/oder Querrichtung gezogen und beliebig gebündelt und zusammengebunden. Dadurch entstehen Öffnungen in verschiedenen Formen und Größen. Durchbrucharbeiten wie die Durchbruchstickerei basieren auf einem ähnlichen Prinzip.

- Fäden ziehen und durch neue ersetzen: Herausgezogene Fäden können die Kinder durch bunte Stickgarne ersetzen. Das ist ein kleiner Forscherauftrag, weil die Kinder dadurch das Stopfweben für sich entdecken müssen.

- Öffnungen füllen: Die durch Verschieben, Herausziehen und Durchbohren entstandenen Löcher im Stoff können mit Perlen oder anderen Dingen gefüllt werden. Annähen wäre dabei eine geeignete Technik.
- Sticken / Applizieren / Färben: Bei groben Stoffen sind die Bindungspunkte gut zählbar. Vielleicht mag ein Schüler mit einer Sticknadel experimentieren. Auch durch Stickereien, Applikationen und Farbaufträge lässt sich ein Stoff verändern. Dabei greift man nicht in die Gewebestruktur ein, sondern ergänzt Elemente auf der Gewebeoberfläche.

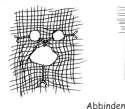 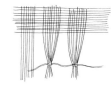 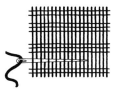

Abbinden   neue Fäden

Die vielen Möglichkeiten sollen die Kinder bei der Gestaltung des Trolls ausnutzen. Auch andere Lösungen als die, die auf der Fotoabbildung zu sehen sind, sind willkommen: Abbinden von Stoffpartien, Annähen von Zubehör etc. Je abwechslungsreicher die einzelnen Gestaltungslösungen sind, umso besser.

Für die Augen des abgebildeten Troll werden jeweils zwei Schnitte an den oberen und unteren Augengrenzen gemacht (siehe Zeichnung). Die Fäden zwischen den Schnitten werden herausgezogen. Die verbliebenen Augenfäden werden so auseinandergeschoben, dass sich das Auge zu einem runden Loch öffnet.

Für den Mund wurden an der rechten und linken Mundseite zwei Schnitte gemacht. Die abgetrennten Fäden wurden wieder herausgezogen. Die verbliebenen vertikalen Fäden können nun in Zickzacklinien mittig durchschnitten werden. Dadurch bekommt der Troll schaurig-schöne „Beißerchen".

Anders als auf der Abbildung kann der Troll auch aufgenähte Filzzähne bekommen. In die Augen kann man Perlenpupillen einhängen, die Haare können geknüpft oder geflochten werden und die Nase ist als Stickerei denkbar. Etwas unterlegte Watte würde dem Troll noch eine zusätzliche plastische Wirkung verleihen.

Trollschnitte

Die Hände können aus einem rechtwinkligen Stück Rupfen gestaltet werden. Auch hier wird den Kindern mehr einfallen als uns Erwachsenen. Im abgebildeten Fall wurde ein Stück Rupfen gefaltet und dann nochmals in Wellenfalten gelegt. Das offene Ende wurde abgebunden, eingeschlagen und festgenäht (kleben geht auch). Diese Troll-Aufgabe ist übrigens auch etwas für die „Coolen" unter den Jungs (die sich vielleicht freuen, dass der Lehrer kein „Blümchen"-Thema ausgesucht hat).

Hände

2. Hintergrund:

Das Trägermaterial ist vom Verwendungszweck abhängig. Man kann das Motiv auf Textilien aufbringen und damit Leinentaschen, T-Shirts, Vorhänge, Theaterkulissen etc. gestalten. Möchte man das Werk als textiles Kunstwerk zur Raumgestaltung nutzen, kann man wie folgt vorgehen:

Ein DIN-A3-Karton wird mit Stoff (z. B. mit weißer Baumwolle DIN A3) überzogen. Sprühkleber hat sich als idealer Stoffbefestiger erwiesen. Wer keinen weißen Stoff als Hintergrundmaterial verwenden möchte, kann genauso gut auch ein Zeichenpapier bemalen. Der Hintergrund wird im Bereich des Trolls mit gelb-orangen oder schwarzen Wasserfarben gefärbt. Überall um den Troll herum wirken dunkle Waldfarben gut (Grün-Braun-Differenzierung). Der Troll wird mit einigen Stickstichen (oder etwas Kleber) in der Mitte angebracht.

Stoffreste oder Filzstücke werden blätterförmig ausgeschnitten und auf dem Hintergrund befestigt. Besonders lebendig sehen geschwungene Blätter aus. Solche schneiden Kinder leichter zu, wenn sie zuvor

Schwungübungen machen durften: große „S" und „?"-Linien in der Luft oder auf einem großen Stück Papier. Zwei „S" oder zwei „?" zusammen ergeben ein Blatt, wenn sie sich oben berühren und dadurch das Blatt verjüngt wird.

Zeichnen

Je nach Unterrichtsabsicht kann das Befestigen der Blätter durch Applikation, Nähen, Sticken oder Kleben geschehen. Die mittleren Blätter werden erst einmal nur am unteren Bildrand angebracht und anschließend links und rechts neben dem Trollgesicht zusammen mit den Händen am Hintergrund befestigt. (In diesem Fall ist Annähen die sinnvollste Lösung.) Beim Auflegen der Blätter ergeben sich automatisch reizvolle Überschneidungseffekte. Den restlichen Hintergrund dürfen die Kinder nach Wahl ausdifferenzieren: Sie entdecken dabei die gestalterischen Möglichkeiten des textilen Materials und textiler Techniken (Applizieren, Sticken, Nähen, Wickeln, Binden, Knoten, Knüpfen, Flechten, Filzen, Perlenreihen (= Würmer) auffädeln und annähen, Naturmaterialien (z. B. Äste) integrieren etc., siehe auch „Zusatzaufgaben").

Kostenplan:

Alle Preise richten sich nach dem Labbé-Katalog:

Weißer Baumwollstoff	2 m (1,50 m breit) Stoff reichen für 25 Kinder und kosten je nach Angebot 8–10 Euro / m. (Statt den Hintergrund auf Stoff anzulegen, kann man diesen auch einfach auf ein Blatt Zeichenblockpapier malen.)
Rupfen / Jutetuch	1 m (130 cm breit) kostet 4,70 Euro und reicht für ca. 18 Kinder.
Filz	2 Filzplatten (20 x 30 cm) kosten 0,60 Euro und reichen für 1 Kind.
Passepartout-Karton	1 Bogen Fotokarton (50 x 70 cm) kostet 0,45 Euro. Eine 10er-Packung Tonpapier (50 x 70 cm) kostet 1,85 Euro und reicht für 20 Kinder.
Zusatzmaterial nach Wahl	Wollreste, Stoffreste, Stickgarn, Perlen, Knöpfe etc. je nach häuslichen Reserven von den Kindern sammeln und mitbringen lassen.

Sie müssen pro Kind ungefähr mit Materialkosten von 1,80 Euro rechnen. Von diesem Betrag entfallen ca. 0,65 Euro auf den Baumwollstoff. Dieser ist für die Bildaufgabe nicht zwingend notwendig, sodass im Notfall auch günstiger gearbeitet werden kann.

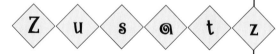

- Ein „fertiges" Bild ist eigentlich nie fertig. Ausdifferenzierte Motive und Hintergründe machen jedes Bild kostbar und einzigartig. Schnell arbeitende Kinder können:
  - Waldinsekten gestalten und annähen oder kleben. Kleine Würmer können aus dunklen Perlen aufgefädelt und angenäht werden. Libellen oder andere kleine „Flieger" können aus einer Flechtarbeit entstehen, bei der die Flügel aus Papier oder Filz eingesteckt werden und die Fühler aufgetrieselte Fäden sind.
  - Einige Blätter können aufgestickte Blattadern bekommen.
  - In einer Ecke könnte ein Spinnennetz hängen. Spinnennetze kann man sticken (siehe Projekt Nr. 12), knoten, knüpfen, legen, kleben etc.
  - Einige Gräser oder Waldgewächse können als Häkelschnüre (siehe Projekt Nr. 6) aus dem Boden wachsen.

Waldinsekten

- Locker gewebter Rupfen ist ein idealer Repräsentant für Leinenbindung. Zudem bietet er tolle Gestaltungsmöglichkeiten durch Herausziehen, Verschieben und Ergänzen der Fäden. Bei der Arbeit am Troll sind den Kindern sicher noch mehr Gestaltungsideen gekommen. Mit den Stoffresten dürfen sie nun noch weiterexperimentieren:

  Aus den Ergebnissen der Experimente können wiederum neue Bildelemente entstehen: Gruselige Masken, Fratzen, Fabeltiere, Gespenster, Halloween-Figuren etc. Die Motive können die Kinder auf farbige Pappen kleben und als Bilder aufhängen. Mit der erlernten Technik lassen sich aber auch Leinentaschen, T-Shirts, Vorhänge, Theaterkulissen, Kissenhüllen dekorieren und gestalten.

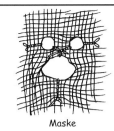
Maske

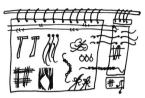
Theaterkulisse

- Mit vielen verschiedenen Stoffresten können die Kinder ein Stoffdomino oder ein Stoffmemory basteln. Auch eine Taststraße für die Füße ist ein tolles taktiles Erlebnisspiel. Hierzu benötigen die Kinder neben stark unterschiedlichen Stoffen auch andere Fühlmaterialien. Auch mit Textilien beklebte Papprollen lassen sich sowohl als taktiles Spiel wie als Geschicklichkeitsspiel nutzen.

- Aus Stoffresten können die Kinder fühlbare Collagen kleben. Wer mag, kann aus diesen auch ein textiles Puzzle schneiden.

Röhrenspiel

- Während oder nach der Arbeit an der Gestaltungsaufgabe lassen sich in Form einer Forscheraufgabe Bilder, Fotos, Bücher, Internetinformationen etc. sammeln, die Auskunft über die Nutzung, Art und Herstellungsweise von Stoffen in früheren Zeiten und in anderen Kulturkreisen geben. Die Zusammenstellung und Präsentation der mitgebrachten Schätze könnte auch eine tolle Aufgabe für schneller arbeitende Kinder sein.

Collage

Anschlussthemen:

Wenn die Kinder Rupfenstoffe verändern, um aus diesen einen Troll zu gestalten, sind sie schon ohne es zu bemerken dabei, einen Stoff zu untersuchen und Erkenntnisse zu sammeln. Zum Beispiel werden Kinder feststellen, dass der Rupfen aus zwei sich rechtwinklig kreuzenden Fadensystemen besteht (auch wenn sie das noch nicht so schön ausdrücken können).

Zum Thema „Stoffe untersuchen" biete ich Ihnen im Folgenden eine Reihe von möglichen Aktivitäten an, die das angebahnte Wissen strukturieren und erweitern sollen:

Rupfen

- *Stoffeigenschaften untersuchen:*
  Bevor man das „Stoffe untersuchen" thematisch lenkt, sollten die Kinder Stoffe in ihrer Ganzheit erleben dürfen. Dazu dürfen die Kinder Stoffe bzw. Stoffreste mit allen Sinnen untersuchen. Ein tolles Erlebnis ist das Fühlen und Riechen mit verbundenen oder geschlossenen Augen.
  Zu dem Erlebten sammeln die Kinder eine Liste mit Adjektiven, wie Stoffe sein können:
  weich, kratzig, glatt, rau, wollig, samtig, genoppt, schlaufig, haarig, nach

Stoffkiste

Chemikalien riechend, dick, dünn, matt, glänzend, steif, geschmeidig, fein, grob, einfarbig, farbenfroh, trist, bunt, dicht, durchsichtig, durchscheinend, dunkel, elastisch, flauschig, flusig, geblümt, gestreift, gepunktet, hell, kariert, kuschelig, kostbar, leicht, luftig, porös, rubbelig, rutschig, schwer, undurchsichtig, verwaschen. Die gefundenen Adjektive können auch nach Oberbegriffen geordnet werden.

- *Stoffe sammeln, ordnen und unterscheiden:*
Die Stoffrestekiste lässt sich hervorragend nutzen, um Stoffe zu untersuchen. Die Kinder können selbst entdecken, nach wie vielen Kriterien sich Stoffe ordnen lassen. Die Zahl der Ordnungskriterien ist sehr groß. Dieses Vorgehen unterstützt einmal mehr das mehrperspektivische Denken der Kinder.
    - Stoffe können nach ihrer Verwendbarkeit geordnet werden: Sommerstoffe, Winterstoffe, Ausgehstoffe, Sportstoffe etc.
    - Stoffe können nach der Stoffart geordnet werden: Filz, Jute, Samt, Webpelz, Frottee, Leinen, Tüll, Seide.
    - Stoffe können ihrem Rohstoff / ihrer Herkunft nach geordnet werden: Naturfaser (Wolle, Baumwolle, Seide, Leinen etc.) oder Chemiefasern (Zellulosefasern, Synthesefasern).
    - Stoffe können nach Farben oder Mustern geordnet werden.
    - Stoffe können nach Tasteigenschaften geordnet werden: grob – fein, rau – glatt, haarig – glatt ...

- *Stoffe untersuchen:*
Mit Stoffen kann man tolle Experimente machen. Einige Experimente und Testvorschläge zu Eigenschaften wie Wärmehaltevermögen, Reißfestigkeit, Elastizität, Feuchtigkeitsaufnahmefähigkeit, Hitzebeständigkeit etc. finden Sie in der anschließenden Sachinformation „Stoffe untersuchen".

- *Stoffe für Kleidung und Wohntextilien nutzen:*
Die Eigenschaften bestimmter Stoffe machen wir uns für unsere Kleidung und unsere Wohntextilien zunutze. Zu diesem Thema können die Kinder Papierpuppen oder Pfeifenputzermännchen entsprechend einkleiden. Sie suchen die Stoffe mit den entsprechenden Eigenschaften für den jeweiligen Verwendungszweck heraus. Aus den ausgewählten Stoffen schneiden sie die Kleidungsstücke zu und bekleben damit die Puppen.
Eine Aufgabe könnte z. B. sein, die Puppe für einen heißen Sommertag anzukleiden, für einen Wintertag, für die Sportstunde, für einen Regentag, für einen festlichen Tag (Weihnachten), für einen Spielnachmittag, zum Schlafen etc.
Darüber hinaus könnten die Kinder auch Textilien für ein Schuhkarton-Puppenhaus auswählen: Textilien für den Teppich, die Gardinen, Bettwäsche, Kissen, Handtuch, Tischdecke, Geschirrtuch etc.

- *Herstellungstechniken:*
Industriell gefertigte textile Flächen (Stoffe) werden hauptsächlich als Gewebe, Maschenware oder Vliese hergestellt. Mit den Stoffresten aus der Restesammlung können die Kinder verschiedene Stoffe durch Herausziehen von Fäden auf ihre Struktur hin untersuchen. Schnell wird sich Webware von Maschen- und Vliesware absetzen. Ein möglicher Forscherauftrag könnte sein, verschiedene Stoffreste auf gemeinsame Eigenschaften hin zu untersuchen und zu ordnen. Kleine Schildchen können andere Klassenkameraden auf schon gemachte Erkenntnisse hinweisen.
Aber auch andere Techniken zur textilen Flächenbildung können von den Kindern ermittelt werden: Es gibt Einkaufsnetze, die geknüpft sind. Vielleicht besitzt ein Kind einen australischen Traumfänger, ein Netz, das durch Einhängen der Fäden entsteht. Bast- und Sisalkörbe sind oft geflochten. Eine

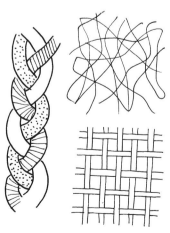

Herstellungtechniken

gehäkelte Decke wird mit der Maschenbildungstechnik erstellt. Auch durch Umwickeln entstehen textile Flächen (siehe Projekt Nr. 1).
(Näheres dazu finden Sie zu Beginn dieses Buches im Kapitel „Systematik der textilen Techniken".)

- *Stoffverzierungen:*
  Wer Stoffe untersucht, wird feststellen, dass Stoffe auf die unterschiedlichsten Weisen verziert sind:
  - Stoffe werden während der Stoffbildung verziert (Farb-, Material- und Technikwechsel).
  - Stoffe werden durch zusätzliche Elemente verziert (Perlen, Federn, Plättchen, Flor etc.).
  - Stoffe werden durch Randabschlüsse und Fransen verziert.
  - Stoffe werden durch Applikationstechniken und stickereiartige Verfahren verziert.
  - Stoffe werden bemalt, bedruckt, gefärbt, durch Reserveverfahren verziert.
  (Näheres dazu finden Sie zu Beginn dieses Buches im Kapitel „Systematik der textilen Techniken".)

- *Kleidung:*
  Stoffe werden verarbeitet zu Kleidung, Heimtextilien, technischen Textilien, Spielobjekten, Kunstobjekten etc. Rund um das Thema „Kleidung" finden Sie zahlreiche Unterrichtsanregungen im Projekt Nr. 11.

- *Pflegesymbole:*
  Schließlich müssen Textilien auch noch gepflegt werden. Stoffe haben nicht nur unterschiedliche Eigenschaften, sondern auch unterschiedliche Reinigungsgebote. Dazu lassen sich die Pflegesymbole in unserer Kleidung unter die Lupe nehmen. Was bedeuten die unterschiedlichen Piktogramme und warum haben die „Kleidermacher" diese an unsere Kleidung geheftet? Fragen über Fragen für kleine Forscher.

- *Textile Rohstoffe:*
  Wer sich mit Pflegesymbolen beschäftigt, kommt um die für die Stoff- und Pflegeeigenschaften verantwortlichen textilen Rohstoffe (Wolle, Baumwolle, Seide, Leinen, Chemiefasern etc.) nicht herum. Sollten Sie bisher noch nicht über diese mit den Kindern gesprochen haben, wäre an dieser Stelle eine passende Gelegenheit dazu. In Projekt Nr. 15 finden Sie alles, was Sie dafür brauchen.

Sachinformation „Stoffe untersuchen"

1. Fachliche Einordnung
Im Rahmen des Themas „Stoff" läuft eine große Bandbreite von Fachzielen zusammen:
- Kenntnisse zur Gewinnung und Verarbeitung von textilen Rohstoffen bis zum fertigen Produkt. Dazu kommen Kenntnisse über einen ganzen Industriezweig. Es gilt, Herstellungstechniken und Warenangebote zu analysieren.
- Die Erziehung zum kritischen Konsumenten, der aus dem Angebot auswählen kann, der Warenqualitäten und Warenästhetik im Zusammenhang mit Werbung und Modeströmungen kritisch erfasst.
- Aus Stoffen werden Kleidung und Gebrauchstextilien gefertigt, die kulturhistorischen Veränderungen unterliegen. Das textile Material steht in Beziehung zu Rohstoffeigenschaften, Produktionsverfahren, künst-

lerisch-geschmacklicher Kreativität, sozialpsychologischen Bedürfnissen und Normen und kulturellen wie historischen Besonderheiten.

Einmal mehr möchte ich hier auf das mehrperspektivische Arbeiten im Fach Textilgestaltung hinweisen, das sich in diesem Themenbereich anbietet. Ähnlich wie zum Themenbereich „Kleidung" eröffnen sich hier zahlreiche Betrachtungsaspekte:

• Stoffe als Ware	(Ökonomischer Aspekt)
• Herstellungsverfahren von Stoffen	(Technisch-technologischer Aspekt)
• Stoffe eignen sich für wichtige Gebrauchsgüter	(Funktionaler Aspekt)
• Stoffe sind schön	(Ästhetischer Aspekt)
• Stoffe (Muster) in anderen Ländern	(Kultureller Aspekt)
• Stoffe (Muster) früher	(Historischer Aspekt)
• Stoffe für mich	(Psychologischer Aspekt)
• Stoffe für uns	(Soziologischer Aspekt)
• Alte Stoffe wiederverwerten	(Ökologischer Aspekt)
• Berufe rund um die Stoffherstellung und Weiterverarbeitung	(Aspekte der Arbeitswelt)
• Forschung und Experimente mit Stoffen	(Wissenschaftlicher Aspekt)

Geeignete Aktivitäten und wichtige Sachinformationen rund um die vielfältigen Aspekte des Themas „Stoffe untersuchen" finden Sie im Abschnitt „Anschlussthemen" und innerhalb der Projekte Nr. 10 (Stoffbildung durch Weben), Nr. 13 (Stoffbildung durch Maschenware / Stricken), Nr. 6 (Stoffbildung durch Maschenbildung / Häkeln), Nr. 12 (Stoffbildung durch Verfilzen / Vliese), Nr. 7 (Stoffverzierungen durch Sticken), Nr. 8 (Stoffverzierungen durch Stoffdruck / Reserveverfahren), Nr. 14 (Stoffverzierungen durch Malerei), Nr. 11 (Stoffverarbeitung durch Nähen, Schnittformen, Kleidung).

2. Kulturhistorische Einblicke

Schon in frühen Zeiten und in allen Kulturkreisen war und ist es ein wichtiges Grundbedürfnis der Menschen sich zu kleiden und damit ihren Körper vor dem Wetter und vor Verletzungen zu schützen.

„Wohl war es nur das Rohmaterial an sich, das zur Verwendung kam, das Tierfell, die Pflanze als Blatt, Halm oder Bast; und es waren nur ungewollte Kleinigkeiten, die eine aus der anderen entstanden ohne Zweck und Ziel, bis ein bewusstes Fortschreiten begann. Aber sicher können wir in dem ersten Benutzen schmiegsamen Materials die Anfänge aller Stoffherstellung, aller Webvorgänge, aller Körperhüllen sehen und in ihrer Begleitung die Nadel als das Mittel zum Zusammenfügen und Formen. Das Bedürfnis sich zu bekleiden war noch nicht einmal vorhanden, als schon die Hand geschäftig war dem Körper Schmuck und Ansehen durch das zu geben, was die Natur ihr bot. Dass aus Halm und Bastgeflecht sich schließlich das köstliche Leinengespinst, aus dem Tierfell weiche Wollgewebe entwickelten, das bedeutet einen Weg geistiger Arbeit und fortschreitender Kultur, der parallel mit allen schöpferischen Taten der Menschheit läuft". (M. Grupe, „Der Kulturwert der Nadelarbeit", in: Altmann, Grupe, Mundorff: Methodik des Nadelarbeitsunterrichts, Leipzig 1927).

Die Art sich zu kleiden und die Art der Herstellung der Bekleidung hat sich im Laufe der Zeit und in den jeweiligen Kulturkreisen auf die unterschiedlichste Art und Weise entwickelt (u. a. Symbolfunktion der Kleidung). Da Stoffe zu weichen und flexiblen Hüllen verarbeitet werden können, finden sie über die Kleidung hinaus in allen Bereichen des menschlichen Lebens Anwendung (z. B. als Tragebeutel).

Näheres zur kulturhistorischen Entwicklung des „Gewebes" finden Sie in den Sachinformationen zu Projekt Nr. 10. Die kulturhistorische Entwicklung von „Maschenwaren" finden Sie in den Projekten Nr. 6 und Nr. 13 beschrieben. Schließlich finden Sie innerhalb der Sachinformationen zu Projekt Nr. 12 Wissenswertes zum „Filz" und zu „Vliesen".

3. Material
Stoffe unterscheiden

Stoffe sind aus textilem Material hergestellte flächenförmige (seltener hüllenförmige) Gebilde. Stoffeigenschaften werden in erster Linie vom verwendeten Material und der Art ihrer Verarbeitung zur textilen Fläche bestimmt.

- Material
  - *Rohstoff:* Grundsätzlich prägt das textile Rohmaterial das Aussehen des Stoffes. Der Sei-denfaden z. B. verleiht dem Stoff seinen für ihn typischen Glanz. Leinenstoffe haben oft eine unregelmäßige, genoppte Oberfläche und Mohairwolle wirkt dicht und haarig.
    Man unterscheidet die Rohstoffe nach ihrer Herkunft:
    · tierische Fasern: z. B. Wolle, Seide, Kamelhaar, Angora, Lama
    · pflanzliche Fasern: z. B. Baumwolle, Leinen, Bast, Sisal
    · chemische Fasern: Zellulosefasern, synthetische Fasern (Näheres siehe Projekt Nr. 15.)
  - *Art und Stärke des Fadens:*
    Die Stärke des Fadens bestimmt die Feinheit oder Dicke des Stoffes. Die Art des Fadens (z. B. Effekt-, Noppen-, Schleifen- oder Schlingenzwirn) gibt dem Stoff seine Struktur und Oberflächenbeschaffenheit. (Näheres siehe Projekt Nr. 2.)

Effektgarne

- Verarbeitung
  - *Herstellungstechnik:* Es gibt drei Hauptherstellungstechniken, aus Fasern bzw. Garnen Stoffe zu erzeugen:
    · *Pressen:* Durch Pressen und Verkleben von Fasern werden Vliesstoffe hergestellt. Die Stoffe sind glatt und wenig strukturiert. (Näheres siehe Sachinformationen „Filzen", Projekt Nr. 12.)
    · *Kulieren (Stricken) und Wirken:* Die Stoffe haben einen schlingenförmigen Aufbau und entstehen durch Maschenbildung (Maschenwaren). (Industriell weniger gebräuchliche Maschenbildungstechniken bei der Stoffherstellung sind das Einhängen, Verschlingen, Knoten und Häkeln. Näheres siehe Sachinformationen „Häkeln", „Stricken", „Knoten", Projekte Nr. 3, 6, 13.)
    · *Weben:* Gewebe entstehen aus zwei sich rechtwinklig kreuzenden Fadensystemen. (Näheres siehe Sachinformationen „Weben", Projekt Nr. 10.)

  - *Fadendichte:* Sie bestimmt die Festigkeit oder Transparenz des Stoffes. Ein locker gewebter Stoff ist selbst dann durchscheinend, wenn z. B. ein dicker Wollfaden verarbeitet wurde. Genauso kann auch dünnstes Fadenmaterial fest und undurchsichtig verarbeitet werden, wenn die Fäden dicht aneinander liegen.

- Weiterverarbeitung
  Je nach Verwendungszweck wird der Stoff weiterverarbeitet und lässt sich erneut weiter unterscheiden:
  - *Ausrüstung / Veredelung:* Die Eigenschaften der fertigen Stoffe können mittlerweile durch die unterschiedlichsten Verfahren beliebig verändert werden:
    · *Appretieren:* Mit Hilfe von Stärke oder Kunstharzen werden Stoffen ein fülliger Griff und ein besseres Aussehen verliehen.
    · *Mottenschutz:* Wollstoffe werden durch Mittel wie Eulan oder Mitin für Motten ungenießbar.
    · *Sanforisieren:* Damit Gewebe beim Waschen nicht einlaufen, werden sie mit Wasser und Hitze behandelt. Mit „Sanforplus" bezeichnete Textilien sind gleichzeitig „pflegeleicht" ausgerüstet.

- *Knitterschutz:* Den Fasern werden Kunstharze eingelagert oder die Stoffe werden mit Chemikalien behandelt, wodurch in die Hohlräume der Fasern ein stabilisierendes Gerüst eingezogen wird, welches das Stoffknittern verringert.
- *Rauen:* Um Woll-, Baumwoll- und Viskosestoffe wärmender zu machen, können sie ein- oder beidseitig aufgeraut werden.
- *Walken:* Walken wird bei Streichgarnstoffen aus Wolle oder Wollmischungen angewendet, um diesen Stoffen mehr Dichte und Geschlossenheit zu geben.
- *Imprägnieren:* Stoffe für z. B. Regenkleidung können durch chemische Mittel wasserabstoßend gemacht werden.
- *Fleckenschutz:* Stoffe werden so behandelt, dass sie wässrige und fettige Anschmutzungen nicht in das Gewebe eindringen lassen und diese mit einem Tuch leicht abtupfbar sind.
- *Elektrostatischer Aufladungsschutz:* Durch die Behandlung mit antistatischen Mitteln wird die Aufladung synthetischer Fasern weitgehend verhindert.
- *Flammfestigkeit:* Durch die Behandlung mit chemischen Mitteln werden Fasern schwer entflammbar gemacht.
- *Merzerisieren:* Um Baumwolle Glanz zu verleihen, wird die Faser mit Natronlauge behandelt.
- *Prägen:* Durch Prägedruck erhalten mit Kunstharzen getränkte Stoffe ein erhöhtes Muster.
- *Fixieren:* In Textilien aus Wolle und synthetischen Chemiefasern können Falten (für Hosen, Röcke etc.) auf Dauer fixiert werden.

- Farbe: Die Färbung des Stoffes hängt ab von
  - der Farbwahl: u. a. Grund- und Mischfarben (siehe Kapitel „Farbenlehre")
  - den verwendeten Farbstoffen: Es gibt direktfärbende Farbstoffe, Beizen- und Küpenfarbstoffe. Sie entscheiden über Wasch-, Licht- und Wetterechtheit des gefärbten Stoffes.
  - der Färbetechnik: Man kann Fasern, Garne und fertige Stoffe färben.
    - Der Faden wird vor der Stoffherstellung gefärbt und dann als Uni- oder Musterstoff verarbeitet (siehe Projekt Nr. 14).
    - Auf den fertigen Stoff wird die Farbe aufgemalt oder gedruckt (siehe Projekte Nr. 8 und 14).

- Ausgestaltung des Stoffes: Der Stoff wird zusätzlich verändert.
  Dazu kann man einzelne Fäden herausziehen, die Fläche besticken oder eine Applikation anbringen. Die Möglichkeiten sind vielfältig.

Rund um den Stoff

A *Eigenschaften eines Stoffes*

Je nach den gewählten Materialien und Verarbeitungskomponenten verfügt ein Stoff über bestimmte Eigenschaften. Diese sind entscheidend für den Verwendungszweck eines Materials.

Die folgende Tabelle gibt einen Überblick über Eigenschaften und mögliche Testverfahren.

Eigenschaften	abhängig von					Testverfahren
	Roh-stoff	Art und Stärke des Garnes	Faden-dichte	Herstel-lungs-technik	Farbe	
Struktur / Oberflächenbeschaffenheit	X	X		X		Betrachtung mit Lupe / taktiler Test
Stoffdicke		X				Lupe / Längenmaß
Festigkeit / Transparenz			X			Gegen Licht halten: Wie genau lässt sich ein bestimmter Gegenstand noch sehen?
Weichheit / Gefühl auf der Haut	X		X	X		Stoffproben mit geschlossenen Augen fühlen / Stoffprobe auf empfindliche Körperstelle legen
Wärmehaltevermögen, Schutz vor Hitze, schlechter / guter Wärmeleiter	X					Taktiler Test oder Thermometer mit erwärmten Gegenständen einhüllen: Temperaturverlust in einer bestimmten Zeit messen (siehe Versuchsbeschreibung 1 + 2, Seite 200)
Luftdurchlässigkeit	X		X	X		(siehe Versuchsbeschreibung 4, Seite 200)
Reißfestigkeit	X	X	X	(X)		Stoffproben in trockenem und nassem Zustand zerreißen
Elastizität / Knitterfreudigkeit	X			X		Stoffproben einige Minuten zusammengeknüllt in der Faust halten
Formstabilität	X		X			Stoffproben in verschiedene Richtungen ziehen
Feuchtigkeitsaufnahmefähigkeit / Wasserabweisungsfähigkeit	X					Stoffproben auf Wasser legen (siehe Versuchsbeschreibung 3 + 5, Seite 200)
Stofffall (fließend und weich oder steif)	X	X	X	X		Proben an einer Ecke halten und gerade herunterhängen lassen
Filzfähigkeit / -beständigkeit	X					Reiben in warmem Wasser (evtl. Zugabe eines groben Waschmittels)
Wasch-, Licht- und Wetterechtheit					X	Waschen, längere Zeit starker Sonne / Regen aussetzen
Hitzebeständigkeit / Feuerfestigkeit	X					Stoffproben bei unterschiedlichen Temperaturen waschen (Brennprobe: Rohmaterialien verbrennen unterschiedlich und hinterlassen unterschiedliche Aschesorten, siehe Projekt Nr. 2)

Wenn Sie Lust haben, die Kinder als kleine Wissenschaftler in eine Versuchslabor-Atmosphäre zu entführen, kann ich Ihnen folgende kleine Experimente ans Herz legen. An dieser Stelle haben Sie übrigens wieder eine tolle Gelegenheit, im Rahmen der Textilarbeit auch die Jungen für dieses Fach zu begeistern.

- **Welche Stoffe halten warm?**
  Umhüllen Sie Reagenzgläser mit verschiedenen Stoffen und befestigen Sie diese leicht mit Klebstoff. Der Stoff darf nicht doppelt oder mehrfach liegen und nur gering überlappen. Heißes Wasser (60 Grad) in gleicher Menge einfüllen und Thermometer in das Glas setzen. Temperaturabfall minütlich ablesen und notieren. Die Kinder können erfahren, dass Stoffe mit mehr Lufträumen (z. B. locker gestrickte Wollstoffe) das Wasser länger warm halten als andere Stoffe. Das gilt auch für unsere Kleidung.

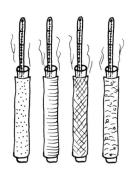
Versuch 1

- **Hält feuchte Kleidung warm?**
  Umhüllen Sie Reagenzgläser mit jeweils zwei gleichen Stoffen und befestigen Sie diese leicht mit Klebstoff. Der Stoff darf nicht doppelt oder mehrfach liegen und nur gering überlappen. Ein Reagenzglas des Stoffpaares wird in Wasser getaucht. Heißes Wasser (60 Grad) in gleicher Menge in alle Gläser einfüllen und Thermometer in die Gläser setzen. Temperaturabfall minütlich ablesen und notieren.
  Die Kinder können feststellen, dass die trockenen Umhüllungen die Wärme besser halten. Die im Gewebe befindliche Luft ist ein schlechter Wärmeleiter oder ein guter Wärmeisolierer. Wenn Wasser verdunstet, wird der Umgebung zusätzlich Wärme entzogen.

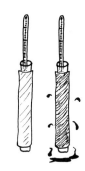
Versuch 2

- **Welcher Stoff schützt am besten vor Feuchtigkeit (Regen)?**
  Für Kleidung, die wir auf der Haut tragen wie z. B. Unterwäsche, ist es wichtig, dass sie Feuchtigkeit aufnimmt. Anders ist das bei Regenschutzkleidung. Sie soll Feuchtigkeit abweisen. Die Kinder können zuerst einmal ihre Vermutungen formulieren. Welches der Probestücke (Baumwolle, Wolle, Leinen, Synthetik) ist wohl für Regenbekleidung am geeignetsten?
  Eine Schale wird mit Wasser gefüllt. Die Stoffproben werden auf das Wasser gelegt. Wann hat sich welcher Stoff so mit Wasser vollgesogen, dass er untergeht? (Bei einigen Stoffen dauert es übrigens Tage.) Die Kinder können erkennen, dass Baumwolle am schnellsten untergeht. Leinen folgt. Synthetische Stoffe schwimmen am längsten auf der Wasseroberfläche und sind daher am besten für Regenschutzbekleidung geeignet. (Behandelte (imprägnierte) Baumwolle kann übrigens auch sehr wasserabweisend sein.)

Versuch 3

Versuch 4

- **Welcher Stoff lässt keine Luft durch?**
  Warum kommt man in einer Regenjacke schnell ins Schwitzen? Folgender Versuch soll Klärung bringen. (Versuch bitte nur unter Aufsicht durchführen!) Man benötigt zwei Thermometer. Der Versuch kann beginnen, wenn beide Thermometer die gleiche Temperatur haben. Ein Thermometer bleibt auf dem Tisch liegen. Das andere nimmt ein Schüler am oberen Ende in die Hand. Über diese Hand wird eine durchsichtige Plastiktüte gestülpt. Die Tüte darf das Thermometer nicht berühren. Die Tüte am Unterarm umwickeln und schließen. Auf beiden Thermometern die Temperatur beobachten. (Achtung: Arm beobachten und bei Veränderungen Tüte sofort öffnen!) Die Kinder können erfahren, dass die Hand durch den Luftraum in der Tüte isoliert ist. Es kann keine Wärme nach außen abgegeben werden. Es gibt einen Wärmestau. Die Hand beginnt zu schwitzen. Die Feuchtigkeit kann nicht verdampfen. Sie schlägt sich an der Tüte nieder.

- **Welcher Stoff trocknet gut?**

    Wenn man heftig schwitzt, wird die Kleidung nass und man kühlt aus. Sportbekleidung trocknet zügig und man friert dadurch nicht so schnell, wenn man geschwitzt hat. Was steckt dahinter?

    Zwei Thermometer liegen auf dem Tisch. Ein Thermometer wird am unteren Ende in ein gefaltetes Papiertaschentuch gesteckt. Wenn beide Thermometer die gleiche Temperatur haben, beginnt der Versuch: Etwa zehn Tropfen Kölnisch Wasser oder Spiritus am unteren Ende des Thermometers auf das Papiertaschentuch geben. Beide Thermometer beobachten.

    Die Kinder erkennen, dass Kölnisch Wasser oder Spiritus verdunstet. Dabei wird Wärme verbraucht. Es entsteht eine gewisse Verdunstungskälte. Wenn die Flüssigkeit verdunstet ist, wird keine Wärme mehr verbraucht. Die Temperatur steigt wieder an.

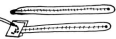

Versuch 5

Ausführliche Unterlagen für derartige Versuche finden Sie z. B. in „Unterricht Biologie" Nr. 40, Dez. 1979.

B *Eignung eines Stoffes für einen bestimmten Verwendungszweck*

Die Experimente mit den verschiedenen Stoffen haben deutlich gezeigt, dass Stoffe verschiedene Eigenschaften haben. Entsprechend ihrer Eigenschaften werden die Stoffe für bestimmte Zwecke gewählt. Eine flauschige Kulier-(Strick-)Ware aus wärmender Wolle eignet sich hervorragend für einen Winterpullover. Für das Geschirrtuch benötigen wir eine glatt gewebte Ware aus einem Material, das nicht fusselt, dafür aber gut Feuchtigkeit aufnehmen kann (z. B. Leinen). Für den Sofabezug wählen wir einen fest gewebten Stoff, der reißfest ist und bei dem die Farbe lichtecht eingebracht wurde. Der Feuerwehrmann benötigt einen feuerfesten, wasserabweisenden Schutzanzug (z. B. aus Chemiefasern).

Lassen Sie die Kinder eine imaginäre Einkaufsliste erstellen (z. B. für die Einrichtung einer Puppenstube). Hinter jedes textile Produkt sollen die Kinder notieren, wie dieses sein soll: weich, flauschig, warm, glänzend, durchsichtig etc. Wer sich das zutraut, kann auch vermerken, welches Material (Wolle, Baumwolle, Leinen, Seide, Chemiefasern) für die gewünschte Textilie in Frage kommt.

C *Pflege eines Stoffes*

Jedes textile Produkt verschmutzt mit der Zeit. Dass man Textilien nicht mit der Drahtbürste und einem Scheuerpulver reinigen darf, ist auch den Kindern klar. Was man aber alles beachten kann oder muss, erleben die Schüler staunend, wenn sie sich gegenseitig „in die Wäsche schauen". Die Pflegesymbole nehmen sie täglich (wenn auch in der Regel unbewusst) wahr: wenn sie sich anziehen, beim Wäschewaschen zusehen oder das Elternteil beim Einkauf beobachten, wie es eben dieses in der Textilie sucht. Genauer unter die Lupe genommen haben es Kinder aber bisher eher nicht. Da die Pflegepiktogramme an eine mysteriöse Geheimsprache erinnern, lassen sich Kinder schnell motivieren als Stoffdetektive diesen Bedeutungen auf die Spur zu kommen. So können die Pflegesymbole zu einer die praktische Aufgabe begleitenden Forscheraufgabe werden: „Findet in den nächsten Wochen heraus, was die Symbole bedeuten. Interviewt Experten! Notiert eure Wissenseroberungen am Forscherplakat unter den jeweiligen Symbolen!"

Der nachfolgenden Tabelle können Sie mögliche Forscherergebnisse entnehmen.

Der Gesamtzusammenhang zwischen textilen Rohstoffen, Fasereigenschaften und Pflegeerfordernissen ist auf der zweiten Tabelle dargestellt.

Herkunft	Bezeichnungen	Eigenschaften	Verwendung	Waschen	Bügeln	Trockner	Beständigkeit gegen Säuren	Beständigkeit gegen Laugen	Hinweise und Tipps
Tierische Fasern	Schafswolle, Angora, Alpaka, Kamel, Kaschmir, Lama, Mohair	• Fasern gekräuselt • hält warm • dehnbar, elastisch • kann Feuchtigkeit aufnehmen, ohne sich feucht anzufühlen • feucht sehr empfindlich, verfilzt	Pullover, Strickwaren wie Strickjacken, Mäntel, Hosen, Röcke, Anzüge, Decken, Teppiche	nur waschmaschinenfest mit Spezialausrüstung, kurz anschleudern [Handwäsche]	dampfförmig [Bügeln]	nicht geeignet	ja	nein	nicht wringen und rubbeln: filzt, auflegen – nicht hängen, Oberbekleidung muss meist gereinigt werden
	Seide	• fein, weich, leicht, edler Glanz • reiß- und scheuerfest • hitze- und schweißempfindlich • knitterarm	elegante Oberbekleidung, Festkleidung, feine Bettwäsche, teure Unterwäsche	nur mit Feinwaschmittel (alkalifrei) [Handwäsche] 30°	[Bügeln ···]	nicht geeignet	ja	nein	nicht reiben und wringen, nass aufhängen, Oberbekleidung meist reinigen
Pflanzliche Fasern	Baumwolle	• Faser flach, leicht gedreht • guter Wärmeleiter, hält nur bedingt warm • saugfähig, kann viel Wasser aufnehmen • kochfest und hitzebeständig • reiß- und scheuerfest, knittert, läuft ein	Unterwäsche, Strümpfe, Bettwäsche, Handtücher, Sommerbekleidung, Berufskleidung, Möbelbezüge, Übergardinen	weiß/farbecht 95°, bunt 60°, bunt/pflegeleicht 30°	[Bügeln ···]	geeignet, Textilien können einlaufen	nein	ja	Baumwollartikel laufen evtl. ein, neue farbige Wäsche ein- bis zweimal getrennt waschen: färbt aus
	Leinen	• guter Wärmeleiter, wärmt kaum • koch- und hitzebeständig • saugt Feuchtigkeit schnell auf und gibt sie ebenso schnell wieder ab • glatt, verschmutzt nicht so leicht	Küchentücher, Tischdecken, Bettwäsche, Röcke, Kostüme, Blusen	weiß/farbecht 95°, bunt 60°, bunt/pflegeleicht 30°	[Bügeln ···]	läuft ein, starke Knitterbildung	nein	ja	feucht bügeln oder mangeln
Chemiefasern auf Zellulosebasis	z. B. Viskose	• glatt: wenig elastisch, wärmeleitend • gekräuselt: elastisch und wärmehaltend • luftdurchlässig und saugfähig • geringere Nass- und Scheuerfestigkeit als Baumwolle • schmutzabweisend • mit leuchtenden Farben färbbar	Oberbekleidung, als Mischgarn für Wolltextilien, als Mischgarn für synthetische Textilien	60°, 30°	[Bügeln ··]	geeignet, läuft evtl. ein	nein	ja	nur kurz anschleudern knitterarm, pflegeleicht, trocknet schnell, kochfest
	z. B. Modal		siehe Baumwolle		[Bügeln ··]	geeignet	nein	ja	
auf Synthesebasis	Polyamide, Polyacryle, Polyester	• reißfest, elastisch, strapazierfähig • oft wärmehaltend • schnell trocknend, nimmt wenig Feuchtigkeit auf • pflegeleicht, hitzeempfindlich	Oberbekleidung, Strümpfe, Sportwäsche	Feinwäsche/pflegeleicht 30°	[Bügeln ·]	teilweise geeignet	nein		pflegeleicht, muss kaum gebügelt werden, Schmutz kann nicht tief eindringen: leicht auswaschbar

Fundgrube:

Bücher
- S. Lohf: „Ich mach was mit Stoff", Ravensburger Buchverlag, 1987
- M. Rice: „Spiel- und Bastelbuch: Stoff", Neuburg Verlag, 1991
- U. Dewald-Winter: „Farbe-Stoff-Mode", Band 2, Bayerischer Schulbuch Verlag, 1982
- R. Bleckwenn: „Textilgestaltung in der Grundschule", Frankonius Verlag, 1980
- A. Kastner: „Faser- und Gewebekunde", Verlag Dr. Felix Büchner, 1991
- A. Vatter: „Textilkunde", Verlag Gehlen, 1980
- A. Seiler-Baldinger: „Systematik der Textilen Techniken", Wepf Verlag, 1991
- R. Scholz-Peters: „Ideen aus Stoffresten", Stuttgart 1983

Internet
- *www.creativ-seiten.de*   (Auswahllisten mit Ideen zur Stoffgestaltung)
- *www.Textil-Creativ.com*   (Vertrieb textiler Gestaltungsprodukte)
- *www.nathalies-naehkiste.de*   (Schnittmuster und Anleitungen für Arbeiten mit Stoff)
- *www.textil-nord-west.de*   (Textil- und Bekleidungs-Verband, Linkliste)
- *www.holzkircher.de*   (rund um textile Rohstoffe, Spinnen, Weben, Färben etc.)

Weitere Bücher, Internetseiten, Museums-Tipps, Bezugsquellenverweise etc. zu textilen Rohstoffen und deren Verarbeitung zu Stoffen finden Sie im Anhang.

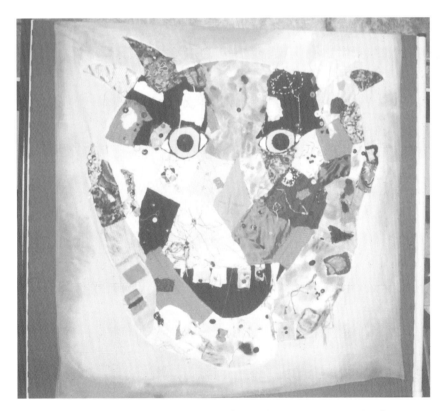

„Gemeinschaftsarbeit eines 3. Schuljahres, 1,50 m x 1,50 m"
Die zuvor analysierten Stoffreste wurden auf eine vorgezeichnete Maske aufgelegt und festgenäht (siehe auch Seite 238).

Wir untersuchen Stoff

Beim Sammeln und Ordnen der Stoffreste hast du festgestellt, wie unterschiedlich Stoffe sein können: weich, kratzig, glatt, rau, wollig, samtig, genoppt, schlaufig, nach Chemikalien riechend, dick, dünn, matt, glänzend, steif, geschmeidig, fein, grob, einfarbig, trist, bunt, dicht, durchscheinend, dunkel, elastisch, flauschig, flusig, geblümt, gestreift, gepunktet, kariert, kuschelig, kostbar, leicht, rubbelig, rutschig, schwer, porös, undurchsichtig, verwaschen, farbenfroh

Wähle einen Stoff und untersuche ihn genauer. Schneide eine Stoffprobe zu, die 5 cm x 5 cm groß ist. Wenn du sie richtig ausgemessen hast, passt sie genau in das Kästchen. Klebe deine Stoffprobe dort ein, verwende nur einen „Tupfen" Klebstoff in der Mitte. Den restlichen Stoff brauchst du für die Versuche zu Nr. 4 bis Nr. 9.

Schreibe deine Antworten auf die Rückseite.

1. Wie sieht der Stoff aus? Die Wörter oben helfen dir.

2. Oberflächenbeschaffenheit: Wie fühlt sich der Stoff an?

3. Stoffdichte: Kannst du den Stoff ausfransen? Wenn ja, franse deine 5 x 5 cm Stoffprobe an der oberen und rechten Seite etwas aus. Zähle die Fadenenden an jeder Seite. Trage ein:
   Obere Kante (Anzahl der Kettfäden):
   Rechte Kante (Anzahl der Schussfäden):

4. Elastizität: Lässt sich der Stoff dehnen?

5. Feuchtigkeitsaufnahme: Saugt der Stoff leicht Wasser auf?

6. Reißfestigkeit: Wähle verschiedene Stoffproben und versuche, die Stoffe zu zerreißen. Vergleiche mit deiner Stoffprobe.
   Lässt sich dein Stoff gut oder schlecht zerreißen?
   Wie sieht es aus, wenn dein Stoff nass ist?

7. Scheuerfestigkeit: Scheuere mit einem Stein auf deiner Stoffprobe. Was passiert?

8. Filzbeständigkeit: Reibe deine Stoffprobe in warmer Seifenlauge. Was passiert?

9. Hitzebeständigkeit: Verändert sich der Stoff in kochend heißem Wasser?

10. Was würdest du dir aus diesem Stoff besonders gut anfertigen können?

11. Nur für Superforscher:
    Du hast deinen Stoff untersucht. Vermute, warum dein Stoff die festgestellten Eigenschaften hat. Kreise alle deine Antworten in der entsprechenden Farbe ein:
    grün: Die Eigenschaften haben etwas mit dem verwendeten Rohstoff zu tun (Wolle, Baumwolle, Seide, Leinen, Chemiefaser …).
    blau: Sie haben etwas mit der Art des Garnes oder der Fadendichte zu tun.
    rot: Sie haben etwas mit der Herstellungstechnik (gewebt, gestrickt, gefilzt, gewirkt …) zu tun.
    gelb: Sie haben etwas mit der Stoffverzierungstechnik (Farbe, Färbetechnik, Beschichtung, Stickerei …) zu tun.

„Von Herzen"

Schwerpunktthema: Weben

Passend zu den Sach-Deutsch-Projektthemen: Muttertag (bzw. je nach Motiv: Ostern – Weihnachten, Herbst etc.) – Liebe/Freundschaft – Familie – Buch (Variante: Bucheinband) – Wohn- und Bekleidungstextilien
Gestaltungsvariationen: Statt der Herzform kann auch jede beliebige andere Form unterlegt werden: Baumkrone, Lokomotive, Nikolaus, Osterhase, Wäscheleine mit Wäschestücken ...

Zeit: 4–5 Unterrichtsstunden

Material: Tonpapier (1½ Bogen DIN A2 und je 2 DIN-A4-Bögen Tonpapier pro Kind in unterschiedlichen Farben, siehe auch Kostenplan), Karopapier DIN A5, Schere, Klebstoff
Weben mit Garnen: Wollreste, feste Pappe (Rahmen), Web- oder Stopfnadel, Tonpapier (je Schüler 1 DIN-A4-Blatt), Karopapier (je Schüler 1 DIN-A5-Blatt), Schere, Klebstoff, (Alternativ: Webkarton mit Schiffchenkamm, z. B. bei Labbé zu beziehen)

Lernziele:

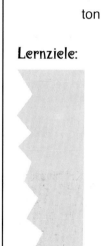

- Weben als elementares Werkverfahren zur Herstellung von (textilen) Flächen kennenlernen
  - Papierweben:
    - „Kettfaden" herstellen
    - Einziehen des Schussmaterials in Leinwandbindung erlernen
  - Textile Webarbeit:
    - Spannen des Kettfadens
    - Weben mit sauberer Randbildung
    - obere und untere Webkantenbildung
    - sachgerechtes Abnehmen der Arbeit vom Webrahmen
- Begriffe wie Webrahmen, Kettfaden, Schussfaden, Webnadel (Schiffchen), Trennstab (Webkamm), Kamm (Anschlaggabel) zur besseren Verständigung nutzen
- Bildnerische Möglichkeiten durch Farben erfahren und nutzen (z. B. Musterung)
- Sich mit ästhetischen und handwerklich-technischen Aspekten und Zusammenhängen des Webens auseinandersetzen
- Eine Tonpapier-Karte gestalten und dabei sauberes Schneiden und Kleben üben
- Ausdauerndes, konzentriertes und sorgfältiges Arbeiten und Beenden der Webarbeit üben
- Handgeschicklichkeit und motorische Fingerfertigkeit trainieren sowie Tastsinn sensibilisieren

Weitere mögliche Lernziele:

- Einblicke in kulturelle und historische Bezüge gewinnen
- Bildnerische Möglichkeiten und Zusammenhänge entdecken, die bezüglich der Wahl der Farben, Formen, Materialien (Rohstoffe) und letztendlich der Bindungsarten gegeben sind
- Gewebe von Maschenwaren und Vliesstoffen abgrenzen
- Kreative Denkprozesse bei der Planung der Webstücke anregen
- Prinzipielles Verständnis für gewerbliche Webproduktionen erlangen
- Kritische Konsumentenhaltung durch Materialkenntnisse fördern

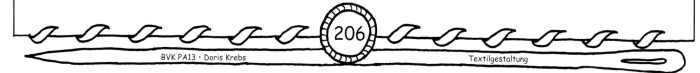

Einstieg:

Von Herzen kommen diese gedichteten Muttertagsgrüße. Mit diesem Gestaltungsvorschlag verpacken wir das obligatorische Muttertagsgedicht kunstvoll und übergeben zugleich ein tolles Bildgeschenk. Dazu kommt, dass unsere Webprobe nicht das Schicksal der verstaubenden Probelappen teilen muss. Natürlich wirkt die Gestaltungsarbeit auch als Bildobjekt an der Klassenwand, besonders, wenn verschiedene Farbkombinationen und Aussparungsformen (Herz, Baum, Hase, Blatt etc.) gewählt wurden.

Das Webstück kann in dieser Gestaltungsaufgabe unterschiedlich angefertigt werden. Anfänger können erste Erfahrungen im Papierweben sammeln. Reizvoll ist aber auch die Variante mit Satinbändern oder Stoffstreifen statt Papierstreifen. Schließlich kann man noch mit herkömmlicher Wolle weben und verschiedene Webmuster ausprobieren.

Für die vorliegende Karte habe ich ein DIN-A3-Format gewählt. Große Karten sind zum einen immer beeindruckend, zum anderen lässt sich auf diese Weise auch mit größeren Webstreifen arbeiten, was jungen Händen sehr entgegenkommt. Natürlich kann man auch sparsamer und weniger Tonpapier verschluckend arbeiten und das halbe Format wählen. In der Einführungsphase, zwischendurch oder bei der Schlussreflexion sollten Sie sich unbedingt Zeit nehmen von „früher und anderswo" zu erzählen. Es ist spannend, etwas von der Entwicklung des Webens und der Bedeutung dieser Technik in anderen Kulturen zu erfahren.

Die nötigen Fachbegriffe („Kette", „Schuss", „Webnadel/Schiffchen" usw.) lernen die Kinder bei der praktischen Arbeit. Dann helfen diese nämlich sehr bei der Verständigung über das gemeinsame Tun.

Ob als Einführung oder Auflockerung zwischendurch, das Lied „Gewebtes" bringt Bewegung in die Klasse, wenn Sie beim Singen immer neue Webwaren in der Klasse suchen und hochzeigen lassen. (Lied siehe Vorlage, Seite 226)

Methodische Anleitung für das Papierweben:

1. *Webstück:* (Illustrierte Anleitung siehe Schülerarbeitsblatt) Gewebt wird mit einfachsten Mitteln. Ein Stück DIN-A4-Tonpapier wird in der Mitte gefaltet. Das Karopapier wird mit wenig Klebstoff auf dem Tonpapier befestigt. Nun schneiden die Kinder das Tonpapier entlang der Linien in gleichmäßigen Abständen (z. B. von 2 cm, entspricht 4 Kästchen) ein (s. Abb.). Der „Kettfaden" entsteht. Auf gleiche Weise können auch die Schussfäden hergestellt werden. Alternativ ist es aber auch möglich, die Schussstreifen unter der Schneidemaschine der Schule entstehen zu lassen (geht ganz schnell!). Nun kann die Arbeit beginnen. (Wer mag, kann vor der Arbeit das Karopapier entfernen.) Vorsichtig werden die farbigen Streifen im wechselnden „Über-Unter-Rhythmus" verwoben. Ganz fasziniert sind die Kinder in der Regel von den farbspielerischen Möglichkeiten. Sie können weberfahrene Kinder ruhig ermutigen, vor dem Weben einzelne Kettstreifen herauszuschneiden und durch andersfarbige zu ersetzen. So bieten Sie den Fortgeschrittenen eine qualitativ differenzierte Aufgabe und die Klassenkameraden können die webtechnischen Möglichkeiten und Effekte miterleben.

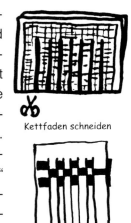

Kettfaden schneiden

Schussfaden einziehen

Das Papierwebstück ist übrigens ein Paradebeispiel für die sogenannte „klassische Leinwandbindung" (siehe auch Sachinformation „Weben"). Bei dieser Bindung tragen alle gewählten Farben zur Gesamtwirkung bei.

2. *Passepartout-Karte:* Die Karte muss zwangsläufig doppelte Webstückgröße haben, damit man sie falten kann und so eine Karteninnenseite erhält. Auf dem vorderen Kartendeckel wird ein großes Herz gezeichnet. Sie können dazu eine Schablone (siehe Seite 225) anbieten. Zeichnet man das Herz in die Innenseite des Deckels, muss man später die Zeichenstriche nicht wegradieren. Das Herz wird sorgfältig ausge-

schnitten. Die entstandene Öffnung wird nun von hinten mit dem Webstück hinterlegt, welches festgeklebt wird. Die Karteninnenseite versäubern wir mit einem zusätzlichen Stück Tonpapier (in der Kartenfarbe und in der Größe des Kartendeckels). Das Tonpapierstück wird auf die Rückseite des Webstückes geklebt. Auf diese Weise sieht auch die Innenseite der Karte einheitlich und sauber aus und kann zum Texten genutzt werden.

3. *Fertigstellung:* Ganz eifrige Kinder können noch den Kartendeckel gestalten.
Die Außenseite der Karte kann mit vielen Herzchen verziert werden. Diese Aufgabe beinhaltet das Ziel, die Kinder mit den unterschiedlichsten bildnerischen Mitteln experimentieren zu lassen: Streuung/Ballung, Reihung, Farbkontraste, Muster, Größenvarianten, Materialvarianten, Anordnungen etc. Auf der abgebildeten Karte wurde nur mit dem Prinzip der Streuung/Ballung, Reihung und freier Elementanordnung (ohne Material und Farbzusammensetzung zu ändern) experimentiert. Schon in diesem eingegrenzten Rahmen kann man sich vielfältig kreativ betätigen. Da die Karte schon durch das gewebte Herz sehr plastisch aussieht, ist es auch nicht schlimm, wenn nicht alle Kinder diese Ausdifferenzierung umsetzen. Die Karte wirkt durch das gewebte Herz allein schon sehr reizvoll.

4. *Text:* Ich lasse die Kinder ihre Texte immer auf einem gesonderten Papier schreiben. So können die Kinder parallel zur Gestaltungsarbeit in der Sprachstunde schon an ihrem Text arbeiten. Ein evtl.es Verschreiben würde nicht gleich die ganze Karte verderben. Die Innenseite kann außer mit Texten auch noch mit kleinen Bildern, Papiercollagen o. Ä. ausgestaltet werden. Jeder wie er mag.

Methodische Anleitung für das Weben mit textilem Material:

Über eine DIN-A5-Pappe wird ein DIN-A5-Karopapier geklebt. (Wer möchte, kann auch im DIN-A6-Format arbeiten.) In Abständen von ca. 1 cm werden die beiden schmalen Seiten eingeschnitten. Das Kettgarn (festes, glattes Garn) wird um die Pappe gewickelt. Die beiden Garnenden werden auf der Rückseite der Pappe miteinander verknotet. Nun ist die Bespannung fertig und der Schussfaden kann durchgestopft werden. Fadenenden brauchen nicht verstopft zu werden und bleiben einfach hängen. (Eigentlich werden die Fadenenden und -anfänge in der Webstückmitte ein Stück gemeinsam verwebt, dann entfällt das Versäubern später. Aber Anfängern kann man dies ersparen.) Um sich den Webvorgang zu erleichtern, empfiehlt es sich einen Trennstab (Stock, Bleistift, Holzstab, doppelt gelegte Pappe) durch jeden zweiten Kettfaden zu schieben. Auf diese Weise öffnet sich ein Kettfadenfach. Nun müssen die Kinder nur noch den Rückweg „stopfen". Sehr dünne Schusswolle kann man doppelt nehmen. Dann geht es schneller.

Die Kinder ziehen beim Weben oft den Schussfaden sehr fest durch das Gewebe. Dadurch werden die Webkanten immer schmaler. Um dies etwas einzugrenzen, können die Kinder
- kleine Schlaufen am Rand stehen lassen,
- die äußeren Kettfäden doppelt nehmen oder
- eine Stricknadel o. Ä. an die äußeren Kettfäden legen.

Ist das Webstück fertig, wird der Kettfaden auf der Papprückseite aufgeschnitten. Immer zwei Fäden werden miteinander verknotet. (Auch hier kann man Anfängern Kantenabschlüsse wie „Kordelkante" und „Überhandknoten" ersparen.) Bei diesem Webstück handelt es sich anders als beim Papierweben um eine „Leinwandbindung in Schussrips". Bei der Farbgestaltung wirkt nur der Schussfaden.

Pappahmen herstellen und mit Kettfaden bespannen

Weben

Aufschneiden

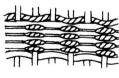
Fadenenden verknoten

Schussrips

Schließlich wird das fertige Webstück hinter die Aussparung des Einbandpapieres geklebt und das Heft eingebunden.

Auch die textile Webarbeit könnte an dieser Stelle fertig sein. Wem die abgebildeten Ausschmückungen zusagen oder wer die Kinder dazu anregen möchte, die Möglichkeiten mit textilem Material und textilen Techniken auszuschöpfen, der sollte an dieser Stelle die Kinder zur Verwirklichung ihrer eigenen Ideen ermutigen.

Die Herzchen auf dem abgebildeten Hefteinband „spielen" mit den gleichen grafischen Mitteln wie die Herzchen auf der Tonpapierkarte. Allein das verwendete Material hat sich geändert. Entsprechend der Herzfläche wurden auch hier nur die zuvor schon genutzten textilen Materialien verwendet. Besonders reizvoll finde ich, dass die Kinder nun ihre textilen Vorkenntnisse nutzen, auffrischen und erweitern können: Es darf gestickt, gewickelt, geknüpft und geknotet werden. Auch das Kordeldrehen findet hier eine weitere Anwendung.

Grundsätzlich ist beim textilen Weben eine sachbezogene Arbeitsreihenfolge wichtig, um effektive Ergebnisse zu erzielen: Spannen, Weben mit sauberer Randbildung, obere und untere Webkantenbildung, sachgerechtes Abnehmen der Arbeit vom Webrahmen, Verarbeitung des Gewebes zum gewünschten Gegenstand. In der 1./2. Jahrgangsstufe beschränke ich mich bei den Lernzielen aber auf das Nötigste und lege auf die technischen Feinheiten noch keinen Wert.

Kostenplan:

Für das Papierweben benötigen Sie lediglich etwas Tonpapier. Die meisten Schulen verfügen über einen guten Vorrat. Sollte das nicht der Fall sein, empfehle ich Ihnen das günstige Reklame-Sortiment von Labbé: 100 Bogen (35 x 50 cm) in 10 Farben sortiert für 8,30 Euro. Die fertigen Karten werden dann etwas weniger als DIN-A3-Format haben, dafür reicht ein Reklamepapier-Sortiment für 50 Karten.

Für das „Wollherz" benötigen Sie einige Wollreste, die Sie von den Kindern sammeln lassen können. Pappwebrahmen und Pappwebnadeln kann man aus Pappresten basteln. Fertige Webkartons mit Kartonnadeln erhalten Sie für 10,60 Euro / 24 Stück bei Labbé.

Zusätzliche Aufgaben für schnell arbeitende Schüler:

Mit den folgenden Zusatzaufgaben können die Kinder die gewonnenen Erkenntnisse verfeinern und ihre Weberfahrungen erweitern.

Papierweben: Das Papierweben kann auf vielfältige Weise variiert werden. Man kann
- mit den Papierstreifen verschiedene Muster herstellen (Flechtblätter bei Labbé: 100 Stück / 3,27 Euro)
- Streifenmuster herstellen,
- Karomuster (Kettfäden in verschiedenen Farben) herstellen,
- Musterweben durch veränderten Kettfadenschnitt (siehe Schülerarbeitsblatt),
- Flechtkörbe herstellen (Labbé: 25 Stück / 11,96 Euro),
- Tischsets, Bucheinbände, Grußkarten, Hausaufgabenheftumschläge herstellen.

Flechtkorb

Korb

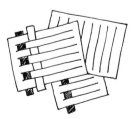
Flechtblätter

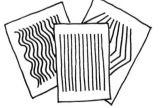
Flechtmatte

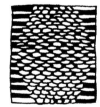

Webexperimente: Zu der zuvor erlernten Webtechnik mit textilem Material gibt es viele reizvolle Variationen, die Kinder ohne große Anleitung erforschen und ausprobieren können. Die Kinder können

- verschiedene Farben (für Kette und Schuss) kombinieren und Farbwirkungen ausprobieren, um diese für einfache Webmuster einzuschätzen und zu nutzen,
- verschiedene Kett- und Schussmaterialien erproben und kombinieren (Wolle, Satinbänder, Stoffstreifen, Bänder, Paketband, Lederstreifen, Geschenkbänder, Bast, Stroh, Äste, Blätter, Makkaroni-Nudeln(!) etc.),
- verschiedenes Zubehör mit einweben: Perlen, Federn, Schafwolle,
- den Schulwebrahmen erproben und versuchen, auf diesem verschiedene Muster zu erzielen (Karo- und Streifenmuster).

Schulwebrahmen

Bänderweben   Naturmaterialien einweben

Rahmenexperimente: Besondere Webrahmen: Außer mit dem Schulwebrahmen lassen sich auch tolle andere „Webrahmen" zum Weben entdecken:

- Stopfweben durch Maschendraht, Mandarinennetze oder ein Sieb
- Drahtbügelweberei
- Weben zwischen Astgabeln
- Webrahmen aus Stöckern gebunden
- Fahrradspeichen
- Webrahmen bauen: Nagelwebrahmen, Schuhkartonwebrahmen, Mathebuchwebrahmen etc. (siehe Sachinformation „Weben")
- Freiluftwebrahmen
- Waldweben (Kettfäden zwischen mehreren Bäumen spannen …, etwas für den Landschulheimaufenthalt)

Drahtbügel

Astgabeln

Stöckerrahmen

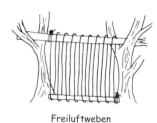
Freiluftweben

Weiterführendes Weben: Für ältere oder für schon sehr weberfahrene Kinder bieten sich auch anspruchsvollere Aufgaben an, die etwas Eigeninitiative fordern. Die Kinder können unterschiedlich schwere Webverfahren ausprobieren:

- Rundweben (Gesichtertäschchen, Blumen, Schildkröten, Marienkäfer etc., siehe Schülerarbeitsblatt und Vorlage)
- Stopfweben (Stofflöcher zuweben)
- Weben mit Naturmaterialien am Gewichtswebrahmen
- Bandweben (Taschenbänder, Indianerbänder, Freundschaftsbänder, Gürtel, Halteschlaufen, Lesezeichen, Zierborten für T-Shirts oder Stoffschuhe, Stroh-/Bastbandwebereien, mit denen man z. B. ein Geschenk toll dekorieren kann …) (Bandwebrahmen gibt es auch bei Labbé.)

Rundwebarbeiten

Rundwebrahmen

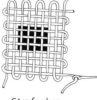
Stopfweben

Gewichtswebrahmen

Bandweben

- Fingerweben mit zwei Kettschlaufen
- Perlenweben (siehe Schülerarbeitsblatt)
- Bildweben
- Weben mit Applikationen
- Figurenweben

 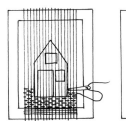 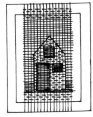  

Perlenwebkette   Bildweben   Figurenweben   Fingerweben

- Experimentelles Weben (u. a. mit und an Natur- und Alltagsmaterialien, z. B. Gräser in Fahrradspeichen)
- Weben einer Hülle (Eine Tasche kann man z. B. toll weben, indem man ein dickes Buch mit Kettfäden umwickelt und anschließend rund um das Buch die Schussfäden einwebt. Wenn man nach jeder „Hin-und-Zurück"-Runde einen neuen Schussfaden verwendet, entstehen am Taschenboden automatisch Fransen, mit denen man den Taschenboden paarweise zuknoten kann.)
- Webkorb (Dazu gibt es bei Labbé Materialien, die das Weben sehr erleichtern; Näheres dazu siehe Sachinformation „Weben".)
- Textile Gebrauchsgegenstände: Schließlich können Webarbeiten gezielt zur Herstellung kleiner Objekte (Taschen, Spielfiguren, Webbilder als Aufnähapplikationen für Leinentaschen) angelegt werden. So erfahren die Schüler auch die Nutzung von Geweben als textile Hüllen.

Experimentelles Weben   Webtasche   Korb   Tasche mit aufgenähter Webarbeit

Anschlussthemen:

Weben für Fortgeschrittene: Wer die zuvor genannten Vorschläge nicht als Zusatzaufgaben nutzen möchte, kann eine vertiefende, fortführende Einheit zum Thema „Weben" anschließen. Dazu bieten sich die genannten Webtechniken an:
- Rundweben, Bandweben, Perlenweben / Perlenfigurenweben, Experimentelles Weben, Bildweben, Kettwebverfahren, Weben an alten und ungewöhnlichen Webrahmen etc.

Weitere sinnvolle Anschlussthemen sind:
- Weben und Webrahmen früher und heute: Handwebrahmen, Webstühle, Webautomaten, moderne Weberei
- Begriffe: Fach, Fachwechsel, Bindungspunkte etc. (siehe Sachinformation „Weben")
- Gewebe untersuchen und vergleichen, verschiedene Bindungsarten kennenlernen (Leinwand, Köper, Atlas)
- Erproben verschiedener Bindungsarten, Muster, Ornamente (mit Papier oder Wolle)
- Bilderausstellung zu historischen und kulturell unterschiedlichen Webtechniken und -geräten
- Besuch einer Weberei
- Gewebematerial untersuchen: vom Garn über die Fasern zum Rohstoff
- Muster mit farbigen Garnen weben im Vergleich zum Musterdruck auf Gewebe
- Stoffe untersuchen: Gewebe – Maschenware – Vlies

Sachinformation „Weben"

1. Fachliche Einordnung

Es gibt drei grundlegende Möglichkeiten, aus Fasern und Garnen flächenförmige textile Gebilde herzustellen: Pressen (Vliesstoffe), Wirken / Stricken (Maschenwaren) und Weben (Gewebe). Gewebe entstehen aus zwei sich rechtwinklig kreuzenden Fadensystemen. Das Überkreuzen und gegenseitige Verknüpfen von Werkstoffen zur Flächenbildung findet man neben dem Weben auch beim Stopfen, Flechten, Knüpfen, Klöppeln, Occhi etc.
(Zu webähnlichen Techniken wie die des Halbwebens und die Kettstoffverfahren finden Sie nähere Informationen im Kapitel „Systematik textiler Techniken".)

Klöppeln

Zwirnflechten

Für das Weben in der Grundschule gibt es neben den Lernzielen noch mehr gute Gründe:
- Erfahren, dass Weben eine mehr als 2500 Jahre alte Kunst ist, die lohnt weiter gepflegt zu werden und durch die tolle kunsthandwerkliche Gegenstände entstanden sind und weiterhin entstehen.
- Sammeln ursprünglicher Erfahrungen und direktes Erleben der Herstellung von Produkten zur Befriedigung elementarer Grundbedürfnisse mittels einer fundamentalen Technik der menschlichen Kultur (bildender Wert).
- Ermutigung zu einer alternativen Freizeitbeschäftigung (als Konkurrenz zum Fernsehen) mit einem Gestaltungsverfahren, das ohne großen Materialaufwand und mit einer leicht zu erlernenden Technik mit großem Variationsreichtum ohne Probleme zu Hause und überall anderswo anwendbar ist; Weben kostet wenig und das Nötigste ist leicht zu transportieren.
- Erfahren, dass Weben eine meditative Tätigkeit ist, die hervorragend abschalten lässt.
- Schulung der „Geisteskräfte" durch Denkprozesse, die das Planen, Berechnen, Entwerfen und Beurteilen einer Webarbeit verlangen; Weben ist eine feinmotorische Tätigkeit, die die Gehirndurchblutung fördert und eine wunderbare Übung zum räumlichen Denken darstellt.

Vor der praktischen Webarbeit sollten die Kinder verschiedene Gewebeproben untersuchen. Dazu ziehen sie z. B. ein grobes Gewebe auf und analysieren die Stoffstruktur. Lupen sind bei der Gewebeanalyse sehr hilfreich und steigern die Schülermotivation enorm. Zu einem späteren Zeitpunkt der Einheit „Textile Flächenbildung" kann man auch noch Maschenwaren und Filze untersuchen und mit Geweben vergleichen.

Das Weben ist eine der wichtigsten textilen Techniken. Die meisten textilen Gebrauchsgegenstände werden mit dieser Flächenbildungstechnik hergestellt. Die Kinder sind umgeben von Gewebtem. Mithilfe des angehängten Liedes können sich die Kinder dessen bewusst werden: Ein großer leerer Korb steht in der Mitte der Klasse. Innerhalb von 5 Minuten sollen die Kinder im Klassenraum und der näheren Umgebung so viel Gewebe und Gewebtes sammeln, wie sie können, und in den Korb legen. Dann kann das Lied beginnen. Alternativ können die Kinder auch von zu Hause viele gewebte Dinge mitbringen.

2. Kulturhistorische Einblicke

Das Thema „Weben" nimmt nicht nur innerhalb der anderen Techniken zur „textilen Flächenbildung" (Flechten, Knüpfen, Filzen, Maschenbildung) einen wichtigen Platz ein, sondern auch in der menschlichen Geschichte. Im Heimatkundeunterricht der meisten Schulen (oder im Sachunterricht zu den Themen „Steinzeit", „Germanen", „Ritter", „Zünfte", „Früher / Zu Omas Zeiten", „Bekleidung") ist die Geschichte der Weberei nicht wegzudenken. Ein guter Grund also, um sich mit dem kulturellen und historischen Hintergrund der Weberei und ihrer industriellen Umsetzung und Nutzung etwas gründlicher auseinanderzusetzen:

Die Technik des Webens ist schon ein in der Steinzeit bekanntes Verfahren gewesen, das sich aus dem Flechten entwickelt hat. Das Ineinanderflechten von Zweigen und Ästen zu einem festen, gewebeähnlichen Verband wurde schon früh ausgeübt. Daraus entwickelte sich die Korbflechterei. Vom Flechten eines Korbes bis zum Verweben eines flexiblen, langen Materials war es ein großer Schritt. Dazu gehörte das Fasermaterial, das nicht ohne Aufbereitungsprozess von der Natur geliefert wurde. Fasern mussten zu einem endlosen Faden gesponnen werden. Mit der Lösung dieses Problems setzte die Webkultur ein. Mit Beginn des Ackerbaus vermutet man die erste Herstellung von Geweben.

Auf einem sogenannten Flechtwebrahmen sind Gewebe nach dem Prinzip des Stopfens entstanden (auch das Weben mit der Webnadel entspricht dem Stopfweben).

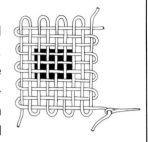

Stopfweben

In Ägypten und in China wurden schon früh edelste Stoffe gewebt. Die Atlasbindung und die damit mögliche großflächige, ornamentale Musterung hat in China ihren Ursprung. In Hellas war der Gewichtswebstuhl in Gebrauch. Trotz des primitiven Gerätes war die Webarbeit hoch entwickelt. Aus Griechenland stammen unter anderem feine, hauchzarte Gewebe, wie sie heute auch mit Maschinen und großem technischen Aufwand kaum hergestellt werden können. Mit unendlicher Geduld, Fingerspitzengefühl, Intelligenz und künstlerischem Gestaltungsvermögen entstanden über mehrere Monate, ja sogar Jahre größere Kleidungsstücke.

In den Mythen der Antike war Weben das Sinnbild für das Denkvermögen des Menschen. Der Faden oder der Gedankenfaden wird gesponnen und sinnreich verwebt zu einem Schicksalsteppich. Aus dem Muster der Verflechtung wurden Zusammenhänge gesehen, die Klugheit offenbaren. Leicht ist zu erkennen, dass zum Ordnen von Fäden, dem Verkreuzen zu einem bestimmten Muster, logische Gedankenarbeit und Selbstdisziplin unverzichtbar sind. Gute Weber standen in hohem Ansehen.

Auch gab und gibt es Schutzgöttinnen für Weber, wie die Göttin Athene, die in den mythischen Erzählungen selbst eine Weberin ist. In Mitteleuropa wurden seit dem 10. Jahrhundert mit der Bildung von Städten und Klöstern die Menschen aufgeschlossener für technische Neuerungen und Spezialisierungen im Handwerk. Die Frauenarbeit wurde mehr und mehr durch die Entstehung des Handwerks Weben auch zur Männerarbeit. Ein wesentlicher technischer Entwicklungsschritt wurde mit der Erfindung des Webfaches und des Prinzips des sogenannten Fachwechsels vorgenommen. Die Kettfäden konnten nun abwechselnd in oberhalb und unterhalb liegende Fäden getrennt werden. In dieses Webfach wurde mit einem langen Holzstab (später: Schiffchen) der Schussfaden eingeschoben („eingeschossen").

Im 13. Jahrhundert schlossen sich die Weber zu Zünften zusammen. Mit der Zeit spezialisierten sie sich in Fachgebiete. Diese hingen vom verarbeiteten textilen Rohstoff ab. So gab es vor allem Wollweber (Tuchmacher), Leinenweber, später freie Baumwollweber und schließlich Seidenweber.

In textilen Heimindustrien arbeiteten später abhängige Arbeiter für sogenannte Verleger, die Zünfte mit ihren starren Reglementierungen wurden bis ins 19. Jahrhundert verboten und aufgelöst. Um 1800 wurden aus den weiterentwickelten Handwebstühlen mechanische bzw. maschinell getriebene Webmaschinen konstruiert. Diese Entwicklung brachte vielen Weberfamilien eine bittere Armut.

John Cartwright baute 1785 in England den ersten mechanischen Webstuhl. Mit der Erfindung der Dampfmaschine von James Watt entwickelte sich im Laufe des 19. Jahrhunderts eine ganz neue Industrie der Weberei. Im 20. Jahrhundert wurden schließlich die elektronisch gesteuerten Webautomaten entwickelt.

Bei den Handwebern werden und wurden früher wie heute entsprechend des jeweiligen Kulturkreises sehr unterschiedliche Webrahmen benutzt: Gewichtswebstühle (die schon in der Jungsteinzeit, ca. 3000 v. Chr. bekannt waren), Hochrahmen (z. B. bei den Navajo-Indianern), Lendenwebstühle (Asien), Grubenwebstühle (Byzantinische Zeit, um 600 n. Chr.), Tischwebrahmen, Standrahmen, Kente-Webrahmen (Westafrika), Trittwebstühle, Zampelstühle (für Leinentücher) etc.

  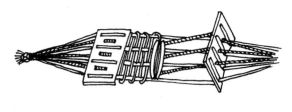

Gobelinwebstuhl   Gewichtswebgerät   Bandwebgerät

Dass sich die Webrahmen so unterschiedlich entwickelten, lag daran, dass das technische Problem des Kettfadenspannens in den einzelnen Kontinenten unabhängig voneinander und unterschiedlich gelöst wurde. Den historischen Entwicklungsschritt vom Flechtweben zum Weben mit dem entscheidenden Fachwechsel empfinden die Kinder in der Schule dann nach, wenn sie vom einfachen Pappwebrahmen auf den Schulwebrahmen wechseln. Ein Webkamm öffnet nun dort die Fächer zwischen den Kettfäden, wo zuvor evtl. nicht einmal ein Trennstab war. Die Webnadel wird zum Schiffchen.

Weberei heute: Die meisten von uns genutzen Gewebe werden industriell gefertigt. Zur Herstellung gebrauchsfertiger Waren benötigt die Weberei
- materialbeschaffende Arbeitsgänge (u. a. Gewinnung der Rohstoffe, Aufbereitung der Fasern, Verspinnen der Fasern, Veredeln durch z. B. Färben, Merzerisieren),
- materialverarbeitende Arbeitsgänge (u. a. Spulen, Vorrichten des Webstuhls und der Kette, Abweben, Verputzen),
- Ausfertigung (u. a. Reinigen, Färben, Appretieren, Zurechtmachen (durch z. B. Legen, Binden, mit Schleifen versehen),

Wer die Möglichkeit hat, sollte einen Besuch in einer Weberei durchführen. Allein die Dimensionen, in denen dort gearbeitet wird, sind faszinierend.

Zum Thema „Weben früher-heute und hier-anderswo" bietet sich eine fächerübergreifende Bilderausstellung an, die die Kinder zusammentragen und veröffentlichen können (**Internet-Tipp:** *www.holzkircher.de*).

3. Das Material
Webrahmen

Das wichtigste Zubehör beim Weben ist der Webrahmen. Dieser kann ganz einfach oder aber auch zimmerfüllend und kompliziert sein, wie die Webstühle der Berufsweber. Für den Schulbetrieb reichen einfache selbst gemachte Rahmen. Hier hat man zahlreiche Möglichkeiten, einfachste Rahmen selbst herzustellen.

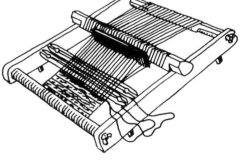

Schulwebrahmen

Webrahmen können gemacht sein aus
- vier Holzleisten, die zusammennagelt werden,
- vier geraden Ästen, die zusammengebunden oder genagelt werden,
- festem Pappkarton, bei dem zwei gegenüberliegende Seiten in regelmäßigen Abständen eingeschnitten werden (**Tipp:** Zickzackschere),
- Wellpappe, die eingekerbt wird,

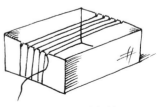

Schuhkarton

- einem Schukarton, der eingekerbt und umwickelt wird,
- einer Zigarrenkiste, die mit zwei Nagelreihen versehen wird,
- rechteckiges Frühstücksbrettchen, das umwickelt wird,
- einem ausgedienten Bilderrahmen, der mit zwei Nagelreihen versehen wird
- ... und vielem mehr.

vier genagelte Holzleisten

gebogene Pappe

gekerbter Karton

gebundene Äste

Natürlich kann man auch auf Rundwebrahmen (z. B. aus Pappe; siehe Kopiervorlage) oder mit zweckentfremdeten Alltagsgegenständen weben (Fahrradspeichen, Zaun, Äste, Gitter, Gitterstoffe usw.). Noch interessanter ist das Kettfaden-Bespannen zwischen zwei großen Bäumen oder das Herstellen eines Gewichtswebrahmens. Näheres dazu finden Sie in den „Zusatzaufgaben" und „Anschlussthemen". Einzelheiten zu den kulturhistorischen Varianten des Webrahmen erfahren Sie im Kapitel „Kulturhistorische Einblicke".

Bespannungs-, Faden- und Webmaterial

- *Kettfaden:* Die auf den Webrahmen gespannten Fadenreihen nennt man Kettfäden (Kette). Günstig ist bei Anfängern eine feste Kettfadenführung, d. h. Vertiefungen (Einschnitte oder Kerbungen) oder Erhebungen (Nägel), zwischen denen der Faden Halt und einen gleichmäßigen Abstand findet. Die Profis benutzen sogenannte Schärrahmen mit regelmäßigen Zahnungen.

Schussrips

Die normale Kettfadeneinstellung (= Zwischraum der Fäden) beträgt eine halbe bis eine Schussfadenstärke. Eine weitere Einstellung (2–3 Schussfadenstärken) erzeugt den sogenannten „Schussrips", d. h. dass nur der Schussfaden sichtbar ist. Eine enge Einstellung (kein Fadenzwischenraum) lässt einen „Kettrips" entstehen, d. h. dass nur der Kettfaden sichtbar ist.

Kettrips

Als *normales Fadenstärkeverhältnis* gilt: Der Kettfaden hat die halbe Schussfadenstärke. Bei der klassischen Leinwandbindung haben Kette und Schuss die gleiche Fadenstärke. In der Grundschule hat die „ideale" Fadeneinstellung keine Bedeutung. Gewebt wird, wie es gerade auskommt. Eigene Erfahrungen und Entdeckungen sind wichtig. Letztendlich webt man (besonders beim Bildweben) in der Regel einen Schussrips, da er ein weniger aufwändiges Bespannen der Kettfäden erlaubt und leicht zu weben ist.
Der Kettfaden ist idealerweise aus einem reißfesten und fest gedrehten Material (z. B. feste, glatte Garne, Baumwollfäden, Jute, Kordelmaterial ...).

- *Schussfaden:* Die quer zu den Kettfäden eingezogenen oder eingestopften Garne nennt man Schussfäden.
Festes Garn (z. B. Häkelbaumwolle) eignet sich für die ersten textilen Anfänge am besten. Grundsätzlich kann man aber fast alles verweben. Damit meine ich nicht nur die verschiedensten Garnsorten, sondern auch jedes andere (idealerweise längliche) Material: Gräser, Stroh, Stoffstreifen, Papier, Alufolie, Federn, Rindenstücke, Watte, Bast, Perlen etc.

- *Webnadel / Schiffchen / Schmetterling:* Mit diesen Geräten wird der Schussfaden durch die Kettfäden befördert.

Man kann dazu eine einfache Stopfnadel oder einen gelochten Streifen Pappe verwenden. Auch mit Holzstäben lässt sich weben. Etwas professioneller sind käufliche Webnadeln oder Schiffchen aus Pappe oder Holz. Die industriellen Schiffchen haben zusätzlich auf ihrer Unterseite Rollen, damit sie schneller durch das Fach schießen. In der Mitte befindet sich ein Metalldorn, der die Spule hält.

Arbeitet man in der Schule nur mit kurzen Garnstücken, kann man diese auch zu einem Schmetterling aufwickeln und auf die Nadel ganz verzichten: Das Schussgarn wird achtförmig um Daumen und kleinen Finger gewickelt und in der Mitte zusammengebunden.

Webnadel

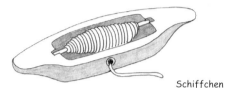
Schiffchen

Schmetterling

Weiteres Zubehör:

- *Anschlaggabel / Kamm:* Dabei handelt es sich um eine stabile Gabel oder einen Kamm, der den Schussfaden dicht an den vorhergehenden Schussfaden heranführt („anschlägt"). Bei groben, einfachen Webstücken reichen auch die Finger.
- *Trennstab / Webgatter / Webkamm:* Mit einem Stab (Stock, Gatter oder Kamm), der jeden zweiten Kettfaden anhebt, teilt man die Kettfäden. Dadurch entsteht ein Zwischenraum (Webfach). Nun lässt es sich leichter im Kettfadensystem orientieren und weben.

4. Die Technik

Grundtechnik / Fachbegriffe

Etwas „Fachchinesisch" ist beim Weben sehr wichtig und erleichtert die Verständigung über die Webarbeit:
- *Gewebe* entstehen aus sich kreuzenden Fadensystemen.
- Die in Längsrichtung verlaufenden Fäden heißen *Kettfäden* (*Kette*).
- Die querliegenden Fäden heißen *Schussfäden* (*Schuss*).
- Die beiden Seitenkanten bezeichnet man als *Webkanten*.
- Die Art der Verkreuzung der beiden Fadensysteme nennt man *Bindung* (s. u.).
- Den Zwischenraum zwischen den oberen und unteren Kettfäden nennt man *Fach*.
- Das gegenseitige Verschieben der Fächer nennt man *Fachwechsel*.
- Die Verkreuzung der Kett- und Schussfäden an einem bestimmten Punkt bezeichnet man als *Bindungspunkte* (oder Fadenkreuz).
- Eine technische Zeichnung des Webmusters auf kariertem Papier, aus der die Bindung hervorgeht, nennt man *Patrone*.

Bindungspunkt

Bindungsarten

Die Bindung beeinflusst Musterung, Oberflächenbeschaffenheit, Dichte, Elastizität, Festigkeit und Griff eines Gewebes. Insgesamt lassen sich alle Gewebebindungen auf drei Grundbindungen zurückführen:

Leinwandbindung

Gewebebild

Patrone

- *Leinwandbindung:* In ihrer Grundform entspricht sie dem Stopfvorgang (Flechtweben). Sie ist die älteste und festeste Bindungsart. Hier liegt der Schussfaden immer abwechselnd über und unter dem Kettfaden. Die zuvor erwähnten Ripsbindungen Schussrips und Kettrips sind Ableitungen der Leinwandbindung. Bei der Papierwebarbeit auf der Farbabbildung handelt es sich um die klassische Leinwandbindung, bei der abgebildeten Wollarbeit (Herzkarte) um einen Schussrips.

Kettrips

Leinwandbindige Stoffe haben einen etwas steifen Fall. Das Warmhaltevermögen ist bei fest gedrehten Garnen gering, da das Material wenig Luft einschließen kann. Stoffe in Leinwandbindung sind z. B. Nessel, Linon, Batist, Taft, Musselin. Auch die Panamabindung leitet sich von der Leinwandbindung ab. Man nimmt hier für beide Richtungen mehrere Fäden. Die Stoffe werden dadurch etwas weicher und poröser.

Schussrips

- *Köperbindung:* Alle Köper erzeugen schräglaufende Musterungen. Köperbindungen sind lockerer und die entsprechenden Stoffe dadurch weicher und wärmer. Zum Beispiel beim vierbindigen Köper erfolgt die Verkreuzung erst beim jeweils vierten Kett- bzw. Schussfaden. Köperstoffe haben einen weicheren Fall und werden gern für Winterbekleidung genutzt. Flanell und Gabardine sind bekannte köperbindige Gewebe.

- *Atlasbindung:* Hier liegen die Bindungspunkte regelmäßig verstreut im Gewebe. Die Verkreuzung der Fäden erfolgt frühestens beim fünften Kett- und Schussfaden. Atlasbindungen haben oft eine glatte, glänzende Oberfläche und eine matte Rückseite. Das Gewebe wird noch lockerer als bei der Köperbindung. Diese Bindung eignet sich nur für feinste Gewebe. Das Warmhaltevermögen ist vom verwendeten Material abhängig.

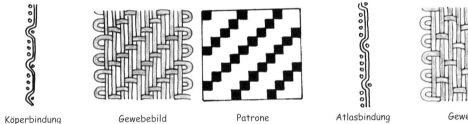 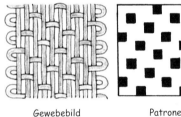

Köperbindung   Gewebebild   Patrone   Atlasbindung   Gewebebild   Patrone

Neben den oben beschriebenen Grundbindungen und ihren Ableitungen gibt es noch viele Spezialbindungen für Gewebe mit besonderen Effekten, wie z. B. für die Kreppgewebe, Frottiergewebe, Florgewebe, Doppelgewebe, lancierte und brochierte Gewebe und Drehergewebe.

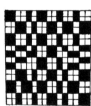

Würfelbindung

Kinder, die die Leinwandbindung beherrschen, bekommen mit den anderen Bindungsmöglichkeiten eine große Anzahl von Web- und Mustervariationsmöglichkeiten an die Hand. Das Musterweben mit Bindungsalternativen fordert sehr konzentriertes und planendes Arbeiten und schult den kindlichen Geist ungemein.

Bildweben

Mit der Webtechnik kann man auf die verschiedenste Weise gestalten: entweder durch einen Farbwechsel beim Streifenweben, einen Materialwechsel (Stroh, Blätter, Bänder, Perlen), durch einen Bindungswechsel (siehe oben) oder durch eine Kombination aller Variablen.

Eine weitere sehr interessante Webaufgabe für Kinder stellt aber auch das Gestalten von Motiven oder Gebilden dar.

Am leichtesten geht das, wenn die Schüler zuvor einen groben Entwurf in der Größe der Webarbeit auf Papier malen und unter die Kettfäden kleben. Nun haben die Kinder eine Orientierung für die Farbverteilung. Das Problem der farbigen Flächengestaltung kann nun auf verschiedene Weisen gelöst werden:

- Farbige Flächen können einfach nebeneinandergesetzt werden. Dabei entstehen Schlitze zwischen den Farbfeldern.
- Eine Alternative stellt das Hinterführen des Fadens dar. Kleinere Flächen werden zuerst gewebt. Anschließend wird die Hintergrundfläche mit einem einzigen Schussfaden geschlossen. An allen zuvor gewebten kleineren Webfeldern wird der Schussfaden unter der Fläche vorbeigeführt.
- Schließlich gibt es noch die Möglichkeit des Verzahnens der Schussfäden. Beim Farbwechsel wird der „Grenzkettfaden" von beiden Farbfäden erfasst. Variationen sind: Verzahnen ohne Schlitzbildung, gestaffeltes Verzahnen oder gebündeltes Verzahnen.

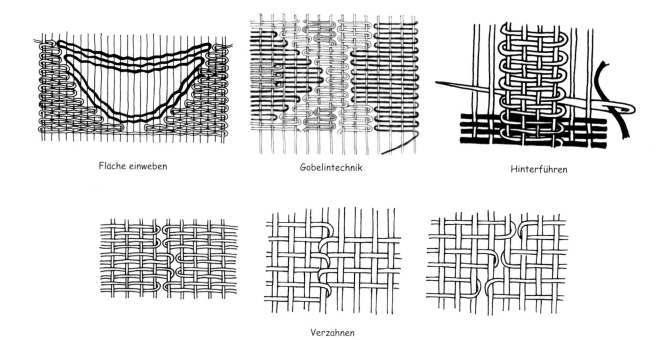

Fläche einweben   Gobelintechnik   Hinterführen

Verzahnen

Fortgeschrittene junge Weber mögen sich evtl. auch an Anweb- und Abschlusstechniken probieren:
- Anweben: Besonders beim Bandweben verhindert man ein Ausfransen, wenn man den Anfangsfaden mit dem zweiten Schuss einlegt. Dadurch ist der Faden sozusagen „vernäht".
- Der Abschluss einer Webarbeit kann eine Kordelkante sein. Diese zieht man am besten mit einer Stopfnadel ein.
- Der Abschluss durch Fransenbildung kann entweder durch normales Verknoten zweier Kettfäden erfolgen oder durch Bildung des Überhandknotens.

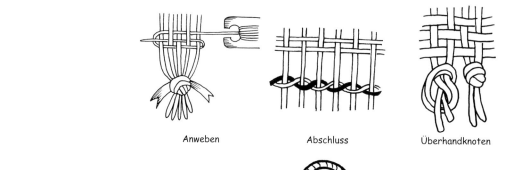

Anweben   Abschluss   Überhandknoten

Fundgrube:

Bücher
- Marina Schories: „Buntes Weben mit Kindern. Ideen für Garn, Papier und Perlen", Augustus Verlag, 1998
- Trudi Schmid: „Weben mit Kindern", At-Verlag 1997
- Martha Riedl: „Bildweben mit Kindern", frechverlag, Stuttgart 1990
- Armin Täubner: „Weben mit Stäbchen", frechverlag, Stuttgart 1985
- Ingrid Moras: „Freundschaftsbänder mit Perlen weben"', Christophorus-Verlag, 2002
- „Freundschaftsbänder. Flechten, Weben, Knüpfen", Falken-Verlag, 1997
- Gabriele Oeftering-Marschel: „Naturwebbilder kreativ gestalten", Christophorus-Verlag, 1986
- Irene Greiner: „Experimentelles Weben. Mit einer didaktischen Einführung in gestaltungstheoretische Fragen", 1982
- Candace Crockett: „Weben mit Brettchen. Geschichte. Technik. Material. Muster", Bern 1994
- Heidi Rediger-Graber / Barbara Wälchli Keller: „Bildweben: Grundlagen der Technik und Gestaltung", At-Verlag, 1992
- Dietlinde Fiala / Maria Mangge: „Alte Volkskunst Weben", Stocker, 1986
- Edith Schaar, Simone Delz: „Prähistorisches Weben", 1983
- Werner Forman u. a.: „Blumen der Wüste. Ägyptische Kinder weben Bildteppiche", Hanau 1984
- Ann Hecht / Paul Haupt: „Webkunst aus verschiedenen Kulturen", Bern 1991

Internet
- *www.holzkircher.de/index.htm* (empfehlenswert: „Die Geschichte der Weberei" im Magazinteil: tolle historische Bilder, ferner: Webgeräteverkauf und ein Textilwörterbuch mit Schwerpunkt Weben)
- *www.barbaraclemens.de/deutsch/index-deutsch.html* (private Bekleidungswebarbeiten, tolle internationale Linkliste für Textilmuseen und Ausstellungen)
- *www. webatelier-koerber.de* (Webatelier Körber, Kursangebote)
- *www.schafplanet.de* (Kinderseite rund ums Schaf, sehr schön ist die Geschichte vom „Baumwollschaf")
- *www.webkante.ch* (Webvorschläge)
- *www.ketteundschuss.de* (Handarbeitsbedarf rund ums Spinnen, Färben, Garne, Weben)
- *www.webstuhl-kuenzl.de* (Die Webstuhl- und Spinnradmanufaktur Künzl verkauft auch gebrauchte Webrahmen und Webstühle)
- *www.gelbeweberseiten.de* (Veranstaltungskalender, Kurse, Weber nach Postleitzahlen geordnet)
- *www.wollwerkstatt.de* (Veranstaltungen rund ums Spinnen, Weben, Filzen)

Sonstiges
- Wer sich einmal umschaut, findet sicher in der Nähe einen Handweber, der sich über Kinderbesuch freut.
- Viele professionelle Bildweber und Webkünstler führen Ateliers. Eine Künstlerin mit besonders märchenhaften Motiven, die Kinder sehr faszinieren, ist die Berliner Weberin Franziska Kurth. Freche Frösche sind ihr Markenzeichen.

Historische Webarbeiten gibt es in allen Museen und Ausstellungen mit einem textilen Bereich, aber auch in Burgen, Museumsdörfern und Rathäusern. Zahlreiche Webausstellungen können Sie der Museumsliste entnehmen.

Besondere Webmuseen gibt es in Bad Münstereifel, Braunsfeld, Breitenberg-Gegenbach, Craichingen, Sindelfingen und Hattingen-Elfringhausen.

Weberwissen

Weißt du Bescheid? Sicher erkennst du die abgebildeten Gegenstände. Verbinde sie mit dem entsprechenden Wortkärtchen. Der Lückentext hilft dir beim Zuordnen.

Kettfäden

Schulwebrahmen

Papprahmen

Webkamm

Wolle

Trennstab

Schussfaden

Bindungspunkt

Webnadel

Schere

Schiffchen

Webfach

Zuerst einmal benötigt man zum Weben einen Webrahmen.

Das kann ein einfacher P_____ (7) sein oder ein Sch_____ (12).

Das Gewebe besteht aus W_____ (2). Mit dieser bespannt man den Webrahmen.

Man sagt, man spannt die K_____ (5). Nun kann man mit der Wolle weben. Man

webt über und unter den Kettfäden hindurch. Den Webfaden nennt man Sch_____

(4). Damit das Einweben des Schussfadens nicht so mühsam ist, verwendet man eine

W_____ (6) oder ein Sch_____ (3).

Mit dem W_____ (1) schiebt man die Schussfäden eng zusammen. Immer dann, wenn sich

Schuss- und Kettfaden verkreuzen, entsteht ein B_____ (11).

Besonders schnell kann man weben, wenn ein T_____ (10) jeden zweiten

Kettfaden anhebt, unter dem man herweben muss. So entsteht ein Zwischenraum für die Webnadel

oder das Schiffchen. Den Zwischenraum nennt man W_____ (8). Möchte man

bunte Streifen weben, schneidet man den Schussfaden mit der

Sch_____ (9) ab und webt mit einer anderen Farbe weiter.

Mit den Nummern hinter den Lösungswörtern kannst du das folgende Kreuzworträtsel lösen. Viel Spaß!

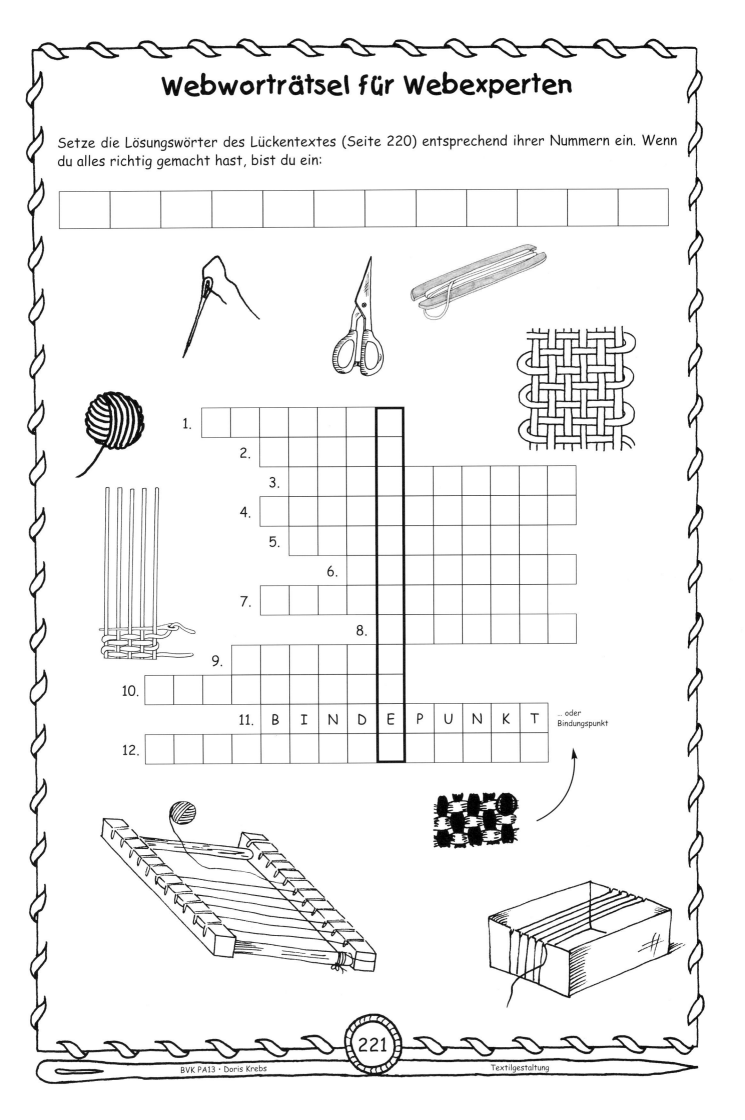

Papierwebkunst

Moderne Bilder mit Papier weben? Klingt kompliziert,
ist es aber nicht:

1. Du benötigst zwei verschiedenfarbige Bögen Papier.

2. Falte einen in der Mitte.

3. Schneide nun die „Kettfäden". Je
   verrückter du dein Muster schneidest,
   umso interessanter wird später das Bild.

4. Mit dem zweiten Bogen Papier („Schussfäden")
   schneidest du die Flechtstreifen auf die gleiche
   Weise zu. Das Weben fällt dir leichter, wenn sie
   gerade ausgeschnitten werden.
   Den Rahmen, der übrig bleibt, kannst du später
   noch gebrauchen.

5. Flechte deine „Schussfäden" in deine Flechtmappe.

6. Zum Schluss klebst du den aufgehobenen
   Rahmen auf. Starke Wirkung, nicht wahr?

BVK PA13 · Doris Krebs

Textilgestaltung

Rundweben

1. Klebe das Schablonenblatt auf eine Pappe und schneide den Rundwebrahmen aus.

2. Bespanne den Webrahmen strahlenförmig mit Wolle. Das sind die Kettfäden.

3. Verknote die beiden Fadenenden auf der Rückseite.

4. Fädle den Schlussfaden in die Nadel ein und verschlinge den Faden einmal um den Mittelpunkt der Kettfäden.

5. Webe von der Mitte aus jeweils über und unter den Kettfäden.

6. Wenn du die Farbe wechseln möchtest, lässt du die Fadenenden einfach hängen und vernähst sie später.

7. Ist deine Webarbeit fertig, schneidest du die Kettfäden auf der Rückseite in der Mitte durch.

8. Die Fadenenden kannst du vernähen oder je zwei zusammen-knoten.

9. Aus dem Webkreis kannst du ein Deckchen, einen Untersetzer, einen Stern oder vieles andere machen. Wenn du einen zweiten Kreis webst, kannst du eine Tasche mit einem lustigen Gesicht nähen oder einen Maisball oder ein Kissen ...

Perlenweben

Schon ganz alte Kulturen wie die der Indianer schmückten sich mit kostbaren Perlenwebereien. Das kannst du auch!

Du brauchst:
- einen Schuhkarton oder einen Perlenwebrahmen
- Garn
- Perlen
- eine Perlenwebnadel oder eine Nadel, die durch die Perlen gezogen werden kann

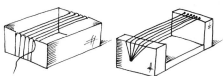

So geht es:
1. Bespanne den Webrahmen. Je mehr Kettfäden du spannst, umso breiter wird dein Perlenband.

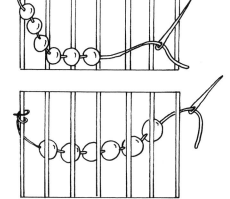

2. Fädle einen Faden in die Nadel ein und knote das Fadenende an den äußeren linken Spannfaden.

3. Ziehe die erste Reihe Perlen auf den Faden.

4. Führe die Nadel unter den Spannfäden durch und drücke die Perlen in die Zwischenräume.

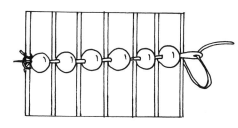

5. Stich nun die Nadel oberhalb der Spannfäden durch die Perlen und ziehe den Faden fest. Fertig ist die erste Reihe.

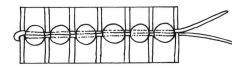

6. Alle weiteren Reihen werden auf die gleiche Weise gewebt. Denke dir ein Muster aus. Du kannst es sehr gut auf Karopapier malen.

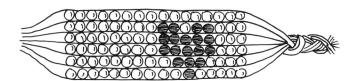
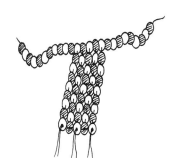

Schablonen

Schablonen für die Herzkarte (Papierweben), den Herzhefteinband (Textilarbeit) und das Rundweben

Lied „Gewebtes"

Gewebtes

Text: Marina Palmen – Melodie: Hubertus Vorholt

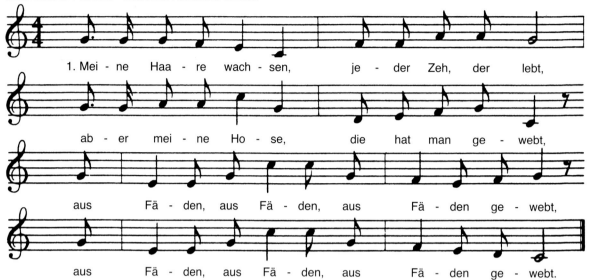

1. Meine Haare wachsen, jeder Zeh, der lebt, aber meine Hose, die hat man gewebt, aus Fäden, aus Fäden, aus Fäden gewebt, aus Fäden, aus Fäden, aus Fäden gewebt.

2. Meine Haare wachsen,
jeder Zeh, der lebt,
aber unsern Teppich,
den hat man gewebt,
aus Fäden, aus Fäden,
aus Fäden gewebt.

3. Meine Haare wachsen,
jeder Zeh, der lebt,
aber die Gardinen,
die hat man gewebt,
aus Fäden, aus Fäden,
aus Fäden gewebt.

Weitere Strophen können situativ ergänzt werden, z. B.:
… aber Kirmesfahnen, die …
… aber Zirkuszelte, die …
… aber einen Fallschirm, den …
… aber einen Schleier, den …
… aber einen Ärztekittel, den …
… aber Weihnachtsdecken, die …

aus: „Bausteine Kindergarten",
Ausgabe 4 / 1985,
© Bergmoser + Höller Verlag AG, Aachen

„Endlich Herbst"- denkt der Igel

Schwerpunktthema: Nähen – Schnittformbildung

Passend zu den Sach-Deutsch-Projektthemen: Igel – Herbst – Schnittmuster – Puppen (Spielzeug)

Zeit: 8–10 Unterrichtsstunden

Material: Filz oder Stoffreste in Herbstfarben, Stickgarn, Nähnadel oder spitze Sticknadel, Schere, Stecknadeln, weißer Leinen- oder Baumwollstoff DIN A3, Deckfarben oder Stoffmalfarben, Klebestift oder Sprühkleber, Füllmaterial (Watte, Wolle, alte Strümpfe, Stoffreste oder Papier)
Nach Wahl: Zickzackschere, Perlen, Knöpfe, Klettband

Lernziele:

Hintergrund:
- Herbstfarben entdecken und gezielt einsetzen (Farbdifferenzierung Herbstfarben)
- Stoffmalerei in Aquarelltechnik erproben
- Herbstlaub, Baum, Sonne: Stoffcollage verschiedener Blattformen und Hintergrundbildelemente oder Applikation unter Erprobung verschiedener Stickstichmöglichkeiten (Rückstich, Steppstich, Vorstich, Schlingstich, Überwindlingsstich)
- Bildnerische Ordnung durch Anordnung der Bildelemente herstellen: Wirkungen von Farbanordnungen entdecken, Igel und Laub flächenfüllend und einander zugeordnet anbringen, „vorn und hinten" durch Überschneidung herausarbeiten

Igel (Nadelkissen):
- Aus einem Papierschnitt Stoffteile für eine textile Hülle herstellen und zuschneiden
- Zusammenstecken und/oder Heften zweier Stoffteile
- Begriffe wie: Papierschnitt, Nahtzugabe, Nähnadel, Nähgarn, Steppstich/Schlingstich etc. zur besseren Verständigung nutzen
- Naht mittels Steppstich anfertigen oder Schlingstich zum Verbinden zweier Stoffteile kennenlernen
- Anfang und Ende einer Naht befestigen
- Mittels Füllmaterial die Igelhülle zu einem plastischen Objekt ausformen
- Das Motiv „Igel" ausdifferenzieren: Nähen (Ohren, Augen, Klettband), Sticken (Mund) etc.
- Textiles Objekt (Igel) als Gebrauchsgegenstand (Nadelkissen) und textiles Bildobjekt erfahren

Weitere mögliche Lernziele:
- Perlenwürmer: Perlen auffädeln und „Wurm" durch Musterung charakterisieren
- Heftstich zur Vorbereitung der Näharbeit kennenlernen
- Knöpfe annähen (z. B. Igelaugen, Tautropfen, Käfer etc.)
- Über Vor- und Nachteile und Eignung von textilem Material zur Hüllenbildung und deren Nutzen und Vorkommen im Alltag nachdenken
- Lernen, dass Farben Empfindungen, Gefühle und Stimmungen ausdrücken und hervorrufen können

Einstieg:
„Wenn sich die Igel, Igel küssen, dann müssen, müssen, müssen sie ganz, ganz, ganz vorsichtig sein ..."
Sicher kennen viele von Ihnen dieses Igellied. Es macht mächtig viel Spaß, sich das Igelpärchen vorzustel-

len und auch nachzuspielen (= „Eskimo"-Nasenkuss). Wer mag, kann im Fach Sprache noch weitere Strophen erfinden, malen oder spielen. Rund um den Igel gibt es noch etliche andere Gedichte und Spiellieder. Natürlich lässt sich auch aus einem Herbst- oder Igelprojekt diese Gestaltungsaufgabe herleiten. Um den Igel kommen wir in der Grundschule auf jeden Fall nicht herum (und wollen es ja auch gar nicht!). Die im Folgenden beschriebene Gestaltungsaufgabe vereint wieder zwei wichtige Aspekte der textilen Objekte. Das Igelbild bietet zum einen ein textiles Kunstwerk, das Farbüberlegungen und Ordnungsprinzipien folgt. Zum anderen lässt sich das Bildmotiv „Igel" als Gebrauchsgegenstand (Nadelkissen) abnehmen und verwenden. Wird es nicht als Nadelkissen genutzt, kann es auf der Bildfläche „geparkt" werden. Letztendlich wird wohl in den meisten Fällen die dekorative Verwendung des Objektes im Vordergrund stehen.

(In der Regel erfreuen sich die wenigsten textilen Grundschulobjekte einer Dauernutzung und verwaisen im Schrank. Dieses Schicksal wird unser Igel aber auf keinen Fall teilen. Wenn er auch nur gelegentlich als Nadelkissen genutzt wird, so können wir den reizenden Kerl doch ständig betrachten, wenn wir ihn aufhängen.)

Methodische Anleitung / Bildaufbau:

1. Igel:

Einer der künstlerischen Unterrichtsaspekte ist die Farbenlehre. Hier sollen einmal die Herbstfarben unter die Lupe genommen werden. Ein Spaziergang um die Schule oder eine Sammlung herbstlicher Schätze wird die Kinder schnell die vorwiegend herbstlichen Farben erkennen lassen: Orange, Rot, Braun, Gelb. In diesem Farbbereich wollen wir uns während der Gestaltungsarbeit bewegen.

Die Farbwahl für den Igelstoff ist innerhalb dieser Herbstfarbenpalette frei. Der Igel muss nicht unbedingt braun sein, auch wenn Kinder in der Regel zu den „echten" Farben tendieren. Eine andere Farbwahl hat lediglich Konsequenzen für die unmittelbare Hintergrundgestaltung des Igels. Ein orangefarbener Igel z. B. würde auf einem Kranz von braunen und grünen Blättern besser zur Geltung kommen als auf orange-roten Blättern (Beachtung der Kontrastfarbenwirkung).

Nach einem einfachen Schnittmuster wird die Igelform zugeschnitten. Entweder entwerfen die Kinder ihren eigenen Igel-Papierschnitt oder sie nutzen die Schablone der Kopiervorlage. Der Igelkörper kann ganz einfach aus zwei Teilen bestehen (Igelkörper-Papierschnitt verdoppeln). Wer mag, kann aber auch noch einen Igelbauch ausschneiden, der dann zu einem „dreiteiligen" Stoffigel führen würde. Die Stoffteile für den Igel können die Kinder mit oder ohne Nahtzugabe zuschneiden. Der stachelige Gefährte auf der Abbildung wurde ohne Nahtzugabe ausgeschnitten und besteht nur aus zwei Teilen. Das ist die einfachste Variante. Auch beim Zusammennähen können Sie zwischen verschiedenen Möglichkeiten wählen. Es gibt einfache und etwas anspruchsvollere Techniken. „Links auf Links" mit einem Steppstich oder „Rechts auf Rechts" mit einem einfachen Schlingstich (siehe dazu „Sachinformation Nähen") sind zwei von vielen Varianten des Stoffzusammenfügens. Lassen Sie Ihre persönliche Vorliebe entscheiden (oder besser: die Kinder). Eine kleine Füllöffnung wird ausgespart und später zugenäht (= Endeln von links). Der Igel wird mit Watte oder einem anderen Füllmaterial ausgestopft. Statt der teuren Füllwatte können Sie übrigens auch sehr günstige, naturbelassene Schafswolle nehmen (Verbrauch für 25 Kinder ca. 300–400 g, 100 g kosten ca. 1,50 Euro.). Ohren annähen, Augen aufnähen, Mund sticken: Hier können Sie nach Belieben Knopfannähen oder Stickstichmöglichkeiten thematisieren. (Ich lasse die Kinder solche Möglichkeiten selbst entdecken. Viel Anleitung ist nicht immer nötig. Man muss dann natürlich auch weniger perfekte Gestaltungslösungen akzeptieren können.) Schließlich werden die Stecknadeln (Stacheln) gleichmäßig in den Igelkörper gesteckt. Fertig ist das Igelnadelkissen!

Endeln von links

Knopfaugen

2. Hintergrund:

Hier können Sie wie bei dem „Schneckenbild" (Projekt Nr. 5) vorgehen: Auf einem weißen Leinenstück gestalten die Schüler den Himmel. Dazu befeuchten sie das Stoffstück und tupfen mit einem Schwamm oder dem Pinsel etwas gelbe und orange Farbe (Wasserfarbe oder Textilfarbe) auf. Durch die Feuchtigkeit zerläuft die Farbe und es entstehen interessante Mischfarben-Zufallseffekte.

Ist das Stoffstück für den Hintergrund getrocknet, würde ich es schon an dieser Stelle auf einen Passepartout-Karton kleben (bitte einen Klebestift und keinen Flüssigkleber verwenden!). Egal ob nur geklebt oder auch genäht und gestickt wird, alles lässt sich auf einem festen und befestigten Hintergrund besser aufbringen. Vor allem beim Sticken oder Nähen können die Kinder den Faden nur noch so fest anziehen, wie es das feste Material der Pappe zulässt. Das zu stramme Anziehen des Fadens beim Sticken ist ein „ewiges" Problem beim Grundschulsticken und kann die Freude am Werk verderben. Das muss ja nicht sein. Auf Karton bleibt die Stickerei weitgehend glatt.

Das Bodengrün bzw. der Laubteppich wird aus Filz- oder Stoffresten gestaltet. Die Stoffreste für das Laub können gut mit einer Zickzackschere zugeschnitten werden. Dadurch erhält man direkt eine hübsche Blattrandzahnung wie z. B. die der Ahornblätter. Die Blätter werden von hinten nach vorne angeordnet (siehe Abbildung).

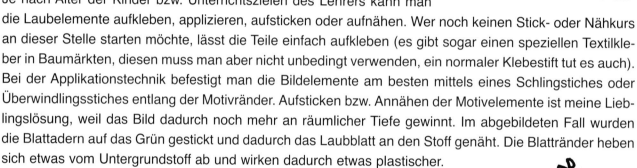

Je nach Alter der Kinder bzw. Unterrichtszielen des Lehrers kann man die Laubelemente aufkleben, applizieren, aufsticken oder aufnähen. Wer noch keinen Stick- oder Nähkurs an dieser Stelle starten möchte, lässt die Teile einfach aufkleben (es gibt sogar einen speziellen Textilkleber in Baumärkten, diesen muss man aber nicht unbedingt verwenden, ein normaler Klebestift tut es auch). Bei der Applikationstechnik befestigt man die Bildelemente am besten mittels eines Schlingstiches oder Überwindlingsstiches entlang der Motivränder. Aufsticken bzw. Annähen der Motivelemente ist meine Lieblingslösung, weil das Bild dadurch noch mehr an räumlicher Tiefe gewinnt. Im abgebildeten Fall wurden die Blattadern auf das Grün gestickt und dadurch das Laubblatt an den Stoff genäht. Die Blattränder heben sich etwas vom Untergrundstoff ab und wirken dadurch etwas plastischer.

Zum Nähen verwendet man am besten Näh- oder Stickgarne in der Farbe der Stoffblätter. Die Nadel sollte eine spitze Spitze haben, damit sie sich durch alle Lagen des Materials „arbeiten" kann. Werden die Blätter in der Mitte gefaltet und gefalzt, erhalten sie auf diese Weise eine zarte Orientierungslinie für das Aufsticken der Blattadern, die nach einiger Zeit von selbst verschwindet.

Zur Auflockerung der Laublandschaft können noch einige kleine Extrablätter in den Himmel sausen. Ist halt sehr windig heute! Nach Wunsch leisten kleine Perlenraupen oder andere Insekten dem Igel etwas Gesellschaft.

Die Form für die (obligatorische) Sonne im herbstwarmen Himmel lässt sich mithilfe eines Dosendeckels aufzeichnen.

Der kahle Herbstbaum entsteht nach Belieben: Vorgezeichnet und ausgeschnitten, zusammengestückelt und aufgeklebt, als Scherenschnitt oder als ausgefranster Kreis: Erlaubt ist was gefällt und die kleinen Hände hinbekommen.

3. Fertigstellung:

Der Igel wird schließlich auf seiner Sichtrückseite mit einem Klettband versehen (Klettband ankleben oder annähen). Man benötigt etwa 2–3 cm Klettband pro Kind. Je nach verwendetem Blätterstoffmaterial haftet er nun schon ohne das entsprechende Klettgegenstück am Hintergrund. Andernfalls müsste dieses auch noch auf die Laubblätter angebracht werden. Ein Passepartout (Fotokarton) wurde ja bereits hinterklebt und hebt noch die Wirkung des Bildes. Fertig ist das Kerlchen. Braucht nur noch einen Namen ...

Baum

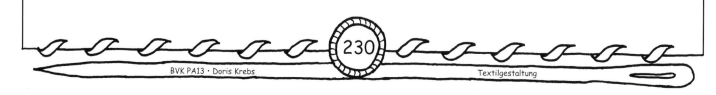

Kostenplan:

Fast alle Preise richten sich nach dem Labbé-Katalog:

Filz	1 Filzplatte (20 x 30 cm) kostet 0,30 Euro und reicht für 1 Kind.
Weißer Baumwollstoff	2 m (1,50 m breit) Stoff reichen für 25 Kinder und kosten je nach Angebot 8–10 Euro/m. (Statt den Hintergrund auf Stoff anzulegen, kann man diesen auch einfach auf ein Blatt Zeichenblockpapier malen.)
Passepartout-Karton	1 Fotokarton (50 x 70 cm) kostet 0,45 Euro. Eine 10er-Packung Tonpapier (50 x 70 cm) kostet 1,85 Euro und reicht für 20 Kinder.
Klettband	60 cm kosten ca. 5,– Euro und reichen für ca. 25 Kinder.
Zusatzmaterial nach Wahl	Wollreste, Stoffreste, Stickgarn, Perlen, Knöpfe etc. je nach häuslichen Reserven von den Kindern sammeln und mitbringen lassen. (Stickgarn 5 g (ca. 21 m lang) kostet 1,25 Euro und reicht für ca. 20 Igel.)

Sie müssen pro Kind mit Materialkosten von ungefähr 1,30 Euro rechnen.

Zusätzliche Aufgaben für schnell arbeitende Schüler:

- Natürlich bietet sich dieses Bildthema besonders in der herbstlichen Jahreszeit an. Das heißt, es steht Ihnen an dieser Stelle die ganze Palette der Herbstbasteleien zur Verfügung (Kastanienmännchen, Blätterfiguren, Papierdrachen etc.).
- Wer aber im textilen Igelthema verweilen möchte, könnte kleine Filz-Igel-Fingerpuppen gestalten, mit denen man z. B. Igelgedichte spielerisch darstellen oder erfinden könnte. Die Igelform und die Nähtechnik ist den Kindern nun bekannt, sodass Sie die schnellen Kinder weitgehend mit dieser Zusatzaufgabe „alleine lassen" können. Kleine praktische Probleme können als Forscheraufgabe in die Gruppe gegeben werden. Es gibt schließlich mehr als nur eine Möglichkeit, Schnittformen und textile Hüllen zu erstellen.
- Eine kleine Nähübung kann diese sein: (Well-)Pappscheiben werden z. B. mit dem Hexenstich zusammengenäht und als Geschenkdekoration für ein verpacktes Geschenk (Muttertag/Weihnachten) verwendet.
- Eine sehr interessante Zusatzaufgabe finden Sie auf dem Arbeitsblatt „Nähen nach eigenem Schnittmuster". Die kleinen Forscher sollen sich einmal mit der Erstellung von Schnitten befassen. Hier entsteht ein großer gestalterischer Spielraum, der viel eigenständiges, kreatives Problemlösen einfordert, die Kinder aber (nach ihren Vorerfahrungen mit dem „Igel"-Projekt) nicht überfordert.
- Für jüngere Kinder bietet sich hinsichtlich erster Schnittmuster-Erfahrungen das „Knotenpüppchen" an. An einem sehr einfachen Zuschnitt lassen sich viele Kenntnisse rund um das Bekleidungsthema erproben: Maßnehmen, Papierschnitt erstellen, Stoffzuschnitt anfertigen, evtl. Nahtzugabe beachten und nach Wunsch: Erforschen verschiedener Nähstiche.
- Möchte man die beiden vorangegangenen Gestaltungsvorschläge öffnen und damit den Kindern die große Vielfalt ihrer Möglichkeiten zugänglich machen, bei denen die beim „Igel-Projekt" gewonnenen Erfahrungen zum Einsatz kommen, bieten sich alle bekannten Gestaltungsanregungen rund um Spielfiguren und andere „Hüllen"-Objekte an:

Fingerpuppe

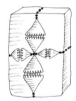
Geschenk

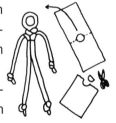

Knotenpüppchen

- Fingerpuppen aus Filz
- Pfeifenputzermännchen (z. B. in Sportbekleidung)
- Stockpuppen / Holzlöffelpuppen
- Schlupfpuppen

Stockpuppenbekleidung

Stockpuppe

Pfeifenputzermännchen

Fingerpuppen

- Strumpftiere
- Kasperltheaterpuppen
- Handpuppen
- Marionetten (z. B. ein kleines Gespenst)
- Indianische Glücksbringer
- Wurfbälle aus zwei oder vier Stoffteilen (siehe Schnittbogen / Kopiervorlage)

Strumpftier

Kasperlfiguren

Handpuppenschnitt

Glücksbringer

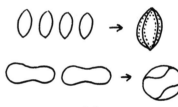
Bälle

- Erbsen- und Sandtiere zum Werfen und Balancieren
- Nadelkissen
- Kirschkernkissen zum Bauch- und Schulternwärmen (Kissen 2 Minuten in die Mikrowelle legen, tolles Geschenk!)
- einfache Theater- und Karnevalsbekleidung (Gotenhemd siehe Sachinformation „Nähen")
- Taschen / Brustbeutel
- Beutel / Bastsäckchen / Geldkatze / Lavendelsäckchen (hier reicht ein einfacher Vorstich)
- Heft- und Bucheinbände

Beutel

Erbsenfrosch

Buch

Nadelkissen

- Schreiben und Gestalten rund um das Gedicht „Nadel und Schere" von Josef Guggenmos kann eine offene Aufgabenstellung sein, aber auch eine Zusatzaufgabe für Kinder, die sich einmal eine Zeit lang ganz „still" beschäftigen sollen (muss auch mal sein, siehe Vorlage Seite 242).

Anschlussthemen:

Größen und Schnitte
- Welche Größe hat meine Kleidung?
- Kleidergröße und Körperhöhe
- Maß nehmen – Messen mit dem Maßband
- Schnittmuster (siehe Arbeitsblatt „Nähen nach eigenem Schnittmuster")
- Herstellen einer Stoffhülle (siehe Arbeitsblatt „Nähen nach eigenem Schnittmuster")

Verschiedene Nadelarten

Nähtechniken
- Nähte und Säume (siehe Sachinformation „Nähen")
- Nähen im täglichen Gebrauch (Stopfen, Knöpfe annähen etc.)

Kleidung
(Siehe hierzu Kapitel „Kleidung" der Einführung)

Garne und Stoffe
- Textile Rohstoffe (siehe Projekt Nr. 15)
- Vom Rohstoff zum Faden / Zwirn (siehe Projekt Nr. 2)
- Stoffe herstellen: Weben – Wirken – Filzen (siehe Projekte Nr. 9, 10, 12, 13)

Applikationen (z. B. eine gestaltete Leinentasche, ein Ritterwappen, ein textiler Einband für das Hausaufgabenheft, ein Würfelspiel, Adventskalender aus Filzpantoffeln etc.)

Knopfblumen-Grußkarten

  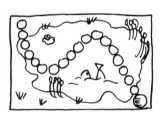 

Leinentasche · Wappen · Würfelspiel · Adventskalender

Sachinformation „Nähen"

1. Fachliche Einordnung

Nähen, Nähte und Genähtes sind überall um uns herum. Fast alle textilen Arbeiten benötigen an irgendeiner Stelle ihres Produktionsweges eine Naht, egal ob es ein gestrickter Pullover, ein gehäkeltes Kissen, eine bestickte Tischdecke oder Ähnliches ist. Nähte eröffnen uns die Möglichkeit, Stoffteile zu Hüllen zu verbinden. Und um diese geht es u. a. im Textilunterricht der Grundschule:

Textile Hüllen bieten vielfältige Verwendungsmöglichkeiten. Textile Materialien sind besonders für das Bilden von Hüllenformen geeignet. Die Kinder sollen erkennen, dass eine Hülle passen muss und die Herstellung von Hüllen aus textilen Flächen Schnitte zur Voraussetzung haben. Diese Einsicht kann an einem plastischen Objekt wie dem Nadeligel, aber auch an Kleidungsstücken gewonnen werden. Die Ausformung der Schnittform zur Hülle oder wie hier zu einem plastischen Objekt fördert das räumliche Vorstellungsvermögen der Kinder ebenso wie ihre Sensibilität für Formwerte und die Wirkung von Formen. Den Kindern sollen die zur Ausformung und Ausgestaltung notwendigen Arbeitstechniken (Zusammennähen, Annähen, Sticken) und die in ihnen liegenden gestalterischen Möglichkeiten vermittelt werden.

2. Kulturhistorische Einblicke

Die Kulturtechnik „Nähen" ist fast so alt wie die Menschheit selbst. Schon die ersten homo sapiens sapiens probierten, mit der aufkommenden Notwendigkeit der Bekleidung und Behausung, Tierfelle und -häute zu „textilen" Hüllen zu verarbeiten. Sie kauten Tiersehnen weich, bohrten mit spitzen Steinbohrern Löcher in die Tierfelle und nähten diese mit Knochennadeln und den vorbereiteten Sehnenfäden zu Kleidungsstücken zusammen. Da die Herstellung von Kleidungs- und Wohntextilien ein wesentliches Grundbedürfnis der Menschen ist, ist die Produktion textiler Hüllen in allen menschlichen Kulturen entwickelt und verfeinert worden. Entscheidende Veränderungen brachte die Entwicklung der Nähmaschine. Das Handnähen bleibt dennoch für alle Haushalte eine wichtige Grundkenntnis, da es sich nicht vermeiden lässt, einmal einen Knopf anzunähen oder eine andere kleine Ausbesserungsarbeit von Hand vorzunehmen.

Im Zusammenhang mit dem Schnittlehre-Thema lohnt sich übrigens ein kulturhistorischer Ausflug zu den Goten, die sich vor ungefähr 2 000 Jahren ein cleveres Schnittmuster für ihr Gotenhemd ausgedacht haben: Mit drei Schnitten und zwei Nähten entsteht aus einem Rechteck eine praktische Körperhülle.

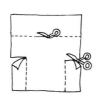 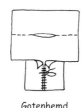 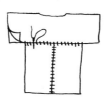 

Gotenhemd

3. Das Material

Für eine einfache Naht benötigt man eigentlich nur sehr wenig: Nadel, Faden, Schere und evtl. einen Fingerhut. Zu beachten ist lediglich, dass das Nadelöhr dem Faden entspricht, der Faden dem Stoff und der eventuelle Fingerhut dem Mittelfinger.

- *Nadeln:* Es gibt Nadeln zum Nähen, Sticken, Stopfen, Stricken, Häkeln, für die Nähmaschine und vieles andere. Innerhalb der Nähnadel ist das Angebot wiederum sehr groß:
  - Nähnadeln   (mit einem kleinen Öhr)
  - Stecknadeln   (zum Festheften der Nähteile)
  - Stopfnadeln   (etwas längere Nadeln mit länglichem Öhr)
  - Modistinnennadeln   (sehr fein)
  - Sticknadeln   (mittlere Länge, ziemlich dick, rundliche Spitze)
  - Ledernadeln   (dreikantig, spitze Spitze)
  - Teppichnadeln   (sehr dick, größeres Öhr)

Nadeltasche

- *Schere:* Eine einzige Schere reicht im Grunde aus. Besser sind jedoch zwei Scheren: eine kräftige, große Schere zum Schneiden der Stoffe und eine kleine, spitze Schere zum Abschneiden von Fäden, Fuseln und Fransen.

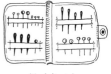

- *Faden:* Nähfäden sind in der Regel Zwirne, die aus mehreren gedrehten Fäden bestehen. Sie sind aus Baumwolle, Seide, Leinen oder verschiedenen synthetischen Materialien. Man erhält sie auf Pappröllchen, Kärtchen, im Knäuel oder (für die Nähmaschine geeignet) auf Holz- oder Plastikrollen. Die Nummern geben die Fadenstärke an. Je niedriger die Zahl ist, desto stärker ist der Faden (Weiteres siehe Sachinformation „Faden", Projekt Nr. 2).

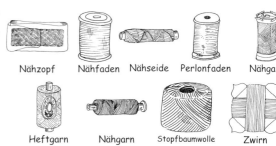

- *Stoffe:* Je nach Verwendungszweck wählt man zum Nähen in der Regel ein Gewebe, einen Strickstoff oder ein Filzmaterial. Die meisten Bekleidungs- und Wohntextilien werden aus einem Gewebe genäht (siehe Sachinformation „Weben").

  Stoffe unterscheiden sich auf Grund der verwendeten Rohstoffe, ihrer Herstellung und ihrer Weiterverarbeitung (Färbung, Musterung, Ausrüstung, Veredlung) (siehe Sachinformation „Stoffe", Projekt Nr. 9).

  Filze eignen sich meiner Meinung nach besonders gut für die Arbeit in der Grundschule. Sie sind für Kinderhände leicht zuzuschneiden und zu nähen, da sie recht fest und formstabil sind. Zudem gibt es viele farbenfrohe und günstige Materialangebote (z. B. bei Labbé).

  Professionelle „Näher" achten bei der Auswahl der Stoffe noch auf Dinge, zu denen Begriffe wie „Fadenlauf", „rechte/linke Stoffseite", „Stoffbruch", „Webkante", „Markierungsfäden" etc. gehören. Dies alles ist bei der Arbeit in der Grundschule und beim Verarbeiten von Filzstoffen uninteressant, kann aber eine interessante Forscheraufgabe zur Differenzierung sein.

- *Sonstiges Zubehör:* Insgesamt ist das Angebot an Nähzubehör zahlreich. Jeden Artikel gibt es in verschiedenen Ausführungen. Sehr hilfreich sind Einfädler, Fingerhut, Zentimetermaß und Stoffkreide zum Markieren des Nahtverlaufes.

Sollten Sie einen Besuch beim Schneider oder Änderungsschneider in der Nähe einrichten können, würden die Kinder auch noch folgende grundlegende Zubehörartikel entdecken:

- Nähmaschine   (es gibt schon beeindruckende Hightech-Geräte)
- Rockabrunder   (zum Markieren der Saumhöhe)
- Schneiderkreide   (für die Markierungen auf Stoff)
- Rädchen   (radelt gepunktete Linien durch Kopierpapier auf den Stoff)
- Sicherheitsnadeln   (u. a. zum Durchziehen von Bändern)
- Bügeleisen/-brett   (u. a. zum Ausbügeln der Nähte)
- Spiegel   (für die Anprobe)
- Magnet   (zum Aufheben der Nadeln)
- Nadelkissen, Lineal, Schneiderbüste etc.

In der „Werkzeug"-Kiste des Schneiders finden sich darüber hinaus noch weitere interessante Nähzutaten:
- Verschlüsse (Knöpfe, Schnallen, Haken und Ösen, Hosenschließen, Druckknöpfe, Klettverschlüsse, Reißverschlüsse etc.)
- Bänder und Borten (Haushaltsband, Hohlband, Dreier- oder Vierfaltenband, Stoß-, Gurt-, Nylon-, Nahtband, Zackenlitzen, Zierbänder, Stickereibänder, Einsatzborten, Spitzenbänder etc.)
- Gummibänder in verschiedenen Ausführungen (Bänder, Litzen, Spitzen etc.)
- Posamente (Borten, Pompons, Fransen, Quasten etc.)
- Fertigartikel wie z. B. Buchstaben und Zahlen zum Aufnähen

Omas altes Nähkörbchen ist eine unglaubliche Fundgrube interessanter Dinge. Als Kind habe ich immer überaus gerne in diesen vielen filigranen Kleinteilen gestöbert. Besonders in die Kiste mit den Knöpfen musste ich meine Hände immer wieder einmal eintauchen und die klickernden Kostbarkeiten durchgraben. Das Geräusch war so „hübsch" und das Rühren fühlte sich toll an. Zu den Kleinigkeiten im Nähkästchen sind uns als

Kinder stets viele Verwendungszwecke eingefallen (die Teddykleidung wurde mit den ungewöhnlichsten Dingen geschmückt und ausstaffiert). Selbst der Geruch, eine Mischung aus Stoff, Schneiderkreide und Nähmaschinenöl, ist mir in deutlicher Erinnerung. Das ist Textilgestaltung erleben mit allen Sinnen! Machen Sie es wieder zu einer Selbstverständlichkeit, die nicht nur unseren Kindertagen vorbehalten war.

Als ich mit meiner Klasse einmal die alten, ausrangierten und fast vergessenen Nähkästchen ordnete, die die Kinder mitgebracht hatten und die wir für unseren textilen Materialschrank sammelten und ausschlachteten, fiel uns auf, auf welch unterschiedliche Weise das zahlreiche Nähzubehör aufbewahrt wurde und wird: Es gibt Nähetuis, -kästen, -säckchen, -täschchen, -beutel, aber auch Nähschubfächer, -tische und -schränke.

Nähkörbchen

4. Technik

- *Stiche:* Beim Nähen werden durch bestimmte Stiche Stoff- und andere Materialteile verbunden. Es handelt sich beim Nähen also um eine textile Verbindungstechnik. Mit dieser Technik können aber auch Reparaturen und Änderungen ausgeführt werden.
Professionelle Schneider kennen eine Vielzahl von Stichtechniken, um die verschiedensten Nähaufgaben auszuführen. Im Folgenden stelle ich die Hauptsticharten vor, die meiner Meinung nach für den Unterricht in der Grundschule interessant sind:

1. Vorstich   2. Heftstich

1. *Vorstich:* Er hält Stoffteile locker zusammen. Der Vorstich ist ein Grundstich in der Stickerei.

2. *Heftstich:* Dieser Stich ähnelt dem Vorstich, wird jedoch mit größeren Abständen ausgeführt. Man verwendet ihn bei Vorarbeiten, bei denen der Faden später wieder herausgezogen wird.

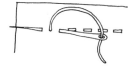 

3. Rückstich   4. Steppstich

3. *Rückstich:* Man verwendet ihn, wenn eine Naht besonders haltbar sein soll.

4. *Steppstich:* Er ist sehr haltbar und eignet sich gut für eine einfache Naht.

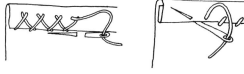 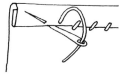

5. Hexenstich   6. Saumstich

5. *Hexenstich:* Er wird hauptsächlich für Säume und nicht eingeschlagene Nahtzugaben verwendet sowie für Wollstoffe und Jerseys.

6. *Saumstich:* Man verwendet ihn (wie der Name schon sagt) beim Säumen.

 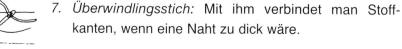

7. Überwindlingsstich   8. Versäuberungsstich

7. *Überwindlingsstich:* Mit ihm verbindet man Stoffkanten, wenn eine Naht zu dick wäre.

8. *Versäuberungsstich:* Er verhindert das Ausfransen von Stoffkanten.

- *Nähte:* Mit den zuvor aufgeführten Stichen lassen sich auf die unterschiedlichsten Arten Nähte und Säume anfertigen:
  Man unterscheidet bei den Nähten die Einfachnaht, die Rechts-Links-Naht (Doppelnaht) und die Flachnaht (Kappnaht).

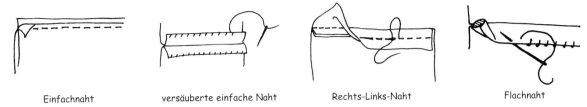

Einfachnaht　　versäuberte einfache Naht　　Rechts-Links-Naht　　Flachnaht

- Bei der *Einfachnaht* legt man die Stoffteile rechts auf rechts genau aufeinander (Stoffoberseiten liegen innen), sodass die Schnittkanten kantengleich abschließen. Nun steckt man sie entlang der Schnittkanten zusammen. Man verbindet die Teile in der Regel mit einem Steppstich (oder einer geraden Maschinennaht), der in gleichmäßigem Abstand zur Schnittkante verläuft. In der Grundschule verwende ich auch schon einmal den Vorstich, den Schlingstich oder den Überwindlingsstich für eine solche Naht.

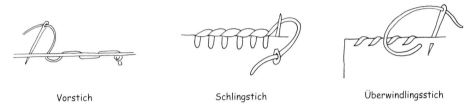

Vorstich　　Schlingstich　　Überwindlingsstich

Das ist zwar keine vorbildliche Nählösung, aber dafür für einige Kinder einfacher (Differenzierung!). Handgenähte Teile können auch vor der Naht mit Heftstichen zusammengeheftet werden. Je nach Unterrichtsziel kann dieser Schritt aber auch wegfallen.

- *Rechts-Links-Naht:* Um diese zu nähen, legt man die Stoffteile links auf links (kantengleich) aufeinander. Man steckt und/oder heftet die Teile zusammen und näht sie im Abstand von ca. 0,5 cm zur Schnittkante aneinander. Die Naht wird ausgestrichen oder ausgebügelt, umgeschlagen und gesteckt, sodass die beiden linken Stoffseiten innen liegen und sich die Naht in der Umbruchkante befindet. Die zweite Naht wird im Abstand von 0,75 cm zur Umbruchkante genäht. Die Nahtzugabe der ersten Naht wird von der etwas breiteren zweiten Naht eingeschlossen.

Ausbügeln

- Um eine *Flachnaht* zu nähen, legt man die Stoffteile links auf links, sodass das untere Stoffteil 1 cm übersteht. 0,5 cm von der oben liegenden Stoffkante entfernt werden die Stoffteile zusammengenäht. Die Naht wird auseinandergestrichen oder gebügelt. Die breitere Nahtzugabe wird bis knapp vor der Naht um die schmalere geschlagen. Nun muss der gesamte Nahteinschlag flach auf den Stoff umgeschlagen, festgesteckt und/oder geheftet und knappkantig aufgenäht werden.

Darüber hinaus gibt es noch zahlreiche weitere Nahtvarianten (z. B.: eingekerbte, aufgesteppte, rollierte, eingehaltene Naht, Naht mit Passepoil oder Kordel etc.).

- *Säume:* Man unterscheidet den eingeschlagenen und den offenkantigen Saum (siehe unten). Säume sollten aber nur dann ein Thema in der Grundschule sein, wenn sie für das Nähvorhaben unumgänglich sind.

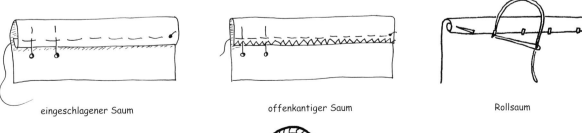

eingeschlagener Saum　　offenkantiger Saum　　Rollsaum

Rollsäume leiten sich von den eingeschlagenen Säumen ab. Sie bieten sich beim Säumen von Seidenmalarbeiten (Projekt Nr. 14) an.

Weitere Nähtechniken:
Nähtechnische Themen in den weiterführenden Schulen können sein: Knöpfe annähen, Knopflöcher herstellen, Reißverschlüsse einnähen, Stopfen, Flicken einsetzen, Haken/Ösen/Druckknöpfe annähen etc.

weiterführendes Nähen

Fundgrube:

Bücher

- U. Dewald-Winter: „Farbe, Stoff, Mode – Textilgestaltung in der Grundschule", Arbeitsheft 4, Bayerischer Schulbuchverlag, 1982
- A. Schulte-Huxel/A. Sperber: „Stoff, Garn, Wolle", Augustus Verlag, 1997
- M. Neubacher-Fesser: „Fingerpuppen", Christophorus-Verlag, 1992
- M. Rice: „Spiel- und Bastelbuch: Stoff", Neuburg-Verlag, 1991
- G. Dirx: „Kleine Puppen selber machen", Augustus Verlag, 1997
- „Handbuch Nähen. Alle Techniken Schritt für Schritt erklärt", Augustus Verlag, 1997
- F. Jaffke: „Handarbeit. Nähen, Sticken, Schneidern für Erwachsene und Kinder", Freies Geistesleben, 1996
- M. Frest: „Nähst du mit? – Schneiderbuch für Kinder", Union-Spectrum, 1985

Internet

- *www.naehkiste.de*   (Kinder-Elefanten-Rucksack zum Selbernähen)
- *www.kuscheltier.de*   (Kuscheltiere)
- *www.bastelfanatiker.de*   (Teddys)
- *www.hobbyschneiderin.de*   (Verschiedenes für Hobbyschneider)
- *www.textilkunst.de*   (Künstlerseite/Ausstellungen)
- *www.textil-atelier.de*   (Künstlerseite: Liturgische Stolen, textile Bilder und mehr)
- *www.stoffefuerkinder.de*   (Kinderstoffe, genähte Geschenke)
- *www.schneiderbedarf.de*   (Kurzwaren)

Gemeinschaftsarbeit 3. Schuljahr
(Stoffreste wurden dicht nebeneinander auf eine vorgezeichnete Maskenfläche gelegt. Die Kinder erforschten, probierten, erfanden mögliche Näh- und Stickstiche zur Befestigung – „entdeckendes Lernen" im Textilunterricht im Rahmen der Wochenplanarbeit.)

Nähen nach eigenem Schnittmuster

Hast du Lust, einmal eine eigene Nähidee umzusetzen? Eine einfache und lustige Figur vielleicht? Was könnte das sein? Eine mehrarmige Krake, ein süßer Teddy, eine kuschelige Puppe, ein cooles Kissenauto, eine beeindruckend lange Schlange, ein lustiges Gespenst? Dann los!

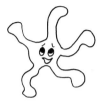   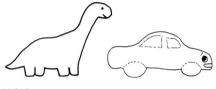 

Nähideen

So kannst du vorgehen (Es geht natürlich auch anders. Das musst du dann aber selbst herausfinden):

Du brauchst:
Stoff, Papier, Schneiderkreide oder Stift, Stecknadeln, eine Nähnadel, Stick- oder Nähgarn, Füllmaterial, Material zum Verzieren.

So geht es:
1. Male auf Papier oder Pappe die Umrisse der Figur, die du nähen möchtest. Male die Figur ruhig etwas dicker und „pummeliger". Nach dem Ausstopfen wirkt sie automatisch wieder etwas schlanker.
Schneide die Figur aus. So entsteht ein Papierschnitt (eine Schablone) für deinen Stoff.

2. Wähle einen geeigneten Stoff.
Lege zwei Schichten Stoff so übereinander, dass die „rechten" Seiten (die Oberseiten, die später außen zu sehen sein sollen) sich innen berühren. Die Seiten liegen nun „rechts auf rechts". Stecke deinen Papierschnitt mit Stecknadeln auf dem Stoff fest.

3. Umrande die Figur mit Schneiderkreide (oder Filzstift). Der Abstand vom Schnitt sollte dabei ungefähr 1 cm betragen. Das nennt man „eine Nahtzugabe von 1 cm". Wie der Name schon sagt: Zur Naht gibst du 1 cm dazu.
(Die „Nahtzugabe" ist ein überstehender Stoffrand, der dem Faden Halt gibt und dafür sorgt, dass die Naht später nicht ausfranst.)
Schneide deine Figur entlang der gezeichneten Linie aus (Schnittlinie).

4. Nun werden die beiden Stoffteile zusammengenäht:
Du kannst beim Nähen entweder die Schablone auf dem Stoff lassen oder du zeichnest sie ab und entfernst sie. Die beiden Stoffteile müssen aber zusammengesteckt bleiben. (**Profi-Tipp:** Man kann die Teile auch mit Heftgarn und dem Heftstich zusammenheften (grob zusammennähen) und die Stecknadeln dann ganz entfernen. Das erleichtert das anschließende Zusammennähen erheblich!) Du nähst mit dem Steppstich entlang der Umrisslinie (Nahtlinie) eine feste Naht. Lasse zum Schluss noch ein kleines Loch für das Füllmaterial.

Heften

5. Krempel die Figur nun so um, dass du die rechte Stoffseite wieder siehst. Fülle die Figur mit dem Füllmaterial (z. B. Watte oder Naturwolle). Nähe abschließend das Füllloch zu.

6. Zum Schluss kannst du deine Arbeit nach Herzenslust verzieren: Angenähte Knöpfe dienen als Augen, einen Mund kann man aufsticken, Wollhaare lassen sich annähen und so weiter.
Viel Spaß!

Sonderangebot:

Selbst gemachte Stockpuppen

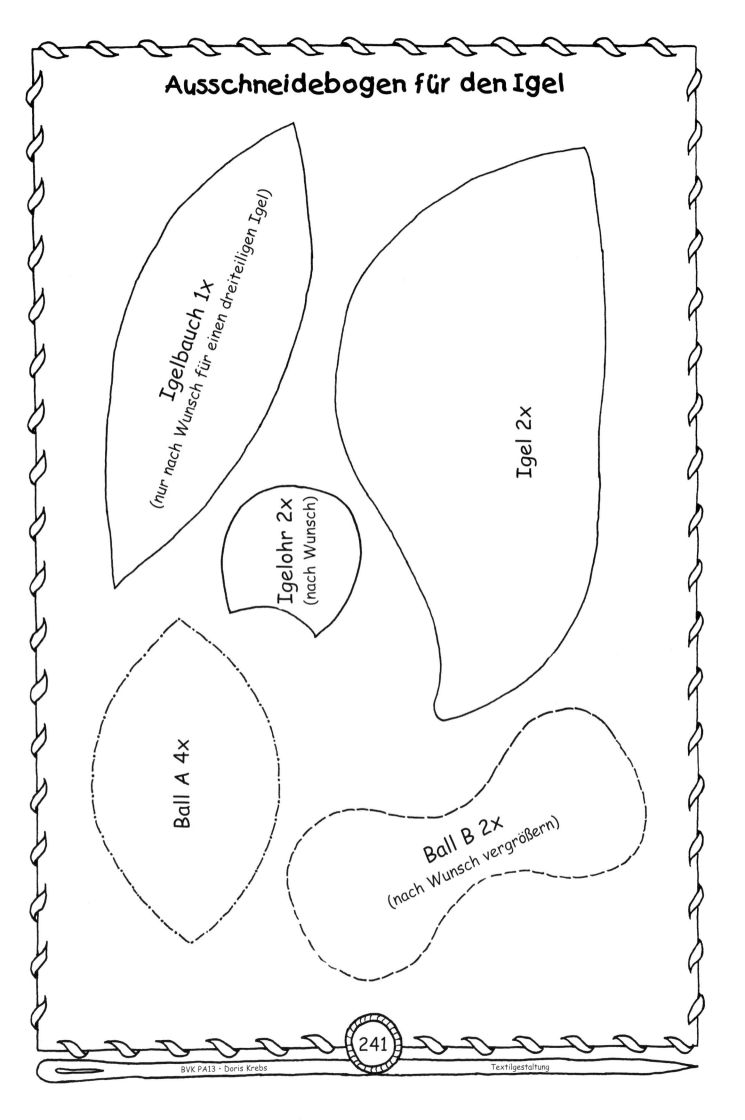

Nadel und Schere

Die Nadel sagte:
„Ich
bin so schlank wie ein Strich.

Ich allein bin so spitz, bin so fein:
Durch die Maschen,
die engen,
kann ich mich zwängen,
ich bleibe nicht hängen.
Ich ganz allein
schlüpfe aus und ein
und schleppe den Faden
hinter mir drein.

Wie ein Wiesel
schlüpf ich im Nu
ein und aus, aus und ein,
aber du …
Aber du, Schere,
du dicke, du schwere,
du viel zu große,
du nähst im Leben
keinen Knopf an die Hose.
Du …"

„Papperlapapp!"
sagte die Schere.
Sie machte klapp.
Da war der Faden ab.

Schaue dich um und suche Dinge, die genäht wurden.
Male sie neben das Gedicht.

Josef Guggenmos,
aus: „Was denkt die Maus am Donnerstag?"
Beltz & Gelberg in der Verlagsgruppe Beltz,
Weinheim & Basel

"Faszination Spinne"

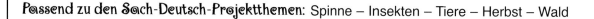

Schwerpunktthema: Filzen

Passend zu den Sach-Deutsch-Projektthemen: Spinne – Insekten – Tiere – Herbst – Wald

Zeit: 8–10 Unterrichtsstunden

Material: weißer Stoff oder weißes Papier DIN A3, Deckfarben, schwarzes Tonpapier DIN A3, Filz- oder Tonpapierreste in Schwarz-, Braun- und Grüntönen, weißes oder silbernes Stickgarn, spitze Sticknadel, Schere, Klebstoff, Rohwolle, Schmier- o. Kernseife, heißes Wasser, 1 Schüssel für je 4–6 Kinder

Lernziele:

Hintergrund:
- Deckfarben- oder Stoffmalerei: Farben trüben (qualitative Farbdifferenzierung der Farben Grün, Blau, Braun)
- Collage: Äste und Bätter in der entsprechenden Form und Größe zuschneiden und anordnen

Spinnennetz:
- Lineares Gebilde (= Fadengrafik) sticken und dabei z. B. den Rückstich oder Hinterstich verwenden

Motiv „Spinne":
- Filzen als Technik zur textilen Flächen- und Formgestaltung nutzen
- Tierische Rohwolle als Ausgangsmaterial für das Filzen kennenlernen
- Aus Rohwolle eine feste Kugel formen und filzen
- Gestaltungslösungen für die Spinnenbeine, den „Kopf" etc. finden
- Spinne anordnen und mit dem Hintergrund in Bezug setzen

Gestaltungsaufgabe ausdifferenzieren (z. B. Insekten und Tautropfen aus Perlen gestalten) und dabei die gestalterischen Möglichkeiten mit textilem Material und textilen Techniken entdecken und ausschöpfen (Applizieren, Sticken, Nähen, Binden, Knoten, Knüpfen, Flechten, Perlenreihen auffädeln, Naturmaterialien suchen und integrieren etc.)

Weitere mögliche Lernziele:
- Filzflächen gestalten (z. B. Bilder aus Zauberwolle)
- Filzhüllen gestalten (z. B. eine Fingerpuppe)
- Verschiedene textile Flächen- und Formgestaltungstechniken miteinander vergleichen: Filzen, Weben, Wirken, Flechten, Knüpfen

Einstieg:

Beginnen Sie diese Einheit doch einmal mit einem Ratespiel: „Käpt'n Blaubärs Flunkerstunde". Sie können dazu z. B. die Fragen auf dem Schülerarbeitsblatt verwenden. Die Kinder sollen erraten, welche „spinnigen" Behauptungen stimmen und welche nicht. Der didaktische „Trick" dahinter ist natürlich zum einen, ein Sachwissen über diese Tiere zu vermitteln, und zum anderen einen eventuellen Ekel durch Respekt vor dem Einfallsreichtum der Natur abzulösen. Je mehr man mit Spinnen vertraut ist, desto eher kann auch die Angst vor dem „unheimlichen Unbekannten" durch Neugier und Faszination verdrängt werden.

Wenn Sie den Blick der Kinder lieber auf die Kunstfertigkeit des gewebten Spinnennetzes lenken möchten,

bietet sich als Einstieg das schöne klassische Bilderbuch: „Die kleine Spinne spinnt und schweigt" von Eric Carle an. Seite für Seite kann man die Entstehung des faszinierenden, zarten Kunstwerkes beobachten. Einige neuere Ausgaben sind sogar so ausgestattet, dass man das Spinnennetz in seinen einzelnen Entstehungsphasen erfühlen kann. Ein tolles haptisches Erlebnis.

Die Gestaltungsaufgabe lässt sich aber auch mit dieser kleinen Geschichte beginnen. Sie liefert schon eine genaue Farbbeschreibung des Hintergrundes:

„Es ist finstere Nacht im Wald. Nur der Mond steht leuchtend am schwarzblauen Himmel. Der Wald erscheint in einem gespenstischen Schwarzgrün und Braungrün. Die Äste heben sich wie schwarze Geisterarme in die Luft. Fast alle Tiere schlafen. Mitten im Blätterwerk ist allerdings noch einer fleißig. Es raschelt nur ganz leise. Eugen, die Eule, fragt sich, wer das denn wohl noch sein kann. Er hat doch alle Tiere zu Bett gehen sehen. Die Nachtstunden gehören eigentlich ihm. Neugierig fliegt er zu dem einsamen, fleißigen Arbeiter. Als er nah genug an ihm dran ist, staunt er nicht schlecht. Das ist ja fantastisch! ‚So ein Meisterwerk der Webkunst habe ich noch nie gesehen.' Wie von Feenhänden gemacht leuchtet ein weißsilbriges, feines Netz zwischen den Ästen durch …"

Wie die Geschichte weitergehen könnte, können Sie der Fantasie der Kinder überlassen. Die Fortsetzung können die Kinder erfinden und vielleicht auch später aufschreiben.

Das Bildthema ist mit einer Malerei verbunden. Wer möchte, kann den Hintergrund statt auf Stoff auch auf Zeichenpapier gestalten. Dazu würde sich eine Papiercollage anbieten. Noch plastischer würde das Werk, wenn statt gemalten, geklebten oder applizierten Ästen echte Stöckchen aufgenäht würden.

Methodische Anleitung / Bildaufbau:

1. Hintergrund:

Bei dieser Gestaltungsaufgabe muss mit dem Hintergrund begonnen werden, da er die Stickerei trägt. Alle verwendeten Waldfarben werden mit braun und schwarz gemischt. So entsteht zugleich eine qualitative Differenzierung dieser Farben: Aus dem zuvor intensiven Grün wird nun ein trübes Braungrün in verschiedenen Schattierungen. Insgesamt muss alles sehr dunkel werden, damit das eigentliche Motiv, das Spinnennetz, für den späteren Betrachter deutlich hervortreten kann (Hell-Dunkel-Farbkontrast). Die Wirkung der Silberfäden ist umso spannender, je dunkler der Hintergrund ist. Trocknen lassen. Die Äste werden bei einem textilen Hintergrund aus Filz- oder Stoffresten in Braun- und Schwarztönen gestaltet. Sie können aus einer rechteckigen Grundform zugeschnitten werden. Die Blätter entstehen aus Halbkreisen aus gefalteten Stoffresten. So werden sie schön symmetrisch. Wenn alle Teile zugeschnitten und aufgelegt worden sind, werden sie entweder mit Klebestift festgeklebt oder mittels der Applikationstechnik festgenäht. Alternativ können Sie aber auch echte Äste auf den Hintergrund kleben oder nähen. Dann würde ich allerdings auf die Filzblätter verzichten. Die Äste wirken ohne Beiwerk auf dem Hintergrundbild und sollten nur durch echte Naturmaterialien ergänzt werden.

2. Spinnennetz:

Egal, ob der Hintergrund auf und aus Papier gestaltet wurde oder, wie zuvor beschrieben, aus einer Stoffmalerei mit Stoffcollagen und Applikationen besteht, er wird an dieser Stelle auf eine Passepartout-Pappe geklebt. Da die Pappe ein festes Material ist, lässt es sich für Anfänger hervorragend darauf sticken, ohne dass zu fest angezogene Fäden das Werk „verknuddeln" könnten oder die Kinder mit einem Stickspannrahmen „gequält" werden müssten. Die Kinder können sich bei der Arbeit ausschließlich auf das fadengebundene Gestalten und Sticken konzentrieren. Später können sie ihre gewonnenen Fähigkeiten immer noch einmal auf einem anderen Trägermaterial oder mit dem Stickrahmen erproben.

Zuerst wird das Gerüst gestickt: Zwei aufeinanderliegende Kreuze reichen. Mit einer spitzen Sticknadel wird der Faden von unten durch die Pappe geholt. Das Ende kann mit einem Knoten oder einem Stück Klebeband befestigt werden. Zunächst entsteht das erste Kreuz, darüber das zweite. Von außen nach innen wird nun das Netz „gewebt". Als günstigste Lösung hat sich hier die Verwendung des Rück- oder Hinterstiches erwiesen.

An jeder Kreuzung mit einem Gerüstfaden wird über diesen hinaus eingestochen und ein Stück auf der Rückseite zurückgestickt.

Dann wird der Faden wieder von unten nach oben geholt.

Sollten die Kinder mit ihrer Nadel nicht durch das Papier stechen können, kann man mit einer Prickelnadel die Löcher vorbereiten.

 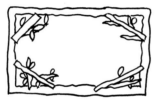 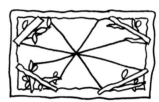 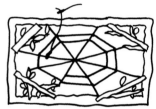

Ablauf

3. Spinne:

Die Spinne kann auf vielfältigste Weise entstehen (siehe unten). Eine von vielen Möglichkeiten besteht darin, an ihr das Filzen zu erproben.

Zuerst formt man aus ungekämmter Wolle einen festen Ball. Nun taucht man den Ball in die möglichst heiße Seifenlauge. Das nasse Knäuel wird jetzt so lange in den Händen geknetet, geformt und „gestreichelt", bis es fest ist. Der Filzvorgang dauert in der Regel etwa 20 Minuten. Diese Zeit wird den Kindern aber nicht lange vorkommen, da das Kneten und Streicheln der Filzarbeit in warmer Seifenlauge ein tolles haptisches Erlebnis ist. Wenn sich keine Wolle mehr abzupfen lässt, spült man das Filzobjekt in klarem Wasser aus und legt es zum Trocknen auf Zeitungspapier.

Nun muss die Spinne noch Beine, Klauen, Kopf und weitere typische Merkmale erhalten. Das sollte man zur Forscheraufgabe machen. Lassen Sie sich überraschen, wie individuell die Tiere dadurch werden. Die abgebildete Spinne hat Pfeifenputzerbeine und eine zweite Minifilzkugel als oberes Körperteil.

 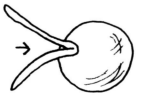 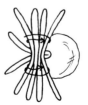 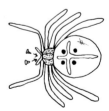

Spinne

4. Ausdifferenzierung: siehe erste Zusatzaufgabe

Kostenplan:

Fast alle Preise richten sich nach dem Labbé-Katalog:

Rohwolle	Je nach Qualität kosten 100 g naturfarbene Schafwolle im Vlies gekämmt zwischen 1,50 bis 3,– Euro. 1 kg Rohwolle ist insgesamt stets etwas günstiger. Für die abgebildete Spinne wurden ca. 15 g Rohwolle verfilzt. Arktisweiße, extra feine, sehr gut filzende Wolle ohne Pflanzenanteile kostet z. B. ca. 2,80 Euro/100 g, hellgraue, mittelfeine, gut bis sehr gut filzende Norwegische Wolle kostet ca. 1,90 Euro/100 g. Mongolische Wolle filzt superschnell, kostet ca. 1,80 Euro, erhält man aber nur in vorwiegend schwarzbraunen Farbtönen. (Bezugsquellen siehe „Fundgrube")
Weißer Baumwollstoff	2 m (1,50 m breit) Stoff reichen für 25 Kinder und kosten je nach Angebot 8–10 Euro/m (Statt den Hintergrund auf Stoff anzulegen, kann man diesen auch einfach auf ein Blatt Zeichenblockpapier malen.)
Biegeplüsch (= Pfeifenputzer)	10 Stück (6 mm, 50 cm lang) kosten 0,95 Euro und reichen für 10 Kinder.
Filz	1 Filzplatte (20 x 30 cm) kostet 0,30 Euro und reicht für 2 Kinder.
Passepartout-Karton	1 Fotokarton (50 x 70 cm) kostet 0,45 Euro. Eine 10er-Packung Tonpapier (50 x 70 cm) kostet 1,85 Euro und reicht für 20 Kinder.
Zusatzmaterial nach Wahl	Wollreste, Stoffreste, Stickgarn, Perlen, Knöpfe etc. je nach häuslichen Reserven von den Kindern sammeln und mitbringen lassen.
Märchenwolle (= gefärbte Rohwolle)	250 g kosten 11,15 Euro (bei Labbé).

Sie müssen pro Kind mit Materialkosten von ungefähr 1,– Euro + Wolle rechnen (wobei Sie 0,65 Euro sparen können, wenn Sie statt weißer Baumwolle ein Blatt Zeichenblockpapier nehmen).

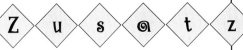

Zusätzliche Aufgaben für schnell arbeitende Schüler:

Bildaufgabe ausdifferenzieren:

Flotte Künstler können noch etwas Leben in die Äste bringen. Allerlei Getier könnte der fleißigen Spinne bei der Arbeit zusehen. Damit lässt sich auch die Tür zu allen anderen textilen Techniken öffnen. Je nach Fähigkeiten des einzelnen Künstlers können kleine Raupen aus aufgefädelten Perlen entstehen, kann etwas geflochten, gestickt oder angenäht werden. Kleine Beeren (dunkle, kleine Knöpfe) dürfen an den Ästen hängen, Tautropfen aus Glasperlen und Pailletten können angenäht werden, ein Spinnenkokon aus aufgewickelter Wolle hängt vielleicht in der Nähe des Spinnennetzes etc.

Rund um die Spinne:

- Das Spinnenthema ist an dieser Stelle noch lange nicht ausgereizt: Aus Spinnenbüchern können die Kinder interessante Exemplare mit einem feinen Filzstift abzeichnen (Gestaltungsbereich Grafik) und so eine Klassen-Spinnen-Sachkartei oder ein gemeinsames Poster erstellen. Auch eine Spinnennetz-Grafik („Spinnen im Turmfenster") wäre eine interessante (und ruhige) grafische Zeichenaufgabe.
- Spinnen können auf verschiedene Weise gebastelt werden. Das Spinnenthema einmal ganz anders umzusetzen ist sehr spannend und fördert das kreative Finden einer Lösungsstrategie zu einer gestellten Bildaufgabe:

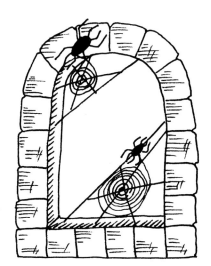

- Spinnen können aus Fell und einigen Pfeifenputzern gezaubert werden.
- Der Spinnenkörper kann aber auch aus Styropor, Kork, einem abgebundenen Strickschlauch, einer Pomponkugel, aus gebogenem Metall, kleinen Bällen, Schaumstoff, Wattebällchen etc. gestaltet werden.

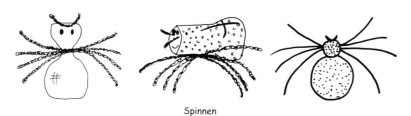

Spinnen

- Entsprechend haben die Schüler die Möglichkeit, die Beine aus Draht, festem Karton, Pfeifenputzern etc. zu gestalten.
- Augen, Fühler, Rückendekore etc. können gestickt, gemalt, geklebt etc. werden.
- Mit einem Spinnenkissen können Sie den gelernten Stickstich für eine Näharbeit nutzen.

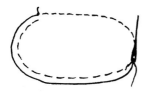 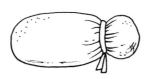 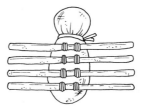 

- Eine ganz schnelle, einfache Spinne stellt die „Knotenspinne" dar.
- Sehr kreativ ist folgende Forscheraufgabe: „Versuche, mit möglichst ungewöhnlichen Materialien Spinnen zu bauen, zu drehen, zu kleben, zu nähen, zu nageln etc." Es könnte ein schaurig-schönes Gruselkabinett aus Spinnen entstehen, das die ganze Bandbreite gestalterischer Möglichkeiten offenbart.
- Ältere Kinder können eine Perlenweberei aus schimmernden Perlen gestalten. Diese Spinnen haben eine herrliche Wirkung.

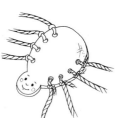 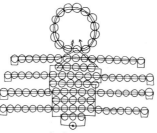 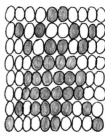

Knotenspinne Perlenspinne Perlenweben

- Auch das Spinnennetz kann gestalterisch variiert werden:
  - als Häkelarbeit,
  - als Trinkhalmwickelarbeit oder als
  - Knot- und Knüpfarbeit z. B. zwischen den Gabelungen eines Astes.
  - Wer einen schönen Baum auf dem Schulhof hat, kann ein supertolles, supergroßes Netz direkt in den Baum knüpfen: ein „Spinnennetz-Event" für die ganze Schule.
  - Feinmotorik, Knobelaufgabe, Geometrie, Konzentration und Grafik sind die Schlagwörter, die die Scherenschnittaufgabe beschreiben. Aus einem Stück Papier wird (mit oder ohne Anleitung) ein Spinnennetz geschnitten. Dieses könnte eine Spinneneigenkreation beheimaten.

   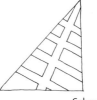

Häkelnetz Trinkhalmnetz Astnetz Scherenschnitt

- Spinnenspiele kann man nach Anleitung gestalten oder selbst erfinden:
  Für das Spinnennetzspiel benötigt man ein langes Seil oder ein Knäuel dicke Wolle. Es werden zwei Teams gebildet: Die Spinnenmannschaft und die Insektenmannschaft. Die Spinnen setzen sich verstreut auf den Boden und spannen ein wirres Wollnetz zwischen sich. Die Insekten versuchen durch das Netz zu gehen ohne dieses zu berühren. Wer das nicht schafft, ist gefangen, wird gefressen und scheidet aus. Nach einiger Zeit wird gewechselt.

  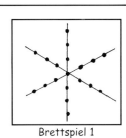
  Brettspiel 1

  Für das Spinnennetz-Brettspiel werden auf einem Stück Holz oder Karton drei Linien gezeichnet und Reißzwecken (wie auf dem Bild rechts oben gezeigt) eingedrückt. Von der Mitte aus werden die Zwecken mit einem Faden umwickelt. Ein Papierschmetterling wird vom ersten Spieler auf die Netzmitte gesetzt. Er darf sich nach gewürfelter Punktzahl vor- und zurückbewegen. Der zweite Spieler mit einer Papierspinne startet nun auch von der Netzmitte aus, darf sich entsprechend seiner Augenzahl aber nur vorwärts bewegen. Die Spinne gewinnt, wenn sie auf dem gleichen Feld steht wie der Schmetterling. Der Schmetterling gewinnt, wenn er sich aus dem Netz herauswürfeln kann.

  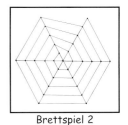
  Brettspiel 2

Rund ums Filzen:

- Filzen: Wenn die Rohwolle und die warme Seifenlauge noch zur Verfügung stehen, können weitere tolle Filzobjekte entstehen: Filzmäuse, Bälle, Schlangen, Filzperlen für eine Kette, Filzäpfel, -birnen, -trauben, -kirschen, Filzmöhren …

  Filzmaus

  Filzball

- Viel Spaß macht auch das Herstellen und Spielen mit einer Klangkugel. Diese wird wie ein normaler Filzball hergestellt. Die erste Filzschicht wird lediglich über eine mit Reis gefüllte Filmdose gelegt.

  Filzschlange

- Große Filzbälle lassen sich für Kinder leichter herstellen, wenn schon ein Tennisball als Unterbau zur Verfügung gestellt wird.
- Aus bunter Rohwolle (Märchenwolle) lassen sich tolle Bilder filzen.
- Mit Wollresten können kleine Filzforscher probieren, eine Fläche (z. B. als Herbstblätter) oder eine Hülle (Fingerpuppe, Hut) zu filzen (siehe „Anschlussthemen").

  Filzkette

- Die Schülerarbeitsblätter vertiefen die Filzthematik und lassen „Powerkinder" etwas zur Ruhe kommen. (Das tut auch dem Lehrer einmal gut.)
- Kulturgeschichtliche Forschung kann der Filzerspruch aus der Mongolei (siehe Kasten) in Gang setzen:
  Wo ist die Mongolei? – Wozu benötigten die Mongolen Filz? – Wie haben die Mongolen gefilzt? – Wie konnten die riesigen Filzflächen für die Jurten (Zelte) entstehen? – In welchen Ländern wurden welche anderen Dinge gefilzt? …

  Filzbild

Der Spruch kann gelesen, abgeschrieben, illustriert, mit ausgeschnittenen Bildern versehen und ausgestellt werden.

Nähere Informationen zur Kulturgeschichte des Filzens finden Sie in der sich anschließenden Sachinformation. Auch die dort abgedruckten Legenden lassen sich innerhalb dieser Zusatzaufgabe toll „verarbeiten".

Filzerspruch aus der Mongolei

Du, der du aus Lammwolle bist,
von zehn Fingern sorgfältig gelegt,
mit 1 000 Wassertropfen bespritzt,
von starken Pferden auf den Wiesen gewalkt,
du, teurer Schatz unseres Heimatlandes,
werde nicht so löchrig wie ein Sieb,
werde so weiß wie Schnee,
so stark wie Stein,
so soll es sein!

- Mit fertigen Filzstoffen lassen sich tolle Sachen nähen und gestalten. Nähvorschläge finden Sie in Projekt Nr. 11.

Filzarbeiten können auch sein: Spielfiguren (Fingerpuppen, Stockpuppen), Täschchen, Buchhüllen, Stifthalter, Filzblumen, Filzwebbilder, Brettspiele aus und auf Filz (z. B. „Mensch ärgere dich nicht"), Filzketten, Bilderrahmen, mit Filz beklebte Schatzkisten, Teeglashüllen, Serviettenringe, Weihnachtsbaumanhänger, Duftsäckchen, Collagen … In dem Büchlein von Kornelia Milan finden Sie fantastische Ideen, die sich toll als Elterngeschenke eignen.

Anschlussthemen:

- Weiterführendes Filzen (die entsprechenden Filztechniken finden Sie im Kapitel Sachinformation „Filzen" beschrieben):
  - Filzen mit farbiger Wolle (Märchenwolle)
  - Textile Flächen filzen und zu Hüllen (z. B. Täschchen) weiterverarbeiten
    (Ein tolles Elterngeschenk ist ein Teeglas mit selbst gemachtem und verziertem Filzeinsetzer, der den Tee warm hält und die Finger vor Verbrennungen schützt.)
  - Filzbilder mit farbiger Rohwolle (= Märchenwolle): farbige Rohwolle zurechtzupfen, auf einer Fläche anordnen und gestaltete Fläche filzen
  - Hüllen direkt über ein Körperteil oder eine Form filzen
- Applikationen mit Filz (z. B. eine gestaltete Leinentasche, ein Ritterwappen, ein textiler Einband für das Hausaufgabenheft, Würfelspiele, Serviettenringe etc.)
- Filzspielfiguren (Fingerpuppen aus Filz) oder einen „Marionettenhund" gestalten
- Was sonst noch aus Rohwolle und anderen Fasern hergestellt wird: Garne und Stoffe
  - Textile Rohstoffe (siehe Projekt Nr. 15)
  - Vom Rohstoff zum Faden und Zwirn (siehe Projekt Nr. 2)
  - Stoffe herstellen: Weben – Wirken – Filzen (siehe Projekte Nr. 9, 10, 12, 13)

Marionettenhund   Täschchen   Teeglas   Becher   Serviettenring   Zauberer

Sachinformation „Filzen"

1. Fachliche Einordnung

Filz ist ein herrliches Material. Wie sehr mich dieses Material und diese Technik faszinieren, erkennen Sie unschwer an der Länge der folgenden Sachinformation. (Diese vielen Informationen und Kenntnisse sind auch für Kinder spannend und Sie sollten sie unbedingt für Ihren Unterricht nutzen. Machen Sie von der Chance zum mehrperspektivischen Lernen ausführlich Gebrauch.)

Faszination Filz

- Das Material fühlt sich toll an, sieht warm und edel aus und leuchtet oft in tollen Farben.
- Mit Filz lassen sich die tollsten Dinge gestalten.
- Filz ist in den ungewöhnlichsten Gebrauchsgütern um uns herum enthalten (siehe unten). Gefilzte Textilien halten auch bei großer Kälte sehr warm. Filz ist sehr robust, dicht und elastisch. Winterbekleidung, aber auch Satteldecken und Haushüllen (Jurten) werden und wurden aus Filz gearbeitet.
- Das Erlernen der Filzgrundtechniken ist selbst für Kinder sehr leicht und nicht nur eine sinnvolle, sondern auch eine spielerisch-kreative Tätigkeit, die neben künstlerischen und handwerklichen Entfaltungsmöglichkeiten auch körperliche Energien fruchtbar einsetzt. Für den Grundschulunterricht ist weiterhin interessant, dass man nur geringe Produktionsmittel benötigt, der Aufwand gering ist und die Produkte recht schnell entstehen.
- Filz hat eine faszinierende Bedeutung für die Menschen und eine alte Geschichte. Diese älteste Möglichkeit der textilen Gestaltung trägt die historischen Elemente alter Hand- und Kunstfertigkeit in sich. Sie ist Bindeglied zwischen täglichem Überlebenskampf und kulturellem Sprachrohr. Die Auseinandersetzung mit der Umwelt ließ nicht nur einfache Gebrauchsdinge mit einfachen Mustern entstehen, sondern auch filigrane Meisterstücke wie mongolische Prunkjurten oder allerfeinste türkische Teppiche. Filzarbeiten waren weniger die Leistung Einzelner als vielmehr ein dynamisches Gruppenerlebnis, das Arbeit, Kommunikation und Befinden zu Bestaunbarem verschmelzen ließ. Ob Zauber oder Spielzeug, das Material fordert Kreativität und Muße – Fähigkeiten, die in unseren Tagen wieder an Bedeutung gewinnen.

Filzen als eine Möglichkeit textiler Flächenbildung: Filzen ist eine der drei Grundtechniken zur Stoffbildung, die sich wie folgt unterscheiden:
- Maschenbildung (Maschenware)
- Verarbeitung von Fadensystemen (Gewebe / Geflecht)
- Zusammenpressen von Fasern (Filze / Vliese): Fasern werden aus einer Kombination von Wärme, Feuchtigkeit, Druck und chemischer Einwirkung verdichtet.
  (Kennen Sie die Definition für Filz nach DIN 61205? Muss man nicht kennen, aber sie lautet so: „Textiles Flächengebilde, dessen Struktur durch die naturgegebenen Eigenschaften der Verfilzung von Schafwolle und verschiedenen tierischen Haaren unter Einwirkung von Druck und feuchter Wärme entsteht.")

Filz hat faszinierende Eigenschaften

Je nach Ausgangsmaterial haben die verschiedenen Filze und Filzprodukte unterschiedliche Eigenschaften. Da Filze nicht immer aus reiner Schafwolle bestehen, weichen die Eigenschaften der jeweiligen Filze voneinander ab. Grundsätzlich lassen sich fast alle Fasern zusammen mit Schafwolle zu Filz verarbeiten: die verschiedensten Tierhaare sowie Menschenhaar, Baumwolle, Seide, Hanf, Flachs, Sisal, Jute, Kokos, Kunstfasern wie Polyamid, Polyester und Polyacryl.

Sogar Filzwaren von einem Rohstoff sind unterschiedlich, denn selbst Schafwolle ist nicht gleich Schafwolle: Tierrassen, Haltungsbedingungen und Herkunftsland sind ausschlaggebend. Auch das einzelne Tier weist Schwankungen in der Qualität der Wolle auf.

Ferner lassen die Verarbeitungsmittel und die Verarbeitungstechniken die Möglichkeit sehr unterschiedlicher Endresultate zu. Schließlich beeinflusst auch noch jeder Filzende – sei er nun Künstler oder Handwerker – durch seine Ausführung der jeweiligen Filztechnik das Filzergebnis.

Vier Grundeigenschaften von Filz:

· *Elastizität:* Er ist dehnbar, druckelastisch und knittert kaum.

· *Isolationsfähigkeit:* Filz isoliert nicht nur gegen Hitze und Kälte, sondern dämpft auch Schwingungen, absorbiert Schall und speichert Wärme, schützt vor Schmutz, polstert und schont vor mechanischer Beschädigung.

· *Saugfähigkeit:* Filz saugt Flüssigkeiten auf, speichert sie bis zu einem Vielfachen seines Eigengewichtes und gibt sie wieder ab.

· *Schwere Entflammbarkeit:* Selbst bei direkter Feuereinwirkung verkohlt Filz lediglich ab einer Temperatur von ca. 320 °C.

Je nach chemischer Behandlung kann Filz mit beliebigen Eigenschaften ausgerüstet werden. Er kann z. B. „wasserabweisend" veredelt werden.

Verwendungsbereiche von Filz

· Für den **textilen Bereich** ist Filz mit seinen Eigenschaften besonders interessant. Er ist:
natürlich, hautfreundlich und weich (je nach verwendeter Wolle), bedingt wasserabweisend (je nach Filztechnik), isolierender Körperwärmespeicher (auch bei feuchtem Filz), luftdurchlässig, schonend (z. B. ideal für Schuhe), robust (je nach verwendeter Wolle und Filztechnik), farbintensiv, lichtecht (je nach Färbung).

· Auch für den **häuslichen Bereich** ist er unersetzlich. Er ist:
isolierend, schalldämmend (Wärmedämmung, Zwischenwanddämmung, Trittschalldämmung etc.), filternd (Hauswasserfilter etc.), Material schonend (Filznoppen: Stuhlbeine, Einlage für Schmuckkästchen etc.), dekorativ, Wohnatmosphäre steigernd, gemütlich (Teppiche, Wandbehänge, Bilder, Skulpturen etc.), mehr als „pädagogisch" wertvoll (ob als Teddybär, Puppe oder Tennisball, ob als Klöppel im Klavier, als Untersetzer oder als Polierscheibe für das Auto, ob als Kugel für den Schulgong oder zum Dämmen der Lautsprecher etc.).

· Im **industriellen Bereich** findet man ihn an vielen Stellen:
Dichtungen, als Schmierdepot und zur Staubabdichtung, als Lagerdichtung und -schmierung in der Motorenfertigung, in Form von Filzröhren, Filzmanschetten, Filzwalzen, Filzdochten, Filze für die Musikindustrie, Filtermedien zur Staubabsonderung, In / Outdoor-Teppichböden; für Sportstätten, Objekt-, Büro- und Wohnbereich, Tücher für Billardtische, Einlagen für Skistiefel und Motorradhelme etc.

Ökologische und ökonomische Aspekte von Filz

· Filz ist sehr ökologisch, weil er als nachwachsender Rohstoff im Gesamtkreislauf ausgezeichnet integriert ist und sowohl auf Grund seines organischen Ursprungs gute Verrottungseigenschaften hat als auch bei besonderer Umsicht und Sorgfalt eine Langlebigkeit aufweist, die auch ohne chemische Behandlung auskommt. An einem durchschnittlichen Menschenalter gemessen können Filzgegenstände zu lebenslangen Begleitern werden.

· Filz ist sehr ökonomisch, weil
  - das Grundmaterial Wolle in allen Kontinenten erzeugbar ist (umweltbelastende Transporte könnten entfallen),
  - die Verarbeitung mit relativ geringem technischen Aufwand zu bewerkstelligen ist und
  - die Materialien zur Verarbeitung (Färbemittel, Wasser, Seife etc.) ähnlich ökonomisch / ökologisch günstige Voraussetzungen wie das Grundmaterial Wolle haben.

Gestaltungsmöglichkeiten mit Filz

Filzen beschränkt sich nicht auf das Herstellen einer zweidimensionalen Fläche. Gefilztes lässt sich herstellen als

- textile Fläche (Decke),
- textile Hülle (Hut, Pantoffel, Handschuh) oder
- textiles, dreidimensionales Objekt (Ball, Spielfigur).

Mit ein und derselben Technik kann neben dem Flächigen und der Hülle also auch ein fester Körper hergestellt werden.

Je nach künstlerischer Gestaltungsabsicht kann man arbeiten mit:

- Bildelementen des Flächenhaften und des Körperhaften:
  Form- und Farbelemente der Grafik und der Malerei (Punkt, Linie, Fleck und Fläche), Elemente der Plastik (Wölbung, Mulde, Höhlung, stereometrische Grundformelemente wie Kugel, Ellipsoid, Kegel, Zylinder etc.)
- Kontrasten: Farbkontraste, Formkontraste, Größenkontraste
- Ordnungsprinzipien: Umriss, Struktur, Muster, Überdeckung, Überschneidung, Symmetrie / Asymmetrie, Faktur, Textur

2. Kulturhistorische Einblicke

Es fällt Archäologen sehr schwer, dem Ursprung der Filzherstellung auf die Spur zu kommen. Das liegt u. a. an den hervorragenden Verrottungseigenschaften des Materials Filz, die die Wahrscheinlichkeit eines Ausgrabungsfundes sehr gering erscheinen lassen.

Wie immer, wenn etwas schwer ergründlich ist, helfen und halfen sich die Menschen mit Legenden aus. Diese sind im Zusammenhang mit dem Grundschulunterricht auch sehr viel spannender als Forschungsberichte und begeistern Kinder für Geschichtliches und Fremdkulturelles. In den filzherstellenden Regionen werden diese schönen Geschichten weiterhin von Generation zu Generation überliefert, wobei mit der Zeit sicherlich immer mehr Wahrheit und Mythos miteinander „verfilzen".

In Persien erzählte man sich folgende Geschichte:

Der Legende nach soll ein Sohn des Königs Salomon den Filz erfunden haben.

Er war ein Hirte, lebte und arbeitete mit seinen Schafen. Aus der Wolle seiner Tiere wurden unter anderem Matten und Teppiche gewebt. Täglich grübelte er darüber nach, wie er die Wolle der Tiere anders als bisher üblich zu diesen nützlichen Dingen verarbeiten konnte. Denn einen Webstuhl konnte er als Hirte nicht bei sich haben. Er probierte immer wieder neue Möglichkeiten aus. Doch es wollte ihm nicht gelingen.

Nach einem weiteren erfolglosen Versuch eine feste Matte zu knüpfen, wurde er so schrecklich wütend, dass er weinend über die am Boden liegende Schafwolle stampfte. Als er sich endlich beruhigt hatte, setzte er sich auf den Boden.

Zu seiner größten Überraschung stellte er fest, dass die tränengetränkte Wolle zu einer Filzmatte verwirkt war. Er war überglücklich, hatte er doch endlich gefunden, wonach er so lange gesucht hatte.

Nach einer anderen Legende verdanken wir Noah den Filzursprung.

Auf der Arche soll es seinerzeit so eng gewesen sein, dass die Tiere kaum Platz hatten, um sich zu bewegen. Die Schafe standen dicht gedrängt nebeneinander. Die vielen Tiere sorgten im Bauch der Arche dafür, dass es sehr warm wurde. Den Schafen wurde es so heiß, dass sie ihre Wolle verloren.

Als Noah die Tiere nach 40 Tagen am Berge Arrarat wieder in die Freiheit entließ, machte er im Schafstall eine erstaunliche Entdeckung: eine Filzmatte. Die Wolle der Tiere war regelmäßig mit dem warmen Urin der Tiere getränkt und von ihnen zu einer festen Matte getrampelt worden.

Eine dritte Legende erzählt wie der heilige Clemens, der Schutzheilige der (Filz-)Hutmacher, einmal auf der Flucht war. Dabei soll er Schafwolle in seine Sandalen gelegt haben. Diese sollte den Schmerz seiner wund gelaufenen Füße lindern. Als er endlich in Sicherheit war und seine Sandalen auszog, fand er in diesen …
– Filzeinlagen.

Die ältesten Funde, die auf ein Vorhandensein von (wenn auch verschwundenen bzw. verrotteten) Filzen schließen lassen, stammen aus einem türkischen Grab aus der jüngeren Steinzeit. Berühmte Funde, wie der dreidimensionale Schwan, der an einem Zelt angebracht war, und Teppiche mit floralen und mythologischen Motiven beweisen, wie hoch die Kunst des Filzens schon in der Bronze- und Eisenzeit entwickelt war. Besonders die Nomadenvölker zwischen dem Schwarzen Meer und der Mandschurei, die in der Zeit vom 7.–3. Jahrtausend vor Chr. die Steppen Eurasiens durchwanderten, wussten sich mit den Filzen aus den Wollhaaren ihrer Schafherden gegen den heißen Sommer und den kalten Winter zu schützen. Feinste Wolldecken und raffiniert gearbeitete Satteldecken mit farbigen Motiven (z. B. mit einem geflügelten Löwen) zeugen von einer hohen Kunstfertigkeit.

Vermutlich wurde der Filz mittels der Rollmethode hergestellt: Rohwolle wurde mit natürlichen, meist pflanzlichen Farbstoffen gefärbt. Anschließend wurden Muster aus der farbigen Wolle ausgeschnitten und appliziert. Auch Materialien wie Federn, Pelze und Goldblätter wurden der Filzarbeit hinzugefügt. Dreidimensionale Teile und Filzhüllen (Strümpfe, Hüte) wurden aus Filzmatten ausgeschnitten und genäht.

Satteldecken

Besonders im Leben der Nomaden hat und hatte Filz eine zentrale Bedeutung. Haus und Heimat bestehen aus Filz: die Jurten. Die mongolischen Jurten bestehen aus einem Holzgittergerüst, über das eine dicke und feste Filzdecke gespannt wird.

Auch sehr alte Funde aus Japan und Griechenland zeigen die Bedeutung und die Rolle des Filzes in den verschiedensten Kulturen: Im alten Griechenland symbolisierte der Hut aus Filz den freien Mann. Sklaven durften keinen Filzhut tragen. Könige wurden nach ihrer Wahl mit Filz bedeckt, als Symbol des Himmels.

Im Altertum wurde dem Filz magische Wirkung zugesprochen. Er diente als Schutz, z. B. vor Skorpionen, Taranteln und Schlangen.

Filz rettete Joseph Beuys das Leben. Nach einem Flugzeugabsturz wurde er von Nomaden gefunden und mit Filzdecken vor dem Erfrieren gerettet. Filz begleitete ihn danach durch sein ganzes künstlerisches Leben.

Auch eine kleine kulturhistorische Sprachreise biete ich Ihnen im Folgenden an:

Der aus Haaren oder Wollfasern zusammengepresste Stoff heißt und hieß

- mittelhochdeutsch (1000 bis 1400 n. Chr.): „vilz",
- althochdeutsch (von Beginn der schriftlichen Überlieferung um das Jahr 700 bis 1000 n. Chr.): „filz",
- niederländisch: „vilt",
- englisch: „felt".
- Einige Bezeichnungen sind dem lateinischen Wort „filtrum" (Durchseihgerät aus Filz / Filter) entlehnt, das bedeutet eigentlich „gestampfte Masse".

3. Material

Der geringe Materialaufwand beim Filzen ist einer von vielen guten Gründen, diese eher selten in der Grundschule praktizierte Technik einmal auszuprobieren. Gebraucht wird nur Rohwolle und warme Seifenlauge:

- Rohwolle: Ausschließlich tierische Haare wie Schafwolle, Ziegenhaar u. Ä. eignen sich zum Filzen in der Grundschule. Es gibt sie in verschiedenen Qualitäten, in Naturfarben sowie in gefärbten, fröhlich bunten Tönen, gewaschen und ungewaschen, gekämmt und ungekämmt. Für eine Filzkugel, eine Filzschlange, eine Filzmaus oder ein anderes dreidimensionales Objekt reicht das Einfachste vom

Einfachen. Das ist auch sehr preisgünstig. Mit einigen wenigen Euro lässt sich eine ganze Klasse ausstatten (Bezugsquellen siehe Seite 258).
- Seifenlauge: Einfache Schmierseife oder Kernseife genügt. Je mehr Seife man benutzt und je heißer die Lauge ist, desto schneller verfilzt die Wolle.
- Wer eine Filzfläche herstellen möchte, kann sich zum Filzen ein Waschbrett, ein Rattan-Rollo (von IKEA) oder eine gerillte Gummiautomatte auf die Arbeitsfläche legen.
- Für die Herstellung von Hüllen (Schuhe, Handschuhe, Hüte, Taschen) eignen sich Noppenfolien oder Lederreste als Trennschicht zwischen zwei Filzschichten, die sich nicht verbinden sollen.

Arbeitsplatz

4. Technik

- *Seifenlauge anrühren:*
In der Regel genügt ein Eßlöffel Schmierseife, der in einen Liter heißes Wasser eingerührt wird. Für jeweils vier bis fünf Kinder reicht eine Salatschüssel voll Seifenlauge.

- *Filzkugel formen:*
(Siehe „Anleitung Spinne" im Abschnitt „Bildaufbau" und Schülerarbeitsblatt im Anhang)

- *Filzflächen formen:*
Möchte man selbst einen Filzstoff herstellen, um aus diesem z. B. eine textile Hülle (Hut, Handschuh, Pantoffel etc.) zu nähen, geht man wie folgt vor:
    - Der Arbeitsplatz wird zum Schutz mit Folie ausgelegt.
    - Man belegt nun eine Fläche in der Größe des benötigten Filzstoffes mit gekämmter Wolle. Alle Wollfasern sollten dabei senkrecht liegen. Eine zweite Schicht Wolle wird waagerecht darübergelegt.
    - Die Wollschichten werden mit heißer Seifenlauge benetzt.
    - Mit den flachen Händen wird die Wolle so lange gerieben und geklopft, bis sich die Schichten verbunden haben und eine zusammenhängende Filzplatte ergeben. Kalte Lauge muss ausgedrückt und durch heiße ersetzt werden. Auch hier muss man beide Stoffseiten jeweils 20 Minuten bearbeiten.
    - Zum Schluss wird die Filzplatte ausgespült und zum Trocknen zur Seite gelegt.

- *Walken:*
Filzhüllen wie z. B. Handschuhe können nach dem Nähen noch auf die exakte Passform gewalkt werden: Man zieht die fertig genähten Teile über die Hand (oder den entsprechenden Körperteil), taucht sie in heiße Seifenlauge und rubbelt sie zunächst an den Nahtstellen fest gegeneinander. Anschließend werden alle Flächen der Handschuhe ausgerieben. Sie schrumpfen genau in der Richtung ein, in der gewalkt wird. Wer hat, kann für das Walken auch ein Bastrollo, eine Baststrohmatte oder ein Filzbrett aus gerilltem Holz benutzen.

- *Filzhüllen:*
Textile Flächen aus Filz können auch direkt zur Hülle gefilzt werden: Dazu legt man die gekämmten Wollschichten direkt auf eine Schablone, eine Form oder das einzuhüllende Körperteil und reibt und walkt das Stück in Form.

- *Industriell hergestellte Filz- und Vliesstoffe:*
Industriell hergestellte Filz- und Vlieswaren unterteilt man in Echte Filze, Nadelfilze und Vliesstoffe. Der wesentliche Unterschied basiert auf der Verwendung des jeweiligen Rohstoffes: Alle nichttierischen Fasern

bedürfen eines Bindemittels zur Verfilzung. Nur aus tierischen Haaren lassen sich echte Filze herstellen. Echte Filze werden mittlerweile nur noch selten industriell hergestellt.

- Echte Filze
  Filze sind textile Gebilde aus Faserverwirrungen, die aus der Kombination von mechanischer Arbeit, chemischer Einwirkung, Feuchtigkeit und Wärme verdichtet werden. Nur aus tierischen Haaren lassen sich echte Filze herstellen. Tierische Wolle filzt, weil die Fasern (Haare) eine Schuppenschicht haben, die sich bei Feuchtigkeit und Wärme öffnet.
  Alle nichttierischen Fasern bedürfen eines Bindemittels zur Verfilzung. Reibt man z. B. eine mit warmer Seifenlauge befeuchtete Rohwolle, verfilzt sie zu einem zusammenhängenden Gebilde, das sowohl flächig als auch körperförmig sein kann (Pressfilz). Filze werden durch Pressen aber auch durch Weben erzeugt:

  - Pressfilze: Hier werden ausschließlich tierische Haare (z. B. Wolle) verwendet, da nur sie über die nötige Verfilzbarkeit verfügen. Der gereinigte und gelockerte Rohstoff wird in mehreren Schichten (Vliesen) übereinandergelegt. So entsteht der Filzpelz. Dieser wird angedämpft (Feuchtigkeit und Wärme) und zwischen zwei sich aufeinanderpressenden, hin- und herrüttelnden Flächen verfilzt (Druck und Bewegung). Pressfilze sind sehr dicht und elastisch.

  - Filze mit Gewebeeinlage: Hier wird zwischen die Schichten der gereinigten Tierhaare ein weitmaschiges Gewebe gelegt. Beidseitig wird das Gewebe vom Wollvlies eingeschlossen, das nun verfilzt wird.
    (Bei Filztüchern z. B. kann auch so verfahren werden, dass das Gewebe selbst (das aus tierischen Haaren gewebt wurde) gewalkt und somit gefilzt wird. Dieses Vorgehen kennen wir leider alle dann aus eigener Erfahrung, wenn wir einen geliebten Wollpullover im normalen Waschprogramm gewaschen und damit verfilzt und geschrumpft haben.)

- Nadelfilze
  Bei diesem Verfahren können alle Fasern (auch pflanzliche und chemische) verarbeitet werden, die über eine gewisse Feinheit, Länge und Geschmeidigkeit verfügen. Mehrere Rohstoffvliese werden aufeinandergelegt. Ein Nadelbarren, in dem viele kleine Nadeln mit Widerhaken stecken, wird durch die Faserschichten auf- und abwärts bewegt. So werden die Fasern aus verschiedenen Schichten miteinander verschlungen und verworren. Die nachfolgende Presse sorgt für weitere Festigkeit und eine gleichmäßige Dicke. Durch ein eingelegtes Gewebe kann die Festigkeit des Materials erhöht werden. Eine Kunstharzlösung kann zudem eine zusätzliche Verbindung der Fasern erzielen.

Nadelfilzmaschine

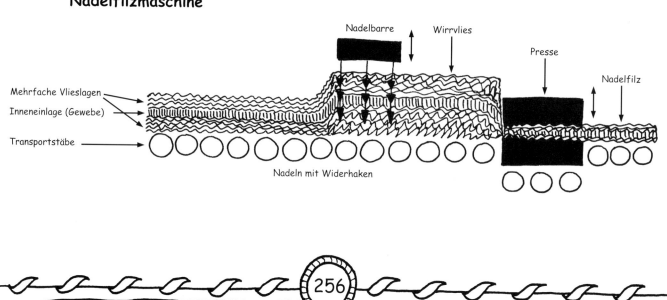

- Vliesstoffe
  Hier handelt es sich um ein poröses, textiles Flächengebilde, bei dem Fasern zu einem Wirrvlies lose gefügt und mit einem Bindemittel verfestigt werden. Auf Grund der Struktur des Vlieses, der Eigenschaften der gewählten Fasern (z. B. Zellwolle oder Perlon) und des Bindemittels ist das Material sprungelastisch, schrumpfecht, widerstandsfähig gegen Wäsche und chemische Reinigung.

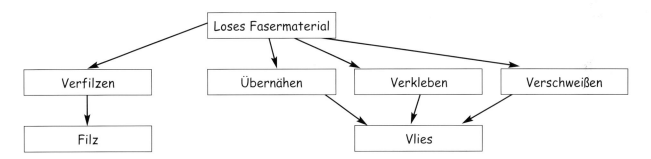

Fundgrube:

Bücher

- Mari Nagy / István Vidák: „Filzen mit Kindern", 2000 (Arbeitsanleitungen, abgestimmt auf die Arbeit mit Kindern)
- Monika Fergg / Jürgen Fergg: „Filzen für Einsteiger – Von der Wolle zum fertigen Objekt", 1998 (Grundlagen und Anleitungen hauptsächlich für Ball und Fläche)
- Angelika Wolk-Gerche: „Filzen für Groß und Klein", 1996 (Anfängerbuch für Nützliches und Kleines aus der Waldorfbewegung)
- Monika Fergg / Jürgen Fergg: „Filz und Form – Spielerisches Gestalten mit Fläche, Ball und Schnur", 1999 (wunderschönes Hintergrundbuch über das Material und mehr)
- Rotraud Reinhard: „Filzen von Tieren und Figuren", 2001 (Anleitungen)
- Christel Dohm: „Zauberhafte Märchenwolle", Verlag Freies Geistesleben, 1998
- Mari Nagy / István Vidák: „Kurze Geschichten vom Filzen", 2002 (Geschichten- und Anekdotensammlung)
- Mari Nagy / István Vidák: „Filzpalette", 1999 (Sammlung von Gedanken, Anekdoten und Zitaten)
- Mari Nagy / István Vidák: „Filzspielzeug", 1997 (Ideensammlung für dreidimensionale Figuren)
- Mary E. Burkett: „Die Kunst des Filzens", 1997 (Standardwerk für archäologisch, ethnologisch und historisch interessierte Filzer)
- Eva Jentschura: „Pflanzenfärben ohne Gift", 1990 (Werkbuch für Kinder, Eltern und Erzieher)
- Irene Kubern: „Filz- und Märchenwolle – Figuren, Mobiles und vieles mehr", Topp Verlag, 1997
- Kornelia Milan: „Filzfantasien im Materialmix", Topp Verlag, 2002
- Mayte Lopez: „Fantastischer Filz – Dekorationen im Material-Mix", Topp Verlag, 2002

Internet

- *www.filzlexikon.de*   (Filzlexikon – rund um das Filzen)
- *www.filzrausch.de*   (Filzrausch – Tipps und Tricks, Kunstobjekte)
- *www.br-online.de/kinder/machmit/basteln/filzen.html*   (Kinderinsel – einen Hasen filzen)
- *www.lern-online.de/filzen/pages/filzen.html*   (eine bebilderte Anleitung)
- *www.wollemond.de/entste1.htm*   (Anleitung für Anfänger)
- *www.filzhandwerk.de*   (Obst und Gemüse aus Filz u. a.)
- *www.filztiere.de*   (Filztiere – Rotraud Reinhard hat ein tolles Buch darüber geschrieben, siehe oben)
- *www.filzzwerge.de*   (Filzzwerge)

- *www.wollverarbeitung.de* (Interessantes über das Filzen, Filzen als Therapie)
- *www.filzfestival.de* (Filz-Festivals finden seit Mai 2001 im Frühjahr in Linswegerfeld, Querweg 5, statt.)
- *www.diefilzlaus.de* (Filzkunst zum Bewundern, Termine, Zeitschrift über das Filzen)
- *www.filzzauber.de*
- *www.wollemond.de/inhalt.htm* (Wollemond – Informatives zu Filz)

Adressen

- Wollknoll Döring, Bodelshofer Weg 66, 73230 Kirchheim, Tel.: 0 70 21 / 97 67 40 (Bezugsquelle für Rohwolle)
- „Filzrausch", Frieder Glatzer, im Atelierhaus der musa e. V., Hagenweg 2, 37081 Göttingen, Tel.: 05 51 / 90 04 89-0 (Bezugsquelle für Rohwolle)
- WERK RAUM TEXTIL e. V., Metzinger Str. 37, 72622 Nürtingen, Tel.: 0 70 22 / 21 03 21, *www.werkraumtextil.de*
- Filzverein Lenzen e. V., Am Bahndamm 11, 19309 Lenzen, Tel.: 03 87 92 / 8 05 92, *www.filzverein-lenzen.de* (Filzschauwerkstatt, Veranstalter für Filzfeste in Lenzen und Seminare)

Eine sehr verfilzte Geschichte!

Hast du deine Filzarbeit beendet? Sind deine Hände wieder trocken? Jetzt weißt du sicher, wie man eine Filzkugel macht. Male die einzelnen Arbeitsschritte in die Kästchen. Die Hinweise neben den Kästchen sollen dir beim Malen helfen!

Zuerst rührt man die Seifenlauge an. In der Regel genügt ein Esslöffel Schmierseife, der in einen Liter heißes Wasser eingerührt wird.

Nun wird aus der Wolle ein fester Ball geformt. Wenn man eine farbige Kugel gestalten möchte, legt man dünn gezupfte, farbige Wolle wie eine feste Hülle kreuz und quer über den Ball.

Anschließend taucht man den Ball in die Seifenlauge.

Das nasse Knäuel wird jetzt so lange in den Händen geknetet, geformt und „gestreichelt", bis es fest ist. Nach Wunsch kann man noch weitere farbige Wolle auflegen und verstreichen. Der Filzvorgang dauert in der Regel etwa 20 Minuten. Die Zeit kommt einem aber nicht lange vor, weil das Kneten und Streicheln der Filzarbeit in warmer Seifenlauge ein tolles Erlebnis ist.

Wenn sich keine Wolle mehr abzupfen lässt, spült man das Filzobjekt in klarem Wasser aus und legt es zum Trocknen auf Zeitungspapier.

Nach dem Trocknen kann das Objekt weiterverarbeitet werden. Man kann etwas annähen, sticken oder mit Textilmalstiften aufmalen.

Filzen

Um aus Wolle Filz herzustellen, brauchen wir Wärme, Feuchtigkeit, Druck und bestimmte chemische Substanzen.

Vier Dinge müssen wir Filzexperten deshalb beachten. Verbinde, was zusammengehört:

Wir brauchen **Wärme**	Deshalb **reiben und pressen** wir die Wollfasern, bis sie fest zusammenhalten.
Wir brauchen **Druck**	Deshalb besorgen wir **Kernseife oder Schmierseife.**
Wir brauchen **Feuchtigkeit**	Deshalb lösen wir die Seife in **Wasser** auf, sodass wir eine Seifenlauge erhalten.
Wir brauchen **chemische Substanzen**	Deshalb **erwärmen** wir das Wasser so, dass es möglichst heiß ist.

Filzstoffe haben ganz besondere Eigenschaften. Sie sind:

Filzstoffe eignen sich besonders zur Herstellung von:

BVK PA13 · Doris Krebs   Textilgestaltung

Spinnenexperten gesucht!

> Hier spinne ja wohl nicht nur ich! Und wer ist Käpt'n Blaubär?

> Lösung zuerst nach hinten falten!

Schreibe hinter jede Behauptung „stimmt" oder „stimmt nicht":

1. Die meisten Spinnen haben acht Augen.
2. Deshalb sehen sie auch so gut.
3. Spinnen haben einen zweigeteilten Körper. Den Vorderkörper mit Augen und Beinen und den Hinterkörper.
4. Sie laufen auf sechs Beinen.
5. Alle Spinnen können feine Fäden herstellen. Aus diesen weben sie nicht nur Netze, sondern auch Fallen, Polster für ihre Nester und Schutzhüllen für ihren Nachwuchs.
6. Die Fäden kommen aus den Spinnwarzen am hinteren Ende des Körpers. Der Spinnstoff ist zuerst flüssig. An der Luft wird er sofort hart.
7. Die Fäden sind dünner als ein Menschenhaar.
8. Spinnfäden sind etwa dreimal so reißfest wie ein gleich dicker Stahlfaden.
9. Spinnen sind Pflanzenfresser.
10. Spinnen haben zwar keine Zähne, aber spitze Klauen am Mund. Aus diesen strömt oft Gift. Damit lähmen oder töten sie ihre Beute.
11. Der Mund der Spinnen ist winzig. Feste Nahrung passt dort nicht hinein. Deswegen spuckt die Spinne Verdauungssaft auf ihre Beute. Das Beutetier wird dadurch zu Brei. Den Brei kann die Spinne dann aufsaugen.
12. Spinnen schlüpfen aus Eiern. Diese legt die Spinne in eine selbst gewebte Kugel, den Kokon.
13. Wenn die Spinnen wachsen, werfen sie die zu klein gewordene Panzerhaut ab. Darunter ist eine neue Haut, die schnell hart wird.
14. In Deutschland gibt es viele giftige und gefährliche Spinnen, vor denen man Angst haben muss.

_____ **Lösungsabschnitt nach hinten falten** _____

1. Stimmt. 2. Stimmt nicht. Sie orientieren sich mithilfe der Tasthaare an den Beinen und Tastern. 3. Stimmt. 4. Stimmt nicht. Sie laufen auf acht Beinen. Vorne sitzen zusätzlich zwei Taster. 5. Stimmt. 6. Stimmt. 7. Stimmt. 8. Stimmt. 9. Stimmt nicht. Die meisten Spinnen machen Jagd auf Insekten. Riesenspinnen erlegen auch Mäuse oder Vögel. 10. Stimmt. 11. Stimmt. 12. Stimmt. 13. Stimmt. 14. Absolut gelogen. Hier gibt es keine gefährlichen Spinnen.

„Der kleine Käfer Immerfrech"

Schwerpunktthema: Stricken

Passend zu den Sach-Deutsch-Projektthemen: Käfer – Frühling – Sommer – Insekten – Tiere – Uhrzeit (siehe Einstieg) – Kinderbuch

Zeit: 10–12 Unterrichtsstunden

Material: Rote und schwarze Wolle (ab Stärke 6), Schere, weißer Baumwoll- oder Leinenstoff (oder ein DIN-A3-Blatt Zeichenblockpapier), fester Karton, Stoffreste oder Filz, Textil- oder Deckfarben
Nach Wunsch: Stickgarn, Sticknadel oder Klebstoff, Perlen, Pailletten

Lernziele:

Marienkäfer:
- Bauen einer Strickmaschine
- Flächen- und Hüllenkonstruktion am Beispiel Maschenbindung kennenlernen
- Erkennen und Planen von Arbeitsabläufen und Arbeitsprozessen
- Textilpraktische Erfahrungen sammeln hinsichtlich
    - des Maschenanschlages,
    - der Bildung rechter Maschen und
    - eines „Glatt-Rechts-Gestricks",
    - der textilen Hüllenbildung mittels der „Strickmaschine" (Rundgestrick),
    - des Abkettens eines Strickstückes etc.
- Textile Hülle zu einem plastischen Objekt ausformen und eine plastische Marienkäferfigur gestalten sowie damit Bildelemente der Plastik (wie Kugelform, Wölbung, Mulde etc.) zur Formgebung nutzen
- Motiv „Marienkäfer" ausdifferenzieren (z. B. Kopf, Fühler, Punkte, Beine) und auf dem Hintergrund befestigen (z. B. durch Nähen oder Kleben)

Hintergrund:
- Hintergrund in Aquarelltechnik gestalten
- Farbdifferenzierung Grün erproben
- Blätterform aus Filz ausschneiden und gestalten
- Hintergrund nach Wahl ausgestalten: Entdecken und Ausschöpfen der gestalterischen Möglichkeiten mit textilem Material und textilen Techniken, z. B.:
    - Blattadern sticken / Tautropfen (Perlen) aufnähen
    - (Perlen-)Wurm auffädeln und festnähen
    - Leuchtkäfer (Pailletten) annähen
    - Schnecke applizieren / Schneckenhaus flechten
    - Schmetterling aus Fäden drehen und mit Tüllstoffflügeln versehen

Weitere mögliche Lernziele:
- Maschenwaren mit Geweben und Vliesstoffen vergleichen
- Einsicht gewinnen, dass textile Materialien besonders zur Bildung von Hüllenformen geeignet sind
- Farb- und Mustergestaltungsmöglichkeiten mit dem Strickapparat erproben
- Geduldiges und sorgfältiges Beenden einer künstlerischen Arbeit üben

„Es war Nacht. Die Leuchtkäfer tanzten im Mondschein. Um fünf Uhr morgens ging die Sonne auf. Ein freundlicher Marienkäfer flog von links auf ein Blatt, auf dem viele Blattläuse saßen. Er wollte sie zum Frühstück fressen. Im gleichen Augenblick flog auf dasselbe Blatt von rechts ein frecher Marienkäfer. Auch er wollte die Blattläuse zum Frühstück haben.

„Guten Morgen!", sagte der freundliche Käfer. „Verschwinde!", schrie der freche. „Diese Blattläuse gehören mir!" „Wir können sie uns teilen", schlug der freundliche Käfer vor. „Nichts da! Ich will sie alle haben", kreischte der andere, „oder willst du mit mir kämpfen?" „Wenn du unbedingt willst", antwortete der freundliche Käfer und sah ihm dabei fest in die Augen. Der freche Käfer ging einen Schritt zurück, er war sich seiner Sache nicht mehr so sicher ..."

So beginnt die berühmte Geschichte von Eric Carle über den streitlustigen kleinen Käfer, der schließlich doch die Vorzüge des Teilens entdeckt („Der kleine Käfer Immerfrech", Gerstenberg Verlag, als Pappbilderbuch ca. 10,– Euro).

Das Bilderbuch ist ungewöhnlich gestaltet und in 10 Minuten vorgelesen. Aus dem Buch lassen sich viele tolle Sprach-, Sach-, Musik-, Religions- und Mathematikvorhaben ableiten: Man kann die Uhrzeiten einführen, über Marienkäfer sprechen, Bildergeschichten und Tagesabläufe aufschreiben bzw. malen und übers Streiten und Versöhnen philosophieren. Wer mag, kann das Buch auch leicht in Szene setzen (eine Vertonung von L. Edelkötter ist auf MC / CD erhältlich). Also eine ideale Anschaffung über diese Textilstunde hinaus.

Ein anderer möglicher Einstieg ist, den Anfang dieser Geschichte zu erzählen und die Kinder das Ende selbst fabulieren zu lassen. Dann sparen Sie die Buchanschaffung. Auch über das Sachkundethema „Marienkäfer" (z. B. mit dem Buch „Marienkäfer" von H. und A. Fischer-Nagel) oder das „Marienkäferlied" (Text: Barbara Cratzius, Musik: Ludger Edelkötter) ist ein interessanter Einstieg möglich.

Methodische Anleitung / Bildaufbau:

1. Marienkäfer:

Für die gestrickten Käfer benötigt man zuerst einmal eine Strickmaschine. Die Bauanleitung und die Strickanweisung befinden sich auf dem Schülerarbeitsblatt. Hier noch ein paar „heiße" Tipps dazu:

- Verwenden Sie unbedingt Nägel mit kleinen, abgerundeten Köpfen. Große Nagelköpfe halten die Maschen zwar besser fest, erschweren später aber das Abheben der Maschen und sind für die Finger unangenehm.

- Die Nägel lassen sich gut mit etwas Klebeband (aber auch mit Kraftkleber oder der Heißklebepistole) auf den Markierungen vorfixieren. Wenn alle Nägel auf der Papprohre befestigt sind, kann ein Erwachsener leicht die endgültige Befestigung mit einem kräftigen Paketklebeband vornehmen. Bestellen Sie sich doch für diese Arbeit ein oder zwei Helfereltern in die Schule.

- Beachten Sie, dass der Durchmesser des Strickschlauches mit dem Durchmesser der Papprohre und der entsprechenden Anzahl der Nägel zusammenhängt. Für eine Papprolle (Versandrolle) mit einem Durchmesser von z. B. 10 cm benötigt man ca. 21 Nägel. Man kann für die Strickmaschine auch schmale Papprohren verwenden. Die Marienkäfer werden dann aber insgesamt kleiner und wirken anders als auf der abgebildeten Arbeit. Kleine Käfer können aber genauso reizvoll sein und entsprechen auch eher der Natur. Wem die Proportionen durch die verkleinerten Käfer nicht zusagen, der wählt einfach ein kleineres Bildformat für den Hintergrund (z. B. DIN A4). So entsteht wieder eine ähnliche Gesamtwirkung wie auf der Abbildung.

Für das Stricken des Strickschlauches habe ich auch noch einige Tipps:

- Je dicker die verwendete Wolle ist, desto dichter und fülliger wirkt der Strickschlauch. Ich würde keine Wollreste mitbringen lassen, sondern bei dieser Arbeit selbst Wolle kaufen. Diese sollte mindestens

Garnstärke 6 haben (besser wäre Stärke 8). Je fester die Wolle gezwirnt ist, desto leichter lässt sich eine Masche fassen und abheben. Also beim Wollkauf auf festes Garn achten. Übrigens kann man beim eigenen Wollkauf auch auf leuchtende Farben achten.

- Für die Anschlagreihe wickelt man den Faden, der zum Knäuel führt, zweimal von links nach rechts um einen der Nägel und hebt die untere Fadenschlinge so über die obere, dass nur noch eine Schlinge auf dem Nagel ist. Nun wird der Faden nach rechts zum nächsten Nagel gelegt. Man fährt auf diese Weise so lange fort, bis die erste Runde fertig ist. Von da an legt man den Faden immer vor den nächsten Nagel und hebt die Schlinge von unten über Faden und Nagel. Den unteren Fadenanfang bzw. den entstehenden Schlauch muss man immer straff ziehen.

- Ist die letzte Runde gestrickt, schneidet man den Wollfaden nach ca. 15 cm ab. Fadenende in eine Stopfnadel einfädeln. Mit ihr Masche für Masche von den Nägeln der Strickmaschine heben und auf den Faden gleiten lassen. Faden anziehen und Enden vernähen. Damit ist das Schlauchende verschlossen und die vorgesehene Füllung kann eingefüllt werden.

- Die Schwierigkeit beim Stricken mit der Strickmaschine liegt oft an den sehr fest zugezogenen Maschen. Man kann in diese dann nur schwer eine Nadel hineinstechen, um die Masche zu dehnen und über den Nagel zu heben. Besonders die Anschlagreihe ist oft sehr fest gewickelt und die Kinder benötigen für die erste Reihe Hilfe. Darauf muss man sich einstellen (evtl. mit Helfereltern). Auch nach der ersten Reihe müssen sich die Kinder erst an das Bilden lockerer Maschen heranarbeiten. Stellen Sie die Kinder darauf ein. Die Schüler müssen wissen, dass sie am Anfang etwas Geduld benötigen, bis sie den nötigen Dreh heraushaben und das Stricken wie am Schnürchen klappt. Erst nach der dritten / vierten Reihe können Sie erwarten, dass das Abheben der Maschen problemlos klappt.

- Sollte das Abheben der Maschen dennoch Probleme bereiten, kann man sich auch wie folgt behelfen:
  - Mit einer Häkelnadel lassen sich die Maschen oft leichter fassen und über den Nagel heben.
  - Eine andere Alternative besteht darin, mit einer Stricknadel die Masche von unten zu durchstechen und den Faden (wie beim Stricken einer rechten Masche) nun mit der Nadel zu fassen und durch die Masche zu ziehen. Die alte Masche wird über den Nagel gehoben und durch die neue Masche abgelöst, die von der Nadel geholt und über den Nagel gelegt wird.
  - Sie können das Problem auch zum „Forscherauftrag" ausrufen und die Kinder Tricks und Techniken finden, austauschen und ausprobieren lassen. Diese Lösung hat den Vorteil, dass aus dem Frust mit den festen Maschen ein detektivisch-fröhliches Suchen nach Lösungen werden kann.

- Möchte man wie auf der Abbildung gezeigt einen Farbwechsel vornehmen, um einen schwarzen Kopf zu stricken, lässt man den roten Faden einfach hängen und arbeitet mit einem schwarzen Faden weiter.

- Sollten sich einige Kinder nach dem Gestalten des ersten Käfers verausgabt haben und / oder die Zeit für die Gestaltungsarbeit zu Ende gehen, kann man den zweiten Käfer auch weglassen. Dann befindet man sich inhaltlich an einer anderen Stelle der Geschichte, in der der Käfer Immerfrech allein auf dem Blatt sitzt. Geht auch. Filzblüten rund um das große, grüne Blatt können eine eventuelle bildliche Leere überbrücken und sind schnell gemacht.

Die Gestaltung des Marienkäfers ist nicht „ganz ohne". Er ist das einzige Objekt in diesem Band, das man unbedingt vorher selbst ausprobiert haben sollte. Lassen Sie sich durch diese Warnung aber nicht davon abhalten, es auszuprobieren bzw. dieses Marienkäferthema zu gestalten. Sollten Sie beim Ausprobieren feststellen, dass Ihnen das Stricken mit der Strickmaschine für Ihre Schüler zu schwer erscheint, müssen Sie das geplante Käferthema nicht fallen lassen. Sie können die kleinen Krabbelkerle auch auf andere Weise überaus reizvoll gestalten, z. B. als:

- Pomponkäfer (Pompontechnik siehe Projekt Nr. 1),
- Strickschlauchkäfer aus fertigem, käuflichem Strickschlauch (z. B. bei VBS Tel.: 01 80 / 5 66 81 11 kostet 1 m roter Strickschlauch (6 cm breit) 1,95 Euro),-

- rote Stoffballkäfer (Nähtechnik siehe Projekt Nr. 11) oder
- Filzkugelkäfer (Filztechnik siehe Projekt Nr. 12).

2. Der Hintergrund:

Entweder wird auf einem Stück festen Karton ein Stück bemalter Stoff aufgebracht oder ein Zeichenpapier wird mit Deckfarben entsprechend gefärbt. Gefärbt wird mit einem Pinsel oder einem Schwamm. Ideal sind alle Grün-, Braun-, Schwarzfarbmischungen, die flächig auf den feuchten Malgrund aufgetupft werden. Aus grünen Stoffresten oder Filz entsteht ein großes Blatt, das Platz für beide Käfer hat. Dieses wird auf den Hintergrund geklebt oder genäht. Das Annähen bietet die Möglichkeit, einen einfachen Stickstich zu erlernen und Blattadern auf das grüne Blatt zu zaubern. So wirkt der Hintergrund noch etwas plastischer.

3. Fertigstellung:

Das Käferpärchen wird auf das Blatt genäht (oder geklebt). Einige Tautropfen (Glasperlen) oder ein neugieriger, kleiner Wurm (aus Perlen) machen das Bild noch reizvoller. Bei der Ausgestaltung des Motivumfeldes können die Kinder frei nach Lust, Kreativität, textilwerktechnischem Vermögen und verbliebener Arbeitszeit kleine Elemente ergänzen. Auf diese Phase der Einheit freue ich mich immer besonders. Ich werde nicht selten mit besonders ausgefallenen und niedlichen Ideen überrascht.

Kostenplan:

Fast alle Preise richten sich nach dem Labbé-Katalog:

Weißer Baumwollstoff	2 m (1,50 m breit) Stoff reichen für 25 Kinder und kosten je nach Angebot 8–10 Euro/m. (Statt den Hintergrund auf Stoff anzulegen, kann man diesen auch einfach auf ein Blatt Zeichenblockpapier malen.)
rote Wolle (für einen Käferkörper) schwarze Wolle (für einen Käferkopf)	1 Knäuel Stärke 8 kostet ca. 2,20 Euro und reicht für ca. 6–8 Käfer. 1 Knäuel Stärke 8 kostet ca. 2,20 Euro und reicht für ca. 16 Käfer.
Biegeplüsch (= Pfeifenputzer)	10 Stück (6 mm, 50 cm lang) kosten 0,95 Euro und reichen für 30 Kinder.
Filz	2 Filzplatten (20 x 30 cm) kosten 0,60 Euro und reichen für 1 Kind.
Passepartout-Karton	1 Fotokarton (50 x 70 cm) kostet 0,45 Euro. Eine 10er-Packung Tonpapier (50 x 70 cm) kostet 1,85 Euro und reicht für 20 Kinder.
Zusatzmaterial nach Wahl	Wollreste, Stoffreste, Stickgarn, Perlen, Knöpfe etc. je nach häuslichen Reserven von den Kindern sammeln und mitbringen lassen.

Sie müssen pro Kind mit Materialkosten von ungefähr 1,90 Euro rechnen (wobei Sie 0,65 Euro sparen können, wenn Sie statt weißer Baumwolle ein Blatt Zeichenblockpapier nehmen).

Die Firma Sophie Braun bietet fertige Strickpüppchen mit Drahtschlaufen an (10 Stück für 19,– Euro; abzüglich Rabatt = 1,70 Euro pro Schüler).
braun@schulbedarf.de
Tel.: 0 81 22 / 9 09 92 - 0

Zusätzliche Aufgaben für schnell arbeitende Schüler:

Flotte Kinder können mit folgenden Zusatzaufgaben die handwerklich-technische Seite des Strickverfahrens vertiefen und die kreativen Möglichkeiten ausschöpfen.

Mit der selbst gebauten Strickmaschine lässt sich toll experimentieren:
- Mit farbiger Wolle kann man die tollsten *Muster erfinden* und gestalten.
- Aus den breiten Strickschläuchen lassen sich außer Marienkäfern auch *Puppen* (Piraten, Indianer, Hexen etc.), Schneemänner, kleine Tiere, Eierwärmer, Puppenmützen, Kuschelschlangen, Fingerpuppen mit Pomponköpfen, Nadelkissenkakteen, kugelige Würmer etc. bilden.

Die Schläuche werden in der entsprechenden Farbe gestrickt, anschließend gefüllt und an den entsprechenden Stellen so zusammengenäht oder gebunden, dass die gewünschte Figur entsteht. Mit bunten Perlen, Federn, Stoffresten etc. können die Figuren interessant ausdifferenziert werden.
- Noch einfacher sind lustige *Lesezeichen* mit weichen Kugelköpfen: Die fertigen Strickschläuche werden gefüllt und an den beiden Öffnungen oben und unten so zusammengezogen, dass eine weiche Kugel entsteht. Diese wird nach Wunsch gestaltet. An die Kugel näht man ein Seidenband oder einen dünnen Strickschlauch.
- Weitere Ideen finden Sie in dem sehr netten Band „Fröhliche Hasen und Küken", Christophorus Verlag, das nicht nur zur Osterzeit interessant ist.
- Viele Kinder haben zu Hause eine *Strickliesel* (oder Strickmaus / Strickpilz / Strickröhre / Strickmühle / IKEAs Slöjda) liegen, die vielleicht schon lange in Vergessenheit geraten ist. Flotte Stricker haben bestimmt Lust, diese einmal mit in die Schule zu nehmen und mit dem gelernten Verfahren endlose Strickschläuche herzustellen. Wer keine Strickliesel hat, aber trotzdem mitmachen möchte, kann sich mit einem Holzgarnröllchen selbst eine Strickröhre bauen. Mit den Strickschläuchen lassen sich viele nützliche und dekorative Gebrauchsgegenstände gestalten:

    - Freundschaftsbänder, Haarbänder, Indianerbänder, selbst gemachte Schnürsenkel (damit kann man toll „Schleifenbinden" üben), Gürtel (aus verschiedenen bunten Garnen und mit kleinen Perlen versehen, sehen sie pfiffig an Jeanshosen aus), Halsschmuck
    - Lesezeichen (mit Perlen an den Enden), Schlüsselanhänger (für Vatertag oder als Weihnachtsgeschenk)
    - Zugband für eine mittelalterliche Geldbörse oder einen Indianerlederbeutel
    - Wuscheltier, Kraken, Blumen können aus einem Bund von Strickschläuchen entstehen
    - Strickschlauchbilder: Wie beim Fadenlegen können viele Strickschläuche zu Bildern geklebt werden. Es bieten sich Motive wie Blumen, Bäume, Fische, Schmetterlinge, Schneemänner, Schnecken etc. an (mehr dazu siehe Projekte Nr. 5 und 6).

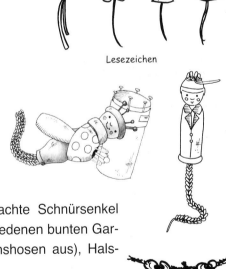

Lesezeichen

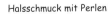

Halsschmuck mit Perlen

Beutelband

- Schnurgesichter
- Beutel, Taschen
- Weitere tolle Ideen finden Sie in dem Buch „Die Strickliesel neu entdeckt" von A. und R. Schurr, Augustus Verlag.

- Man kann bei den Zusatzaufgaben nicht nur den *Verwendungszweck und die Gestaltungsabsicht variieren,* sondern auch
  - das verwendete *Material* (auch Bänder, Stoffstreifen, Metallfäden, Gras etc. lassen sich verarbeiten),
  - das *Werkzeug* (Es gibt viele verschiedene Strickliesen, Strickschlauchgeräte, Strickpilze, Strickröhren, Strickgabeln, aber natürlich auch die unterschiedlichsten Stricknadeln, an denen sich kleine Forscher einmal versuchen können und die sich hinsichtlich ihrer Eignung für bestimmte Gestaltungsabsichten untersuchen lassen.),
  - das *Zusatzmaterial* (Was kann man beim Stricken verarbeiten? Perlen, Federn, Papierröllchen, gelochte Pappe, Stoff, bunte Bänder? Das Herumprobieren ist spannend und kann sehr lustig sein.).

Schnurgesichter   Schnurstricken   Tasche   Strickpilz

Mit all diesen Aufgaben verfeinern die Schüler ihre handwerklich-technischen Erfahrungen und ihr feinmotorisches Geschick. Stricken hat auch etwas Beruhigendes. Nicht selten versinken die Kinder in diese gleichmäßig-rhythmischen Bewegungen und entspannen dabei. Ein nicht zu verachtender Nebeneffekt.

Rund um die Marienkäfer

- Kleine, kuschelige Marienkäfer können auch aus Pomponkugeln entstehen. Im Projekt Nr. 1 wird die Technik näher erläutert. Die kuscheligen Marienkäfer entstehen aus zwei Pomponscheiben. Mit viel roter Wolle und einigen mit eingewickelten schwarzen Strähnen entstehen rote Bälle mit schwarzen Tupfen. Ein kleines Styroporkügelchen mit schwarzen Pfeifenputzerfühlern ergibt ein niedliches Köpfchen. Entweder nehmen die Kinder die Zusatzarbeit mit nach Hause oder man gestaltet aus den kleinen Kerlen einen Ast mit einer großen Marienkäferfamilie.
  (Die Pompontechnik bietet viele Gestaltungsmöglichkeiten für die kleinen Künstler. Haben die Kinder erst einmal die Pompontechnik für sich entdeckt und handwerklich im Griff, kann das Repertoire der Möglichkeiten ausgeschöpft werden: Küken, Häschen, Schneemänner etc. leisten den Käfern Gesellschaft.)
- Kleine, mittlere und große Steine lassen sich toll bemalen und zu Marienkäfern gestalten. Mit den Käfern kann man schöne Spiele machen und/oder erfinden: Brettspiele („Käferrennen", Pausen- und Schulhofspiele – z. B. „Mühle"-Spielfeld mit Kreide aufmalen und schwarzrote und rotschwarze Käfer als Spielsteine einsetzen etc.).
- Grußkarten mit dem „berühmten" Wanderkäfer an der Schnur oder dem (Hampelmann-)Wackelkäfer wurden in vielen Klassen schon immer gerne gestaltet.
- Und dann gibt es noch die Dauerbrenner „Fensterbilder" in Form von Marienkäfer-Tonpapiercollagen o. Ä.

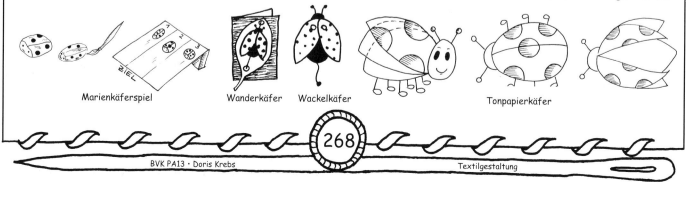

Marienkäferspiel   Wanderkäfer   Wackelkäfer   Tonpapierkäfer

Anschlussthemen:

- Farbige Muster für Rundgestricke erfinden und mit der Strickmaschine gestalten
- Die „Strickgabel" als alternatives Gerät zu Maschenbildung kennenlernen, basteln und erproben

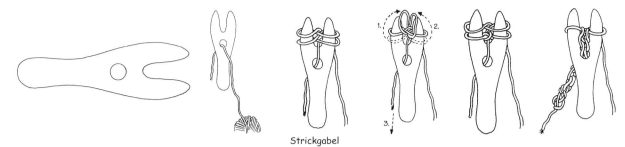
Strickgabel

- „Einhängen" als eine weitere Form und Technik der Maschenbildung kennenlernen: Der klassische Traumfänger wird aus dieser Technik gestaltet.

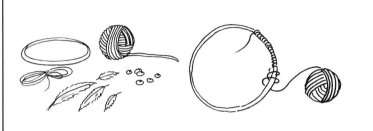  
Traumfänger

- Stricktechnik mit zwei Stricknadeln erproben (siehe Sachinformation)
- Weitere Flächenkonstruktionen mit Maschenbildung kennenlernen (Wirken, Häkeln, Verknoten)
- Eine textile Ausstellung zusammentragen: Maschenwaren sammeln, ordnen, beschreiben, vergleichen und auf ihren Gebrauchswert hin untersuchen (evtl. auch mit kulturellen und historischen Bezügen)
- Weitere Möglichkeiten zur textilen Flächen- und Hüllenbildung kennenlernen: Weben, Flechten, Filzen
- Strickgarn und andere Fäden:
  - „Von der Faser zum Faden" – Spinnen, Zwirnen, Kordeldrehen (siehe Projekte Nr. 2, 3)
  - Rohstofflehre: „Vom Schaf zur Schurwolle" (und zum Wollpullover), „Vom Baumwollstrauch zur Baumwolle" (und zum T-Shirt), „Von der Seidenraupe zum Seidenfaden" (und zum Seidentuch), „Vom Flachs zum Leinen" (und zum Geschirrtuch), „Von der Chemiefabrik zum Chemiefaden" (und zum Teppich)
- Eine Strickgarn-Banderole ist ein überaus interessantes Betrachtungs- und Forschungsobjekt. Was bedeuten die ganzen Abkürzungen und Piktogramme auf der Banderole? Wozu benötige ich diese Informationen? Wie sehen andere Banderolen aus?
- Fadenkunst: Möglichkeiten der Umformung und Umgestaltung des Fadens gestalterisch nutzen:
  - Auftrieseln des Fadens, Verknoten von Fäden, Umwickeln von und mit Fäden, Zusammendrehen von Fäden, Legen und Kleben von linearen Figuren etc. (siehe dazu Sachinformationen zu den Projekten Nr. 2, 3, 4)
  - Gestalten zum Gedicht „Der Faden" von Josef Guggenmos (siehe Projekt Nr. 3, Seite 101)

Maschenwaren   Fadenherstellung

Sachinformation „Stricken"

1. Fachliche Einordnung

- Textile Flächen werden aus einem bzw. mehreren Fäden oder direkt aus einem textilen Rohstoff (z. B. Schafswolle) hergestellt. So lassen sich flächige textile Gebilde in der Regel einer der drei folgenden Gruppen zuordnen:
Gewebe / Geflechte (die gewebt oder geflochten werden), Maschenwaren (die gestrickt oder gewirkt werden) und Filze / Vliesstoffe (die gepresst und / oder geklebt werden).

Die Maschenbildungstechnik – zu der das Stricken zählt – grenzt sich dabei als eine dieser *drei Grundtechniken zur Stoffbildung* wie folgt ab:

- Maschenbildung (Maschenware): Bei den Maschenbildungstechniken entsteht eine Fläche aus einem einzigen Faden. Zu diesen Techniken gehören neben dem Stricken auch Werkverfahren wie das Einhängen, Verschlingen, Verknoten und Häkeln.
- Verarbeitung von Fadensystemen (Gewebe / Geflechte): Zwei sich rechtwinklig kreuzende Fadensysteme werden durch Flechten oder Weben zu einer Fläche verbunden.
- Zusammenpressen von Fasern (Filze / Vliese): Fasern werden durch eine Kombination von Wärme, Feuchtigkeit, Druck und chemischer Einwirkung verdichtet.

- *Maschenwaren:*
Industriell hergestellte, gestrickte Maschenwaren teilen sich weitgehend in zwei Gruppen: Kulierwaren und Kettengewirke.
Das einfache Strickstück wie z. B. der handgestrickte Pullover oder der Strickschlauch aus der Strickliesel bezeichnet man als Kulierware. Peters Sweatshirt sieht aber eigentlich gar nicht so typisch gestrickt aus. Er ist gewirkt. Worin besteht der Unterschied? Etwas Warenkunde im Textilunterricht ist an dieser Stelle recht interessant:

- *Kulierwaren:* Hier bildet ein Faden waagerecht nebeneinanderliegende Maschen. In jede neue Reihe hängt sich die oberste alte Maschenreihe ein. Häufig wird der Fadenverlauf mit dem hin- und hergehenden Schussfaden eines Gewebes verglichen. Industrielle Strickereien bringen ausschließlich Kulierwaren hervor, genauso wie die Handstrickerei. Auch die Strickschläuche für unsere Marienkäfer kann man als Kulierware bezeichnen. Kulierwaren sind sehr dehnbar, was man sich bei Strümpfen, Socken, Pullovern etc. zunutze macht.

Kulierwaren

- *Kettengewirke:* Bei Kettwaren wird die textile Fläche nicht mit einem Faden gebildet, sondern mit mehreren. Von einem „Baum" kommt eine Vielzahl von parallelen Fäden (ähnlich wie beim Weben der Kettfaden), die zu den Nadeln der Wirkereimaschine laufen. Dabei müssen die Fäden Lochnadeln passieren, die den Faden wiederum um bestimmte Maschinennadeln legen. Sie bilden auf diese Weise Schleifen, die nach dem Abwerfen zu Maschen werden. Ein kompliziertes Fadengewirke (oder wenn man so will „Fadengewirr") entsteht. Durch diese Art der Maschenverriegelung können Maschen weniger leicht „fallen", die Kettware lässt sich nicht aufziehen und ist damit „maschenfest". Die Ware ist weniger dehnbar, was man sich z. B. bei Hemdstoffen zunutze macht. Eine bekannte Kettenware ist „Charmeuse".

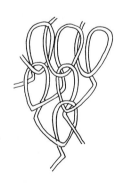

Kettengewirke

- *Gebrauchswert von Maschenwaren:*
Maschenwaren haben gegenüber Geweben und Vliesstoffen einige besondere Vorzüge, die je nach dem Verwendungszweck einer textilen Fläche oder Hülle von entscheidender Bedeutung sind:

  - Sie sind dehnbar. (Die Anpassung an den Körper ist z. B. bei Socken wichtig.)
  - Die durchlässigen Maschenöffnungen lassen eine vorzügliche Hautatmung zu.
  - Sie saugen Feuchtigkeit (z. B. Schweiß) besser auf und geben sie rasch wieder an die Luft weiter.
  - Die zahlreichen Luftkammern tragen zur Wärmerückhaltung bei.
  - Maschenware knittert weniger als Gewebe.
  - Weniger reißfeste Garne werden durch die nachgebenden Maschen hinsichtlich des Fadenzugs nicht so stark beansprucht.
  - Es gibt vielseitige Musterungsmöglichkeiten.
  - Man kann sehr gut weiche, haarige Materialien verarbeiten (z. B. Angorawolle).

2. Kulturhistorische Einblicke

Um etwas über die Strickkunst der Vergangenheit zu erfahren, müssen wir wieder unter die Erde gehen: Ausgrabungen in Syrien brachten ein Strickstück aus dem 3. Jahrhundert v. Chr. hervor. Aber auch viele Figuren auf alten ägyptischen, griechischen und persischen Bildhauerwerken tragen Gestricktes. Hinweise in der Bibel lassen vermuten, dass auch Josef und Jesus gestrickte Kleidung trugen. Im Mittelalter kannte man das Stricken bereits überall in Europa. Händler brachten die Technik auch in alle anderen Länder. In Frankreich entstand sogar ein Netz von Strickgilden. Junge Briten benötigten eine lange Lehrzeit, bevor sie den Titel Meisterstricker tragen durften. Auf der Kanalinsel Jersey entstand ein blühendes Strickgewerbe, das sogar Königin Elisabeth mit edlen, handgestrickten Strümpfen und feinen Jerseystoffen versorgte. Die erste Strickmaschine wurde Ende des 16. Jahrhunderts von William Lee erfunden. Im Europa des 18. Jahrhunderts verdrängten diese Maschinen das Handstrickgewerbe. Trotzdem wurden und werden für den persönlichen Bedarf Kleidungsstücke handgestrickt. Sehr berühmt sind die Pullover der Fischer auf den Shetland-Inseln mit ihren traditionellen Mustern.

3. Das Material

Zum einfachen Stricken benötigt man nur wenig Material. Im Grunde reichen zwei Nadeln und ausreichend Garn.

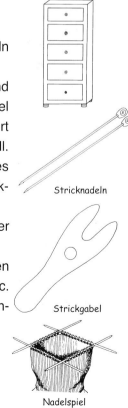

Stricknadeln

Strickgabel

Nadelspiel

- *Stricknadeln:* Sie sind gewöhnlich aus Leichtmetall oder Kunststoff gefertigt. Sie sind vorne spitz und haben hinten eine Verdickung, damit die Maschen nicht von der Nadel rutschen. Es gibt verschiedene Nadelgrößen, die nach dem Durchmesser klassifiziert werden. Die Nadelstärke richtet sich nach der Garnstärke, die verarbeitet werden soll. Eine mittlere Nadelstärke ist die Stärke Nr. 3–4. Neben den „normalen" Nadeln gibt es auch viele besondere Nadeln wie z. B. das „Nadelspiel" für das Rundstricken, die Strickgabel oder den Strickstift für das Schnurstricken etc.
Wer einfach spontan losstricken möchte, kann auch mit zwei Schaschlikspießen oder zwei Bleistiften stricken. Nicht sehr komfortabel, aber möglich.
- *Garn:* Die Vielfalt der angebotenen Garne ist erschlagend. Strickgarne gibt es in den unterschiedlichsten Rohstoffqualitäten, Farben, Stärken, Strukturen, mit Effekten etc. Aber auch Bänder, Kordeln, Gräser, Metallfäden lassen sich verstricken oder mit einstricken. Erlaubt ist, was gefällt und sich eignet hinsichtlich
  - der Gestaltungsabsicht,
  - des Gebrauchs- und Trageanspruches,
  - der gewünschten Pflegeeigenschaften,

- der gewählten Stricktechnik und Musterungsabsicht,
- der handwerklichen Fähigkeiten und Erfahrungen des Strickers.

Spezialgarne wie z. B. sehr haarige und effektvolle Mohairgarne bieten einen angenehmen Tragekomfort, sind aber für Anfänger schwerer zu stricken als glatte Garne. Auch kommt ein feines Muster bei dichten, glatten Garnen besser zur Geltung. Baumwolle oder synthetische Garne lassen sich wiederum besser waschen als die hochempfindliche Angorawolle. Ein Bildobjekt hingegen kann mit den unterschiedlichsten linearen, weichen Materialien sehr interessant wirken.

4. Technik

Handstrickerei ist eine Möglichkeit, Kulierwaren und damit Maschenwaren herzustellen. Wie eine Strickerei aufgebaut ist und wie die einzelnen Elemente bezeichnet werden, zeigt die folgende Aufstellung:

- *Die Masche:* Jede Masche besteht in der Normalform aus einem Kopf, zwei Schenkeln und zwei Füßen (siehe Abbildung).

- *Bindung:* Wie bei Geweben spricht man auch bei Maschenwaren von Bindungen (die aus einer Vielzahl von Elementen bestehen). Betrachtet man eine einzige Masche in einer Strickware, so erkennt man insgesamt vier Bindungsstellen (siehe Abb.): zwei obere (Kopfbindungen) und zwei untere (Fußbindungen).

- *Linke und rechte Warenseite:* Sieht man die Kopf- und Fußbögen, liegt die linke Warenseite vor. Sieht man nur die Maschenschenkel, liegt die rechte Seite vor einem, die wegen ihrer Geradlinigkeit ein etwas strafferes Bild vermittelt.

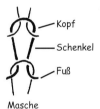
Masche

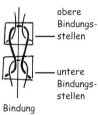
Bindung

rechte Masche

linke Masche

- *Grundbindungen:* Die vier bekanntesten Grundbindungen sind:
  - Rechts / Linksware (= RL)
    Abwechselnd wird eine Reihe rechte Maschen und eine Reihe linke Maschen gestrickt. Es entstehen zwei Warenseiten, eine rechte Seite (vorne) mit den sichtbaren Maschenschenkeln (= „glatte" Fläche) und eine linke Seite (hinten) mit den Bögen der Maschenköpfe und -füße (= „krause" Fläche).

    Rechts / Linksware (= RL)

  - Rechts / Rechtsware (= RR)
    Beide Warenseiten zeigen das rechte Bild, weil stets ein Stäbchen aus rechten mit einem solchen aus linken Maschen wechselt. Es entstehen die sogenannten „Längsrippen", die sich eng zusammenschieben (= „elastische" Fläche). Diese Bindung findet man oft bei Pulloverbündchen.

    Rechts / Rechtsware (= RR)

  - Links / Linksware (= LL)
    Auf *einer* Warenseite wechselt sich eine Reihe mit rechten Maschen mit einer Reihe linker Maschen ab, sodass Querrippen entstehen (= „gerippte" Fläche). Diese Bindung wird seltener genutzt, meist wenn erhabene Muster wie z. B. Zöpfchen in RR-Bindung hervortreten sollen.

    Links / Linksware (= LL)

- Rechts / Rechts / Gekreuzte Ware (= RRG) (Interlock)
  Zwei Rechts / Rechts-Waren werden durch einen gesonderten Faden verbunden. Die rechte Masche der Vorderseite ist mit der rechten Masche der Rückseite verbunden. Diese Maschenware hat eine gleichmäßige Oberfläche. Sie ist sehr elastisch und wird gerne für Unterwäsche verwendet.

Rechts / Rechts / Gekreuzte Ware (= RRG)

- *Stricktechnik mit der selbst gebastelten Strickmaschine*
  Strickmaschinen gibt es in den verschiedensten Ausführungen, als Strickliesel, Strickpilz, Strickmaus, Strickröhre oder in der IKEA-Variante „Slöjda". Im Wesentlichen funktionieren alle nach einem ähnlichen Prinzip. Mit ihnen lassen sich Strickschläuche und Rundgestricke herstellen. Die Anzahl der „Maschennägel" entscheidet über den Durchmesser des Rundgestricks.
  Die genaue Bauanleitung für eine Strickmaschine und die Stricktechnik befinden sich auf dem Schülerarbeitsblatt (siehe Seite 274) und müssen deshalb an dieser Stelle nicht weiter ausgeführt werden.

- *Nadeltechnik*
  Bei dieser wohl gebräuchlichsten Stricktechnik wird eine Schlinge durch eine schon vorgebildete Schlinge gezogen und auf einer Nadel fixiert, sodass sie nicht zurückschlüpfen kann, worauf man das nächste Fadenstück gleichfalls als Schlinge durch eine vorgebildete Masche zieht und fixiert etc. Da das Erlernen der Nadeltechnik nicht unbedingt in der Grundschule erfolgen muss, sei hier nur ganz kurz das Stricken mit Stricknadeln skizziert:
  - Anfangsschlinge: Es gibt viele verschiedene Möglichkeiten, die erste Schlaufe zu bilden. Eine stellt die folgende Abbildung dar.
  - Anschlagsreihe (Aufstricken): Für die Wahl der Anschlagsreihe, die mit der ersten Reihe nicht verwechselt werden darf, gibt es keine Vorschriften. Eine sehr einfache Vorgehensweise ist das Aufschleifen.
  - Haltung des Strickstückes: Für Grundschüler eine Herausforderung, aber unumgänglich.
  - Die zwei Maschen-Grundtypen: Von den gezeigten rechten und linken Maschen werden alle weiteren Maschen (zur Musterung) abgeleitet.

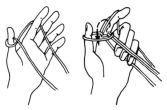 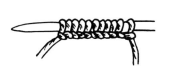 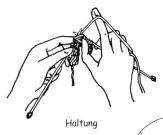

Anfangsschlinge   Aufschleifen   Haltung

Fundgrube:

Bücher

- A. und R. Schurr: „Die Strickliesel neu entdeckt – Lustige Ideen für den Strickschlauch", Augustus Verlag
- A. und R. Schurr: „Neue Ideen für die Strickliesel", Augustus Verlag, 2002
- Ch. Battmer / S. Brauer: „Spiel und Spaß aktiv mit Zusatzmaterial: Meine Strickliesel", Coppenrath Verlag
- U. Hammond: „Mein erstes Strickbuch", Augustus Verlag, 2000

Internet

- *www.handarbeitslinks.de*
- *www.creativ-seiten.de*
- *www.handarbeitsfrau.de*
- *t-w.ch/navUnterricht.html*

Meine Strickmaschine

Du brauchst:
- 1 feste Papprolle (Versandrolle, Geschenkbandrolle, Pappkern vom Faxpapier etc.)
- Nägel, 6–8 cm lang, am besten mit „Linsenköpfen"
- 1 Maßband (oder Lineal)
- Klebestreifen (am besten Paketband oder Multikraftband)
- Schere
- Bleistift

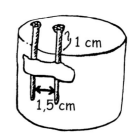

So geht es:
- Du zeichnest Striche in gleichen Abständen (1,6 cm) rund um den Rand der Papprolle.
- Dann klebst du nacheinander die Nägel fest. Sie sollen oben 1 cm überstehen.
- Sind alle Nägel festgeklebt, muss alles noch einmal mit einem Paketband umwickelt werden. Lass dir dabei von einem Erwachsenen helfen.

Und nun wird gestrickt:
- Besorge dir glatte, dicke Wolle und eine Stricknadel (oder Häkelnadel oder einen Schaschlikspieß oder Ähnliches)
- Umwickle die Nägel der Reihe nach mit Wolle (siehe Abbildung).
- Wenn alle Nägel umwickelt sind, führst du den Faden noch einmal außen an der Rolle entlang.
- Mit der Stricknadel stichst du in die erste, zuvor gewickelte Masche und führst sie vorsichtig über den Faden und den Nagelkopf nach hinten (= innen). Vielleicht musst du etwas üben, bis du es heraushast. Hab' Geduld, später klappt es wie „am Schnürchen".
- So strickst du im Kreis herum, bis die letzte gewickelte Masche abgehoben ist. Halte den Faden dabei schön locker, sonst werden die Maschen zu fest und das Stricken wird zu schwer.
- Führe den Faden nun wieder außen um alle Nägel herum und beginne die nächste Strickrunde. Die ersten Runden sind die schwierigsten. Du wirst merken, dass du von Reihe zu Reihe schneller und sicherer strickst. Schließlich magst du gar nicht mehr aufhören. Du wirst es sehen!

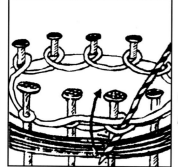

Und das kann man alles mit den Strickschläuchen machen.
Male deine Ideen ruhig dazu!

"Seidige Kunst"

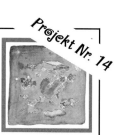

Schwerpunktthema: Seidenmalerei (und andere Färbetechniken)

Passend zu den Sach-Deutsch-Projektthemen: Beliebig, je nach gewählten Motiven – hier: Hexen – Halloween – Dinosaurier – Urzeit – Karneval

Zeit: 8–10 Unterrichtsstunden

Material: Zeichenpapier, Bleistift, schwarzer Filzstift, Seidenmalrahmen (es reichen improvisierte „Notlösungen", siehe Seite 277, und die Sachinformation „Seidenmalerei": Rahmen), Trennmittel / Gutta (evtl. in Tuben oder mit entsprechenden Fläschchen), Seidenmalfarben, Seidentücher (z. B. 30 x 30 cm), spitz zulaufende Pinsel, Spannklammern, Heftzwecken oder Stecknadeln, Küchenpapier, Unterteller, schwarze Seidenmalstifte
Eventuell: Spritzen (aus der Apotheke), Filmdöschen oder leere Teelichtfassungen

Lernziele:

Handwerklich-technisches Verfahren der Seidenmalerei kennenlernen und erproben:
- Arbeitsplatz sachgerecht vorbereiten
- Rahmen bespannen
- Motiv übertragen
- Umgang mit Konturenmittel erproben
- Farbe auftragen
- Farbe fixieren etc.

Verhalten der Seidenfarbe auf Seidenstoff erfahren und bewusst einsetzen:
- (Nass-in-Nass-Effekt, Trockenränder, ausgewaschene Farbflächen …)
- Gestaltungselemente Farbfläche und Farbfleck nutzen
- Farbwirkungen erleben und erproben
- Farben mischen und Farbtöne unterscheiden
- Farbkontraste kennenlernen und bewusst einsetzen (um z. B. das Motiv vom Hintergrund abzuheben)
- Grafische Mittel zur Binnendifferenzierung und Ausgestaltung der Motive nutzen (Zeichnen mit dem Seidenmalstift)
- Grundsätzlich: Optisch-haptische Wahrnehmungsfähigkeit erweitern

Weitere mögliche Lernziele:

- Spannrahmen bauen – Verbindungstechnik des Materials Holz erproben
- Passepartout herstellen
- Einblicke in die kulturhistorischen Bezüge gewinnen
- Kenntnisse zur Seidengewinnung und Fadenherstellung erwerben
- Ästhetische und gebrauchsdienliche Eigenschaften der Seide erfahren
- Ittenschen Farbkreis kennenlernen und für die Farbgestaltung nutzen
- Alternative Färbe- und Stoffverzierungstechniken kennenlernen und erproben (Färben, Batiken, Marmorieren, Drucken, Reservieren, aber auch Sticken, Fadenziehen etc.; siehe Schülerarbeitsblätter)
- Spaß am Seidenmalen und Anregungen für eine alternative, kreative Freizeitgestaltung bekommen
- Erleben, dass man ansprechende, wertvolle Geschenke nach eigenen Ideen anfertigen kann

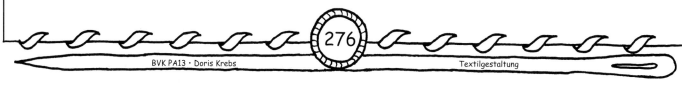

Einstieg:

Seidenmalen ist etwas Herrliches, ein wunderbares Malerlebnis mit leuchtenden Farben auf einem samtig schimmernden Malgrund. Zudem empfinde ich einen besonderen optischen und ästhetischen Genuss dabei, den Farben zuzuschauen, wie sie ganz ohne mein Zutun auf der Seide verlaufen und sich mischen. Es besteht ein ständiges Spannungsverhältnis zwischen beabsichtigtem Gestalten und nicht beeinflussbaren Zufallseffekten. Das alles rechtfertigt den kleinen Mehraufwand, der fürs Seidenmalen notwendig ist. Anders als bei den anderen Gestaltungsprojekten kann hier nicht alles gesammelt oder von den Schülern mitgebracht werden: Trennmittel, Seidenfarbe und Seide müssen in der Regel von der Lehrkraft gekauft und der Bastelkasse abgerungen werden. Sie können aber bei Schulmaterialhandlungen wie Labbé mit ca. 2,– bis 3,– Euro pro Schüler auskommen. Sicher bezahlen die Eltern gerne diesen Kostenbeitrag für ein interessantes Lernerlebnis. Der Rahmen kann entweder improvisiert werden (geht zur Not auch einmal) oder von den Schülern selbst gebaut werden. In diesem Fall haben Sie auch eine sinnvolle Aufgabe für die Disziplin „Werken", die in den Grundschulen oft zu kurz kommt.

Das Motiv können Sie an Ihr Sach-Sprachthema anbinden oder von den Schülern frei gestalten lassen. Einige Motivvorschläge und -ideen finden Sie auf einem der Schülerarbeitsblätter.

Methodische Anleitung / Bildaufbau:

1. Rahmen:

Ein einfacher Rahmen kann z. B. aus vier einfachen Holzleisten in der Länge der Seiten des Seidentuches gebaut werden. Rechtwinklig werden die Holzleisten mittels entsprechender Nägel verbunden. Dazu legen die Kinder jeweils zwei Leisten parallel auf einen Tisch. Dabei überlagern sich die Leisten. Dieser einfache Rahmen hat natürlich den Nachteil, dass man die Seide nur auf zwei Seiten (den beiden oberen Leisten) befestigen kann und dass das Quadrat etwas beweglich ist. Der Rahmen kostet aber nur Centbeträge und ist somit eine Alternative zu den käuflichen Modellen. Vielleicht gibt es aber auch Eltern in der Klasse, die die Leisten an den Ecken so einkerben, dass die Kinder einen professionellen und stabilen Rahmen nageln können, auf dem dann die Seide an allen vier Seiten befestigt werden kann.

2. Seide spannen:

Mit Heftzwecken oder Rundkopfstecknadeln lässt sich die Seide vorsichtig auf dem Rahmen befestigen. Die kleinen Löcher, die dadurch in der Seide entstehen, verschwinden in der Regel beim Waschen. Die Fäden sind relativ locker gewebt und lassen sich dadurch etwas auseinander- oder zusammenschieben. (Profis verwenden übrigens Dreizackstifte.)

Rahmen spannen

3. Motiv:

Tabea und Laurent, die Künstler der abgebildeten Bilder, haben sich bei der Motivsuche in Ausmalbüchern umgeschaut. Hier haben sie schließlich auch ihre Malideen gefunden. Freihandmotive sind aber kindgerechter und schöner. Ideen finden Sie wie erwähnt auf einem der Schülerarbeitsblätter. Die „Ideenkiste" sollte aber nach Möglichkeit der Ausgangspunkt für eigene Ideen sein. Zusammen mit den Kindern Ihrer Klasse würde ich einfache Motivideen sammeln und an der Tafel anskizzieren lassen. Oft löst die eine Idee die nächste aus und die Kinder mögen gar nicht mehr stoppen.

Auf einem weißen Papier im Format der Seide entsteht mit Bleistift der Motiventwurf. Ist der Künster zufrieden, zeichnet er diesen mit einem schwarzen Filzstift nach. Auf diese Weise lässt sich der Entwurf unter die Seide legen und ist trotzdem noch gut sichtbar.

Eine sehr interessante Methode Randmotive zu entwickeln habe ich mit einem zweiten Schuljahr ausprobiert: Mit den Kindern zusammen sammelten wir an der Tafel einfache Motivformen: Sonne, Herz, Apfel / Obstgruppe, Zauberhut, Eisbecher, Blume, Fisch, Haus / Häusergruppe, offenes Buch usw. Die Motive dürfen keine kleinen Detailzeichnungen enthalten. Diese kann man schlecht mit dem Trennmittel abzeichnen und später auch nur schwer ausmalen. „Groß, einfach und ohne Details" lautete also der Entwurfsauftrag. Alle gewünschten Details konnten später noch mit der Guttatube, der Seidenmalfarbe oder den Seidenmalstiften ergänzt werden.

Jeder entschied sich für ein Motiv und zeichnete es mit Bleistift auf ein Blatt Papier. Nun musste ich mit jedem Kind kontrollieren, ob die Zeichnung die passende Größe hatte und ohne winzige Details gezeichnet wurde. Eventuell musste mit dem Radiergummi und dem Bleistift etwas korrigiert werden. Das Motiv wurde mit Filzstift auf ein Stück Transparentpapier abgepaust. Das Transparentpapier wurde auf die Rückseite gedreht und noch einmal so auf das Entwurfsmotiv gelegt, dass es mit einer interessanten Überschneidung abgezeichnet werden konnte. Das Motiv lag nun gespiegelt vor den Kindern. Auf einer Seite des Transparentpapieres wurden alle blassen Linien nun noch einmal mit dem Filzstift nachgezogen. Das fertige Spiegelmotiv legte ich auf den Kopierer und vervielfältigte es dreimal (natürlich könnten die Kinder das Spiegelmotiv auch selbst dreimal kopieren bzw. abpausen). Mit der Kopiervorlage zusammen konnte der kleine Seidenmaler nun vier Spiegelmotive hinter die Seide kleben: Das perfekte „Spiegelspiegel"-Randmotiv war bereit übertragen zu werden.

 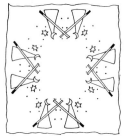  

4. *Entwurf übertragen:*

Gutta, so nennt man die zähe Trennflüssigkeit, verdichtet die Seide an den Auftragsstellen so, dass die Farbe an dieser Stelle nicht weiterfließen kann. Der Entwurf wird mit Gutta vom Papier unter der Seide abgepaust. Das Entwurfspapier sollte die Seide nicht berühren, da sonst die Gutta mit diesem verklebt. Bei jüngeren Kindern nehme ich das aber in Kauf und lasse die Entwürfe mit Tesafilm auf die Seide kleben. Dann kann nichts verrutschen und der Entwurf ist sehr gut zu sehen.

Die Gutta muss nun gut durchtrocknen. Das dauert in der Regel einen Tag. Man kann aber in einzelnen Fällen auch mit dem Fön nachhelfen. Gelegentlich stecke ich meine bemalte Seide auch in einen 50 Grad warmen Backofen. Aufgeklebte Entwurfspapiere müssen entfernt werden, bevor die Gutta völlig durchgetrocknet ist, sonst verkleben sie auf der Rückseite der Seide. (Sollte das passieren, ist es auch nicht so schlimm. Mit dem ersten Waschen lassen sich die Papierreste entfernen.)

Alternativ können Sie den Entwurf auch übertragen, indem Sie das Entwurfspapier unter die Seide legen bzw. kleben und das Motiv mit Bleistift abpausen. Dann wird die Seide auf den Rahmen gespannt und die Bleistiftlinien werden mit Gutta nachgezeichnet.

5. *Malen:*

Mit einer Spritze aus der Apotheke entnehme ich die Seidenfarben und gebe diese auf mitgebrachte Unterteller oder Teelichterfassungen. Größere Mengen Farbe kann man auch einfach ausgießen (z. B. in Filmdöschen). Pro Tischgruppe gibt es jeweils einen „Klecks" von jeder vorhandenen Farbe. Grundsätzlich kommt man mit den Grundfarben Blau, Rot und Gelb aus. Da Sie aber für eine Schulklasse ohnehin mehrere Flaschen Seidenfarbe kaufen müssen, können Sie auch noch die Mischfarben Grün, Violett und Orange erwerben. Besonders die Farbe Violett ist bei Eigenmischungen in der Regel nicht so leuchtend wie die käufliche Farbe. Genügend Mischerfahrungen erhalten die Kinder noch beim Malen.

Mit einem Haarpinsel (kein Borstenpinsel!) wird die Seidenfarbe in die Guttafelder aufgetragen. Schnell erfahren die Kinder, dass man nur wenig Farbe nehmen sollte und diese am besten in die Mitte der Färbefelder aufpinselt. Das Faszinierende ist nun, dass die Seide das Ausmalen bis in die Ecke selbst übernimmt. Und das sogar präziser als unsere Hand. Reicht der Farbfluss nicht aus, kann noch etwas Farbe nachgegeben werden.

Ermutigen Sie die Kinder ruhig, in jedes Farbfeld zu der Ausfüllfarbe noch etwas von der Nachbarfarbe aufzutragen. Das lässt natürlich wieder einen Blick auf den Ittenschen Farbkreis werfen: Die Nachbarfarben der Farbe Blau sind die Farben Violett und Grün, die Nachbarfarben der Farbe Orange sind die Farben Gelb und Rot und so weiter. Beispiel: Ein in der Farbe Rot ausgemalter Zauberhut erhält noch eine Schattierung mittels der Nachbarfarbe Orange (oder Violett). Ich trage diese Farben gerne am Rand auf, damit eine leichte Randschattierung entsteht und das Bild noch plastischer wirkt. Beim Mischen der Farben direkt auf der Seide sollte aber jeder Künstler selbst experimentieren und seine Lieblingslösung finden dürfen.

Sehr sanfte Farbeffekte und Farbmischverläufe erzielt man, wenn man die auszumalende Farbfläche zuerst etwas anfeuchtet. Man kann dazu mit einem nassen Küchenpapier vorsichtig etwas Wasser auftupfen. Durch das Nass-in-Nass-Malen verhindert man Farbtrockenränder und bewirkt zarte Farbübergänge. Beim Ausmalen stellt sich auch heraus, wo die Gutta durchgängig aufgetragen wurde. An den Stellen, an denen die Guttalinie nicht geschlossen ist, wird die Farbe „ausbrechen". Stellen Sie die Kinder vorher darauf ein. Das Ausbrechen der Farbe an einzelnen Stellen ist nicht schlimm und ein Merkmal der Seidenmalerei. Das gehört dazu und macht das Werk lebendig.

Nach dem Trocknen des fertigen Kunstwerkes bitte vorsichtig die Heftzwecken lösen und das Werkstück vom Rahmen nehmen. (Eventuell müssen schlecht eingefärbte Randstücke noch etwas Farbe erhalten.)

6. Fixieren:

„Fixieren" heißt die Farbe mit der Seide so zu verbinden, dass sie nicht mehr auswaschbar ist. Es gibt immer mehr Seidenmaler, die ihre Werke in der Mikrowelle fixieren. Ich schlage aber eine einfachere Methode vor:

Geben Sie den Kindern die Seide und einen kurzen Elternbrief mit nach Hause. Bitten Sie die Mütter / Väter, das Tuch zu bügeln (5 Minuten – Einstellung „Seide"). Danach die Malerei lauwarm auswaschen, bis die Gutta entfernt ist. Nun das Tuch noch einmal glatt bügeln. Dazu sind die Eltern bestimmt bereit. Vielleicht mag auch ein Elternteil / eine Oma in die Schule kommen und diese Arbeit für alle übernehmen. Es findet sich meistens jemand.

7. Fertigstellung:

Das Kunstwerk kann nun noch mit einigen grafischen Elementen den letzten Schliff erhalten. Dazu verwenden die SchülerInnen einen schwarzen Seidenmalstift und fahren die Konturen nach. Augen, Zauberstaub und andere Details werden ergänzt.

Einige wenige Stifte reichen für die ganze Klasse, wenn Sie die grafische Ausgestaltung parallel zum Wochenplan oder einer der Zusatzaufgaben aufgeben. Grundsätzlich muss aber nicht jeder diese Ergänzung durchführen, wenn er mit seinem Werk glücklich ist, so wie es nach der Wäsche aussieht.

Wenn das textile Werk nicht als Gebrauchsgegenstand genutzt, sondern als Bild-Kunstwerk aufgehängt und präsentiert werden soll, schlage ich Folgendes vor: Kleben Sie das Bild mit Klebeband oder Sprühkleber auf weiße Pappe. Legen Sie darüber einen passend zugeschnittenen Passepartout-Rahmen. Fertig ist ein ganz besonderes Bild!

Kostenplan:

Fast alle Preise richten sich nach dem Labbé-Katalog:

Seidenmalfarbe	6 x 50 ml Gläser bügelfixierbare Seidenmalfarbe in verschiedenen Farben kosten zusammen 18,– Euro (z. B. bei VBS) und reichen für ca. 30 Tücher. Abhängig von den Motiven müssen Sie evtl. einen etwas höheren Verbrauch der Farbe Gelb einplanen (d. h. besser 100 ml einkaufen).
Seidentücher	55 x 55 cm Tücher (Pongé 05) kosten je 1,80 Euro. 12-Stück-Packungen kosten in der Regel weniger als 20 Euro.
Konturenmittel/Gutta	1 Tube mit Malspitze kostet 2,60 Euro. 5 Kinder können sich eine Tube teilen.
Passepartout-Karton	1 Fotokarton (50 x 70 cm) kostet 0,45 Euro. Eine 10er-Packung Tonpapier (50 x 70 cm) kostet 1,85 Euro und reicht für 20 Kinder.
Zusatzmaterial zur Ausdifferenzierung nach Wahl	Stickgarn, Perlen, Knöpfe etc. je nach häuslichen Reserven von den Kindern sammeln und mitbringen lassen.

Sie müssen pro Kind mit Materialkosten von ungefähr 3,– Euro rechnen.

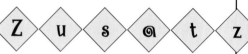

Zusätzliche Aufgaben für schnell arbeitende Schüler:

- Bildaufgabe ausdifferenzieren: Im Rahmen der Kombinationstechniken bieten sich für schnelle Seidenmaler tolle Verfeinerungen des seidigen Werkes mittels anderer textiler Techniken an. Tabea, die die kleine Hexe gemalt hat (siehe Abbildung), könnte ihre kleine Besenreiterin mit aufgestickten „Flicken" und angenähten Pailletten reizvoll ausgestalten. Auch die schwarzen Linien des Hexenbesens könnten nachgestickt werden. Dies würde dem Werk eine zusätzliche plastische Wirkung verschaffen. Den Himmel könnten aufgestickte Sterne oder angenähte Glitzerperlen bereichern. Es gibt viele weitere Möglichkeiten.
- Kleine Kostbarkeiten: Auf etwas Restseide können kleine Miniaturbilder entstehen und als Grußkarten, Schlüsselanhänger oder Broschen verschenkt werden. Halsperlen lassen sich aus Seidenknäueln oder -knoten gestalten.
- Aquarelltechnik auf Papier: Um weitere Nass-in-Nass-Maltechniken und Farbwirkungen zu erproben, kann mit dem Deckfarbenkasten ein Unterwasserbild in Grün-Blau-Violetttönen entstehen. Nach dem Trocknen können Wasserpflanzen, kleine Fische, Schatztruhen und vieles mehr ergänzt werden. Diese Motivelemente (Fische …) werden deckend mit gut angerührten Kontrastfarben (z. B. Rot) aufgetragen.
Besonders reizvoll ist diese Aufgabe, wenn sie mit Aquarellfarbe oder aquarellierenden Wachsmalstiften ausgeführt wird (siehe auch Projekt Nr. 4).
- Experimentelles Seidenmalen macht Spaß. Anregungen dazu finden Sie auf den Schülerarbeitsblättern.

Anschlussthemen:
Stoffverzierungstechniken mit flüssigem Material:
Mit folgenden Anschlussaufgaben können die Kinder die gewonnenen Erkenntnisse verfeinern und die Seiden- und Stoffmalerfahrungen erweitern:

Seidenmalerei:

- Seidengestaltung ohne Spannrahmen (siehe Schülerarbeitsblatt)
- Experimente mit Effektsalz (siehe Sachinformation „Seidenmalerei")
- Bewusstes Einsetzen von Trockenrändern (z. B. für eine Landschaftsmalerei)
- Seide bedrucken, marmorieren, batiken etc. (siehe Sachinformation „Seidenmalerei": Techniken)

Stoffmalerei:

- Textile Gebrauchsgegenstände mit Stoffmalfarbe / Stoffmalkreiden / Stoffmalstiften bemalen: T-Shirts, Seiden- oder Stoffbänder für die Haare oder als Gürtel, Stift- oder Geldetuis, Regenschirme (verschiedene Rohlinge aus Seide oder Stoff erhält man in Bastelgeschäften), Geschirrtücher, Kissen, Bettwäsche, Turnschuhe, Leinentaschen, Brustbeutel, Brillenetuis, Krawatten, Schleifenbänder, Tischbänder, Lampenschirme (auf Buchhaut oder Lampenfolie geklebte oder laminierte Seide), Fassungen für Lichterketten, Paravents, Theaterkulissen etc.

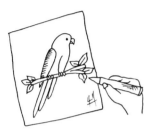   

- Verschiedene Malgründe erproben und vergleichen: Seide, Baumwolle, Leinen, Wolle, Chemiefasern, Gewebe, Vliese und Filze, Maschenwaren usw. Nicht alle Stoffe eignen sich. Eine schöne Forscheraufgabe!

Neben der Malerei gehören auch noch folgende Techniken zu den „Stoffverzierungstechniken mit flüssigem Material":

- *Färben: (siehe Schülerarbeitsblatt)*
  Färben kann man mit Stoffmalfarbe, Batikfarbe, Künstlerfarbe, aber auch mit Naturmaterial. Auch Krepppapier, das in Verbindung mit Wasser ein großes Färbevermögen hat, eignet sich fürs Stofffärben.

Färben mit Naturstoffen

- *Batik und Reservieren: (siehe Projekt Nr. 8)*
  Kleinere Papierbatiken lassen sich schnell mit einem saugfähigen Papier und etwas aufgelöster Deckmalfarbe durchführen.

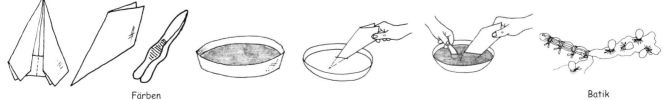

Färben · Batik

- *Stoffdruck: (siehe Projekt Nr. 8)*

Stoffdruck

- *Marmorieren: (siehe Schülerarbeitsblatt)*
  Anders als auf dem Schülerarbeitsblatt beschrieben kann man zum Marmorieren auch Wasser und Plakafarben benutzen. Damit erspart man sich das Anrühren von Kleister. Auch mit Speiseöl und Terpentin gemischte Farbpigmente schwimmen auf einem Speiseölbad. Die auf dem Arbeitsblatt beschriebene Marmoriermethode ist aber die bewährteste.

   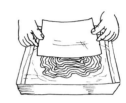 

Marmorieren

- *Stoffverzierungstechniken mit festem Material:* Hierzu zählen Techniken wie Applizieren, Aufnähen von Perlen und Ähnlichem, Sticken, Smoken, Durchbrucharbeiten etc. (siehe dazu u. a. Projekte Nr. 4, 7, 11).

- *Voraussetzungen für Seidenmalerei und Weiterverarbeitung der verzierten Flächen:*
    - Farbenlehre (siehe Kapitel „Farbenlehre")
    - Textile Rohstoffe (siehe Projekt Nr. 15)
    - Textile Faden- und Flächenherstellung (siehe Projekte Nr. 2 und 9)
    - Verarbeitung textiler Flächen zu Hüllen, Objekten, Gebrauchsgegenständen etc. (siehe Projekt Nr. 11)
    - Kleidung, Mode, Konsum, Freizeit (siehe Kapitel „Kleidung und Mode", Seite 40)

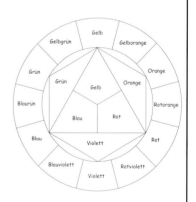

Sachinformation „Seidenmalerei"

1. Fachliche Einordnung

Seidenmalerei ist eine Form der Stoffmalerei und dient der Stoffverzierung. Neben der Stoffmalerei gibt es noch viele andere Techniken zur Ausgestaltung und optischen Veränderung textiler Flächen. Dazu zählen neben der Seidenmalerei Stoffdruckverfahren, Reservierungstechniken wie Batik, Tauchverfahren, Stickerei, Applikation, Aufnähen von zusätzlichen Elementen wie Perlen etc. Die genaue Zuordnung und Einteilung der stoffverzierenden Verfahren entnehmen Sie dem Kapitel „Systematik der textilen Techniken" (Seite 23).

Die Seidenmalerei hebt sich durch ihren Malgrund von der Stoffmalerei ab: Gemalt wird auf edel glänzender Seide.
Nach der Fadengewinnung (= der Gewinnung des Seidenfadens aus dem Kokon der Seidenraupe) und der Flächenbildung (= dem Weben des Seidenstoffes aus dem gesponnenen Faden) kann der Stoff veredelt und ausgerüstet werden. Seidenmalerei stellt dabei nur eine von vielen Möglichkeiten zur Veränderung der Oberfläche des Seidenstoffes dar. Im Fertigungsprozess textiler Produkte folgt nach dem Seidenmalen schließlich

noch die Endverarbeitung zur textilen Hülle, zum textilen Objekt, zum Gebrauchsgegenstand oder zum Kunstobjekt oder -bild.

Seidenmalerei überschneidet sich in vielen Aspekten mit den künstlerischen Arbeitsbereichen der Malerei (besonders der Aquarellmalerei). Bildnerische Probleme wie das Mischen und Gegeneinandersetzen von Farbflecken und -flächen stehen im Mittelpunkt. Farberleben lässt sich wunderbar mit der Betrachtung farbtheoretischer Aspekte (z. B. der Kontrastwirkungen) verbinden. Die Trennmitteltechnik berührt den grafischen Arbeitsbereich der Formfindung.

Die bildnerischen Mittel im Einzelnen:

Bei der Seidenmalerei sammeln die Kinder reichlich Erfahrungen mit den unterschiedlichsten Bildmitteln:

- *Bildelemente* (des Flächenhaften): Guttazeichnungen nutzen die Formelemente der Grafik:
  - Punkt in unterschiedlichen Qualitäten (groß, klein, farbig, mit Ecken, als Tupfen, als Sprenkel, als Farbstaub etc.)
  - Linie in unterschiedlichen Qualitäten (dick, dünn, lang, kurz, senkrecht, waagerecht, parallel, strahlig, durchquert, gekreuzt, gebogen, zackig, gekrümmt, kurvig, rund, gewellt, strukturiert, negativ, gefüllt, mit Zwischenraum, ungleichmäßig dick …)
  - Fläche nach den Grundformelementen (Kreis, Oval, Dreieck, Viereck) und in unterschiedlichen Qualitäten (vgl. oben)
  - Fleck im Sinne einer nicht gleichmäßigen Fläche und in unterschiedlichen Qualitäten (vgl. oben)
- *Kontraste:* Beim Seidenmalen kann man wie beim Zeichnen und Malen folgende Kontraste einsetzen:
  - Farbkontraste (Farbe-an-sich-Kontrast, Hell-Dunkel-Kontrast, Komplementärkontrast, Qualitätskontrast, Quantitätskontrast, Kalt-Warm-Kontrast), Formkontraste, Größenkontraste, Mengenkontraste, Richtungskontraste (– Kontrastüberlagerungen)
- *Ordnungsprinzipien:* Von den vielen Ordnungsprinzipien sind beim Seidenmalen folgende besonders interessant: Umriss / Kontur, Silhouette, Reihung, Muster, Streuung, Ballung, Rhythmus, Verdichtung / Verschmelzung, Auflockerung, Überdeckung / Überschneidung / Überlagerung, Symmetrie / Asymmetrie, Parallelität, Horizontale, Vertikale, Diagonale, Verzweigung, Verkleinerung, Staffelung, Schichtung, Struktur, Faktur, Textur, Transparenz, Perspektive …

2. Kulturhistorische Einblicke

Da in Gräbern aus dem zweiten Jahrtausend v. Chr. Seidenstoffe aus Zentralchina entdeckt wurden, darf man vielleicht einer Legende glauben: Die Gattin des Kaisers Huang Di (um 2550 v. Chr.) soll als Erfinderin der Seidengewinnung gelten. Ursprünglich wurde die chinesische Seide bemalt und bedruckt (u. a. mit Drachenmotiven und geometrischen Ornamenten). Ihre Blütezeit hatte die Seidenmalerei im Reich der Mitte während der Song-Dynastie (1127–1197 n. Chr.). Als Farben dienten Blütenstaub, Asche, Ruß und oxidhaltige Erden. 200 v. Chr. wurden Seidenmalerei und -druck durch die Stickerei abgelöst. Die gesamte Seidenherstellung war Sache der Frau. Seide diente lange als Zahlungsmittel.

Viele Bekleidungs- und Heimtextilien sind heute aus Seide (Blusen, Krawatten, Bettwäsche, Teppiche). Das liegt zum Teil an den Trage- und Qualitätseigenschaften des Materials, teils aber auch an dem ästhetischen Genuss, den dieses weiche, glänzende, weich fließende Material vermittelt. Schon immer war es den Menschen ein Bedürfnis, die sie umgebenden Dinge zu verzieren und individuell zu gestalten. So hat auch die Seidenmalerei ihren aktuellen Wert in unserer Gesellschaft. Im Freizeitsektor erfreut sie sich ungebrochener Beliebtheit. Schließlich beansprucht die Seidenmalerei auch einen Platz in der bildenden Kunst.

Ausführliche Informationen zur Seide und Seidenherstellung finden Sie im Projekt Nr. 15 „Textile Rohstoffe".

3. Das Material

- *Farbe:*

  Seidenmalfarben sind konzentrierte transparente Spezialfarben. Sie sind dünnflüssig, mischbar und verdünnbar. Je nach Fabrikat werden sie mit Dampf, durch Bügeln, im Backofen, in der Mikrowelle, im Wäschetrockner oder mittels einer Fixierflüssigkeit wasch- und reinigungsbeständig gemacht. Mit den Farben Blau, Rot, Gelb und Schwarz lassen sich weitgehend alle Farbtöne mischen. Anfänger können sich erst einmal weitere Anschaffungen sparen. Gute, spitz zulaufende Haarpinsel erleichtern den Farbauftrag.

  Tipp: In der Schule verwende ich zwar die günstigen bügelfixierbaren Farben von Labbé, privat leiste ich mir edle dampffixierbare Seidenfarben (z. B. Silkolor-Farben) und fixiere sie in der Mikrowelle: Nach dem Malen Seide kurz in Essigwasser und anschließend auf einen Teller legen, Mikrowelle zweimal zwei Minuten auf 600 Watt laufen lassen, Seide zwischendurch drehen und darauf achten, dass sie, wenn nötig, zwischendurch abkühlt. Gutta am nächsten Tag in lauwarmem Shampoo-Wasser auswaschen – bügeln – fertig!

  Trockene Seidentücher kann man auch zehn Minuten lang im Wäschetrockner fixieren. Dort würde ein ganzer Klassensatz hineinpassen!

- *Malgrund / Seide:*

  Als Farbträger dient Seide. Diesen Stoff gibt es in verschiedenen Stärken, Farben und Qualitäten (Glanz, Struktur, Noppenausprägung).

  Pongé-Seide ist glatt und hat einen leichten Glanz. Gutta kann sie gut durchdringen. Daher eignet sie sich sehr gut für Konturenmalereien. Twill fällt besonders weich und ist gut für Bilder, Kissen und Kleidung geeignet. Satin ist eine glatte glänzende Seidenart. Crêpe de Chine ist eher matt und weist eine leicht körnige Struktur auf.

  Für erste Anfänge reicht eine Pongé-Seide Stärke Nr. 05 oder 08. Die Zahl kennzeichnet das jeweilige Stoffgewicht (hohes Stoffgewicht bedeutet dicke Seide). Seidenmalfarbe fließt auf dünner Seide besser und weiter als auf dicker Seide. Dickere Seide ist dafür strapazierfähiger. Stoffe sollten immer vor dem Bemalen oder Bedrucken gewaschen werden.

- *Rahmen:*

  Seide kann nur bemalt werden, wenn sie die sich darunter befindliche Fläche nicht berührt. Sie muss also auf einen Rahmen gespannt werden. Seidenmalrahmen sollte man vor dem Bespannen mit Kreppband abkleben, damit sie beim Malen nicht verschmutzt werden.

  Möchte man keinen Holzrahmen kaufen oder bauen, tut es auch ein Holz- oder Pappkarton, eine Styroporverpackung oder zur Not sogar ein Suppenteller (auf dem man die Seide mit Klebestreifen über der Öffnung befestigt).

- *Sonstiges Zubehör:*

  Profimaler leisten sich Farbfläschchen, Pipetten für das Abfüllen der Farbe, Mischpaletten, Dreizackstifte zur Befestigung des Stoffes, Farbverdünnungs- und Verdickungsmittel, Effektsalz etc.

4. Techniken

- *Trennmitteltechnik / Konturentechnik:*

  Um abgegrenzte Motive, Muster und Ornamente auf Seide zu zeichnen, benötigt man ein Trennmittel (auch Konturenmittel oder Gutta genannt). Trennmittel erinnern von der Substanz sehr an Flüssigkleber. Gutta kann man auswaschbar oder bleibend und farbig erwerben. Nach dem Trocknen hält diese gummiartige Substanz den Farbfluss in den geplanten Grenzen.

Konturentechnik

- *Aquarelltechnik:*
Möchte man ohne Konturen arbeiten und einen Aquarelleffekt erzielen (z. B. bei Landschaften, Unterwasserbildern, Fantasiekompositionen), dürfen sich die Farben begegnen und ineinanderlaufen. Es wird „Nass in Nass" gemalt: Die nassen Farben mischen sich mit sanften Farbübergängen direkt auf der nassen Seide. Man kann aber auch auf trockener Seide malen und erhält dann die typischen gezackten Trockenränder. Schließlich lassen sich farbige, trockene Flächen mit Wasser auswaschen und aufhellen. Mit dem Fön beschleunigt man den Trocknungsprozess und bremst den Farbfluss.

- *Salztechnik:*
Effektsalz oder einfaches Kochsalz wird auf die bemalte, feuchte Seide gestreut. Ein Teil der Farbe wird auf Grund ihrer Feuchtigkeit von den Salzkörnern angezogen. Das bewirkt reizvolle Mustereffekte. Alternativ kann man Salz mit Wasser aufkochen und die Lösung zur Grundierung der Seide nutzen. Darauf flächig aufgetragene Farbe erhält interessante Strukturen.

- *Malen mit Spiritus oder Alkohol:*
Mit Alkohol oder Spiritus kann man Farben verdünnen. Sehr interessant sieht das „Ausschwemmen" (Aufhellen) von Farbfeldern aus. Dazu wird etwas Verdünner auf Farbfelder gespritzt oder gepinselt.

- *Malen mit Schablonen und Verdicker:*
Mit wasserlöslichem Verdicker gemischte Seidenfarbe lässt sich „berechenbarer" malen, da sie nicht so stark auf der Seide verläuft. Auch Schablonentechniken lassen sich mithilfe von Verdickern verwirklichen. Alternativ kann Seide auch z. B. mit Antifusant grundiert werden. Das Fließverhalten der Farben ist dann ähnlich wie auf Aquarellpapier.

- *Föntechnik:*
Mit einem Fön kann der Farbfluss gestoppt werden. Besonders dünne Seide lässt sich gut trockenfönen. Wenn man auf trockener Seide malt, kann man dadurch interessante Trockenränder erzeugen (z. B. für Landschaftsbegrenzungen zum Horizont).

- *Spritztechnik oder Spritzdruck:*
Seidenfarbe wird in Plastiksprühflaschen gefüllt und aufgespritzt. Kinder sollten das im Freien machen (Rahmen gegen einen Baum lehnen). Beim Spritzdruck werden Stoffteile mit Schablonen reserviert. Am besten spritzt man hier mit verdickter Seidenfarbe mit einer Zahnbürste und einem Spritzsieb (siehe Projekt Nr. 8 „Spritzdruck").

- *Knot-, Falt-, Knäueltechnik:*
Feuchte Seide wird geknotet, gefalten oder geknäuelt. Die Seidenfarbe wird mit einem dicken Pinsel aufgetragen. Es entstehen marmorartige Effekte (siehe Schülerarbeitsblatt).

- *Batiktechnik:*
Teile des Seidenstoffes werden durch Abbinden reserviert und nehmen dadurch kaum etwas von der aufgetupften Seidenfarbe auf. Es entstehen interessante Batik- und Zufallseffekte.

- *Kreidetechnik:*
Gefärbte oder gestaltete Seide kann mittels Textilkreide noch grafische Elemente erhalten. Textilkreide erlaubt im Gegensatz zur fließenden Seidenfarbe genaues Zeichnen und Liniensetzen. Dieser Kontrast macht den Reiz der Technik aus.

- *Marmoriertechnik oder Kleistertechnik:*
  Tapetenkleister wird in eine große flache Schale gefüllt und mit Seidenfarbe beträufelt. Die Farbe wird mit einem Stab zu einem Muster verzogen. Die Seide wird stramm gehalten und kurz auf die Farbe gelegt (siehe Schülerarbeitsblatt).
  Alternativ kann man auch einzelne Seidenfarben mit Kleister mischen. Farbkleister-Häufchen werden auf einer Plastikfolie zu Mustern verzogen. Die Seide wird stramm gehalten und kurz auf die Farbe gelegt.

- *Schichttechnik:*
  Über einen fertigen farbigen Bildteil wird Gutta gemalt. Dieser Bildteil ist bei den weiteren Malvorgängen vor Veränderung geschützt (ähnlich der Reserveverfahren). Die neue (z. B. dunklere) Farbschicht färbt nur noch die frei gebliebenen Bildteile. Die herausgewaschene Gutta gibt die mit Gutta übermalte Farbe wieder frei. Diese Technik entspricht der Wachsbatiktechnik.

- *Plissiertechnik:*
  Bei dieser Technik bilden sich viele kleine Fältchen im Seidengewebe. Dadurch wird der Seidenschimmer verstärkt. Der Seidenstoff wird gefaltet, zu einer Wurst gebunden und gefärbt.

- *Copy-Art-Technik:*
  Kopierte Vorlagen kann man auf Seide übertragen. Die Kopie wird mit dem Bild nach unten auf die Seide gelegt und auf der Kopierückseite mit Nagellackentferner eingestrichen und gebügelt. Das abgedruckte Motiv kann nun weiterverarbeitet bzw. bemalt werden.

- *Kombinationstechniken:*
  Zu allen Zeiten und in allen Ländern wurden textile Techniken immer wieder gemischt. So bietet sich in Zusammenhang mit Seidenmalerei die Kombination mit anderen Stoffverzierungstechniken wie Stickerei, Perlenstickerei, Drucktechniken, Applikationen etc. an (siehe dazu z. B. die Zusatzaufgaben).

Fundgrube:

Bücher zur Seidenmalerei

- Karin Huber, u. a.: „Falken-Lexikon der Seidenmalerei", Falken Verlag, 1999
- Galerie Smend: „25 Jahre Galerie Smend – Textil-Kunst 1973–1998" (traumhafte Textilkunst in tollen Bildern)
- Silke Bosbach: „Seidenmalerei. Grundtechniken Schritt für Schritt", Christophorus Verlag, 2002
- Silke Bosbach: „Seidenmalerei leicht gemacht", Christophorus Verlag, 2002
- Mariele Baumeister / Andrea Schulte: „Grundkurs Seidenmalerei. Materialien, Techniken, Motive", Urania Verlag, 2001
- Karin Huber: „Seidenmalerei-Plissier-Technik", Christophorus Verlag, Freiburg
- Marianne Heller-Seitz: „Musterbuch für Seidenmalerei, Batik und Stoffdruck", Ravensburger Buchverlag, 1988
- Dorit Berger: „Batiken auf Seide", Bern 1985
- Susanne Patze: „Lust auf Farbe. Abdruck und Drucktechnik mit Seiden- und Stoffmalfarbe", frechverlag, 1995
- Heide Gehring: „Stoffmalerei und Stoffdruck leicht gemacht", Falken Verlag, 1983
- Ingrid Klettenheimer: „Schule der Stoffmalerei und des Stoffdruckes", 1976

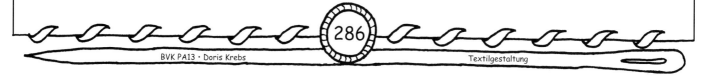

- Hilda Sandtner: „Stoffmalerei und Stoffdruck. Geschichte, Technik, Gestaltung", DuMont Reise Verlag, 1983
- Danner: „Kunst auf Seide. Form, Farbe, Fantasie", Christophorus Verlag, 1990
- Heim: „Manege frei für Stoffmalerei", frechverlag, 1991

Bücher zum Färben
- Christa Rolf: „Grundkurs Stoffe färben", Augustus Verlag, 2001
- Uschi Wiech: „Samt und Seide färben. Einfache Techniken. Tolle Ideen", Augustus Verlag, 1998
- Dorit Berger u. a.: „Färben mit Naturfarben. Färbepflanzen, Rezepte, Anwendungsmöglichkeiten", Ulmer, 1998
- Dorothea Fischer: „Wolle und Seide mit Naturstoffen färben. Leuchtende Farben ohne giftige Zusätze", At-Verlag, 1999
- Erna Bächi-Nussbaumer: „So färbt man mit Pflanzen", Bern 1996
- Elfriede Möller: „Shibori. Seide färben in japanischer Tradition", Augustus Verlag, 1998
- Helga Elsner: „Batiken, der Freizeitspaß", ALS Verlag, 1994
- Ernst Mühling: „Das Batik-Buch. Ein Lehrgang in Batik", frechverlag, 1982

Bücher zum Marmorieren
- Nedim Sönmez: „Grundkurs Marmorieren. Technik – Muster – Motive", Christophorus Verlag, 1993
- Dieti G. Fausel: „Blitzschnell marmorieren und kolorieren", frechverlag, 1998
- Ursula Schmidt-Troschke: „Stoff-Marmorierkunst. Anleitungen und Beispiele auf Seide und Baumwolle", verlag, 1995
- Gudrun Gaißer: „Marmorieren auf Seide, Leinen und andere Gewebe", frechverlag, 1990
- Barabara Pohle u. a.: „Färben. Marmorieren. Batik. Stoffdruck", Droemer Knaur Verlag, 1980
- Gudrun Späth: „Marmorieren auf Seide. Ideen, Techniken, Beispiele", Callwey, 1994
- Hannelore Otto: „Marmorieren auf Stoff und Papier", Englisch Verlag, 1998

Internet
- *www.habrunner.com/seidenmalerei/index.htm* (Tipps und Tricks für Seidenmaler, schön gestaltete Seite)
- *www.kreativ-bastelparadies.de*
- *www.jurisch-kreativ.de* (u. a. Marmorieren auf Seide)
- *www.smend.de* (die Galerie für Seidenkunstwerke und Produkte sowie textile Kunst in Köln)
- *www.textilkunst.de* (faszinierende textile Kunstwerke u. a. aus Seide von Veronika Moos)
- *www.silkolor.de* (TCS B. Korbach, Hersteller von Seidenmalfarben)
- *www.chapora.de* (Hersteller eines interessanten Textilfarbsprays IMAGO)

Sonstiges
- Paramentenweberei, Luisenstraße 15, 47799 Krefeld:
- Museum zur Geschichte der Seidenweberei in Krefeld. Auf sieben Handwebstühlen werden alte Webtechniken erklärt und vorgeführt.
- Museum Jacquard-Stübli (Seidenweberei), Kirschgartenstrasse 4, CH-4133 Pratteln

Seidenmalerei ohne Rahmen

Um Seidenstoffe farbig zu gestalten, benötigt man nicht unbedingt einen Spannrahmen.
Probiere doch einmal folgende Techniken aus:

Knuddeltechnik:
- Decke deinen Arbeitsplatz mit einer Plastiktüte ab.
- Wasche ein Seidentuch mit ganz wenig Shampoo, spüle es gut aus und drücke das Wasser aus.
- Breite das Tuch auf dem Tisch aus und knautsche es mit den Händen zusammen.
- Tupfe mit einem dicken Pinsel reichlich Seidenmalfarbe auf das Tuch. Wähle verschiedene Farben.
- Lasse dein Tuch so auf dem Tisch trocknen.
- Falte es auseinander und bügle es gründlich. Fertig!

Tipp für zu Hause:
Deine Mutter kann die feuchte Seide zum Fixieren auch zweimal zwei Minuten in die Mikrowelle legen. Danach ist die Farbe waschfest.

Falttechnik:
- Bereite Arbeitsplatz und Seidentuch wie oben beschrieben vor.
- Breite das feuchte Tuch auf der Plastiktüte aus und falte es zweimal.
- Betropfe es mit verschiedenen Farben.
- Lege eine zweite Tüte oder Folie über dein Tuch und rolle mit einer Flasche oder einem Nudelholz über das Tuch. So durchdringt die Farbe dein Tuch.
- Trockne und bügle es wie oben beschrieben.

Du kannst dich auch auf das abgedeckte Tuch setzen oder stellen.

Türmchentechnik:
- Bereite Arbeitsplatz und Seidentuch wie oben beschrieben vor.
- Breite das feuchte Tuch auf der Plastiktüte aus.
- Ziehe die Seide in der Mitte des Tuches hoch und drehe dabei die Mitte in eine Richtung, bis eine Spitze (ein Türmchen) stehen bleibt.
- Tupfe auf die Spitze Farbe und / oder male Ringe um das Türmchen. Wenn du magst, drehe noch weitere Türmchen.
- Trockne und bügle das Tuch wie oben beschrieben.

Du kannst auch einen großen Joghurtbecher unter die Seide schieben und mit der Seide drehen. So entsteht ein interessantes Wirbelmuster.

Batiktechnik
- Bereite Arbeitsplatz und Seidentuch wie oben beschrieben vor.
- Breite das feuchte Tuch auf der Plastiktüte aus.
- Falte, wickle, drehe, knülle das Seidentuch.
- Binde einzelne Stellen oder das ganze Tuch mit einem dünnen Faden zu.
- Trockne und bügle es wie oben beschrieben.

Salztechnik

Super Effekt!

- Bereite Arbeitsplatz und Seidentuch wie oben beschrieben vor.
- Breite das feuchte Tuch aus oder lege es locker geknäuelt auf die Tüte.
- Färbe die Seide nach Belieben mit viel Seidenfarbe.
- Streue Salz auf einige Stellen und lasse das Tuch auf der Tüte trocknen.
- Falte es auseinander, entferne das Salz und bügle es gründlich. Lass dich überraschen!

Seidenmalen mit der Konturentechnik

Wenn man auf ein Seidentuch Bilder malen möchte, benötigt man einen Spannrahmen und Trennmittel. Der Rahmen sorgt dafür, dass die Seide den Tisch nicht berührt. Das Trennmittel (Gutta oder Konturenmittel) stoppt den Farbfluss und grenzt Farbfelder ein. Zuerst musst du aber ein Motiv auf Papier entwerfen. Betrachte die Vorschläge, entwirf dann selbst ein Bild und male deine Idee auf die Rückseite.

Auf Seide malen

1. So entsteht der Seidenstoff

  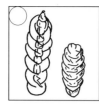  

Was gehört zusammen? Schreibe in jedes Bildkästchen den richtigen Buchstaben:

a. Das Schmetterlingsweibchen des Maulbeerspinners legt 300 bis 400 Eier.
b. Nach 14 Tagen schlüpfen die Raupen aus. Sie fressen viele Maulbeerbaum-Blätter.
c. Einen Monat später fängt die Raupe an sich einzuspinnen. Eine Hülle (Kokon) entsteht.
d. Die Raupen werden durch heiße Dämpfe abgetötet, damit sie nicht ausschlüpfen und den Kokon zerstören.
e. Die kostbare Haspelseide wird abgewickelt (abgehaspelt). Damit sich die verklebten Seidenfäden besser voneinander lösen, legt man die Kokons in heißes Wasser. Die Fäden von fünf Kokons werden zu einem Faden auf ein Haspelrad gewickelt. Die Seide wird weiterverarbeitet und zu feinen Seidenstoffen verwebt.

2. Auf der Seide fließen die Farben zusammen und ergeben neue Farbtöne. Welche Mischfarben entstehen in der Mitte? Male die Farbfelder und die Mischfarbfelder aus!

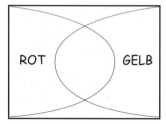 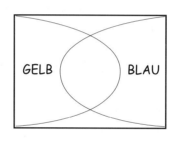 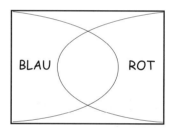

Achtung Farbforscher! Wie entsteht die Farbe Braun? Notiere auf der Rückseite!

3. Experimentiere auf Stoffresten (oder auf einem gemeinsamen Klassenseidentuch)!

☺ **Forscherauftrag:** Kannst du diese Begriffe erklären? Forsche in Büchern, im Internet oder befrage „Experten":

Gutta – Effektsalz – Rahmen – Fixieren – Pongé – Crêpe de Chine – Aquarelltechnik – Dreizackstifte

Färben mit Naturmaterialien

Fasern, Fäden, Stoffe und Textilien aus Naturfasern lassen sich toll mit Naturmaterialien färben. Ein spannendes Erlebnis. Aus gefärbter Rohwolle kannst du tolle Filzbälle filzen, aus gefärbten Fäden kannst du ein Freundschaftsband flechten oder knüpfen oder du färbst ein weißes T-Shirt in leuchtenden Naturfarben.

1. **Waschen und Beizen:**
   Alles, was gefärbt werden soll (das Färbegut), muss zunächst gewaschen und gebeizt werden:
   - Zum Waschen kannst du Neutralseife verwenden.
   - Zum Beizen benötigst du 100 g Alaun (aus der Apotheke) für je 500 g Färbegut.
   Löse den Alaun in einer kleinen Schüssel mit Wasser auf und gib ihn in einen Kessel mit 15 Liter lauwarmem Wasser.
   Lege das Färbegut $1\frac{1}{2}$ Stunden bei ca. 80 Grad locker in die Beize und lasse es danach im Beizbad auskühlen.

2. **Färben:**
   Nun wird gefärbt! Je nachdem welche Farbe du wählst, benötigst du ganz bestimmte Naturmaterialien (jeweils für 500 g Färbegut angegeben):

   - Rot: Zerstoße 300 g Krappwurzel (aus der Apotheke) mit dem Mörser zu Pulver und lasse das Pulver über Nacht in etwas Wasser aufquellen. Der Farbbrei kommt zusammen mit dem Färbegut in einen Kessel mit lauwarmem Wasser: $1\frac{1}{2}$ Stunden bei ca. 80 Grad färben.

   - Orange: 500 g Zwiebelschalen mit 100 g Alaun unter das Färbegut mischen und eine Stunde bei 90–100 Grad köcheln lassen.

   - Gelb: 500 g Kamillenblüten werden in ein oder mehrere Stoffsäckchen gefüllt und 30 Minuten mit dem Färbegut geköchelt.

   - Grüngelb: Für 100 g Färbegut kochst du 600 g Brennnesseln aus und lässt den Sud 24 Stunden stehen. Nun kommt das vorgebeizte Färbegut in den Sud und kocht ca. eine Stunde.

3. **Ausspülen und Fixieren:**
   Damit das Färbegut seine Farbe beim Waschen nicht verliert, muss es fixiert werden:
   - Lasse das Färbegut im Sud (Farbbad) auskühlen, drücke das Färbegut aus und lasse es trocknen.
   - Spüle das Färbegut mit Wasser aus.
   - In den letzten Spülgang kommt ein Schuss Essig zum Fixieren der Farbe.
   - Lasse dein Werk trocknen.
   - Gefärbte Stoffe kannst du nach Bedarf bügeln.

Marmorieren

Du brauchst:
etwas Textiles zum Gestalten, Tapetenkleister, Seidenmal-, Stoffmal- oder Marmorierfarben, eine Schale in der Größe deiner Textilie, Strohhalme oder Pipetten, eine Gabel oder Schaschlikstäbchen

So geht es:

1. Zum Marmorieren eignen sich alle gewaschenen Stoffe und Textilien aus Naturfasern: Seide, Baumwolle, Leinen, Nessel und so weiter. Du kannst mit der Technik ein Seidentuch, ein T-Shirt, eine Leinentasche, Stoff für einen Bucheinband und vieles mehr gestalten.

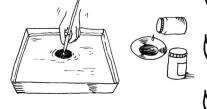

2. Zum Färben benötigt man eine zähe Flüssigkeit, die die Marmorierfarbe trägt: einen Marmoriergrund. Den stellst du aus Tapetenkleister her: Rühre einen Esslöffel Kleisterpulver in einen Liter Wasser und lasse den Brei eine Stunde ruhen. Dann füllst du ihn fingerdick in die Schale.

3. Mit der Pipette oder dem Strohhalm tropfst du die Farbe auf den Malgrund.

4. Mit einer Gabel oder einem Schaschlikstäbchen verziehst du die Farben zu einem Muster:

  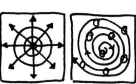

5. Wenn du noch nie marmoriert hast, kannst du erst einmal mit Papier einige Probstücke marmorieren, um ein Gefühl für die Technik zu bekommen. Marmorierten Stoff kannst du später nicht mehr korrigieren.
Feuchte nun den Stoff an. Halte ihn zusammen mit einem Partner stramm über den Malgrund. Legt ihn gemeinsam für einige Sekunden auf die Farbe.
Streiche vorsichtig mit der Hand über den Stoff.
Nimm den Stoff nun vorsichtig hoch und aus der Schale heraus.

6. Entferne den überschüssigen Kleister unter fließendem Wasser. (Profis ziehen den Stoff zuvor noch durch Essigwasser.)

7. Schließich muss deine Arbeit noch trocknen und gebügelt werden. Stoff- und Seidenmalfarben werden dadurch gleichzeitig waschecht fixiert.

Seidenmalerei mit Spiegelmotiven – Schülerarbeiten einer 2. Klasse

„Ein Geschichtenbuch: textile Rohstoffe"

Projekt Nr. 15

Das letzte Projekt ist den textilen Rohstoffen gewidmet. Leider kommt dieses wichtige Thema oft zu kurz. Meist liegt es daran, dass es kein griffiges Unterrichtsmaterial gibt, welches es den Lehrkräften ermöglicht, das Thema kompetent und in einem überschaubaren Zeitrahmen zu behandeln. Ich habe mir immer eine „Selbstlerner"-Einheit gewünscht, die ich entweder in den Wochenplan einbauen kann, die als textile Hausaufgabe geeignet ist oder die ich als Differenzierung für schnelle Textilarbeiter verwenden kann.

Genau das soll das kleine Lese-Schreib-Heft leisten, das Sie im Anschluss finden. Es ist so angelegt, dass es ältere Kinder (ab Mitte Klasse 2) weitgehend eigenständig bearbeiten können. Aber auch in Klasse 1 können Sie die Arbeitsblätter zum Vorlesen oder als Besprechungsgrundlage nutzen.

Egal, wie Sie die Arbeitsblätter einsetzen, Sie verbinden auf jeden Fall den Sachunterricht und den Sprachunterricht auf wunderbare Weise mit dem Textilunterricht.

Im Zusammenhang mit der Einheit „Textile Rohstoffe" lassen sich im Grundschulunterricht die verschiedensten Themen und Aspekte des Textilunterrichtes einbinden.

- **Thema: Warum ist es wichtig, über textile Rohstoffe Bescheid zu wissen?**

Das Wort „textile Rohstoffe" klingt so fremd und ungebräuchlich, dass es für Fritzchen und Lisa, unsere Grundschulkinder, doch keine große Relevanz haben kann. Was haben die *Rohstoffe* mit Fritzchen und seiner kindlichen Lebenswirklichkeit zu tun? Das fragen sich bestimmt auch die anderen Kinder in Ihrer „Textilklasse". Na, dann wollen wir Fritzchen einmal in einer beliebigen Alltagssituation beobachten:

„Es ist sieben Uhr morgens. Fritzchen muss aufstehen. Er kuschelt sich aber noch einmal in seine warme *Bettdecke*. Das *Kopfkissen* fühlt sich angenehm weich an auf seinem Gesicht. Schließlich steht er auf, wäscht sich mit seinem *Frottee*-Lappen und trocknet sich mit dem *Handtuch* ab. Mutter hat ihm neue, weiße *Unterwäsche* herausgelegt. Er zieht seinen *Schlafanzug* aus und zieht sich an. Heute trägt er wieder seine Lieblingssachen, ein *T-Shirt*, warme *Strickstrümpfe*, einen blauen *Wollpullover* und seine *Jeans*. Bevor er in die Küche geht, zieht er die *Vorhänge* auf und lässt die Sonne in sein Zimmer. Ein schöner Tag. Da auf dem Boden dicke *Teppiche* liegen, zieht Fritzchen seine *Hausschuhe* nicht an, auch wenn's der Mama nicht gefällt. Fritzchens Mutter trägt heute ihre *Seidenbluse*, die glänzt so edel und fühlt sich beim Kuscheln sehr weich an. Das Frühstück steht schon auf der neuen *Tischdecke* auf dem Tisch. Mutter legt das *Geschirrtuch* weg und setzt sich zu Fritzchen. Nach zehn Minuten muss er los. In Fritzchens *Tornister* fehlt noch das *Sportzeug*. Fritzchen holt schnell seine blaue *Leinentasche*. Jetzt aber schnell zur Schule ..."

Lassen Sie die Kinder raten, wie oft Fritzchen in dieser Morgenstunde Dinge aus textilen Rohstoffen begegnet sind. 19 Mal (siehe kursiv gedruckte Begriffe)!

Ohne textile Rohstoffe könnten wir nicht die zahllosen Dinge herstellen, die wir täglich brauchen. Dinge, die für uns alle selbstverständlich sind und denen wir erst dann Beachtung schenken, wenn sie fehlen.

Textile Rohstoffe brauchen wir für Kleidung (Schlafanzug, Unterwäsche, Pullover, Jeans, Strümpfe, Sportzeug, Hausschuhe etc.), Wohntextilien (Vorhänge, Tischdecken, Teppiche etc.) und Gebrauchstextilien (Waschlappen, Handtuch, Geschirrtuch, Tornister, Turnbeutel etc.). Darüber hinaus finden wir sie aber auch in vielen anderen Bereichen (z. B. als Filter, Baustoff, Isolierstoff etc.).

BVK PA13 · Doris Krebs   Textilgestaltung

Die richtige Auswahl des textilen Rohstoffes entscheidet dabei über den Gebrauchswert eines Produktes:
- Der Pullover muss warm und weich sein, da bietet sich Schafwolle an.
- Das Handtuch muss gut Feuchtigkeit aufnehmen und pflegeleicht zu waschen sein, da bietet sich Baumwolle an.
- Das Geschirrtuch darf nicht fusseln, es bietet sich Leinen aus Flachs an.
- Die Bluse soll elegant aussehen und einen fließenden Fall haben, es bietet sich Seide an.
- Die Umhüllung des Tornisters soll strapazierfähig, wasserabweisend und leuchtend zu färben sein, das können Kunstfasern leisten.

Wer sich auskennt, kann Textilien nach seinen entsprechenden Bedürfnissen auswählen, Textilien hinsichtlich ihres Gebrauchswertes beurteilen und als kritischer Konsument den Alltag bewältigen.

- **Thema „Der Faden – Fadenherstellung"**
  In der Sachinformation zu Projekt Nr. 2 finden Sie Informationen zur Fadenherstellung. Im Rahmen des kulturhistorischen Einblickes erfahren Sie, welche natürlichen Rohstoffe es gibt und aus welchen Ländern die unterschiedlichsten Rohstoffe kommen. Ferner finden Sie eine Möglichkeit, mittels Untersuchungsmethoden wie Verbrennen, Aufdrehen und Reißen die Faserherkunft der vier Rohstoffe Wolle, Baumwolle, Leinen und Seide zu ermitteln.

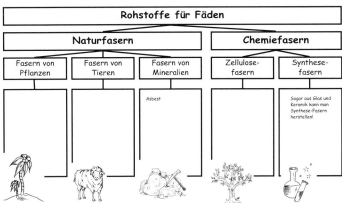

Setze oben ein! (Einige Begriffe hast du vielleicht noch nicht gehört. Schlage sie im Lexikon nach!)
~~Asbest~~, Schafwolle, Flachs, Baumwolle, Maulbeerspinner (Seidenraupe), Angoraziege, Fichtenholz, Pferdehaar, Alfagras, Hanf, Kokosfaser, Kaninchen, Tannenholz, Bananenblätter, Kohle, Öl, Buchenholz, Lamawolle, Kamelhaar, Sisal, Ananasfaser, Jute, Raffiabast

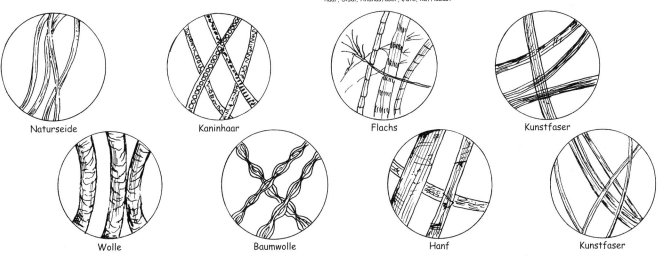

- **Thema „Stoffe untersuchen"**
  Im Sachinformationsteil zu Projekt Nr. 9 werden Stoffe unter die Lupe genommen: Stoffherstellung, Stoffsorten, Stoffveredelung und interessante Experimente und Testverfahren zur Analyse von Stoffen.
  Der unmittelbare Zusammenhang zwischen Stoffqualität und verwendeten textilen Rohstoffen wird in einer Übersichtstabelle veranschaulicht.

- **Thema „Wäschepflege"**
  Im Zusammenhang mit Textilien sind Kenntnisse zur Pflege der Materialien für den kritischen Konsumenten sehr wichtig. Die Reinigung der Wäsche hängt entscheidend von den verarbeiteten Rohstoffen ab. In der Tabelle, die Sie im Projekt Nr. 9 finden, wird der Gesamtzusammenhang zwischen textilen Rohstoffen, Fasereigenschaften und Pflegeerfordernissen deutlich. Wäsche-Piktogramme sind den Kindern bekannt, aber selten vollständig „enträtselt". Eine spannende Aufgabe für Textilforscher!

Lernen mit allen Sinnen:

Sachunterricht und Textilunterricht sind besonders geeignete Fächer, um mit allen Sinnen zu lernen. Das darf auch beim Einsatz des Geschichtenbüchleins nicht vergessen werden:

- **Schafwolle** muss gerochen und mit den Händen gefühlt und bearbeitet werden. Schafschur erfolgt fast überall in ihrer Nähe. Erkundigen Sie sich in Naturkostläden oder Rohwollgeschäften (siehe Anhang) nach Schafhaltern in Ihrer Region.
  Schafwolle können die Kinder waschen, kämmen, färben, spinnen. Wollstoffe finden Sie überall. Seiten mit Rohstoffproben, Wollstoffproben und selbst gemachten Bildern können das Büchlein toll ergänzen.
- **Baumwolle** ist schwer im Rohzustand zu bekommen, man kann es über das Baumwollsekretariat versuchen. Aber ein Wattebausch in einer Papierkapsel kann als Anschauungsobjekt dienen und den Verarbeitungsweg nachempfinden lassen. Aus Watte und Ästen kann in Gemeinschaftsarbeit ein großes Baumwollfeld entstehen. Alle Medienstellen der Schulämter verleihen Filme über die Verarbeitung der Baumwolle. Baumwollstoffproben können gesammelt, befühlt, verglichen, aufgetrieselt oder verarbeitet werden. Über die Baumwolle gibt es nette, kindgerechte Bilderbücher. Auch hier können eigene Seiten das Büchlein ergänzen.
- **Flachs** kann man in einem Blumentopf selbst anbauen und zu Leinen verarbeiten. Anschaulicher geht es nicht. Sie benötigen lediglich unbehandelten Leinsamen, den sie in Naturkostläden erhalten. Eine getrocknete Flachspflanze wäre ein Highlight für das Büchlein.
- **Seidenraupen** gibt es in unseren Breiten nur als ausgestopfte Anschauungsmittel in Vitrinen. Ein kleiner Film über die Seidenraupe veranschaulicht aber, was in fernen Ländern in einer Seidenraupenzucht passiert. Seide ist wiederum ein Stoff, den man durch die Finger „erfahren" muss. Der typische Seidengriff lässt sich nicht auf Papier beschreiben. Den muss man fühlen!
- An **Chemiefasern** und Vorprodukte ist oft leichter zu kommen, als man denkt. Die Chemieindustrie ist sehr um Werbung, PR und gute nachbarschaftliche Beziehungen bemüht. Schülerführungen sind oft auch da möglich, wo sie nicht offiziell angeboten werden. Ich persönlich habe noch nie ein „Nein" auf eine Anfrage zu hören bekommen. Auch die Herstellung von Chemiefasern muss man erleben: der Geruch in einer Fabrik, die Geräusche, die gewaltige Größe der Anlagen, die enormen Herstellungsmengen, die erstaunlichen Vorprodukte (wie z. B. Kunststoffgranulat). Beeindruckend. Fotos könnten das Buch bereichern.

Anfangsunterricht:

Im ersten Schuljahr beginne ich in der Regel mit der Reihe zu den textilen Rohstoffen. Passend zu jedem Buchstaben gibt es ein Sach-Sprach-Thema. Wenn ich den Buchstaben „Ww" einführe, eröffne ich die Projektarbeit mit dem Tafeltext: „Wir werkeln mit weicher Wolle" und dem Projekt Nr. 2 „(Woll-)Wolkenreise". Die Kinder schreiben ferner freie Texte über Wollschafe, ihren Lieblingspulli, die Entstehung eines Fadens … Sie finden viele Sätze mit dem Textbaustein: „Mein _____ ist aus Wolle". Ich lese ihnen aus dem Mitgutsch-Buch „Vom Schaf zum Schal" vor. Die Kinder gestalten eine Bücherecke oder eine Ausstellung zum Thema. Wir besuchen eine Schafherde. Schließlich bestimmen die Kinder noch einige Aktivitäten zum Wollthema. Das sachkundliche Arbeitsblatt kann wie abgebildet aussehen. (Dieser altbekannte Schnellsprechvers lockert die W-Arbeit immer etwas auf: „Wir Wiener Waschweiber würden weiße Wäsche waschen, wenn wir wüssten wo warmes Wasser wär".)

Wer auch andere Rohstoffe in den Anfangsunterricht integrieren möchte, findet schnell selbst kleine Wortspiele, die sich einem einzuführenden Buchstaben zuordnen lassen „Bobo braucht Baumwolle für seine Bermudahose" / „Sachen aus Seide sind super" / „Fabiola filmt Flachs (Bildertagebuch)" …

Fundgrube:

Bezugsquellen: siehe Internetliste und Anschriftenliste im Anhang
Unterrichtsgänge zu rohstoffverarbeitenden Firmen, Spinnereien, Museen etc.: siehe Museumsliste

Bücher

- Ali Mitgutsch: „Von Schaf zum Schal", 1971, Sellier-Verlag, Eching / München
- Sabine Choinski, Gabriela Krümmel: „Vom Schaf zum Pullover". Eine Werkstatt. Ab Klasse 3, Verlag an der Ruhr, 2002
- Heiderose und Andreas Fischer-Nagel: „Schau mal unsere Wolle", Kinderbuch Verlag Luzern, 1995
- Hans E. Schiecke: „Wolle als textiler Rohstoff", Schiele & Schön, 1987
- Martin Nowak, Gislinde Forkel: „Wolle vom Schaf", Ulmer, 1989
- Angelika Wolk-Gerche: „Mach was aus Wolle", Freies Geistesleben, 2000
- Katharina Zechlin, Grete Wemmel: „Wollreste", frechverlag, 1994
- Renate Vogl: „Kinder basteln mit Garn und Wolle", Augsburg 2001
- Sybille Rogaczewski-Nogai: „Wir basteln mit Stoff, Filz und Wolle", Christophorus Verlag, 2002
- Angelika Wolk-Gerche: „Filzen für groß und klein. Schönes und Nützliches aus Wolle", Freies Geistesleben, 1996
- Ali Mitgutsch: „Von der Baumwolle zur Hose", 1977, Sellier-Verlag, Eching / München 1997
- Dorothea Karpinski, Petra Mönning: „Aktivmappe. Baumwolle. (Lernmaterialien)", Verlag an der Ruhr, 2001
- Amos Bar, Shua Glutman: „Schau mal – Baumwolle", Sauerländer Verlag, 1987
- Textil-Stunde 13: „Baumwolle – Erster bewusster Umgang", ALS Verlag
- Ole Zethner. „Naturprodukt Baumwolle", Arena Verlag, 1985
- Manfred Dambroth, Reinhard Seehuber: „Flachs. Züchtung, Anbau und Verarbeitung", Ulmer Verlag, 1988
- Leonhard Dingwerth: „Vom Flachs zum Leinen. Spinnen und Weben im Laufe der Jahrhunderte", 1981
- Marianne Fasse: „Vom Flachs und Leinen in alter Zeit", Landwirtschaftsverlag, 1989
- „Von Samt und Seide und Kinderarbeit" – Differix – Die neue Klassenbibliothek, Cornelsen Verlag, 1988
- Katia Fortier u. a.: „Am seidenen Faden – Die Welt entdecken", Otto Maier Verlag, 1990
- Claude Fauque: „Woher kommt die Kleidung", Klapp + Klar-Serie, ars edition, 2002
- Burckhard Mönter / Christiane Pieper. „Schau mal – Kleider, Kleider, Kleider", Kinderbuchverlag Luzern, 1999
- Ursula Dewald-Winter: „Farbe, Stoffe, Mode 2", 1982, BSV, 1982
- Gerd-Dieter Moos: „Über unsere Kleidung", Hirschgraben-Verlag, 1975
- Anny Kastner: „Faser- und Gewebekunde", Verlag Dr. Felix Büchner, 1991
- Edeltraud Betz / Rita Gerlach: „Kleine Textilkunde", Verlag Dr. Felix Büchner, 1999

Internet

- *www.holzkircher.de* (Der Magazinteil informiert ausführlich und sehr kompetent über Rohstoffe, Spinnen, Weben, Färben …, ferner findet man ein Wörterlexikon für Textilfachwörter, Geschichten und Geschichtliches zu Flachs, Gedichte, Märchen, Sagen, Lieder.)
- *www.spinn.de* (Webseite für Handspinner, systematisierte und nützliche Informationen zum Spinnen und Fadenherstellen)
- *www.schafplanet.de* (nett und lustig für Kinder)
- *www.gotlandschaf.de*

Eine Woll-Geschichte

Auf dieser Wiese hütet der Schäfer die Schafe. Wenn das Fell des Schafes lang gewachsen ist und das dicke, wollige Fell abgeschnitten wird, sagen wir: „Das Schaf wird g e s c h o r e n (A).

Das abgeschorene, zusammenhängende Wollkleid nennt man V _ _ _ _ _ (B).

Die schönste und meiste Wolle gibt das M _ _ _ _ _ _ _ _ _ _ _ _ (C).

Die Wolle wird in einer Sp _ _ _ _ _ _ _ _ (D) weiterverarbeitet. Hier wird sie zuerst gewaschen und gekämmt. Aus der Wolle wird ein Faden _ _ _ _ _ _ _ _ _ _ (E). Früher tat man das mit einem Sp _ _ _ _ _ _ _ (F). Da man auch gerne rote, grüne und blaue Wolle hätte, wird die Wolle _ _ _ _ _ _ _ _ (G).

Anschließend wird die Wolle zu Wollknäueln _ _ _ _ _ _ _ _ _ _ _ (H).

„Reine Schurwolle" erkennt man an dem G _ _ _ _ _ _ _ _ _ (I). In einem Handarbeitsgeschäft kann man Wolle in allen Farben kaufen. Mutter _ _ _ _ _ _ _ _ (J) uns schöne Sachen: Handschuhe, Mützen, Schals, Strümpfe, Strickjacken, Wollmäntel, Kleider und Decken. Diese Sachen macht man aus Wolle, weil Wolle weich, flauschig, wärmend ist und Feuchtigkeit aufsaugt.

Reine Schurwolle

Merinoschaf

1. Fülle den Lückentext aus. Mit den Lösungswörtern kannst du das Kreuzworträtsel auf der nächsten Seite lösen.

   ~~geschoren~~ – Vlies – Merinoschaf – Spinnerei – gesponnen – Spinnrad – gefärbt – aufgewickelt – Gütesiegel – strickt

2. Findest du zu jedem Lösungswort das passende Bild? Notiere den entsprechenden Buchstaben in den jeweiligen Kreis.

Eine Geschichte über Baumwolle (1)

In Indien ist die Baumwolle heimisch. Dort gelang es schon sehr früh (nämlich 3 000 Jahre vor Christus), aus Baumwolle sehr feine Gewebe herzustellen. Erst 4 300 Jahre später wurde die Baumwolle in Europa bekannt. Eine besonders wichtige Rolle spielt die Baumwolle in der Geschichte der USA: Afrikaner wurden versklavt, um auf den Baumwollfeldern der Weißen zu arbeiten.

Die Baumwollpflanze gedeiht nur in heißen Gegenden. Sie wird in Südamerika, Afrika und Asien angepflanzt. Besonders fein ist die ägyptische „Mako"-Baumwolle.
Die Baumwolle wird auf großen Feldern angebaut. Die Sträucher, die die Baumwollbüschel tragen, werden ein bis zwei Meter hoch. Sie brauchen nicht nur viel Wärme, sondern auch genügend Wasser.

Im Frühjahr wird die Baumwolle ausgesät. Nach 6 Monaten haben die Baumwollsträucher ihre volle Höhe erreicht. Sie tragen Blüten. Nach kurzer Zeit fallen diese aber ab und es bilden sich Fruchtkapseln. Die reifen Kapseln springen auf und aus ihnen quellen die weißen Wollfaserbüschel. In den Büscheln sitzen die eingehüllten, erbsengroßen Samenkörner.

Eigentlich sollen die Samenfasern den Baumwollsamen mit dem Wind forttragen, um weitere Baumwollpflanzen zu säen. Doch vorher kommt die Erntezeit und die Pflücker gehen durch die Felder, um die weißen Wattebällchen einzusammeln.

Nach der Ernte wird die Wolle von den Samenkörnern abgezupft. Aus den schwarzen Kernen stellt man später das Baumwollöl her.

Die ausgezupften Baumwollfasern werden zu großen viereckigen Ballen verpackt. So kommen sie in eine Fabrik, die Baumwollspinnerei. Dort werden die Ballen geöffnet, aufgelockert, die Baumwolle gesäubert, gekämmt und zu Garnen versponnen.

Nun können schöne Stoffe aus ihr hergestellt werden. Mehr als die Hälfte aller Stoffe wird aus Baumwolle hergestellt. Aus den Baumwollstoffen entstehen viele Textilien:

Frottiertücher, Geschirrtücher, Tischdecken, Unterwäsche, Blusen, Kleider, Arbeitskleidung, Socken, Säuglingswäsche, Gardinen, Vorhänge, Möbelstoffe, Teppiche.
Baumwollstoffe sind sehr haltbar, strapazierfähig, wärmeunempfindlich, gut waschbar, reißfest, gut färbbar, hautfreundlich und billig. Aber sie knittern auch, fusseln und laufen ein.
Das Symbol kennzeichnet Stoffe aus reiner Baumwolle.

Eine Geschichte über Baumwolle (2)

Was weißt du über Baumwolle? Schreibe es neben die Bilder.

Textilien aus Baumwolle

Überall um uns herum nutzen wir Baumwolle für Textilien:

Oberbekleidung	
Unterwäsche	
Arbeitskleidung	
Im Schlafzimmer	
Im Esszimmer	
Im Badezimmer	
In der Küche	
Im Wohnzimmer	
Im Kinderzimmer	
An anderen Orten	

Spüre bei dir zu Hause Textilien aus Baumwolle auf.
Trage alle Dinge, die du gefunden hast, in die Tabelle ein.

Vom Strauch zum Kleid
Spiellied: Baumwolle

Text: Marina Palmen – Melodie: Hubertus Vorholt

1. In Italien und Brasilien und in Mexiko blühen viele Baumwollpflanzen so und so und so.

2. In Italien und Brasilien
und in Mexiko
schwitzen alle Baumwollpflücker
so und so und so.

3. In Italien und Brasilien
und in Mexiko
tranportiert man Baumwollfasern
so und so und so.

4. Und die weichen Baumwollfasern
spinnt man ganz geschwind,
bis die langen Fäden
endlich fertig sind.

5. Und die vielen langen Fäden
webt man ganz geschwind,
bis die vielen bunten Stoffe
endlich fertig sind.

6. Und die vielen bunten Stoffe
näht man ganz geschwind,
bis die Kleider, Hosen, Tücher
endlich fertig sind.

7. Und die Kleider, Hosen, Tücher
kaufen wir geschwind,
bis wir alle, bis wir alle
angezogen sind.

Spielanregung:
Die in den Liedstrophen angegebenen Tätigkeiten werden beim Singen gemimt.

1. **Baumwollpflanzen blühen**	mit den Händen sich öffnende Blüten darstellen
2. **Baumwollpflücker schwitzen**	sich den Schweiß von der Stirn wischen
3. **Baumwolle wird transportiert**	ein Bündel auf dem Rücken schleppen
4. **Baumwollfasern werden gesponnen**	mit den Fingern Fasern zu einem Faden drehen
5. **Baumwollfäden werden gewebt**	die Webnadel durch die Kettfäden schieben: drüber – drunter, drüber – drunter
6. **Stoffe werden genäht**	mit Nadel und Faden nähen
7. **Kleider werden gekauft**	mit den Händen über die eigenen Kleider streichen

aus: „Bausteine Kindergarten", Ausgabe 4/1985
© Bergmoser + Höller Verlag AG, Aachen

Eine Flachsgeschichte:
Gudruns neues Kleid

Mutter will Gudrun ein Sommerkleid kaufen. Sie fährt mit ihr in die Stadt und geht durch die Geschäfte. Es ist ein heißer Tag. Alle Frauen und Mädchen tragen leichte Sommerkleider. Im Kaufhaus lässt sich Gudrun mit ihrer Mutter Kleider zeigen. Die Auswahl ist groß. Die Verkäuferin bringt ein traumhaft schönes Kleid. Es ist weiß und der Stoff fühlt sich fest an. Gudrun probiert es an und ist begeistert. „Bitte, Mutti, darf ich es haben?", bettelt Gudrun. Mutter fragt nach dem Preis. „Es ist reines Leinen", sagt die Verkäuferin. Leinenstoffe sind nicht billig. Trotzdem lässt sich Mutter von Gudrun erweichen und kauft das Kleid.

„Was ist denn so besonders an Leinen, dass es so teuer ist?", fragt Gudrun auf dem Heimweg. „Leinen wird aus Flachs hergestellt. Den Flachs liefert uns die Flachspflanze", antwortet Mutter. „Doch das kann dir dein Vater besser erklären. In seiner Heimat pflanzt man noch immer Flachs an."

Am Abend darf auch Vater das neue Leinenkleid bewundern. „Wo wird die Flachspflanze angebaut?", will Gudrun wissen. „Früher wurde in Deutschland sehr viel Flachs gepflanzt. Heute gibt es nur wenige Bauern, die sich die Mühe machen, diese Naturfasern zu züchten. Russland, Frankreich und Belgien bauen noch immer sehr viel Flachs an", erwidert Vater. „Doch wenn du mehr über diese Pflanze erfahren willst, begleite mich am Sonntag zu Onkel Otto. Dort gibt es noch heute Flachsfelder."

Onkel Otto lebt in einem Dorf in Bayern. Gegen zehn Uhr kommt Gudrun dort mit ihrem Vater an. Der Onkel ist auf dem Hof und lädt Heu ab. Freudig kommt er herbei und begrüßt die Gäste aus der Stadt. Gudrun hat ihr neues Kleid an. „Du hast aber ein schönes Leinenkleid an! Solche Stoffe haben wir früher auf unserem Hof selber angefertigt. Noch vor vierzig Jahren haben hier die Frauen Flachs gesponnen. Ein alter Webstuhl steht auch noch auf dem Speicher. Nur will niemand mehr darauf weben. Die Arbeit lohnt sich auch nicht mehr. Du kaufst den maschinengewebten Stoff viel billiger", sagt Onkel Otto. „Ihr pflanzt doch sicher noch Flachs an?", fragt jetzt Vater. „Das tun wir schon. Aber hauptsächlich, um Samenkörner zu verkaufen. Daraus gewinnt man das Leinöl", erklärt der Onkel.

Nach dem Mittagessen geht er mit den Gästen über die Felder. Gudrun fällt ein Acker mit blauen Blüten auf. „Hier siehst du ein Flachsfeld. Die Pflanzen blühen gerade. Bald können wir sie ernten", sagt der Onkel. „Wie lange braucht der Flachs, um reif zu werden?", will Gudrun wissen. „Wir säen ihn im Frühling aus. Nach hundert Tagen ist die Pflanze erntereif", antwortet dieser. „Ich verstehe nur nicht, wie aus einer so einfachen Pflanze ein feiner Leinenstoff gemacht werden kann", wundert sich Gudrun.

„Die Herstellung ist auch nicht so einfach. Der Flachsstängel besteht aus mehreren Schichten. In seiner Rinde ist die Bastfaser eingelagert. Diese Faser ist der eigentliche Flachs." „Und wie bekommt man die Bastfaser aus dem Stängel heraus?", fragt Gudrun weiter. „Früher haben wir den geernteten Flachs in einen Teich gelegt. In dem stehenden Wasser verfaulten die einzelnen Teile der

Bastfaserbündel
Rinde

Pflanze. Die Fasern konnten dann durch Schlagen und Kämmen von den anhängenden Teilen befreit werden. Ein anderes Wort für ‚verfaulen' ist ‚verrotten'. Daher nannten wir das Wasser, in dem der Flachs drei Wochen liegen musste, Flachsrötte", erklärt der Onkel. „Das war ja eine sehr umständliche Arbeit", bemerkt Gudrun.

„Heute geschieht das alles auch mit Maschinen. In einer modernen Warmwasserrötte dauert es nur zwei Tage und die Faser kann vom Stängel gelöst werden. Schwingturbinen schlagen die Stängelteile dann heraus", sagt Onkel Otto.

Auf der Heimfahrt unterhält sich Gudrun mit ihrem Vater über die Flachspflanze. „Im nächsten Frühjahr werde ich Flachs in unserem Garten aussäen. Die blauen Blüten haben mir gefallen", sagt sie.

Wieder zu Hause angekommen läuft Gudrun sofort zu ihrer Mutter und berichtet von ihrem Tag. Die Mutter zeigt Gudrun, was sie in ihrer Wohnung noch alles für Textilien aus Leinen haben: Bettwäsche, Turnbeutel, Geschirrtücher, Sommerhosen, Handtücher, Möbelbezüge, Taschentücher, Sommerröcke und vieles mehr.

„Weißt du, Gudrun, man macht diese Dinge aus Leinen, weil Leinen widerstandsfähig, haltbar, wringfest, scheuerfest, kochfest beim Waschen und formstabil ist. Daher eignet es sich gut für Handtücher, Taschentücher und Möbelbezüge. Es fusselt nicht und ist daher ideal für Geschirrtücher. Leinen ist glatt und nimmt Schmutz nicht so leicht auf. Es saugt gut Feuchtigkeit auf und ist sehr reißfest. Leinen fühlt sich immer kühl an und eignet sich daher besonders für Sommerkleidung. Winterkleidung fertigt man lieber aus flauschiger und wärmender Wolle an."

Am Abend ist Gudrun sehr müde. Bevor sie zu Bett geht, betrachtet sie ihr neues Leinenkleid noch einmal im Spiegel. Es war ein heißer Tag. Doch unter dem kühlen Leinen hat sie die Hitze kaum gespürt.

(Nacherzählt nach G.-D. Moos: „Über unsere Kleidung", 1975.)

Eine Flachsgeschichte:
Gudruns neues Kleid

Gudrun hat ein neues Kleid bekommen, ein Leinenkleid. Warum ist ein Leinenkleid etwas Besonderes? Gudrun hat viele Fragen. Kannst du sie beantworten?
Antworte immer in ganzen Sätzen!

1. Woraus stellt man Leinenstoffe her?
___

2. Wo wird Flachs angebaut?
___

3. Was kann man aus den Samenkörnern gewinnen?
___

4. Welche Farbe haben die Flachsblüten?
___

5. Wie lange braucht der Flachs, bis er reif ist?
___

6. Wie wird aus der einfachen Pflanze ein feiner Leinenstoff? Berichte!

___
___
___
___
___

7. Welche Eigenschaften hat Leinen? Kreise Zutreffendes ein!

| teuer   billig   fest   weich   knittert leicht   fusselt   wärmt |
| schützt vor Hitze   glatt   flauschig   saugt Feuchtigkeit gut auf |
| strapazierfähig   scheuerfest   kochfest   formstabil   steif |

8. Was kann man besonders gut aus Leinenstoffen herstellen? Kreise Zutreffendes ein!

| Bettwäsche   Stiefel   Turnbeutel   Geschirrtücher   Sommerhosen |
| Mantel   Handtücher   Taschentücher   Mützen   Möbelbezüge |
| Sommerröcke   Schlüpfer   Badeanzüge   Winterbekleidung |

Eine seidige Geschichte

Schon 2 500 v. Chr. (= Jahre vor Christus Geburt) trugen die chinesischen Kaiser und Adeligen Gewänder aus echter Seide. Der Seidenfaden, der für diese Gewänder benötigt wurde, wird von der Seidenraupe, dem Maulbeerspinner, hergestellt. Angeblich soll die sagenhafte Kaiserin Hsi-Ling-Shi mit der Seidenraupenzucht begonnen haben. Sehr viel später, im 5. Jahrhundert, gelang es einigen Mönchen auf abenteuerliche Weise, einige Eier des Maulbeerspinners aus China herauszuschmuggeln. Von da an verbreitete sich die Seidenraupenzucht über die ganze Welt.

Seide ist sehr kostbar. Das liegt daran, dass es sehr aufwändig ist, einen Seidenfaden zu gewinnen:

Der Seidenschmetterling legt etwa 300 bis 400 Eier. Nach 14 Tagen schlüpfen die Raupen aus. Die kleinen Raupen werden mit frischen Maulbeerbaum-Blättern gefüttert. Einen Monat später fängt die Seidenraupe an, sich einzuspinnen, um sich in einen Schmetterling zu verwandeln. Beim Spinnen vollführt die Raupe achtförmige Bewegungen des Kopfes, wodurch eine Hülle, der Kokon, entsteht. Die Puppen (das sind die eingehüllten Raupen) werden durch heiße Dämpfe abgetötet, damit sie nicht ausschlüpfen und den Kokon zerstören.

Nun wird der Kokon von seinem äußeren, verklebten Seidenfadengewirr befreit. Anschließend kann man den Seidenfaden (die Haspelseide) vom Kokon abwickeln. Das Abwickeln nennt man auch „abhaspeln". Damit sich die verklebten Seidenfäden besser voneinander lösen, legt man die Kokons in heißes Wasser. Die Fäden von fünf Kokons werden zu einem Faden gedreht und auf ein Haspelrad gewickelt.

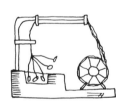

Der Seidenleim, der noch am Seidenfaden haftet, muss entfernt werden, damit die Seide glatt und glänzend wird. Dazu wäscht man die Seide in einer kochend heißen Seifenlauge.

Jetzt ist die Seide sauber. Aber sie ist noch zu leicht. Die hergestellten Seidenstoffe würden nicht schön „fallen" und wären nicht griffig. Deshalb beschwert man die Seide mithilfe von Metallsalzen.

Nun ist die Seide so weit, dass man aus ihr schöne Stoffe für Textilien machen kann: Kleider, Blusen, Oberhemden, Krawatten, Schals, Tücher, Bettwäsche, Schirme und vieles mehr stellen wir aus Seide her.

Seide ist sehr reißfest, scheuerfest, unübertrefflich fein, weich und glänzend, formstabil, schmutzabweisend. Sie knittert wenig, wärmt und schützt gleichzeitig vor Sonnenstrahlen. Sie nimmt Feuchtigkeit gut auf und hat eine lange Lebensdauer.

Allerdings ist Seide hitzeempfindlich und muss vorsichtig gewaschen werden. Sie verträgt keinen Schweiß. Und leider ist sie auch sehr teuer.

internationales Seidenzeichen

Ein Seiden-Quiz

Bist du ein Seidenexperte? Wenn du die Geschichte gründlich gelesen hast, kannst du sicher die folgenden Fragen beantworten. Antworte immer in ganzen Sätzen!

1. In welchem Land wurden die ersten Seidengewänder getragen?

_____

2. Von welchem Tier bekommen wir den Seidenfaden?

_____

3. Wie viele Eier legt ein Seidenschmetterling ungefähr?

_____

4. Wie lange dauert es, bis die Raupen aus den Eiern schlüpfen? Was fressen sie?

_____

5. Was passiert nach einem Monat?

_____

6. Was ist ein Kokon?

_____

7. Warum werden die eingehüllten Raupen (Puppen) getötet?

_____

8. Berichte, wie man von einem Kokon einen Seidenfaden gewinnt und was geschehen muss, bis man aus dem Faden einen Seidenstoff herstellen kann!

_____

_____

_____

9. Seidenstoffe haben viele gute Eigenschaften. Warum stellt man ein Kleid gerne aus Seide her? Begründe!

_____

10. Warum eignet sich Seide nicht für eine Arbeitshose?

_____

internationales
Seidenzeichen

BVK PA13 · Doris Krebs   Textilgestaltung

Eine künstliche Geschichte: Chemiefasern

Wenn man einen Stoff für ein Kleidungsstück herstellen will, braucht man einen Faden. Tausende von Jahren musste man für den Faden die Haare von geeigneten Tieren oder die Fasern von geeigneten Pflanzen verwenden. Erst vor gut 100 Jahren entwickelten Wissenschaftler ein Verfahren, mit dem man einen künstlichen Faden aus bestimmten Flüssigkeiten herstellen konnte. Der chemisch hergestellte Faden war geboren. Chemiefäden und Chemiefasern sind von der chemischen Industrie geschaffene Fäden und Fasern.

 Zur Herstellung von Chemiefasern stellt man zunächst eine zähe Flüssigkeit her. Diese nennt man Spinnlösung. Sie ist vergleichbar mit dem Saft der Seidenraupe.

 Die Spinnlösung presst man durch feine Siebe. Die feinen Löcher in den Sieben nennt man Spinndüsen. Sie sind vergleichbar mit den Spinnwarzen der Seidenraupe.

 Aus einer Düse erhält man viele dünne Fäden, die zu einem Faden zusammengefasst werden. Dafür gibt es zwei Möglichkeiten:

 1. Die Fäden werden entweder als „Endlosgarn" verarbeitet. Auch die Fäden der Seidenraupe ergeben einen fast endlosen Faden.

 2. Oder man vereinigt die Fäden mehrerer Spinndüsen zu einer Art dicken Kabel. Das zerschneidet man in kurze Fasern, die „Spinnfasern". Die Spinnfasern, die meistens noch gekräuselt sind, werden versponnen. Ähnlich werden die kurzen Fasern der Wolle und Baumwolle zu einem Faden gesponnen.

 Die fertigen Fäden werden auf Spulen aufgewickelt und kommen in die Weberei und Wirkerei. Auch alle Fäden aus Naturfasern werden nun zu Stoffen verwebt oder verwirkt.

Zellulosefasern: 1884 gelang es erstmals Kunstseide herzustellen. Die Spinnlösung für diese Zellulosefasern wird aus Holz (Fichte, Tanne, Buche) hergestellt. Der fertige Faden ist meist preiswert und hat je nach Herstellungsverfahren ähnliche Eigenschaften wie feines Leinen, feine Baumwolle oder Seide.
Hersteller geben diesen Fäden Namen wie: Reyon, Cuprama, Acetatseide, Modalfasern usw.
Synthetische Fasern: 1913 stellte Fritz Klatte die erste Synthesefaser vor. Während bei der Zellulosefaser der Ausgangsstoff Holz von der Natur gegeben ist, baut der Chemiker bei der Erzeugung von synthetischen Fasern den Ausgangsstoff aus Kohle, Erdgas und Erdöl künstlich auf. Synthese bedeutet hier: Zusammenschluss verschiedener winzigster Bausteine im Chemiewerk.
Synthesefasern sind teilweise sehr preiswert. Je nach Herstellungsverfahren können sie alle gewünschten Fadeneigenschaften erhalten. Hersteller geben diesen Fäden Namen wie: Nylon, Perlon, Dralon, Diolen, Lycra, Spandex usw.

Literaturverzeichnis

Im Folgenden finden Sie eine Zusammenstellung hilfreicher Literatur, die sich allgemein mit dem Textilgestaltungs-
unterricht, der allgemeinen Textiltechnik, den Textilmaterialien, den textilen Strukturen, der Textilgeschichte oder der
Textilkunst befasst und im Zusammenhang mit dem Grundschulunterricht lesenswert ist. Spezielle Literatur zu den
einzelnen textilen Techniken finden Sie am Ende jeder Sachinformation zu den einzelnen Projekten.
(Meine persönlichen Lieblingsbücher habe ich mit einem * versehen.)

Albisser-Stierli, E. / Wicki-Fischer, B.	Textiles Gestalten Bd. 1 und Bd. 2	Donauwörth	2003	
Adebahr-Dörel, L.	Von der Faser zum Stoff	Hamburg	1976	
Baron, H.	Muster und Ornamente quer durch die Kontinente	Mülheim a. d. R.	1997	
Bawden, J.	Kreative Kinderkunst – Bastelspaß mit Stoff	Erlangen		
Beck, J. / Wellershoff, H.	Sinneswandel – Die Sinne und die Dinge im Unterricht	Frankfurt / M.	1989	
Betz, E. / Gerlach, R.	Kleine Textilkunde	Hamburg	1999	
Bhattacharjee, T.	India Folk Art – Die Kunst des Einfachen	Mülheim a. d. R.	1996	
Bischofberger, C.	Kreatives Werken. Papier- und Textilarbeiten	Zürich	1988	
Bleckwenn, R.	Kreatives textiles Gestalten	Limburg	1986	
Bleckwenn, R.	Textilgestaltung in der Grundschule	Limburg	1980	
Brakemeier, A.	Handarbeiten	Menden	1982	
Braun, R. u. a.	Erprobte Unterrichtsmodelle 1. / 2. Jahrgangsstufe – Textilarbeit / Werken	Donauwörth	1985	
Choinski, S. / Krümmel, G.	Vom Schaf zum Pullover – Eine Werkstatt ab Klasse 3	Mülheim a. d. R.	2002	
Collingwood, P.	Textile Strukturen	Bern	1988	
Cornelsen Primarstufe	Klassenbibliothek – Unsere Kleidung	Bielefeld	1988	
Der Kultusminister des Landes Nordrhein-Westfalen	Richtlinien und Lehrpläne für die Grundschule in NRW, Kunst / Textilgestaltung	Köln	1985	
Dewald-Winter, U.	Farbe, Stoff, Mode, AH 2	München	1982	*
Dewald-Winter, U.	Farbe, Stoff, Mode, LB 2	München	1985	
Dewald-Winter, U.	Farbe, Stoff, Mode, AH 3	München	1981	*
Dewald-Winter, U.	Farbe, Stoff, Mode, LB 3	München	1982	
Dewald-Winter, U.	Farbe, Stoff, Mode, AH 4	München	1982	*
Dewald-Winter, U.	Farbe, Stoff, Mode, LB 4	München	1983	
Diet, K.	Textilarbeit – Lehrbuch / Arbeitsbuch	Puckheim	1999	
Differix – Die neue Klassenbibliothek	Von Samt und Seide und Kinderarbeit	Berlin V	1988	
Dt. Textilmuseum Krefeld	Deutsche Biennale der Textilkunst	Düsseldorf	1987	
Duncker, L.	Mit anderen Augen sehen lernen – Zur Aktualität des Prinzips der „Mehrperspektivität" – In: Die Deutsche Schule Heft 4	Weinheim	1995	
Eid, K. / Langer, M. / Ruprecht, H.	Grundlagen des Kunstunterrichts	Paderborn	1980	
Fauque, C.	Woher kommt die Kleidung	München	2002	
Ferber, Chr.	Neue Ideen zur Textilarbeit – 3. / 4. Jahrgangsstufe.	Puckheim	1993	
Fischer-Nagel, H. / A.	Schau mal – Unsere Wolle	Luzern	1995	*
Fortier, K.	Am seidenen Faden – Die Welt entdecken	Ravensburg	1990	
Fricke, J.	Textiles Gestalten	Niedernh.	1982	
Frieling, H.	Praktische Farbenlehre	Hannover	1991	
Gerstner, M. u. a.	Erprobte Unterrichtsmodelle 3. / 4. Jahrgangsstufe – Textilarbeit / Werken	Donauw.	1984	
Gitzen-Huber, D.	Vom Sinn der Eitelkeit (Kleine Kostümgeschichte)	Amsterdam	1981	
Hartung, R.	Das Spiel mit den bildnerischen Mitteln VIII – Faden und Gewebe	Ravensburg	1984	*
Hartung, R.	Textiles Werken	Ravensburg	1960	
Heiz, A.V.	Der Widerstand hängt an einem Faden – In: Tuchfühlung Textilgestaltung	Zürich	1993	
Helfrich, H. / Didlaukies, D.	Aspekte des Textilunterrichts in einer sich wandelnden Schule	Baltmannsweiler	1996	
Hellmann, E.	Fadengraphik	Freiburg	1975	
Hennerbichler, S.	Kugelturm und Polsterwurm	Linz	1996	*
Herzog, M.	Textilgeschichten – Anregungen und Materialien für den Textilunterricht in der Grundschule	Seelz-Velber	2000	
Herzog, M.	Der Bildungsauftrag des Textilunterrichts im allgemein bildenden Schulwesen – In: Textilarbeit und Unterricht Nr. 1	Hohengehren	1983	
Herzog, M.	Textilunterricht in Deutschland	Baltmannsweiler	1994	

Herzog, M.	Textiles erfahren – Textiles gestalten – In: Grundschule Heft 3	Braunschweig	1999
Herzog, M.	Textilunterricht in europäischer Dimension	Baltmannsweiler	1996
Immenroth, L.	Neue allgemeine Leitlinien für die Arbeit in der Grundschule – In: Textilarbeit und Unterricht Heft 1	Hohengehren	1995
Immenroth, L. / Herzog, M.	Didaktische Materialien für den Textilunterricht	Schalksmühle	1985
Itten, J.	Gestaltungs- und Formenlehre	Ravensburg	1975
Itten, J.	Kunst der Farbe	Ravensburg	1970
Karpinski, D. / Mönning, P.	Aktivmappe Baumwolle (Lernmaterialien)	Mülheim a. d. R.	2001
Kastner, A.	Faser- und Gewebekunde	Hamburg	1991
Keil, G.	Wie leben Kinder anderswo? – Textilarbeit / Werken (Lernmaterialien)	München	1995
Klausner, M. / Pfeifer, A.	Kleine Hände, große Sache – Textile Grundtechniken für Kinder	Frech	1996
Kleint, B.	Bildlehre	Basel	1969
Kohl, M. F.	Mit Kindern kreativ durchs Jahr	Mülheim a. d. R.	1998
Krebs, D.	Eine Unterrichtssequenz über textile Rohstoffe (Seminararbeit)	Köln	1983
Küfer, G. / Benatzky, M.	Textiles Gestalten in der Grundschule	Bochum	1986
Kupka, M. A. u. a.	Wetterhahn und Mäuseschuh	München	1991
Lammer, J.	Das neue Ravensburger Handarbeitsbuch für Kinder. Nähen, Sticken, Applizieren, Weben, Häkeln, Knüpfen, Stricken	Ravensburg	1985
Lerche-Renn, H.	Stoffobjekte – Strukturierung einer materialspezifischen Gestaltung	Köln	1985
Lohf, S.	Ich mach was mit Stoff	Ravensburg	1987
Maier, M.	Materialstudien – Textilarbeit – Farbe 2	Stuttgart	1987
Meyer-Ehlers, G.	Textilwerken	Berlin	1965
Ministerium für Kultus und Sport Baden-Württemberg	Bildungsplan für die Grundschule	Villingen	1994
Mitgutsch, A.	Vom Schaf zum Schal	Eching / M.	1971
Mitgutsch, A.	Von der Baumwolle zur Hose	Eching / M.	1977
Mönter, B. / Pieper, Ch.	Schau mal: Kleider, Kleider, Kleider	Luzern	1999
Moos, G.-D.	Über unsere Kleidung – Sachhefte für die Grundschule	Frankfurt	1975
Morand, A.	Das große Handarbeitslexikon	Bielefeld	1973
Ott-Teerenboom, H. / Wünsch, K.	Muster und Ornament	München	1978
Rice, M.	Spiel- und Bastelbuch Stoff	Nürnberg	1991
Richter, M.	Textilarbeit / Werken – Beispiele für Grund- und Hauptschule	Donauwörth	1997
Richter, M.	Textilarbeit Werken	Donauwörth	1999
Rogaczewski-Nogai, S.	Wir basteln mit Stoff, Filz & Wolle	Freiburg	2002
Rossmann, F. / Safar, R.	Textiles Werken in der Grundschule	Schneider Verlag	1990
Sandtner, H.	Schöpferische Textilarbeit	Donauwörth	1979
Sauer, I.	Textilarbeit mit System	Hamburg	1997
Schäfer, B.	Motivationsgeschichten zu Textilarbeit / Werken	Puchheim	1999
Schlieper, C. A.	Textilarbeit Schritt für Schritt	Hamburg	1997
Scholz-Peters, R.	Ideen aus Stoffresten	Stuttgart	1983
Schreiner, K.	Kreatives Arbeiten mit Textilien – Weben, Knüpfen, Batik, Stoffdruck	Köln	1977
Schulte-Huxel, A. / Sperber, A.	Stoff, Garn, Wolle	Augsburg	1997
Seiler-Baldinger, A.	Systematik der Textilen Techniken	Basel	1991
Smend, R. G.	25 Jahre Textilkunst Galerie Smend	Köln	1998
Strittmatter, R.	Wickeln, Flechten und mehr. Zauberhafte Ideen mit Bändern und Kordeln	Frech	1997
Troll, Ch. / Günther, E.	Offener Unterricht im Fach Textilarbeit / Werken	Donauwörth	1999
Vatter, A.	Textilkunde	Bad Homburg	1980
Vogl, R.	Kinder basteln mit Garn und Wolle	Augsburg	2001
Weber, I.	Kreatives Gestalten 1. / 2. Sj.	Puckheim	1991
Weber, I.	Textilarbeit Werken – 1.–4. Jahrgangsstufe – Stoffverteilungsplan mit Folienvorlagen	Puckheim	1990
Wierz, J.	Aber ich kann doch gar nicht textil gestalten – Textilgestaltung unterrichten für „Luftmaschenhäkler"	Mülheim a. d. R.	2002
Wolk-Gerche, A.	Mach was aus Wolle	Stuttgart	2000

Zeitschriften / Sammlungen:

- Lernhilfen für den Textilunterricht, M. Herzog, Kallmeyer'sche Verlagsbuchhandlung im Friedrich Verlag, Seelze
- Textilarbeit und Unterricht, Burgbücherei Wilh. Schneider, Hohengehren
- Lehrbögen „Textiles Gestalten", Chr. Taday, Kallmeyer Verlag, Wolfenbüttel
- Lehrbögen „Textilstunde", E. Elsner, ALS-Verlag, Frankfurt
- Handarbeit und Hauswirtschaft, Otto Schnug Verlag, Ansbach

Reihen verschiedener Verlage mit Einzelthemenheften zu den einzelnen textilen Techniken:

- Topp-Bücher, frechverlag, Stuttgart
- Brunnenreihe, Christophorus Verlag, Freiburg
- Ravensburger Hobby-Bücher / Studio / Werkstatt
- Veröffentlichungen des Don Bosco Verlags, München
- Freizeitreihe, Verlag Hörnemann, Bonn
- Reihe Werken und Spielen, Verlag Hörnemann, Bonn
- Flick-Flack-Bücher, Fischer-Verlag, Frankfurt

Textile Ausflüge und Museumsliste

Jetzt machen wir einen Ausflug: Raus aus der Schule und ab ins Museum. Textilgeschichte, textile Verfahren, Mode etc. – Keiner kann das so anschaulich darbieten wie ein professioneller Aussteller. Und egal, wohin es geht, ein Unterrichtsgang ist immer ein Erlebnis und bereichert den Schulalltag. Jeder müsste in seiner Nähe ein passendes Ziel zu einem bestimmten Teilbereich der Textilgestaltung finden können. Das zeigen die nachfolgenden (nach Postzahlen sortierten) Aussteller. Auf zum „textilen Erlebnis"!

Tipps:

- Öffnungszeiten, Anfahrtswege etc. entnehmen Sie *www.webmuseen.de*
- Melden Sie sich bei kleineren Museen vorher telefonisch an und vereinbaren Sie einen besonderen Führungs- bzw. Öffnungstermin.
- In fast allen Museumsdörfern kann man alte Handwerke und textile Techniken bewundern.
- Sehen Sie in den Gelben Seiten Ihrer Region nach Webereien, Stickereien oder anderen Textilfirmen. Die meisten Firmen sind gerne bereit, Schulklassen durch die Werkstätten zu führen. Freundlich fragen kostet ja nichts!
- Auf allen Bauern-, Erntedank-, Brauchtumsfesten u. Ä. lassen sich in der Regel textile Entdeckungen machen.
- Auch ein Handarbeitsgeschäft in der Nähe bietet mehr Anschauung an textilen Materialien und Geräten, als wir Lehrer es je heranschaffen können. Aber bitte unbedingt das Einverständnis des Ladenbesitzers erbitten, sonst macht man sich evtl. sehr unbeliebt.
- „Rohstofflehre pur" erfahren die Kinder bei einem Besuch eines Öko- oder Naturwarenladens. Noch besser sind Naturwollläden.
- Nicht nur in ländlichen Regionen gibt es Schafbesitzer, die nichts dagegen haben, wenn Schulklassen bei der Schafschur zusehen.
- In jeder Stadt finden sich unbekannte Textilkünstler oder Hobbyhandwerker, die alte und neue Textiltechniken professionell ausüben und sich über Interesse an ihrer Arbeit freuen. Besonders alte Handwebstühle und Spinnräder sind noch viel in privatem Gebrauch.
- Laden Sie Omas, Tanten und Mütter mit ihrem Handarbeitskörbchen ein und lassen die Kinder diesen eine zeitlang über die Schulter schauen. Das belebt den Textilunterricht ungemein.
- Flachsbauern gibt es leider kaum noch in Deutschland. Wer einen findet, sollte das ausnutzen. Flachs können Sie aber auch mit etwas Leinsamen selbst in einer geschützen Schulhofecke anbauen. Dann geht der Ausflug in den Schulgarten – Hauptsache raus!

Da die nachfolgenden Auflistungen natürlich bei weitem nicht vollständig sind, freuen wir uns über Ihre Hinweise. Wenn Sie weitere Ausstellungs-Tipps, Museumshinweise etc. für diese Zusammenstellung haben, nehmen wir sie in den überarbeiteten Neuauflagen gerne auf.

Senden Sie Ihre Ergänzungen per E-Mail an den Verlag. *(info@buchverlagkempen.de)*

Sollten Sie ferner feststellen, dass einzelne nachfolgende Angaben nicht mehr aktuell sind (z. B. Telefonnummern sich geändert haben o. Ä.), freue ich mich über einen Hinweis sehr.

Textilmuseen, Bekleidungsmuseen, Museen mit größeren textilen Teilausstellungen, freie textile Ausstellungen, Firmenmuseen, Textilfirmen mit Führungen etc.

Name	Postleitzahl Ort	Straße	Internet	Bemerkung
Heimatstube Wilthen	02681 Wilthen	Bahnhofstr. 8	www.wilthen.de	u. a. Entwicklung der Weberei
Deutsches Damast- und Frottiermuseum	02779 Großschönau	Schenaustr. 3	www.deutschesdamast-undfrottiermuseum.de	einmalige funktionierende Handwebgeräte für Leinwand, Frottier und Damast, Schauwerkstatt mit 27 Maschinen zur Herstellung textiler Erzeugnisse, Weberstube
Brandenburgisches Textilmuseum Forst	03149 Forst (Lausitz)	Sorauer Str. 37	www.technikmuseen.de/forst	Geschichte des Tuchmacherhandwerks, Tuchmacherwerkstatt, handwerklicher Prozess der Tuchherstellung kann vom Publikum selbst ausprobiert werden
Technisches Museum der Hutindustrie	03172 Guben	Gasstr. 4–7	www.technikmuseen.de/guben	Hutmodelle verschiedener Zeitgattungen, Geschichte der Hutfabrik Wilke, Hutmacherwerkstatt
Weißgerbermuseum	03253 Doberlug-Kirchhain	Potsdamer Str. 18	www.weissgerbermuseum.de	Lederherstellung, exotische Felle, Schusterei
Grassimuseum	04103 Leipzig	Johannisplatz 5–11	www.grassimuseum.de	Verkaufsausstellung für zeitgenössisches Kunsthandwerk und Design, nur vereinzelte textile Objekte
Heimatmuseum Meerane	08393 Meerane	Am Markt 3	www.meerane.de	Handweberei und Textilindustrie, Vorführungen von Handwebstuhl und mechanischem Webstuhl
Westsächsisches Textilmuseum Crimmitschau	08451 Crimmitschau	Leipziger Str. 125	www.saechsisches-industriemuseum.de	vollständig erhaltene Tuchfabrik, Entstehung von Stoffen aus Fasern an laufenden histor. Textilmaschinen
Industriemuseum Chemnitz	09112 Chemnitz	Zwickauer Str. 119	www.saechsisches-industriemuseum.de	u. a. Textilproduktion, Textilmaschinen, Waschmittelproduktion
Textil- und Rennsportmuseum	09337 Hohenstein-Ernstthal	Antonstr. 6	www.trm-hot.de	ehemalige Weberei, Sachzeugen der heimischen Textilindustrie
Deutsches Strumpfmuseum	09423 Gelenau	Rathausplatz 1	www.gelenau.de	Strumpfwirkerei, Stickerei und Spinnerei, histor. Textilmaschinenpark, Mustersammlung
Hanfmuseum	10178 Berlin	Mühlendamm 5	www.hanfmuseum.de	Europas größte Ausstellung über die Kulturpflanze Hanf, Verarbeitung zu Seilen, Textilien, Vliesen etc.
Museum für Europ. Kulturen	10178 Berlin	Bodenstr. 1–3	www.smb.spk-berlin.de	Trachten, Haustextilien, Blaudruck, Stickmustertücher, Spitzen, Teppiche, Gewebe
Kunstgewerbemuseum	10785 Berlin	Tiergartenstr. 6	www.kunstgewerbemuseum-berlin.de	Textilien aus dem Mittelalter, Stoffmustersammlung, Samt- und Seidengewebe, Bildstickereien, Bildteppiche
Museumsdorf Düppel	14163 Berlin	Clauertstr. 11	www.dueppel.de	Rekonstruktion eines mittelalterlichen Dorfes, u. a. mit altem textilem Handwerk, experimentelle Archäologie
Ethnologisches Museum	14195 Berlin	Arnimallee 27	www.smb.spk-berlin.de	Textilien aus aller Welt
Museum für islamische Kunst	14195 Berlin	Takustr. 38–40	www.smb.spk-berlin.de	Textilkunst fast aller islamischen Länder und aus allen Zeiten
Stadtmuseum Wittenberge	19322 Wittenberge	Putlitzstr. 2	www.technikmuseen.de/wittenberge	u. a. Haushaltsnähmaschinen
Museum für Kunst und Gewerbe	20099 Hamburg	Steintorplatz	www.mkg-hamburg.de	Gewebe, Spitzen, Stickmustertücher, Kostüme, textiles Material und Geräte, Mode / Kleidung, Textilkunst, Druckstoffe etc.
Museum für Kunst- und Kulturgeschichte (Kunsthalle St. Annen u. St. Annen-Museum)	23552 Lübeck	Düvekenstr. 21	www.luebeck.de/kultur_bildung/museen/st-annen-museum	Paramente, Kleidung 18. / 19 Jh., Druckstöcke, Jacquard-Webstuhl, Zunftsachen, versch. textilverarb. Gewerbe, Mode / Kleidung, Textilkunst / Kunsthandwerk

Name	Postleitzahl Ort	Straße	Internet	Bemerkung
Tuch + Technik Textilmuseum (Neueröffnung 2007)	24534 Neumünster	Kleinflecken 1	www.tuch-und-technik.de	Webgeräte und Webstühle aus vorindustrieller Zeit, Textilien des täglichen Gebrauchs, Geschichte Spinnen und Weben, frühe Kleidung, Textilgeschichte, Material, Geräte, Herstellung
Stiftung Schleswig-Holsteinische Landesmuseen	24837 Schleswig	Schloss Gottorf	www.schloss-gottorf.de	Textiltechnik und -verarbeitung, Zunftgerät, Stickmustertücher, Mode / Kleidung / Wäsche, text. Volkskunst, Bildteppiche
Industriemuseum Elmshorn	25335 Elmshorn	Catharinenstr. 1	www.industriemuseum-elmshorn.de	u. a. Arbeit in der Textil- und Lederindustrie, ein Museum zum „Anfassen"
Blaudruckerei Kattrepel	26441 Jever	Kattrepel 3	www.blaudruckerei.de	Blaudruck
Freiluftmuseum Scheeßel	27383 Scheeßel	Heimathaus	www.scheessel.de	Trachten, Herstellung bäuerlicher Gebrauchstextilien
Museum des Handwerks	27624 Bad Bederkesa	Heubruchsweg 8	www.bad-bederkesa.de	rund um den Schuh
Überseemuseum	28195 Bremen	Bahnhofsplatz 13	www.uebersee-museum.de	außereurop. Textilien
Deutsches Stickmuster-Museum	29223 Celle	Prinzengarten 2	www.stickmuster.kulturserver-nds.de	rund um die Stickerei
Burgmuseum Bad Bodenteich	29389 Bad Bodenteich	Burgstr. 8	www.museum-bodenteich.de	u. a. Aussteuer und Kleidung
Orientteppichmuseum Hannover	30159 Hannover	Georgstr. 54	www.pakzad-orientteppiche.de/museum	Teppiche aus aller Welt und fünf Jahrhunderten, Textilien, Wirkereien, Stickereien, Kleidungsstücke
Fischer- und Webermuseum	31515 Wunstorf / Steinhude	Neuer Winkel 8	www.steinhuder-museen.de	rund um das Weben
Museumshof Rahden	32369 Rahden	Museumshof 1	www.rahden.de	u. a. Leinenherstellung
Lippisches Landesmuseum	32756 Detmold	Ameide 4	www.lippisches-landesmuseum.de	Trachten und Kostüme, Mode, Berufs- / Alltags- / Festtagskleidung, Material / Geräte, Spinnen / Weben, Blaufärberei, Schneidergeräte, Völkerkunde, außereurop. Textilien
Erzbischhöfliches Diözesanmuseum	33098 Paderborn	Markt 17	www.erzbistum-paderborn.de/museum	kirchliche Textilien 10.–19. Jh., Hungertücher, Chinoiserien, Kaseln aus Leder
Heimatmuseum Allendorf	35469 Allendorf	Kirchstr. 42	www.allendorf-lda.de	u. a. „Vom Flachs zum Leinen", Trachten
Leinenmuseum Haiger	35708 Haiger-Seelbach	Seelbachstr. 9 (Ortsmitte)	www.haiger.de	rund um das Leinen
Heimatmuseum Schlitz	36110 Schlitz	An der Vorderburg 1	www.schlitz.de	u. a. Leinen
Heimatmuseum Obernfeld	37434 Obernfeld	Kirchgasse 8	www.obernfeld.de	u. a. historische Kleidung
Herzog Anton Ulrich Museum	38100 Braunschweig	Museumstr. 1	www.museum-braunschweig.de	Paramente, Spitzen, Wandteppiche, Gobelins, Seidenstoffe, Kaisermäntel
Stadt- und Kreisheimatmuseum Museum im Schloß	38304 Wolfenbüttel	Schloßplatz 13	www.wolfenbuettel.de	Textilien des 19. Jh., Spinnräder, Webstuhl, Blaudruck, Mode / Kleidung / Wäsche, Trachten, Schirme, Perlstickereien, Fahnen, Textilkunst / Kunsthandwerk / textiler Schmuck
(Kunstmuseum Düsseldorf) Museum Kunst Palast	40479 Düsseldorf	Ehrenhof 4–5	www.museum-kunst-palast.de	orientalische Textilien
Textilfabrik Cromford	40878 Ratingen	Cromforder Allee 24	www.cromford.city-map.de	spezielle Kinderführungen
Städtisches Museum Abteiberg	41061 Mönchengladbach	Abteistr. 27	www.museum-abteiberg.de	koptische Stoffe und europ. Seidengewebe, Möbelsammlung 16.–19. Jh.
Städtisches Museum Schloss Rheydt	41238 Mönchengladbach	Schloßstr. 508	www.museum-schloss-rheydt.de	Webereiabt. verw. Geräte dt. u. europ. Textilindustrie, Textilgeschichte, Leinengewinnung, Handweben, Maschinenweben, Mode 18.–20. Jh., Samt und Seide

Name	Postleitzahl Ort	Straße	Internet	Bemerkung
Spinnen / Weben + Kunst Textilmuseum die Scheune	41334 Nettetal-Hombergen	Krickenbecker Allee 21	www.textilmuseum-die-scheune.de	Zeugnisse aus der Entwicklungs-geschichte der niederrheinischen Textilindustrie
Kreismuseum Zons im Kulturzentrum Dormagen	41541 Dormagen-Zons	Schloßstr. 1	www.rhein-kreis-neuss.de	u. a. Textile Kunst Helmut Hahns
Flachsmuseum	41844 Wegberg-Beeck	Holtumer Str. 19a	www.flachsmuseum.de	Flachs als Rohmaterial für echtes Leinen, alte bäuerliche Gerätschaften zur Flachs-verarbeitung
Das Bandweber-museum Friedrich-Bayer-Realschule	42349 Wuppertal	Jung-Stilling-Weg 45	www.bergisches-staedtedreieck.de/bandwebermuseum	Bandweberei
Bandwirkermuseum	42369 Wuppertal	Remscheider Str. 50	www.wuppertal.de	Termine telefonisch vereinbaren
Wülfingmuseum	42477 Radevormwald	Am Graben 4–6	www.wuelfingmuseum.de	Weberei, Bergische Tuchmacherei
Tuchmuseum Lennep	42897 Remscheid	Hardtstr. 2	www.wuelfingmuseum.de	Geschichte der Tuchindustrie des Bergischen Landes
Bandwebereimuseum	45529 Hattingen-Elfringhausen	Felderbachstr. 59	www.hattingen-elfringhausen.de	Geschichte der Bandweberei, intakte Bandstühle, Webereizubehör
Textilmuseum in Bocholt	46397 Bocholt	Uhlandstr. 50	www.textilmuseum-bocholt.de	textile Arbeitsabläufe und -bedingungen zwischen 1900 und 1960, Schauproduk-tion auf histor. Webstühlen
Niederrheinisches Museum für Volkskunde und Kulturgeschichte	47623 Kevelaer	Hauptstr. 18	www.niederrheinisches-museum-kevelaer.de	Alltags- und Festtagskleidung, Spinngerä-te, Halstücher, Stickmustertücher, Blau-druck, Wirtschaft und Handel, Mode / Klei-dung / Wäsche, Hungertücher, Bettsprei-ten, Fahnen
Die Seidenweberei Paramentenweberei	47799 Krefeld	Luisenstr. 15	www.guesken.de	historische Paramentenherstellung, Handweberei, Führungen
Deutsches Textilmuseum Krefeld	47809 Krefeld	Andreasmarkt 8	www.krefeld.de/textilmuseum	europäische und außereuropäische Textilien
Falkenhof-Museum	48431 Rheine	Tiefestr. 22	www.rheine.de	vorindustrielle u. industrielle Leinen- und Baumwollverarbeitung 17.–20 Jh., Flachsverarbeitung, Webstühle, Spinn- und Webmaschinen, Hauben
Heimatmuseum Bad Laer	49196 Bad Laer	Kesselstr. 4	www.bad-laer.de/178.htm	u. a. Flachsverarbeitung, Leinenherstellung und Weberei
Museum für Angewandte Kunst	50667 Köln	An der Rechtschule	www.museenkoeln.de	Gewebesammlung, Mode
Rautenstrauch-Joest-Museum	50678 Köln	Ubierring 45	www.museenkoeln.de	außereurop. Textilien, Federschmuck, Masken
Galerie Smend	50678 Köln	Mainzer Str. 31	www.smend.de	(traumhaft schöne) moderne Textilkunst: Batik, Filzen, Mode, Patchwork, Quilt, Seidenmalerei, Shibori, Siebdruck etc.
Kölner Karnevalsmuseum	50825 Köln	Maarweg 134–136	www.kk-museum.de	Kleidung / Verkleiden / Kostüme
Baumwollspinnerei Ermen und Engels	51766 Engelskirchen	Engelplatz 2	www.rim.lvr.de	Entstehung von Baumwollstoffen, spezielle Kinderführungen
Tuchfabrik Müller	53881 Euskirchen	Carl-Koenen-Str. 25 b	www.rim.lvr.de	Stoffherstellung u. m., spezielle Kinderführungen
Landesmuseum für Volkskunde	53894 Mechernich-Kommern	Auf dem Kahlenbusch	www.kommern.lvr.de	Textilherstellung und -verarbeitung in vorindustr. Zeit, Flachs / Leinen, Spinn-/ Webgeräte, Alltags- / Festtagskleidung, Haushaltstextilien, Lederverarbeitung
Handwebmuseum Rupperath	53902 Bad Münstereifel	Schulweg 1–3	www.bad-muenstereifel.de	Handweberei, Webstühle, Erzeugnisse
Stadtmuseum Simeonstift Trier	54290 Trier	Simeonstr. 55	www.museum-trier.de	kopt. Stoffe, westeurop. Textilien, Trachten, Textilherstellung, Kinder- und Erwachsenentuniken, Seidengewebe, Wollsamt, Blaudruck, Netzstickerei, Schnittmuster
Museum Birkenfeld	55765 Birkenfeld	Friedrich August Str. 17	www.landkreis-birkenfeld.de/museum	u. a. Verarbeitung von Flachs

BVK PA13 · Doris Krebs

Textilgestaltung

Name	Postleitzahl Ort	Straße	Internet	Bemerkung
Heimatmuseum Mittelstrimming	56858 Mittelstrimmig	Museumstr. 1	www.deutsche-museen.de	u. a. Leinengewinnung
Historisches Museum	60311 Frankfurt	Saalgasse 19	www.historisches-museum.frankfurt.de	Bürgerliche Kleidung 16.–19. Jh., Mode, Accessoires, Kostüme / Uniformen / Trachten, Unterwäsche, Haushaltswäsche
Museum für Angewandte Kunst	60594 Frankfurt	Schaumainkai 17	www.museumfuerangewandtekunst.frankfurt.de	europ. mittelalterl. Stofffragmente, Wandbehänge, Teppiche, kirchl. Textilien, Stoffmusterbuch, Spitzen
Deutsches Ledermuseum / Schuhmuseum Offenbach	63067 Offenbach	Frankfurterstr. 86	www.ledermuseum.de	Fastnachtsmuseum
Saarländisches Karnevalsmuseum	66564 Ottweiler	Birkenhain 5	www.deutsche-museen.de	Kleidung / Verkleiden / Kostüme
Fastnachtsmuseum	67346 Speyer	Wormser Landstr. 265	www.speyer.de	Kleidung / Verkleiden / Kostüme
Reiss-Engelhorn-Museum	68159 Mannheim	Zeughaus C5	www.rem-mannheim.de	außereurop. Textilien, Materialien / Geräte, völkerkundl. Mode u. Kleidung, Teppiche, Leder, Masken
Kurpfälzisches Museum der Stadt Heidelberg	69117 Heidelberg	Hauptstraße 97	www.museum-heidelberg.de	neuere Textilien, Textilkunst, Mode
Landesmuseum Württemberg	70173 Stuttgart	Altes Schloss Schillerplatz 6	www.landesmuseum-stuttgart.de	stilist. Wandel der Kleidung (regional), Gewebe, Stickereien, Spitzen, Druckstoffe, text. Geräte, Lederverarbeitung, Mustertücher, Gobelins
Webereimuseum	71063 Sindelfingen	Corbeil-Essonnes-Platz 4	www.sindelfingen.de	Webereigeschichte
Museum für Volkskultur	71111 Waldenbuch	Schloß Waldenbuch	www.waldenbuch.de	u. a. Trachten
Museum unter der Y-Burg	71394 Kernen	Hindenburgstr. 24	www.kernen.de	vollständige Schusterei, Verarbeitungsgeschichte „Vom Flachs bis zum Hemd", höfische und bäuerliche Kleidung
Ungardeutsches Heimatkunde-Museum	71505 Backnang	Talstr. 1–5	www.ungarndeutsches-heimatmuseum.de	regionale Maschenindustrie und ihre Entwicklung seit 1750, Maschinen- und Videovorführungen
Maschenmuseum	72461 Albstadt	Wasenstr. 10	www.albstadt.de	u. a. Flachsanbau, Spinnen, Weben, Schneider- und Schuhmacherwerkstätte, Omas Waschküche
Museum Appeleshof	75391 Gechingen	Kirchstr. 2 / 2	www.appeleshof.de/museum	histor. Sammlung textiler Techniken, Fahnen, Zelte, Teppiche, Trachten / Kostüme, Seiden- und Baumwollgewebe, Blau- und Zeugdruck, Stick- und Webtechnik
Badisches Landesmuseum	76131 Karlsruhe	Schloss	www.landesmuseum.de	histor. Sammlung textiler Techniken, Fahnen, Zelte, Teppiche, Trachten / Kostüme, Seiden- und Baumwollgewebe, Blau- und Zeugdruck, Stick- und Webtechnik
Oberrheinische Narrenschau	79341 Kenzingen	Alte Schulstr. 20	www.kenzingen.de	Kleidung / Verkleiden / Kostüme
Wiesentäler Textilmuseum	79669 Zell im Wiesental	Teichstr. 4	www.wiesentaeler-textilmuseum.de	Besonderheiten textiler Heim-Manufaktur u. Fabrikarbeit; interessierten Besuchern ist Gelegenheit gegeben, unter Anleitung sich selbst beim Weben zu versuchen
Bayerisches Nationalmuseum	80538 München	Prinzregentenstr. 3	www.bayerisches-nationalmuseum.de	mittelalterliche Textilien, Tapisserien
Deutsches Museum	80538 München	Museumsinsel 1	www.deutsches-museum.de	didaktische Darstellungen zur Geschichte der Textiltechniken, Textilien aus aller Welt, Entwicklung der Textiltechniken, Strickmaschinen, Gobelins, Samt, Brokate, Damaste
Staatliches Museum für Völkerkunde	80538 München	Maximilianstr. 42	www.voelkerkundemuseum-muenchen.de	Textilgeschichte, textile Techniken, Kleidung, Haustextilien, Stickereien, Ikat, Plangi, Kaschmirschals, Masken, Lederverarbeitung
Bayer. Verwaltung Staatl. Schlösser, Gärten und Seen	80638 München	Schloss Nymphenburg, Eingang 16	www.schloesser.bayern.de	histor. textile Raumausstattungen in 35 Schlössern

Name	Postleitzahl Ort	Straße	Internet	Bemerkung
Parish- Kostümbibliothek	80639 München	Kemnatenstr. 50	www.archive-muenchen.de	Bücher, Grafiken, Fotos u. v. m. zu Kostümen, Mode, Trachten
Historisches Stadtmuseum	84489 Burghausen	Burg 48	www.burghausen.de/stadtmuseum	u. a. bürgerliche Kleidung verschiedener Zeiten
Fastnachtsmuseum Fasenickl	85110 Kipfenberg	Torbäckgasse 1	www.altmuehltal.de/kipfenberg/ fasenickl.htm	Kleidung / Verkleiden / Kostüme
Textil- und Industriemuseum Augsburg	86156 Augsburg	Alte Kuka-Halle	www.stmwfk.bayern.de	historisches Museum der bayerischen Textilindustrie, Sozial- und Wirtschaftsge- schichte, Technik- und „Mode"geschichte von etwa 1700 bis heute
Heimatmuseum	86641 Rain a. Lech	Oberes Eck 3	www.rain.de	u. a. Kleidung, Wäschepflege
Rieser Bauernmuseum	86747 Maihingen	Klosterhof 8	www.rieser-bauernmuseum.de/	u. a. ländliche Kleidung, Handarbeiten, vom Flachs zum Leinen, Handwerke (Schuster), Wäschepflege
Heimatmuseum im Hartmannhaus	87616 Marktoberdorf	Meichelbeckstr. 16	www.marktoberdorf.de	u. a. Dauerausstellung „Vom Flachs zum Leinen", bäuerl. Wohn- und Alltagskultur aus der Zeit um 1900 mit Stube, Küche, hintere Stube, Schlafkammern, Hauswirt- schaft, Skikleidung
Textilmuseum im Jesuitenkolleg	87719 Mindelheim	Hermelestr. 4	www.mindelheimer-museen.de	textile Objekte aus aller Welt, Sticken, Weben und Färben, Möbel
Knopf & Knopf – Internationales Museum der Knöpfe	88447 Warthausen	Museumsgässle 1	www.knopfundknopf.com	rund um die Geschichte und die Entstehung der Knöpfe
Weberei- und Heimatmuseum	89150 Laichingen	Weite Str. 41	www.tiefenhoehle.de	u. a. Webereigeschichte, Leinenweber, Schusterwerkstatt
Mode-Museum Feigel	89584 Ehingen a. d. Donau–Granheim	Von Speth- Schülzburg Str. 38	www.modemuseum-feigel.de	Kleidung und Kleidungszubehör für Frauen, Zeitschriftensammlung zum Thema Mode
Germanisches Nationalmuseum	90402 Nürnberg	Kartäusergasse 1	www.gnm.de	Textilgeschichte, bäuerl. Textilien im dtspr. Raum, Kostüme, Trachten, Bildteppiche, textile Techniken, Stickereien, Blaudruck, Leder, Masken
Klöppelmuseum	91183 Abenberg	Stillaplatz 1	www.museen-abenberg.de/Kloeppel	Klöppelarbeiten und heimatkundliche Sammlungen
Reichsstadtmuseum im „Ochsenhof"	91438 Bad Windsheim	Seegasse 27	www.bad-windsheim.de	u. a. Textilien, Webstuhl, Stoffdruck, Zunftdokumente
Stadtmuseum Amberg	92224 Amberg	Zeughausstr. 18	www.amberg.de/museum/	u. a. Kleidung gestern und heute
Webereimuseum	94139 Breitenberg- Gegenbach	Gegenbachstr. 50	www.breitenberg.de	Flachsverarbeitung, Weberei und Blaudruck
Textilmuseum im „Erlebnispark Haslinger Hof"	94149 Kirchham	Ed 1	www.haslinger-hof.de	Maschinen zur Textilherstellung, Zubehör und Ladenausstattungen
Oberfränkisches Textilmuseum	95233 Helmbrechts	Münchberger Str. 17	www.textilmuseum.de	Entwicklung der Textilproduktion, Arbeits- welt der Textilhandwerker, Weberei, der „längste handgewebte Schal der Welt"
Weberhaus Kleinschwarzenbach	95233 Helmbrechts	Münchberger Str. 17	www.weberhaus-kleinschwarzenbach.de	Entwicklung der Weberei und der Textil- industrie, textile Rohstoffe, Musterbücher
Deutsches Knopfmuseum	95671 Bärnau	Trachauer Str.45	www.vsbaernau.de/museum	Knöpfe und andere Schließen
GrafschaftsMuseum	97877 Wertheim	Rathausgasse 6–10	www.grafschaftsmuseum.de	In zahlreichen volkskundlichen Abtei- lungen werden neben Weinbau, Fischerei und Blaudruck auch Möbel, Textilien und Münzen sowie andere Gegenstände der Alltagskultur gezeigt.

Hinweis: Bei den Internetadressen, die über mehrere Zeilen gedruckt sind, stehen nur dann Bindestriche, wenn diese auch tatsächlich eingegeben werden müssen.

Museen im benachbarten Ausland

Name	Postleitzahl	Stadt	Straße	Internet
Lebendes Textilmuseum	AT-3812	Groß-Siegharts	Museumsgasse 2	
Bergbauernmuseum und Textilmuseum	AT-6410	Telfs	Ropferhof	
Textilmuseum Firma Franz Pischl	AT-6410	Telfs	Niedere-Munde Str. 9	
Circus & Clownmuseum	AT-1020	Wien	Karmelitergasse 9	www.bezirksmuseum.at/muk /page.asp/index.htm
Textilmuseum Hauptwil	CH-9213	Hauptwil	Sorntal	www.hauptwil.ch
Kunst- und Textilmuseum	CH-3132	Riggisberg	Werner Abeggstr. 67	www.abegg-stiftung.ch
Textilmuseum	CH-9000	St. Gallen	Vadianstr. 2	www.textilmuseum.ch
Museum Jacquard-Stübli (Seidenweberei)	CH-4133	Pratteln	Kirschgartenstr. 4	
Webereimuseum Ruedertal	CH-5046	Schmiedrued	Hauptstr.	
Museum für Industrielle Archäologie und Textilien	B-9000	Gent	Minnemeers	

Bezugsquellen und nützliche Adressen

Labbé Versand
Postfach 1425
50104 Bergheim
0 22 71 / 49 49 - 0
www.labbe.de/shop

Labbé Laden
Richard-Wagner-Str. 31
50674 Köln
02 21 / 21 02 95

Labbé Laden
Binterimstr. 1
40223 Düsseldorf
02 11 / 33 38 22

ALS-Verlag GmbH Bast
Postfach 1440
63114 Dietzenbach
0 60 74 / 8 21 60
www.als-verlag.de

VBS Bastelservice
Große Straße 132
27265 Verden
0 42 31 / 6 68 11
Alles für den Kunst- und
Textilunterricht in der Schule
Riesenauswahl für textile Künstler,
hat alles, was Labbé nicht hat, ist
aber etwas teurer als Labbé
www.VBS-Versand.de

LMS Lehrmittel-Service
Ditzenbacherstr. 26
73342 Bad Ditzenbach-Auendorf
0 73 34 / 96 96 10
www.LMS.de
Große Auswahl für Kunstlehrer

Boesner-Zentraler Versandservice
Liegnitzer Str. 17
58454 Witten
0 23 02 / 91 06 60
www.boesner.com
Großhandel für Künstlerbedarf

Gerstäcker Verlag
Postfach 1165
53774 Eitorf
0 22 43 / 88 90
www.gerstaecker.com
Großhandel für Kunsterzieher und
Therapeuten

Internationales Wollsekretariat
Kaiserswertherstr. 282–284
40474 Düsseldorf
02 11 / 16 05 - 0

Arbeitsgemeinschaft der
Verbraucher e. V. – Textilien
Heilsbachstr. 20
53123 Bonn

„Filzrausch"
Hagenweg 2b
37081 Göttingen
05 51 / 6 75 15
Textile Rohstoffe
www.filzrausch.de

Werk Raum Textil e. V.
Alleenstr. 37
72622 Nürtingen
0 70 22 / 21 03 21
Rohwolle etc.
www.werkraumtextil.de

Wollwerkstatt - Wollknoll
Sonja Fritz
Forsthausstr. 7
74420 Oberrot - Neuhausen
0 79 77 / 91 02 93
Textile Rohstoffe
www.wollknoll.de

„NaturWerkstatt", Werkstatt für
ökologisches Handwerk und
Naturwarenladen, Handspinnerei
und Karderei
Lohstr. 84
47228 Duisburg
0 20 65 / 8 22 59
www.naturwerkstatt-duisburg.de

Internetausflug

Wer im Internet nach Anregungen zum Fach Textilgestaltung stöbert, wird sich wundern, was auch zu diesem „Internetstiefkind" schon im Netz zu finden ist. Surfen Sie mal durch die ein oder andere Seite. Meine persönlichen Lieblingseiten habe ich mit einem * markiert. Viel Spaß auf Ihrer Reise durchs Netz!

Internet	Bemerkungen	
www.aktextil-nrw.de	Arbeitskreis Textilunterricht NRW e. V.	
www.barbaraclemens.de	Private Homepage mit interessanter internationaler Linkliste für textile Ausstellungen und Museen	
www.bastelfrau.de	Bastelanregungen über das textile Thema hinaus	
www.bildung-lernen.de/instit.htm	Informationen zu allen Unterrichtsfächern, Linkliste zu Institutionen, Behörden, Verbänden	
www.bitverlag.de	u. a. Messeverzeichnis, Technikhistorie Sticken	
www.blaudruckwerkstatt.de	Werkstatt, Geschichte, Technik des alten Handwerks der Blaudruckerei	
www.creativ-seiten.de	Ideen zu Bastel- und Handarbeitsthemen, nach Techniken alphabetisch geordnet	*
www.dhm.de	Deutsches Historisches Museum Berlin, u. a. ausführliche Linkliste zu deutschen Museen	
www.diefilzlaus.de	Filzkunst zum Bewundern, Termine, Zeitschriften übers Filzen, Informatives	
www.diespindel.de	Bezugsquelle für Rohwolle	
www.filzlexikon.de	Filzlexikon und mehr rund ums Filzen	
www.gelbeweberseiten.de	Veranstaltungskalender, Kurse, Weber nach Postleitzahlen geordnet	
www.handarbeitsfrau.de	u. a. Linklisten zu Bezugsquellen Handarbeitszubehör, Fachverbänden, privaten Homepages	*
www.handarbeitslinks.de	nach textilen Techniken geordnete Linkliste mit großer Auswahl	*
www.handdrucke-seppwach.at	Textildruckerei, alte Handwerkstechniken zum Zuschauen	
www.hobbyschneiderin.de	Verschiedenes für Hobbyschneider	
www.holzkircher.de	Sehr empfehlenswert: das Textilwörterbuch und der Magazinteil rund ums Weben, Spinnen, Naturfasern	*
www.idee-creativ.de	Ideenkiste	
www.ihoba.de	Interessengemeinschaft Hobby und Basteln, Suchhilfe bzgl. geeigneter Fachgeschäfte in der Nähe	
www.knop-shop.de,	Knöpfen zum Betrachten und Kaufen	
www.labbe.de	Bestell-Tipp für Textil- und Kunstschulbedarf	*
www.lamas-alpakas.de	Bezugsquelle für Rohwolle	
www.nathalies-naehkiste.de	Seite für Näh-Fans, Schnittmuster und Anleitungen zum Ausdrucken, Linkliste mit interessanten, deutschen Handarbeitsseiten	
www.parament.de	Paramentwerkstatt	
www.perlen.de	Interessantes rund um das Thema Perlen	
www.perlen-contor-stricker.de	umfassende und bebilderte Perleninformationen	
www.schafplanet.de	Kinderseite rund um das Schaf, mit einer drolligen „Baumwollschaf"-Geschichte	
www.schneiderbedarf.de	Kurzwarenbedarf	

Internet	Bemerkungen	
www.scoutnet.de	u. a. animierte Knoten (Gestaltungsideen mit einem einfachen Faden)	*
www.smend.de	Galerie für textile Kunst in Köln	*
www.spinn.de	Webseite für Handspinner, systematische und nützliche Informationen zum Spinnen und Fadenherstellen	
www.stichart.de	StichArt-Stickkunst	
www.stoffefuerkinder.de	Kinderstoffe, textile Geschenke	
www.texere.u-net.dk/xlinx.html	internationale Linklisten zu Universitäten mit Textilgestaltungsseminaren, Museen, Instituten	
www.textil-atelier.de	Künsterseite u. a. mit textilen Bildern	
www.textil-creativ.com	Produktvertrieb, gutes Angebot, informativ und übersichtlich	
www.textilkunst.de	Künstlerseite, Ausstellungshinweise	*
www.textil-nord-west.de	Textil- und Bekleidungs-Verband, Linkliste	
www.textilwerk.ch	schweizerische Textilseite mit dem Motto: „Handwerkliches Gestalten – ein Fach macht Schule. Die Sinne schärfen, Ideen entwickeln"	
www.t-w.ch	schweizerische Seite mit zahlreichen Unterrichtsvorschlägen zum textilen Werken	
www.ufg.ac.at	Linklisten zu nationalen und internationalen Textilforschungsinstituten	
www.u.b.uni-dortmund.de/Fachinformation/Textil-Linksammlung.html	Institut für Textilgestaltung der Universität Dortmund Linklisten zu Museen, Mode, Textilkunst, Ausbildung, Wirtschaft, Firmen, Verbände etc.	
www.uni-koeln.de/ew-fak/institut/Kunst-textil/Tex_did/index.htm	Institut für Textilgestaltung der Universität	
www.universe.miranda.at	Handarbeitslinkliste internationaler Textilseiten	
www.vehoba.de	Verband Hobby und Basteln e. V., Linkliste, Bastelideen	
www.verband-hobby-und-basteln.de	Verschiedenes zum textilen Gestalten	
www.webmuseen.de	Hier finden Sie zu jedem Textilmuseum (siehe Museumsliste) nähere Informationen wie die Öffnungszeiten, Anfahrtsskizze etc.	*
www.wollwerkstatt.de	Veranstaltungen rund ums Spinnen, Weben, Filzen	
www.woolmark.com	internationales Wollsekretariat, Events rund um die Wolle, englische Seite	
www.zzzebra.de	sehr schöne Kreativseite der Firma Labbé	*